# Lust auf Landleben

ökologisch wohnen, gärtnern, Tiere halten

Alan und Gill Bridgewater
Aus dem Französischen von Claudia Händel

Ulmer

# Impressum


b) First published in Germany by Verlag Eugen Ulmer KG.
Published in the United Kingdom by New Holland Publishers (UK) Ltd.

**Haftungsausschluss**
Autor und Verlag haben sich um richtige und zuverlässige Angaben bemüht. Fehler können jedoch nicht vollständig ausgeschlossen werden. Eine Garantie für die Richtigkeit der Angaben kann daher nicht gegeben werden. Haftung für Schäden und Unfälle wird aus keinem Rechtsgrund übernommen.

**Bibliographische Information der Deutschen Nationalbibliothek**
Die Deutsche Nationalbibliothek verzeichnet diese Publikation in der Deutschen Nationalbibliografie; detaillierte bibliografische Daten sind im Internet über http://dnb.d-nb.de abrufbar.


Wollgrasweg 41, 70599 Stuttgart (Hohenheim)
E-Mail: info@ulmer.de
Internet: www.ulmer.de
Umschlagentwurf: Karen Neumeister, Stuttgart
Projektleitung: Dr. Eva-Maria Götz
Lektorat: Carola Pröbstle
dtp: DOPPELPUNKT, Stuttgart
Herstellung: Silke Reuter
Printed in Singapore

**ISBN 978-3-8001-5847-8**

# Inhalt

# Vorwort

„**In den 1960er Jahren**, als ich Gill kennenlernte, lag eine ganz besondere Stimmung, ein Gefühl von Freiheit in der Luft. Wir waren überzeugt, dass wir alles besser machen würden als die Generationen vor uns. Ich erinnere mich an lebhafte Diskussionen, in denen wir die nahe Zukunft heraufbeschworen, in der wir mangels Erdöl gezwungen wären, unseren Lebensstil zu ändern, um womöglich in Holzhütten zu wohnen und uns mit Pferden an Stelle von Autos fortzubewegen. Wir waren der Ansicht, dass die Konsumgesellschaft auch noch die allerletzten Ressourcen des Planeten auspressen würde. Seit Beginn der industriellen Revolution hat sich der Mensch bedenkenlos der Bodenschätze der Erde bedient und eine breite Spur der Verwüstung hinter sich hergezogen. Wir Menschen haben rücksichtslos die Kohlevorkommen ausgebeutet, ohne auch nur einen Gedanken daran zu verschwenden, was mit den Rückständen passieren sollte. Wir haben die Erdölvorräte ausgebeutet und eine verschmutzte Umwelt hinterlassen. Wir haben die Bodenschätze dieser Erde geplündert, die Wälder zerstört und uns nicht um die Folgen geschert.
Wie schafft man den Übergang von einer unersättlichen, profitgierigen Konsumgesellschaft, die nichts gibt, sondern immer nur nimmt, zu einer umweltbewussten und weniger egoistischen Gesellschaft? Das war die große Frage. Damals war das Lieblingsbuch von Gill und mir „Walden oder Leben in den Wäldern“ von Henry David Thoreau. In diesem 1854 erschienenen Buch beschreibt Thoreau, wie er sich, nachdem er beschlossen hatte, in einem Baumhaus als Selbstversorger zu leben, um jedes noch so kleine Detail kümmerte, angefangen bei der Orientierung mit Hilfe der Sonne bis hin zu Überlebensstrategien mit einer einzig aus Fisch und Bohnen bestehenden Ernährung. Vor allem aber stellte Thoreau vieles in Frage – den Brandrodungsfeldbau, die Entwicklung der Eisenbahn und der Städte, alles zum Nachteil der Natur. Diese Vorstellung von vollständiger Freiheit – ohne Abhängigkeit von irgendeinem Energieversorgungsnetz – war für uns unwiderstehlich.
**In den 1970er Jahren** wohnten wir in einem halb verfallenen Haus mitten auf einer Wiese, ohne fließendes Wasser, ohne Strom, mit praktisch gar nichts, nur mit zwei Kleinkindern und unserer Vorstellung von Selbstversorgung im Kopf. Es schien alles so einfach! Wir dachten, wir könnten das Haus herrichten, eine Werkstatt einbauen, einen Brunnen graben, eine Windmühle bauen, unser Gemüse selbst anbauen, Hühner halten – kurzum, wir würden glücklich bis ans Ende unserer Tage leben. Es ging nicht darum, uns auszugrenzen und in die Zeit vor der industriellen Revolution zurückzukehren, sondern darum, wie Robinson Crusoe bei seiner Landung auf der Insel, das Beste aus dem zu machen, was es gab und auf diese Weise eine neue Welt zu errichten.
Indem wir unseren Vorbildern Thoreau und Robinson Crusoe nacheiferten, gingen wir die Probleme an, wir suchten selbst nach Lösungen oder wir diskutierten mit älteren Leuten, die ohne Wasser und ohne Strom gelebt hatten. Wir fragten uns, welche Auswirkungen auf die Umwelt zu erwarten wären und wir richteten unser

Leben danach ein. Natürlich spielten auch Kindheitserfahrungen mit hinein. Als ich noch ein Kind war, wohnte ich beispielsweise mit meinen Großeltern auf dem Land und hatte den Eindruck, dass die Leute auch ohne fließendes Wasser, ohne Autos, ohne Fernseher und ohne Geschirrspüler glücklich waren.
Natürlich war nicht immer alles so einfach: Tiere starben, wir waren knapp bei Kasse, wir fragten die falschen Leute um Rat... Aber jede Erfahrung, ob gut oder schlecht, erweiterte unseren Horizont. Anfangs wurden Leute wie wir als verrückte Hippies abgetan, aber ganz allmählich, besonders nach der Ölkrise in den 1970er Jahren, setzte sich in den Medien und der öffentlichen Meinung die Akzeptanz einer anderen Lebensweise durch. Die Menschen waren mehrheitlich der Meinung, dass unsere Gesellschaft im Begriff war, unersetzbare Ressourcen zu verschleudern und dadurch unseren Planeten Erde langsam zugrunde zu richten.
**Wie sieht es nun heute aus, im 21. Jahrhundert,** gut dreißig Jahre später? Auf der Sollseite der Bilanz gehen die Erdölreserven mehr und mehr zur Neige, gibt es soviele Autos wie nie zuvor, nimmt die Umweltverschmutzung zu, steigt die Klimaerwärmung, schreitet die Entwaldung schneller voran, sind immer mehr Menschen immer häufiger durch einen beschleunigten Lebensrhythmus gestresst und erweisen sich schlechte, industriell gefertigte Lebensmittel oft als schädlich. Auf der Habenseite der Bilanz dagegen stehen die Ökologie, das Recycling und der Umweltschutz, was noch in den 1960er Jahren als Ausgeburt vegetarischer Spinner abgetan wurde, heute dagegen an der Tagesordnung ist und als sichere Zukunftswerte angesehen wird.
Nun stellen sich einige praktische Fragen. Wie kann man sich von den Energieversorgungsnetzen befreien? Wie können wir unsere Häuser ohne Gas und ohne Erdöl beheizen? Wie können wir unseren Garten ohne Chemikalien bestellen? Wie können wir das Recycling verbessern? Heutzutage haben wir nicht nur die Antworten auf all diese Fragen, sondern heute gibt es auch Unterstützung durch die Regierungen und die vorherrschenden Geistesströmungen. Als wir in den 1970er Jahren eine Turbine für eine Windkraftanlage suchten, gab es nur ein oder zwei sehr teure Modelle, die mehr schlecht als recht funktionierten. Heutzutage gibt es Hunderte von Modellen auf dem Markt und noch dazu Subventionen oder Steuerersparnisse für den Einsatz dieser Technik!
Das Streben nach Selbstversorgung hat nichts mit „trockener Theorie“ zu tun. Es geht darum, die Ärmel hochzukrempeln und Spaß zu haben, seine Ausgaben zu senken, gesünder zu essen und seinen Beitrag zur „grünen Revolution“ zu leisten. Nie waren diese Ziele angebrachter. Wir hoffen, dass dieses Buch den Leser dazu anregt, den Weg zur Selbstversorgung zu beschreiten und ihm dabei hilft, seine Träume wahr werden zu lassen.“

Die Autoren

Sauce Tomate
cepes 06
Sauce Tomate
Compote de
Périgord Noir

# Auf dem **Land** leben

# Der ideale Ort

Haben Sie vor, als Selbstversorger zu leben? Dann genügt es nicht, in Ihrer Freizeit ab und zu darüber nachzudenken. Dieses Vorhaben muss Sie mit Leidenschaft erfüllen, Besitz von Ihnen ergreifen, es muss geradezu zu einer Besessenheit werden. Haben Sie in Gedanken auch das Undenkbare gedacht, dann – und nur dann – können Sie dieses Vorhaben konkret angehen.

## Sich die richtigen Fragen stellen

> Wieviel **Grund und Boden** brauchen Sie?

> Befindet sich Ihr **Traumort** mitten auf dem Land oder am Rand einer Kleinstadt? Ist es ein sehr abgeschiedener Ort oder gibt es Nachbarn in der Nähe?

> Erscheint es Ihnen reizvoll, auf **Wasser, Gas** und **Strom** von den jeweiligen Energieversorgern zu verzichten?

> Kann Ihr Vorhaben **ohne Umzug** bewerkstelligt werden, indem einfach ein Stück Land hinzu gepachtet wird?

> Möchten Sie sich einer **Gemeinschaft** anschließen, die bereits als Selbstversorger lebt?

> Werden Sie als Selbstversorger dennoch **weiterarbeiten?**

> Reichen Ihre **finanziellen Mittel** aus, um als Selbstversorger zu leben?

> Sind Sie bereit, ohne Nachbarn zu leben?

## Wieviel Fläche brauchen Sie?

Das hängt vom Standort, dem Klima, der Bodenbeschaffenheit und Ihren Bedürfnissen ab.
Ein Stück Land von 250 m² guten Bodens reicht gerade aus, dass eine einzelne Person davon leben kann. Diese Person könnte außerdem davon leben, wenn sie die Ernteerträge verkaufte oder gegen andere Lebensmittel eintauschte.
Legen Sie für zwei Personen rund 1 Hektar (10 000 m²) zugrunde. Auch in diesem Fall, wenn beide Personen ungerodete Waldflächen kauften und entschieden, zum Lebensunterhalt mit Holzpfählen oder mit aus Holz gefertigten Gegenständen zu handeln, könnten sie mit etwas weniger Fläche auskommen. Wollten sie dagegen an ihrem Traumort angeln, Pferde, Schafe und Hühner halten, bräuchten sie weitaus mehr Fläche.

Alles hängt daher von Ihrem ganz persönlichen Traum ab und natürlich von Ihren finanziellen Möglichkeiten. Idealerweise ist das Grundstück so groß wie möglich. Bei genauerer Betrachtung sind es diese Umstände, die viele Aussteiger dazu bringen, lieber ein von Ackerland umgebenes Haus auf dem Land zu suchen als einen kleinen Bauernhof. Die meisten werden sich ein Haus mit ein bis zwei Hektar Land aussuchen. Diese Art von Anwesen geht in der Regel mit ertragsschwachen Böden einher, weil sie nicht landwirtschaftlich gepflegt worden sind.

Zusammenfassend bleibt zu sagen, dass Sie auf der Suche nach Ihrem Traumort offen, flexibel und kompromissbereit sein müssen. Ziehen Sie alle Möglichkeiten in Betracht, auch diejenigen, die „überhaupt nicht in Frage kommen" und versuchen Sie, Schwierigkeiten zu vermeiden.
Das Haus ist in einem beklagenswerten Zustand? Wie kann man das regeln, welche Arbeiten sind unerlässlich? Es ist immer möglich, einen Teil des Hauses zu vermieten. Selbst ein Kauf, der Ihr Budget überschreitet, ist

überlegenswert. Ist dagegen nicht genügend Grund und Boden vorhanden, können Sie vielleicht das, was Ihnen fehlt, noch dazupachten. Bleiben Sie offen für alles. Und verlieren Sie niemals die Hoffnung.

## Ein einfacher Garten – gibt das den Ausschlag?

Die Antwort ist – Ja. Werfen Sie einen Blick auf die Skizze: Sie sehen, dass man von einem Garten profitieren kann, wenn auch nur geringfügig. Denken Sie an Ihr Stück Land und stellen Sie einen Zeitplan für die Arbeiten sowie für Obst- und Gemüsekulturen für das ganze Jahr auf, indem Sie sich drei Fragen stellen: Was? Wo? Wie? Es erfordert viel Organisation, denn jeder Winkel will genutzt sein. Was die Viehhaltung betrifft, so hat man keine große Wahl. Sie werden nicht unbedingt ausreichend Platz zur Haltung einer Kuh haben, aber warum nicht für eine Ziege, ein halbes Dutzend Hühner, vielleicht sogar für ein oder zwei Bienenstöcke? Und wer weiß, vielleicht können Sie den Nachbarn Ziegenkäse, Freilandeier und Honig und verkaufen.

*„Mein erster Versuch, als Selbstversorger zu leben, fand in einem schwer zugänglichen Haus statt, das von nur 500 m² Land umgeben war, bestehend aus mageren und sumpfigen Böden. Meine Frau und ich gingen auf die Dreißig zu und wir hatten zwei kleine Kinder. Meinen Lebensunterhalt verdiente ich, indem ich Vorträge hielt; um ehrlich zu sein, waren das meine regelmäßigen Einkünfte, die alles möglich gemacht haben. Meine Frau konnte zu Hause bleiben, um zu weben; ich töpferte während der Sommerferien und beide beschäftigten wir uns mit unseren Söhnen. Wir hatten auch angefangen, Hühner, Gänse, Schafe und Ziegen zu halten. Natürlich war das nicht einfach, aber da wir nicht an die allgemeine Energieversorgung angeschlossen waren, belastete keine Rechnung unser Budget.“*
*Die Autoren*

*Das ideale Stück Land*

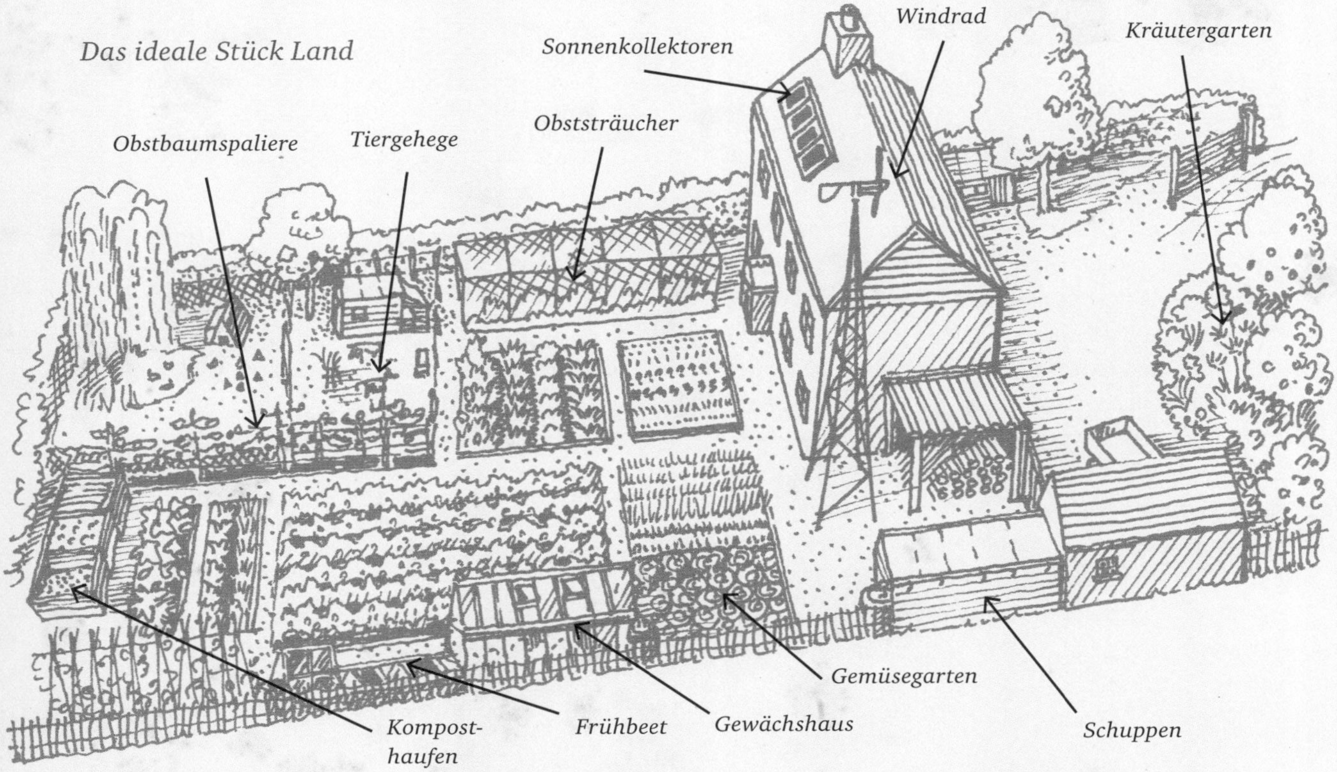

## Probezeit

Sie haben beschlossen, mitten im Wald oder auf dem Land zu leben – und Sie zögern, alle Brücken hinter sich abzubrechen. Die gute Nachricht lautet: Sie sind nicht dazu verpflichtet. Es ist in jedem Fall besser, eine Probezeit vorzusehen. Angenommen, Sie sind Eigentümer eines Stadthauses (oder dabei, es zu werden) und Sie träumen davon, in den Süden zu ziehen, um Obstbäume zu pflanzen oder auf einer Almhütte zu leben und Käse zu machen. Umsichtig handeln bedeutet in diesem Fall, Ihr Stadthaus zu vermieten und die Mieterlöse zur Anmietung einer Immobilie in der Gegend Ihrer Träume zu verwenden. So lernen Sie die Gegend und ihre Bewohner kennen. Ihr Traum wird zwar nicht über Nacht wahr, aber Sie bekommen eine genaue Vorstellung von der Topographie der Gegend und vom Klima. Sie konnten sich mit Landwirten über die Bodenbeschaffenheit und die örtlichen Märkte austauschen. Sie wissen mehr über die Infrastruktur (Schulen, Geschäfte, etc.). Und wenn Sie am Ende der Probezeit erkennen, dass diese Gegend doch nicht die richtige ist, können Sie immer noch den Rückwärtsgang einlegen und woanders neu anfangen.

## Zeit zu kaufen

Die beste Zeit im Jahr zum Erwerb von Grundbesitz ist Ende Sommer. Dann herrscht Unruhe unter den Eigentümern, die vor dem Winter noch nicht verkauft haben und an die Kosten denken, die ihnen dadurch entstehen. Wenn Sie zu diesem Zeitpunkt ein Kaufangebot zu einem Preis unterbreiten, der knapp unter dem geforderten Preis liegt, stehen die Chancen gut für einen Kaufabschluss. Zögern Sie jedoch nicht zu lange; wenn Sie bis Dezember warten, kann es sein, dass die Eigentümer inzwischen beschlossen haben, den Jahreswechsel in ihrem Haus zu verbringen und danach die schöne Jahreszeit abzuwarten, in der die Preise wieder anziehen. Überlegen Sie genau, welches Budget Ihnen zur Verfügung steht. Die finanziellen Vorkehrungen sollten baldmöglichst getroffen sein, um sofort zugreifen und einen Kaufvertrag abschließen zu können, wenn sich die Gelegenheit dazu bietet.

### Wasser ist Leben

*Die einfachste Möglichkeit der Wasserversorgung ist der Anschluss an das örtliche Wasserversorgungsnetz. Es ist aber auch möglich, das Wasser aus einem Brunnen oder einer Quelle zu beziehen, Regenwasser in einer Zisterne zu sammeln oder Wasser aus einem Fluss oder Bach aufzufangen.*

**Das Wasserversorgungsnetz**
Eine einfache, aber teure Lösung. Sehr kostspielig wird es, wenn Sie Vieh halten. Im schlimmsten Fall bleibt nur der sparsame Umgang mit dem Wasser und die Reduzierung des Wasserverbrauchs durch gemeinschaftliche Nutzung einer anderen Bezugsquelle. Für Deutschland gilt, dass Sie überall dort, wo das Wasserversorgungsnetz verläuft, zum Netzanschluss verpflichtet sind. Selbst wenn Sie kein Wasser verbrauchen, sind Sie zur Zahlung der Gebühr für den Wasserzähler verpflichtet. Sie können sich unter bestimmten Umständen jedoch vom Anschlusszwang befreien lassen. Erkundigen Sie sich bei der zuständigen Gemeinde.

**Brunnen**
Ein vorhandener Brunnen, der schon irgendwann einmal genutzt wurde, bedeutet, dass es Wasser gibt. Pumpen Sie das Wasser hoch und beobachten Sie, wie lange es dauert, bis sich der Brunnen erneut füllt. Dann haben Sie einen Anhaltspunkt für die Höhe des Grundwasserspiegels. Lassen Sie das Wasser analysieren. Wird der Brunnen für Trinkwasser, gewerblich oder für eine Wärmepumpe genutzt, so sind meist Genehmigungsverfahren notwendig (vereinfachtes Wasserrechtsverfahren). Bitte fragen Sie, wenn Sie sich einen Brunnen bohren lassen wollen, rechtzeitig bei Ihrer zuständigen Gemeinde beziehungsweise beim zuständigen Landrats-, Umwelt- oder Wasserwirtschaftsamt nach.

**Bohrbrunnen**
Es ist ziemlich teuer, einen Brunnen bohren zu lassen. Zudem können Sie nicht einmal sicher sein, dass Sie daraus auch Wasser gewinnen können und dass das Wasser auch Trinkwasser ist. Erkundigen Sie sich nach den behördlichen Auflagen und Genehmigungsverfahren. Es gibt auch viel Literatur und entsprechende Internetseiten zum Thema.

**Zisterne**
Eine Zisterne ist ein Reservoir, in dem das Wasser aufgefangen und gespeichert wird. In einer Region mit starken Regenfällen ist dies eine gute Lösung. Zusätzlich kann man die Wasserrechnung der Wasserwerke reduzieren.

**Bäche und Flüsse**
Häufig kann man Wasser aus einem Fluss oder einem Bach, der durch Ihr Gelände verläuft, entnehmen. Voraussetzung hierfür ist eine behördliche Genehmigung und selbstverständlich eine genaue Wasseranalyse.

*„Ich erinnere mich an zwei kleine benachbarte Grundstücke, alle beide auf einer Anhöhe gelegen, beide an einer Straße, die von Osten nach Westen führt. Beide Grundstücke liegen einander gegenüber, nur durch die Straße getrennt. Beides blühende Grundstücke, aber das Grundstück südlich der Straße, wo das Gebäude und das Land im Süden der Anhöhe liegen, hat einen besseren Standort, denn die Vorderseite des Hauses und der Garten sowie das ganze Grundstück sind vor dem Nordwind geschützt und zur Sonne hin ausgerichtet. Das Haus auf der Nordseite hingegen ist im Nachteil, denn die Winde steigen über den Hügeln auf und wehen gegen die Vorderseite an. Wenn man diese beiden Grundstücke und die alten Pläne aufmerksam betrachtet, sieht man, das diese Vor- und Nachteile der Topographie ihren Widerhall in den Namen finden: das Grundstück auf der Nordseite heißt „Region der starken Winde", während das südlich gelegene Grundstück „Sonnenhang" heißt. Diese Südseite schützt seit über hundert Jahren ein Obstbaum, während auf der anderen Seite immer satte Wiesen gedeihen. Beide Grundstücke wären in jedem Fall eine gute Wahl, aber das südliche Grundstück ist besser zu nutzen als das andere."*

Die Autoren

## Die Ausrichtung

In unseren Breiten auf der nördlichen Halbkugel sind im Idealfall Gebäude wie Grundstück im Norden von einer Geländeerhebung geschützt, sodass die Vorderseite des Hauses und die besten Bodenabschnitte sanft nach Süden hin abfallend ausgerichtet sind.

Ist die Stunde der Wahrheit gekommen, sehen Sie sich genau die Pläne an, schauen Sie sich wieder und wieder die Umgebung an, sprechen Sie mit den Nachbarn, beobachten Sie, wie die Grundstücke genutzt werden, betrachten Sie die Gebäude, schauen Sie, wie die Bäume wachsen – sind sie moosbedeckt oder windgebeugt? Versuchen Sie ganz allgemein, möglichst viel über das Grundstück zu erfahren, das Sie erwerben möchten.

## Sein Glück mit der Familie oder mit Freunden versuchen

Sind Sie finanziell etwas eingeschränkt oder schwebt Ihnen eine größere „Unternehmung" vor, die sehr personalintensiv ist, dann kann ein möglicher Ausweg eine Art Minigemeinschaft aus Familie oder Freunden sein. Na-

*Die Ausrichtung des Grundstücks feststellen*

BIENVENUE

türlich hängt viel von Ihrer persönlichen Situation und den Umständen ab. Angenommen, bei einem x-beliebigen Paar mit begrenztem Budget sind die Eltern des einen oder anderen Partners bereit, sich an der Finanzierung des Grundstücks zu beteiligen und ihr Schicksal mit dem des Paares zu verbinden. Diese Konstellation ist gang und gäbe – sie ist nicht unbedingt jedermanns Geschmack, birgt aber zahlreiche Vorteile. Ältere Menschen bringen in der Tat sehr viel Lebenserfahrung mit (ein), sie verfügen über mehr Geld und Freizeit. Zudem können viele Aufgaben leichter mit einem zusätzlichen Paar Hände bewältigt werden.

### Vorsicht ist besser …

Sich mit Freunden in dieses Abenteuer zu stürzen ist weitaus komplizierter. Nach meiner Erfahrung kann diese Art der Übereinkunft nur mit „eingebautem Notausgang" funktionieren, das heißt dass sich diejenigen Mitglieder der Gruppe, die ihre Illusionen verloren haben, gegebenenfalls aus der Affäre ziehen können. Legen Sie in juristisch gültiger Form die Regeln für diese Form der Gemeinschaft fest.

## Vorsicht, Falle!

### Durchgangsrecht

Im Idealfall gehört der Zugang zu Ihrem Grundstück und Ihrem gesamten Gelände Ihnen und ist in der Besitzurkunde festgehalten. Andernfalls müssen Sie sich notgedrungen mit einem Durchgangsrecht zufriedengeben, um von der Straße bis zu Ihrem Grundstück zu gelangen.

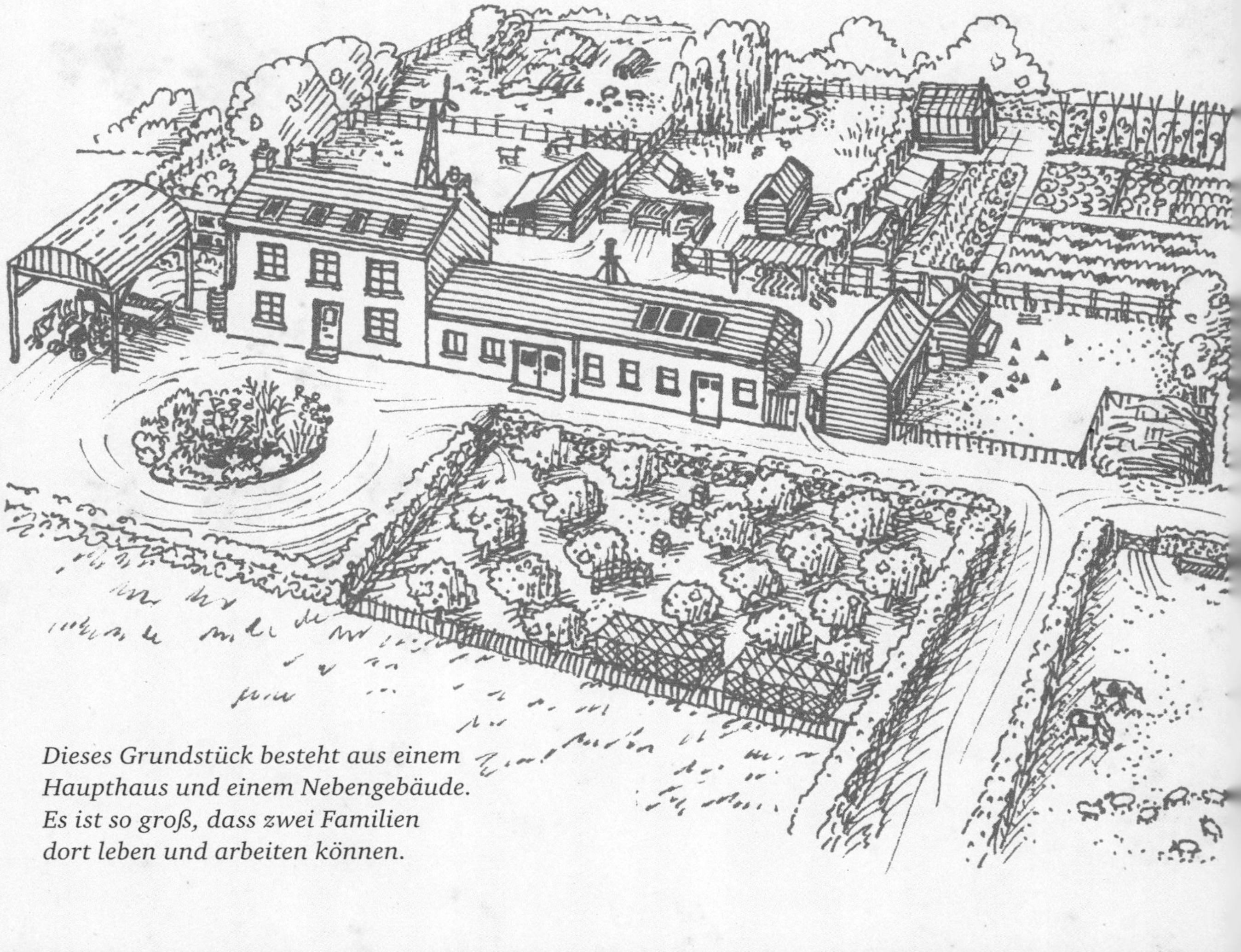

*Dieses Grundstück besteht aus einem Haupthaus und einem Nebengebäude. Es ist so groß, dass zwei Familien dort leben und arbeiten können.*

### Diskussionspunkte

- Vielleicht brauchen Sie Geld von Ihren Eltern oder Schwiegereltern, aber können Sie mit ihnen auch arbeiten? Haben Sie schon einmal mit ihnen zusammengelebt und gearbeitet?
- Wenn Sie sich mit Familie oder Freunden zusammentun, müssen alle Beteiligten Kompromisse eingehen. Jeder muss zwar seinen eigenen Verantwortungsbereich haben, dennoch muss es jemanden geben, der das Steuer übernimmt.
- Es ist wichtig, dass ausreichend Raum zum Leben vorhanden ist, damit jeder sich in seine Privatsphäre zurückziehen kann.
- Wenn Sie sich mit Ihren Eltern zusammentun, was passiert, wenn einer der beiden Elternteile stirbt? Muss dann das Grundstück verkauft werden? In welcher Hinsicht kann Ihre Übereinkunft andere Familienmitglieder beeinträchtigen?
- Wenn Sie sich mit Freunden zusammentun, was passiert, wenn die einen oder anderen ihre finanziellen Einlagen wieder zurückhaben wollen?
- Ein Grundstück zu kaufen, auf dem zwei Paare – jedes in seinem eigenen Haus – leben können, ist eine gute Idee. Aber ist sie auch durchführbar?

## Die lieben Nachbarn

In der Stadt sind Nachbarn manchmal ein Problem: zu viele davon, zu nahe dran, auf manche Nachbarn könnte man gut und gerne verzichten. Auf dem Land dagegen sind Nachbarn unentbehrlich. Natürlich haben Sie keine Lust auf zu große Nähe, aber es wird der Moment kommen, wo Sie ihre Hilfe benötigen oder umgekehrt.

Waren Ihr Haus und Ihr Grundstück ehemals Teil eines größeren Ganzen – wenn beispielsweise Ihr Häuschen genau neben einem großen Bauernhof errichtet wurde –, ist Ihr Grundstück umschlossen und Sie werden immer Menschen mit mehr Erfahrung an Ihrer Seite haben, die Ihnen raten können. Sie werden sicher einmal den einen oder anderen Rat brauchen, aber Sie müssen auch Ihre eigenen Erfahrungen machen können.

Sie brauchen weder jemanden, der Ihnen ständig im Nacken sitzt noch darf es soweit kommen, dass Sie sich nicht mehr trauen, eine Entscheidung zu treffen, ohne diese vorher mit den Nachbarn abgesprochen zu haben.

Was das Wegerecht angeht, sollten Sie besser keines auf Ihrem Grundstück eingetragen haben. Vergewissern Sie sich, dass diese Punkte im Eigentumsrecht festgehalten sind und gegebenenfalls eine Urkunde aufgesetzt wird, in der der Verlauf der mit einem Wegerecht belasteten Wege genau angegeben ist. Informieren Sie sich auch, ob die bei Ihnen verlaufenden öffentlichen Wege Sie beispielsweise bei der Viehhaltung einschränken. Sind Sie im Zweifel ob der Durchgangsrechte, erkundigen Sie sich beim Katasteramt.

**FÜR PROFIS**

### Anschluss an das Energieversorgungsnetz – Ja oder Nein?

Ein echter Selbstversorger ist wegen Wasser, Gas und Strom nicht mehr von den Energieversorgungsnetzen abhängig – eine Unabhängigkeit, die nicht so leicht auf Anhieb zu erreichen ist.

*„Bei unserem ersten Grundstück hatten wir beispielsweise 600 m² Land, ein Haus, eine Scheune und ein Regenwasserreservoir. Wir wussten, dass es irgendwo einen Brunnen gab, aber der war im Unterholz versteckt. Im ersten Jahr haben wir mehr oder weniger im Haus kampiert. Wir tranken Regenwasser und wir wuschen uns damit, wir verwendeten Gasflaschen zum Kochen und um Licht zu haben und wir machten Feuer im Kamin, um es warm zu haben.*

*So kann man natürlich überleben, aber es bedeutet viel Arbeit. Anfänglich sollte man besser die Energieversorgungsnetze nutzen und sie allmählich durch ökologischere Lösungen ersetzen (oder ergänzen).*

# Vor- und Nachteile des **Landlebens**

Wenn Sie auf einem Bauernhof geboren wurden, wissen Sie, was ein Leben auf dem Land bedeutet. Diejenigen, die immer in der Stadt gelebt haben, haben keine genaue Vorstellung von den Vor- und Nachteilen ... und auch nicht von den manchmal schrecklichen Seiten des Lebens auf dem Land.

## Erst überlegen, dann aussteigen

Angenommen, Sie sind ein Städter, der davon träumt, sich auf dem Land selbst zu versorgen. Ihre Inspiration hierfür nehmen Sie aus dem Buch „Walden oder Leben in den Wäldern" von Henry David Thoreau, Sie haben schon tausend Mal darüber nachgedacht, Sie haben Bilanz gezogen und Sie fangen an, genauer zu planen. Fest entschlossen, das eintönige Grau der Städte hinter sich zu lassen, sind Sie bereit, Ihren Traum in die Realität umzusetzen, zu einer, wie Sie glauben, einfachen Lebensweise zurückzukehren. Sie haben das Land in alle Richtungen abgegrast und die verschiedensten Möglichkeiten durchgespielt und – zumindest hoffe ich das für Sie! – Sie haben eine gewisse Probezeit hinter sich, bevor Sie endgültig aussteigen.

Erstaunlicherweise stellt man immer wieder fest, dass sich viele Menschen eine derart romantische Vorstellung vom Leben auf dem Land machen, dass sie darüber die manchmal raue Wirklichkeit vergessen. Nach meinem Dafürhalten kann man auf dem Land am besten als Selbstversorger leben, denn dort ist der Grund und Boden billiger und die Auswahl größer; aber viele Städter können auch als halbe Selbstversorger leben. Dann macht es nochmals einen Unterschied, ob Sie im bayerischen Voralpenland leben oder an der Nordsee. Es ist wichtig, dass Sie alle Vorteile, aber auch alle Nachteile abwägen, die Sie auf dem Land erwarten. Vergessen Sie nicht, dass jede Medaille auch eine Kehrseite hat.

## Vorteile

- Raum und Weite wirken häufig sehr befreiend.
- Sie haben vermutlich ein großes Vergnügen an der Beobachtung der Jahreszeiten und der Landschaft.
- Im Allgemeinen ist die Umweltverschmutzung auf dem Land nicht so stark. Manche Landwirte verwenden nach wie vor Pestizide, aber Sie werden nicht von Autoabgasen belästigt.
- Die Leute auf dem Land können sich als warmherzig und hilfsbereit erweisen, sofern man ihnen Gelegenheit dazu gibt; besonders wenn sie merken, dass man selbst auch nur ein Landwirt ist, der versucht, zurechtzukommen und es ganz einfach so gut wie möglich machen will.
- Die Lärmbelästigung ist weitaus geringer als in der Stadt. Sie können sich selber denken hören. Sie hören die Vögel zwitschern, die Tiere, den Wind in den Bäumen ...
- Auch die visuelle Reizüberflutung ist gering. In der Nacht sehen Sie den Sternenhimmel ...
- Wenn Sie Kinder im Schulalter haben, integrieren Sie sich in die ländliche Gemeinschaft dank außerschulischer

*Die eigenen Produkte verkaufen*

Aktivitäten. Die Kinder bringen ihre Freunde mit nach Hause, Sie lernen deren Eltern kennen und vergrößern so Ihren Bekanntenkreis. Bald kennen Sie alle Kinder aus der Gegend und auch ihre Eltern.

- Der Preis für Ackerland ist nicht sehr hoch. Sie können nach Bedarf Felder, Wiesen und Wälder, pachten.
- Auf dem Land kann sich jeder kostengünstig unterhalten: Die Kinder können auf den Feldern zelten, man kann lange Spaziergänge machen, Pilze suchen gehen ...
- Sie haben genügend Platz, um alles Mögliche zu unternehmen: Sie können reiten, die Natur beobachten, ausgefallene Gartenarchitektur betreiben, im Garten herumrennen und aus vollem Halse singen ... alles, was Ihnen gerade so einfällt.
- Wenn Sie von Natur aus ein unabhängiger Mensch sind, werden Sie sich sehr frei fühlen.
- Da auf dem Land weniger Menschen leben, haben Sie viel mehr Lebensraum zur Verfügung.

*Schweine müssen täglich gefüttert werden, auch an Feiertagen!*

## Nachteile

- Die Fahrtkosten können richtig ins Geld gehen, vor allem, wenn Sie fernab von allem sind. Denken Sie bei Ihrer Budgetplanung daran.
- Sie werden einen guten Lieferwagen oder Kleintransporter, vielleicht ein Allradfahrzeug brauchen. Eine Panne weitab jeder Ortschaft wird schwierig, wenn Sie sich mit Fahrzeugreparaturen nicht auskennen.
- Das Vieh (Schweine, Ziegen etc.) muss 365 Tage im Jahr rund um die Uhr betreut werden: auch an Neujahr und am 1. Mai!
- Gesundheit ist ein besonders Kapitel. Ein Schnupfen, eine Grippe oder ein verrenkter Knöchel können eine Katastrophe bedeuten, besonders wenn Sie Vieh besitzen.
- Damit die Kinder zur Schule gehen können, müssen sie womöglich täglich viele Kilometer zurücklegen. Vielleicht gibt es Schulbusse, aber durch die Fahrpläne sind die Kinder gezwungen, früh abzufahren und spät zurückzukommen.
- Das Wetter ist auf dem Land viel wichtiger als in der

*Schmutz, Schmutz und noch mehr Schmutz ...*

Sucre
Farine
Café

## Selbstversorger in der Stadt

*Ist es denkbar, als Selbstversorger in der Stadt zu leben? Warum nicht, auch wenn diese Lebensweise sich vom Landleben unterscheidet. Sie können es einmal ausprobieren, wenn Sie einen großen Garten haben und wenn Sie daran denken, den größten Teil davon zur Erzeugung von Lebensmitteln zu nutzen. Sie können sogar ein Treibhaus bauen und Hasen halten. Welche Vorteile kann man sich von diesem Unternehmen versprechen?*

**Vorteile**

- Wenn Sie bereits in der Stadt wohnen, müssen Sie nicht umziehen.
- Sie können leicht halbtags arbeiten, um Ihre Einkünfte aufzubessern.
- Ein altes Auto oder ein Kleinlaster sind hier Gold wert, denn mit Werkstätten in der Nähe ist eine Panne weniger problematisch als auf dem Land.
- Selbst wenn Sie nicht sämtliche Lebensmittel selbst anbauen oder herstellen können, so können Sie doch bereits wesentliche Einsparungen vornehmen, indem Sie Ihre eigenen Lebensmittel verzehren und saisonbedingt nur die Produkte hinzukaufen, die Sie nicht selbst herstellen können.
- Wenn für Sie Selbstversorgung bedeutet, Ihre Produkte zu verkaufen, um damit Geld zu verdienen, ist dies in der Stadt leichter.
- Die Schulen für Ihre Kinder befinden sich in der Nähe, ebenso alle kulturellen Aktivitäten, an die Sie gewöhnt sind.

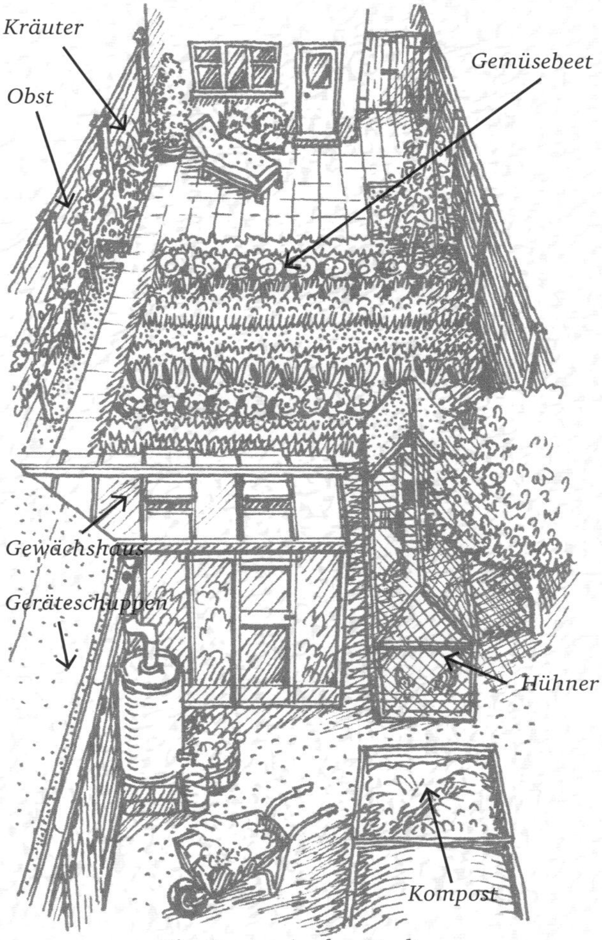

*Ein Garten in der Stadt*

Stadt – Schnee, Regen, Wind und Trockenheit werden Ihren Lebensrhythmus bestimmen.

> Die Dunkelheit ist viel stärker ausgeprägt: eine unbefestigte Straße oder ein unscheinbarer Ort versinken bei Einbruch der Dunkelheit in völliger Finsternis.

> Sie haben überall Schmutz, sobald es einmal regnet.

> Das Leben in einer kleinen Gemeinschaft, ob in einem Weiler oder kleinen Dorf, kann sehr „begrenzt" sein. Und jeder weiß alles über Sie.

> Die in der Stadt gehaltenen Hunde und Katzen können sich nicht immer an das Leben auf dem Land anpassen. Wenn Ihr Hund den Schafen hinterherjagt, riskieren Sie Ärger mit Ihren Nachbarn.

> Tore und Gatter sind ein ewiges Ärgernis mit den Nachbarn. Lassen Sie ein Gatter offen stehen, kann sich Nachbars Vieh davonmachen. Einfache Regel: Lassen Sie die Gatter offen, wenn Sie sie so vorgefunden haben und schließen Sie sie wieder, wenn Sie geschlossen waren.

# Ökologisch wohnen

# Das ideale Haus

Ein „autarkes" Ökohaus ist ein autonomes Haus, das die Energie, die es benötigt, selbst erzeugt und seine Abfälle recycelt. Aber das ist noch nicht alles.

## Mythos oder Realität

Idealerweise müssten die Bewohner eines solchen Hause nicht mehr zur Arbeit gehen, um das Geld zu verdienen, das sie anschließend zum Lebensunterhalt ausgeben. Eigentlich müssten sie zu Hause bleiben, um sich um ihren Gemüsegarten zu kümmern ... Wir wissen natürlich alle, dass dieser Mythos eines Selbstversorgers, der Abkehr von der Zivilisation – der Mythos eines New-Age-Robinson-Crusoe – unrealistisch ist.

Denn wir brauchen Geld, um unsere Steuern, unsere Miete, unseren Lebensunterhalt zu bezahlen. Das ideale Ökohaus kann man daher nicht vollständig außerhalb jeglicher Zivilisation entwerfen. Sind es zudem nicht dieselben verantwortlichen Politiker, die in den 1960er und 1970er Jahren Ökologen als fröhliche Spinner abtaten und uns jetzt auffordern, weniger Abfall zu produzieren, weniger umweltverschmutzende Autos zu fahren, weniger Wasser zu verbrauchen, unsere Häuser wärmezudämmen und ganz allgemein weniger Energie zu verbrauchen?

*Die eigenen Nahrungsmittel erzeugen*

*Windrad auf dem Dach*

## Ein tiefgreifender Trend

Vieles von dem, was in den 1960er und 1970er Jahren als utopisch erschien, ist inzwischen machbar geworden. Mit Solarenergie beheizte Häuser, Fahrzeuge mit geringem Kraftstoffverbrauch, Windräder im Kleinformat sind nur einige der Errungenschaften, die inzwischen jedermann zugänglich sind. Wenn jeder von uns einen kleinen Beitrag leistete – und wenn es nur darum ginge, unsere Häuser wärmezudämmen, wohingegen sich die Vertreter der harten Linie gleich komplett von den Energieversorgungsnetzen lossagen würden – wäre dies schon ein großer Fortschritt. Eine andere bedeutsame Entwicklung nahm in den 1970er Jahren ihren Anfang: Während die meisten von uns damals noch gezwungen waren, zu ihrem Arbeitsplatz zu fahren, ermöglicht es die Entwicklung von PC, Laptop und verwandter Technologien heute immer mehr Menschen, von zu Hause aus zu arbeiten.

Die führenden Köpfe der Selbstversorgungsbewegung sind sich heutzutage einig, dass die beste Lösung in einem Mittelweg zwischen beiden Extremen liegt: Die meisten von uns müssen Geld verdienen, aber wir könnten einen Großteil unserer Zeit mit dem Anbau von Gemüse verbringen und uns um unser Ökohaus kümmern. Seien wir realistisch: Es sind nur wenige, die aus freiem Willen den Weg der Selbstversorgung einschlagen oder sich für die Ökologie per se interessieren. Die Mehrheit befürwortet Ökotechnologien, um zu sparen.

## Das 9-Punkte-Energiesparprogramm

1 Hängen Sie dicke Vorhänge an alle Außenfenster und -türen. Öffnen Sie die Vorhänge tagsüber und ziehen Sie sie abends zu, um die Wärme zu speichern. Ziehen Sie mehrere Kleiderschichten an, wenn es kalt ist.

2 Ersetzen Sie alle Fenster durch doppelt oder dreifach verglaste Fenster.

3 Begrenzen Sie die Anzahl der Außentüren.

4 Dämmen Sie den Dachboden und alle Hohlwände. Dämmen Sie bei Massivwänden eine Seite.

5 Verringern Sie die Anzahl oder Größe der nach Norden gehenden Fenster. Bauen Sie mehr nach Süden gehende Fenster ein oder vergrößern Sie die bereits vorhandenen nach Süden gehenden Fenster.

6 Bauen Sie einen Holzofen ein und verwenden Sie keine Elektro- oder Gasheizkörper mehr. Verlegen Sie Lüftungskanäle, um die Wärme im ganzen Haus zu verteilen.

7 Bauen Sie eine Veranda, ein Gewächshaus oder einen Wintergarten vor jeder Außentür. Verlegen Sie Lüftungskanäle in Boden- und Deckenhöhe, um die warme Luft dieser Glasbauten nach innen zu leiten beziehungsweise um einen Kühlkreislauf zu bilden.

8 Rüsten Sie das Hausdach mit Sonnenkollektoren auf, um das für das Kochen und Heizen bestimmte Wasser vorzuwärmen.

9 Ändern Sie den Verlauf der Rohrleitungen entsprechend ab, um das Grauwasser (gering verschmutztes Abwasser, siehe Seite 42) zu nutzen: Das Wasser der Bäder und Duschen wird wiederaufbereitet, um es für die Wasserspülung der Toiletten zu verwenden.

# Ein „Do-it-yourself"-Haus

Für ein Do-it-yourself-Haus kommen vier Zielgruppen in Frage: Diejenigen, die sich automatisch für Ökotechnologie entscheiden, einfach um zu sparen, und sich nur für den finanziellen Aspekt interessieren; diejenigen, die es machen, weil es dem Zeitgeist entspricht; diejenigen, die tatsächlich aussteigen möchten, jedoch nicht umziehen können und sich mit dem begnügen müssen, was sie haben; und schließlich diejenigen, die wirklich gerne einen Tapetenwechsel und ein Leben als Selbstversorger versuchen möchten, diesen Schritt aber nicht auf einen Schlag machen können.

Um aus dem, was man hat, das Beste zu machen, sollte man in unterschiedlichen Do-it-yourself-Techniken firm sein. Hat man sich für die Do-it-yourself-Methode entschieden, sollte man zunächst die Gegebenheiten sondieren: Ist Ihr Haus klein oder groß? Aus welchem Material wurde es gebaut? Ist es gut gedämmt? Nehmen Sie dann einige Umbauten vor, um weniger Energie zu verbrauchen.

*Ein „Do-it-yourself"-Ökohaus*

# Das **autonome** Haus

Ein autonomes Haus kann man mit einem geschlossenen Kreislauf vergleichen, bei dem versucht wurde, alles zu optimieren, was die Erzeugung von Energie und die Wiederverwertung von Abfällen betrifft. Das Ergebnis dieses Konzepts ist die eigenständige Energieversorgung. Auf lange Sicht betrachtet bedeutet es die Kappung sämtlicher Anschlüsse an die öffentliche Kanalisation und die Stromversorgung.

## Die Besonderheiten

Das autonome Haus ist mit Folgendem ausgestattet: Sonnenkollektoren auf dem Dach, einer Lüftungsanlage mit Wärmerückgewinnung mit vertikalen Verteilleitungen, die die vorgewärmte Luft im ganzen Haus verteilt, einem Erdwärmespeicher im Kiesbett, einem Wasserspeicher, Windrädern zum Umwandeln von Windenergie in Strom, einem einfachen Abfallverwertungssystem, einer Grauwassernutzungsanlage, einer Regenwasseranlage zum Auffangen und Speichern des Regenwassers und einer Brennstoffzelle.

Ein autonomes Haus bedeutet, die etablierte Ordnung in Frage zu stellen, seiner Zeit hinsichtlich der Nutzung der Naturelemente und manchmal auch der Gesetzgebung voraus zu sein sowie unaufhörlich um völlige Eigenständigkeit zu kämpfen, ohne an die öffentlichen Energieversorgungsnetze angeschlossen zu sein ... Das Konzept des autonomen Hauses geht zurück auf Brenda und Robert Vale, englische Architekten und Autoren mehrerer Bestseller zu diesem Thema.

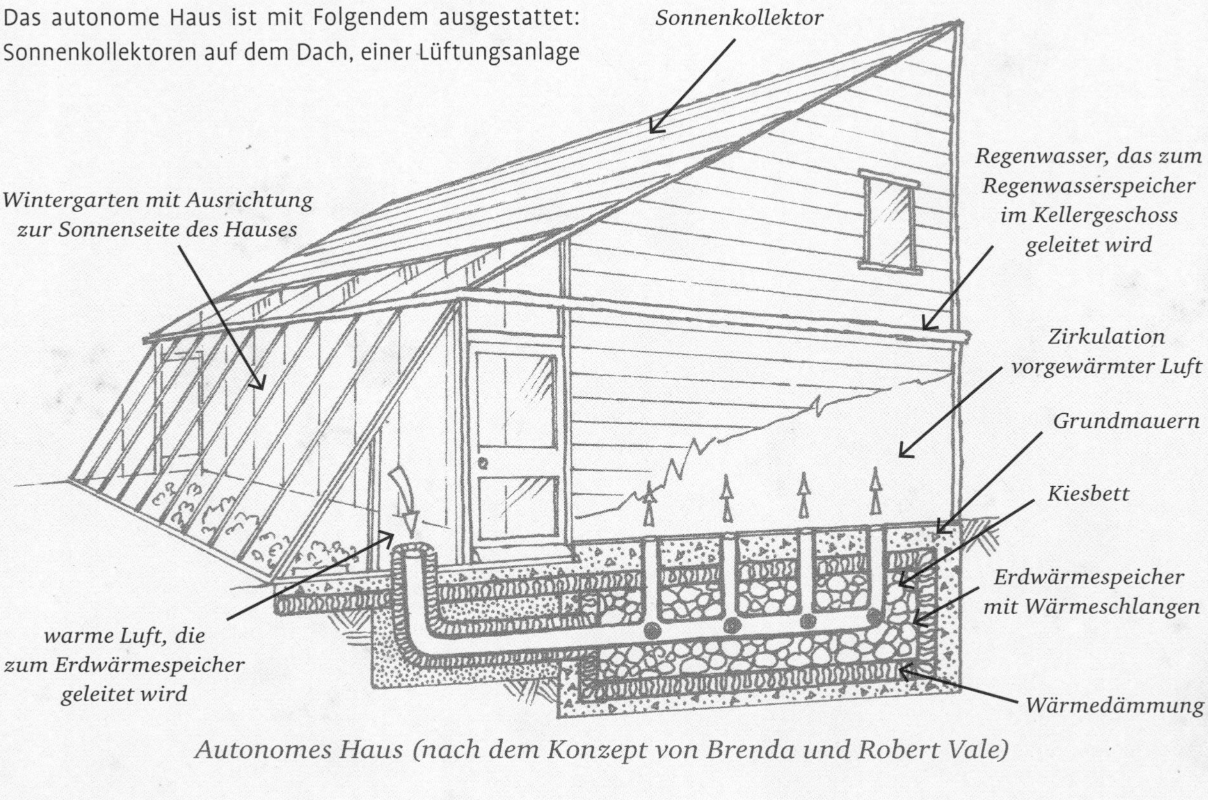


*Autonomes Haus (nach dem Konzept von Brenda und Robert Vale)*

# Das Passivhaus

Bei diesem Haustyp benötigt man keine Heizenergie, sondern gewinnt dank der thermischen Trägheit aus passiven Quellen die Abwärme wieder zurück: von der Warmwasseranlage, Küche und Beleuchtung, Haushaltsgeräten, aber auch den einzelnen Bewohnern und natürlich der Sonne. Das Passivhaus ist eine konsequente Weiterentwicklung des Niedrigenergiehauses (NEH).

## Besonderheiten

Das Gebäude ist auf die Speicherung von Sonnenenergie ausgelegt. Schiebefenster, Be- und Entlüftungsrohre, Speicherwände (Trombewand, siehe Seite 49) und eine gute Wärmedämmung. Trombewände bestehen aus speicherfähigem Material – Mauerwerk und Wasser. Die Sonne scheint durch die Isolierverglasung vor der Trombewand und erwärmt die Wände, sodass der Zwischenraum zwischen Speicherwänden und Verglasung zum Wärmeschacht wird. Lüftungsöffnungen im Boden- und Deckenbereich, an der Verglasung und den inneren Trombewänden sorgen dafür, dass der durch Konvektion aufsteigende warme Luftstrom zwischen Wand und Verglasung entweder nach innen oder nach außen geleitet wird. Die abgegebene Warmluft kann zur Erwärmung oder Kühlung des Innenraumes verwendet werden. Je nach Jahreszeit muss man nur die Lüftungsöffnungen regulieren. Wesentlich am Passivwohnraum ist die Ausrichtung zur Sonnenseite, die Nutzung von thermischer Masse, hochwertige Wärmedämmung sowie Luftfallen oder Wärmepuffer an den Außentüren. Die thermische Masse nimmt die Wärme während des Tages auf und gibt sie des nachts wieder ab. Idealerweise ist solch ein „bioklimatisches" Haus ein längliches, enges Konstrukt, mit einer Fassadenseite vollkommen verglast und so konstruiert, dass die Glasfläche um die Mittagszeit die Sonne auffängt. Es ist ein einfaches und wartungsarmes System.

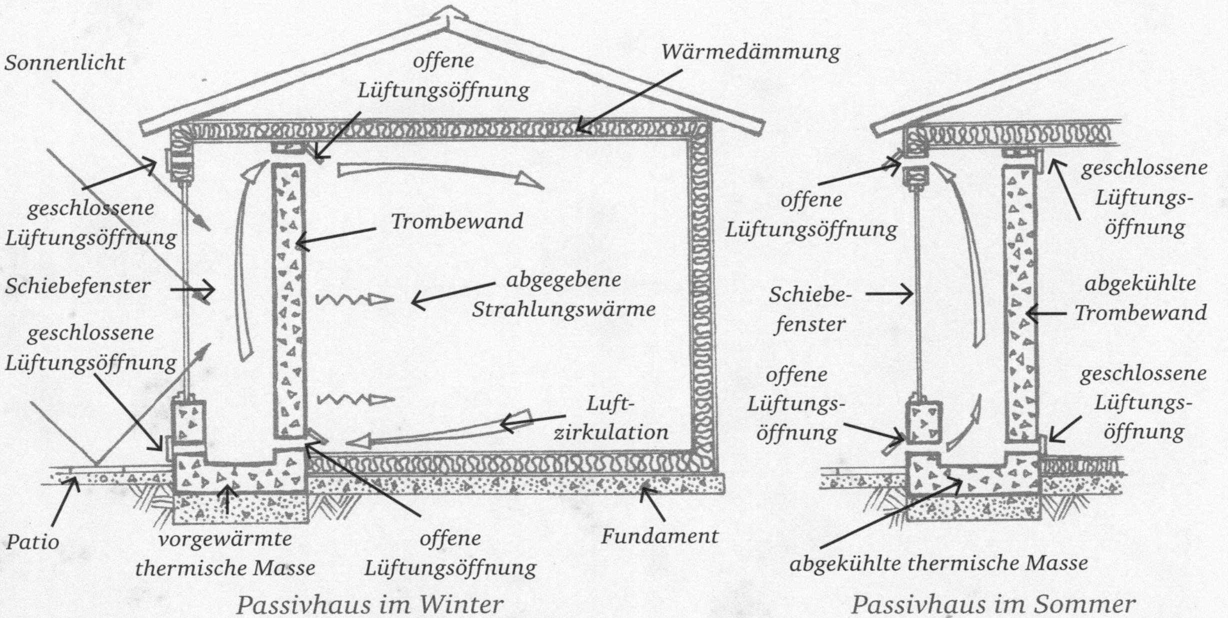


*Passivhaus im Winter*　　*Passivhaus im Sommer*

# Das High-Tech-Haus

Ein High-Tech-Haus oder „intelligentes" Haus setzt ein zentrales System ein, das eine Reihe von Funktionen computergesteuert verwaltet. Der Zentralrechner steuert das Öffnen und Schließen der Türen, das Ein- und Ausschalten der Beleuchtung, das Öffnen und Schließen der Fensterläden und Rollos, das Öffnen und Schließen der Belüftungsöffnungen ...

## Besonderheiten

Natürlich ist das High-Tech-Haus nur etwas für Technikbegeisterte, denn diese Technik kostet eine Stange Geld. Das High-Tech-Konzept stand schwer in der Kritik, da es angeblich nicht wirklich ökologisch ist – was in mancher Hinsicht durchaus stimmt. Dennoch kann man mit einem solchen Haus eine Menge Energie sparen. Der Technikansatz reduziert den Energieverbrauch, indem er die Geräte synchronisiert. Vielleicht bereitet Ihnen die Vorstellung Unbehagen, dass ein Computer an den Knöpfen dreht und das Licht ein- oder ausschaltet. Stellen Sie sich einmal vor, mehrere Geräte oder besser noch eine zentrale Anlage sind in der Lage, bewegungsabhängig das Licht ein- beziehungsweise auszuschalten, die Temperatur und die Lüftung einzustellen. Sie werden zustimmen, dass dadurch eine echte Energieeinsparung zustandekommt. Das intelligente Haus ist darauf ausgelegt, auf äußere Reize zu reagieren. Verknüpfen Sie beispielsweise eine passive Solarheizungsanlage mit den Außentemperaturen und Ihrem täglichen Aufenthalt im Haus, so kann diese perfekt abgestimmt arbeiten. Eine solche Anlage, die Energie einspart und den Alltag erleichtert, ist eine echte Alternative für ältere oder behinderte Menschen.

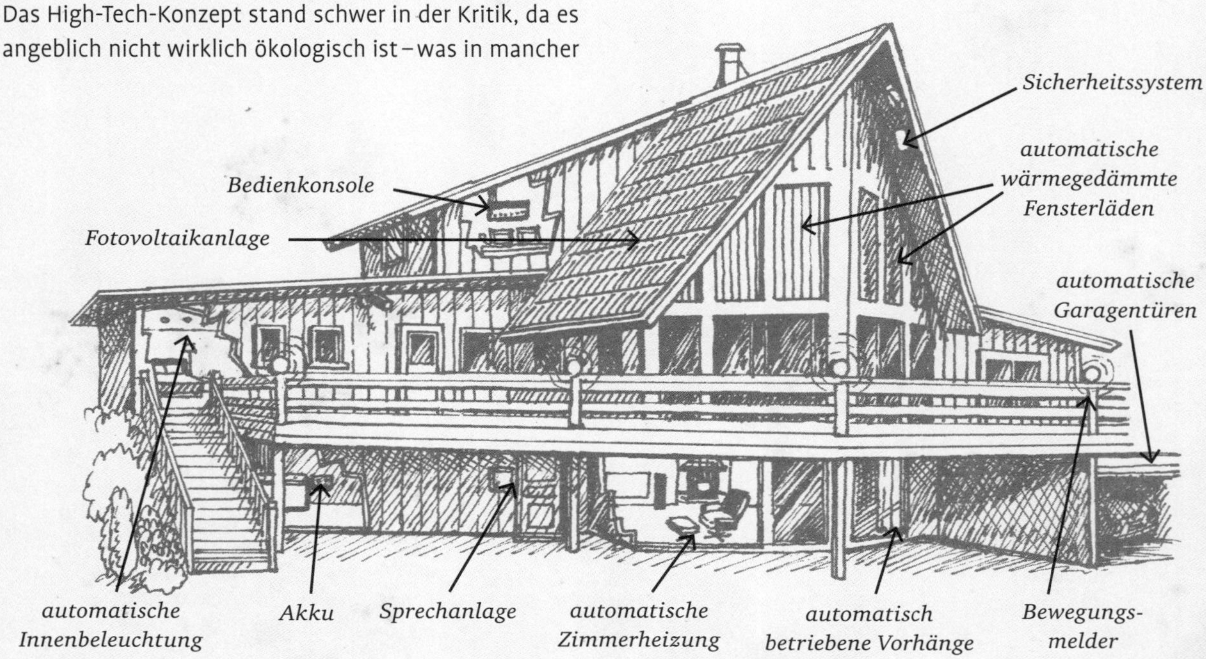


*Ein vollautomatisiertes High-Tech-Haus*

# Das natürliche Haus

In einem natürlichen Haus harmoniert alles vollkommen mit der Umgebung – Formgebung, Bauweise, Materialien und Standort. Das Konzept erinnert an die Rückkehr zu den „guten alten Zeiten".

## Besonderheiten

Denken Sie an die traditionellen Wohnformen hier und da auf der ganzen Welt: Durch Verwendung von örtlich verfügbaren Materialien und jahrhundertealten Techniken, durch die Errichtung ihrer Häuser mit der Rückseite zum Wind und der Vorderseite zur Sonne, stand jede Bevölkerungsgruppe im Einklang mit der Natur. Im Winter versammelten sich ganze Familien vor dem einzigen Kamin, während sie sich im Sommer eher draußen aufhielten, auf einer überdachten Veranda. Die Zimmer waren klein und dunkel, aber die Gebäude erfüllten ihre Schutzfunktion sehr gut. Die Gesamtproportionen waren stimmig, Farben und Beschaffenheit passten zur Umgebung. Die Häuser waren gesund und harmonierten mit der Natur.

Nach der industriellen Revolution gaben die meisten Gemeinschaften die traditionellen Bauweisen auf zugunsten neuerer, einfacherer Bauweisen. Strohdächer wurden durch Dächer aus Schiefer Ziegel oder Zink ersetzt, und die dicken Strohlehmwände durch Ziegelstein, Asbest und Wellblech. Die Häuser wurden von nun an in engen Reihen und genau ausgerichtet gebaut, ohne einen Gedanken an die Ausrichtung zur Sonnen- oder Windseite zu verschwenden ...

Ein natürliches Haus bauen bedeutet traditionelle Bauweisen mit anderen Augen zu betrachten. Schlüsselwörter sind hier: klein, natürlich, örtlich verfügbare Materialien, gesund, passiv, harmonisch.

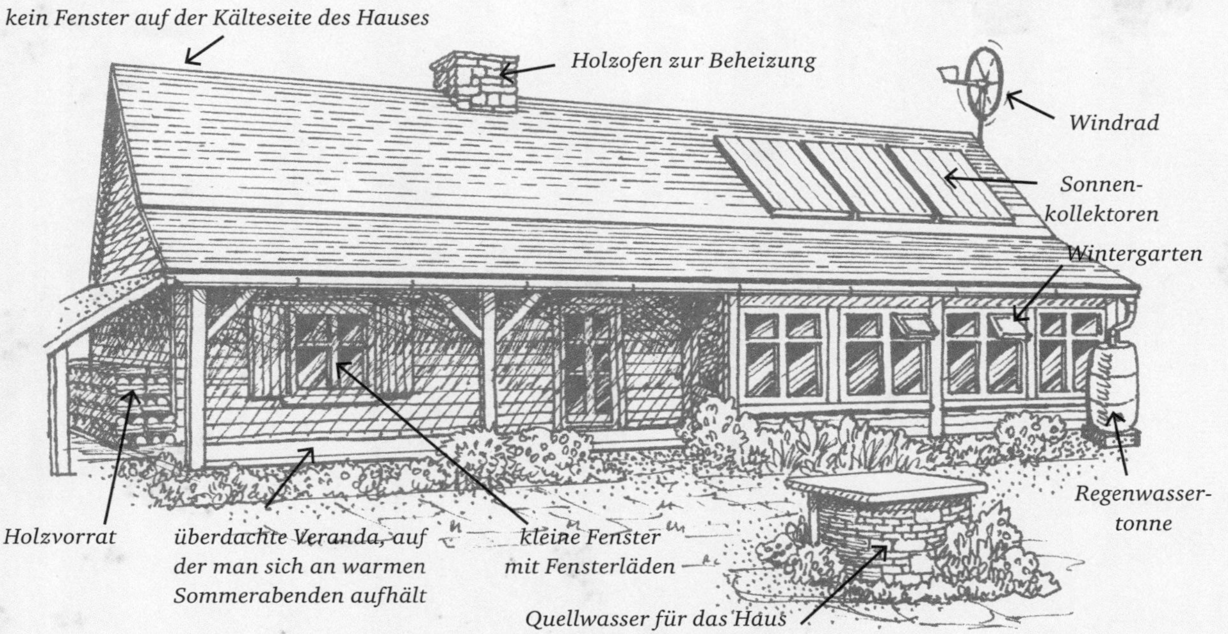


*Ein natürliches Haus besteht aus natürlichen Baumaterialien*

# Energie zum Heizen und Kochen

Zum Heizen oder Kochen von Lebensmitteln können wir auf verschiedene traditionelle oder moderne Energiequellen wie Strom, Gas, Kohle, Holz und Erdöl zurückgreifen.

## Strom vom Stromnetz

In den Industrieländern sind die meisten Haushalte an das Stromnetz angeschlossen. Der überwiegende Teil nutzt Strom in jedem Zimmer und besitzt einen Elektroherd oder Kochplatten und einen Elektroofen, eine Mikrowelle, einen Toaster, eine Kaffeemaschine, einen Wasserkessel, einen Kühlschrank, manchmal auch zusätzlich kleine elektrische Heizstrahler, einen Computer, einen Fernseher, vielleicht eine Pumpe für die Ölheizung … eine ganze Menge an Elektrogeräten verbrauchen Strom.

### Pro

> Die Verlegungskosten sind gering. Sind die Leitungen einmal gelegt, mit Kabeln und Steckdosen, beträgt ihre Lebensdauer 25 Jahre und mehr.

> Strom ist eine **Sofortenergie**, sie ist sauber, geräuschlos und sehr praktisch – man muss nur einen Schalter betätigen und alles funktioniert.

> Strom ist nicht gefährlich: keine Lecks, auch kein Diebstahl.

> Strom vom Stromnetz ist jederzeit und nach Bedarf zugänglich – man braucht an keine Bestellung zu denken.

> Derzeit sind die Preise reguliert: keine Angst vor unkontrollierten Preiserhöhungen.

> Der Staat sorgt dafür, dass der Bedarf der Bevölkerung vollständig gedeckt ist.

### Kontra

> Man muss ans Stromnetz angeschlossen sein, was in besonders abgelegenen Gebieten manchmal kompliziert oder sogar unmöglich ist.

> Selbst bei Einschränkung des Stromverbrauchs müssen die regelmäßigen Vorauszahlungen geleistet werden.

> Strom ist die teuerste Energie.

## Gas vom Gasnetz

Einst wurde Erdgas als eine wundersame Energiequelle betrachtet, die im Laufe der Zeit verschiedene Entwicklungen durchlief: So verwendete man anfangs Steinkohlegas, dann das sogenannte Stadtgas, schließlich das Erdgas aus verschiedenen Vorkommen. Früher nur zur Beleuchtung verwendet, wird es heutzutage nur zum Heizen und Kochen eingesetzt. Vor einigen Jahren war das Erdgas noch kostengünstig, besonders für die Zentralheizung; inzwischen ist der Gaspreis an den Ölpreis gekoppelt, was einen raschen Preisanstieg zur Folge hat.

### Pro

> Die Installationskosten sind zwar relativ hoch. Sind die Gasleitungen jedoch einmal verlegt und der Gaskessel angeschlossen, ist die Lebensdauer der Anlage nahezu unbegrenzt.

> Gas vom Gasnetz ist sehr praktisch, es ist sofort verfügbar. Man muss nur den Gashahn aufdrehen.

> Gas ist nicht sonderlich gefährlich, wenn die Installation von Fachleuten durchgeführt wurde.

> Gas vom Gasnetz ist jederzeit zugänglich. Es muss nicht extra bestellt werden.

### Kontra

> Man muss ans Gasnetz angeschlossen sein, was besonders in ländlichen Gebieten nicht immer möglich ist.

> Der Gaspreis ist ständig im Steigen begriffen, sodass Gas zu einer teuren Energiequelle wird.

> Verbrauchsunabhängig ist immer eine monatliche Vorauszahlung zu leisten.
> Gas kann auch für die Beleuchtung verwendet werden, aber die erzeugte Lichtstärke liegt unter den empfohlenen Richtwerten.
> Das gleichzeitig giftige und explosive Gas ist potenziell gefährlich.

## Wie Sie Energie sparen können

- **Tragen Sie der Jahreszeit entsprechende Kleidung:** Ist Ihnen kalt, ziehen Sie noch eine Schicht mehr an und lassen Sie die Heizung aus.
- **Tragen Sie Naturfasern,** die auf Temperaturschwankungen weniger empfindlich reagieren und die Wärme beziehungsweise Kühle besser speichern: Wolle für Wärme, Baumwolle und Leinen für Kühle.
- **Verbessern Sie die Wärmedämmung** des Dachbodens, der Wände und des Kellergeschosses.
- **Rüsten Sie Ihre Fenster** mit Doppel- oder Dreifachverglasung aus.
- **Hängen Sie dicke gefütterte Vorhänge auf** und dichten Sie Türen und Fenster ab.
- **Nutzen Sie im Winter die Sonnenwärme,** indem Sie tagsüber die Vorhänge weit aufziehen und sie bei Nachtanbruch wieder zuziehen.
- **Öffnen Sie im Sommer die Fenster** und schließen Sie die Fensterläden, anstatt Ventilator oder Klimaanlage einzuschalten.
- **Setzen Sie weniger Elektrogeräte ein:** Mixer, Elektrowerkzeuge, Haarfön, Heizdecke und allen Luxus, der Energie verbraucht.
- **Begnügen Sie sich mit einer nicht so lichtstarken Beleuchtung.** Schalten Sie das Licht nur in dem Zimmer oder dem Teil des Zimmers an, in dem Sie sich befinden.
- **Schützen Sie die Windseite des Hauses** durch eine Hecke, Bäume oder einen Sichtschutz aus Holz.
- **Bauen Sie einen Wintergarten oder eine Veranda** vor den Außentüren.
- **Gehen Sie zu Fuß** zur Schule, zu Ihren Freunden oder zum Einkaufen.

# Erdöl

Erdöl wurde zunächst in Petroleumlampen verwendet, später dann für Verbrennungsmotoren, Zentralheizungen und schließlich – für alles Mögliche! Im Laufe der letzten hundert Jahre hat sich unser Verbrauch vervielfacht.

Mit Billigflugtickets und Millionen von Autos auf den Straßen werfen wir inzwischen das Erdöl buchstäblich zum Fenster hinaus. Heute stehen wir am Beginn des 21. Jahrhunderts mit zur Neige gehenden Erdölquellen. Erdöl ist perfekt zum Kochen und Heizen geeignet, aber wie lange noch?

### Pro

> Obwohl die Einstiegskosten hoch sind, hat eine Ölheizungsanlage eine lange Lebensdauer.
> Erdöl ist sehr praktisch.
> Manche Herde, Heizkessel und Ölöfen sind optisch sehr ansprechend.

### Kontra

> Sie sind auf den Tanklaster angewiesen. Kommt er nicht rechtzeitig an, haben Sie einen Engpass.
> Die Welterdölreserven gehen zur Neige und die Preise explodieren.
> Nach der Erdölknappheit der 1970er Jahre befürchtet man heute, dass sich dieses Szenario wiederholen könnte, was alles andere als beruhigend ist.
> Zur Lagerung des Erdöls ist ein großer Öltank im Garten oder im Keller erforderlich.

# Kohle

Im 19. Jahrhundert und in der ersten Hälfte des 20. Jahrhunderts war die Kohle König: Jede Wohnung hatte einen oder mehrere offene, mit Kohle beheizte Kamine, Kohleöfen und manchmal Kohleherde. Aus den Kaminen stieg schwarzer Rauch. Heutzutage, bei den hohen Gas- und Ölpreisen fragt man sich, ob man nicht wieder auf Kohle zurückgreifen sollte.

### Pro

- Die Weltkohlereserven sind noch sehr groß, auch wenn der Anteil Deutschlands am gesamten Vorkommen relativ gering ist.
- Inzwischen kennt man sämtliche mit der Kohleverbrennung und den $CO_2$-Emissionen verbundenen Gefahren.
- Kohle ist potenziell weniger gefährlich als Kernkraft.
- Kohle kann man in eine leicht nutzbare Energiequelle umwandeln.
- Heutzutage kann man Kohle sauber verbrennen.

### Kontra

- Da Kohle viel Platz beansprucht, können Transport und Lagerung schwierig werden.
- Der Kohleabbau verschmutzt die Umwelt und ist gefährlich.
- Eine Rückkehr zur Kohlenutzung zum Kochen und Heizen wäre eine vollständige Kehrtwendung der Regierungspolitik.
- Es wäre möglich, die durch Kohleheizungen in den Haushalten verursachte Umweltbelastung zu verringern, was aber sehr kostspielig wäre.
- Die Verwendung selbst von rauchfreier Kohle in einem Haus bedeutet Schmutz und verursacht Staub.

## Holz

Holz ist eine gute traditionelle Lösung, die sich gleichzeitig zum Heizen wie zum Kochen anbietet – großartig, wenn Sie auf dem Land leben und Kontakt zu Naturverbänden haben. Der Einsatz von Holz ist auch für diejenigen denkbar, die in der Nähe eines Waldes wohnen, nur kann der Wald nicht jedermann Holz liefern.

### Pro

- Holzöfen und -kessel sind sehr attraktiv und decken sich gut mit dem Trend „Zurück zur Natur".
- Holz bedeutet körperliche Anstrengung, aber manche Menschen erleben gerne die unmittelbare Realität.
- In manchen Gebieten ist Holz eine gute Wahl. Gibt es den Rohstoff in der Nähe, ist er preisgünstig, hält lange vor und die Technologie ist ausgereift.
- Sie können sich für einen Holzofen mit Schiebetür und einer Kochplatte entscheiden, wenn Sie Lust haben, Brot zu toasten oder Wasser zu kochen.

### Kontra

- Selbst unter günstigsten Umständen – wenn Sie irgendwo wohnen, wo Holz in großen Mengen verfügbar ist – bleibt Holz eine Energiequelle, bei deren Verbrennung Asche und Staub entstehen.
- Man braucht viel Platz, um Holz zu lagern, ein großer Schuppen oder einen überdachten Raum.

*Kohleherd*

*Holzherd*

> Mit Holz heizen bedeutet viel Handarbeit: Man muss das Holz aus dem Schuppen holen, es bis zum Haus tragen, das Feuer anzünden, die Asche wegräumen …
> Holz kann nicht unmittelbar genutzt werden und erfordert große Planung.

## Der Verschwendung auf den Fersen

Es bestreitet wohl kaum jemand, dass sich die Erdöl- und Erdgasreserven zunehmend erschöpfen. Dennoch steigt deren Verbrauch weiterhin an. Die Situation wird noch komplizierter, da die reichen Länder versuchen, sich die noch verbliebenen Öl- und Gasvorräte unter den Nagel zu reißen. Nicht genug damit, dass wir unsere Energie verschwenden, wir haben dabei auch noch unsere Umwelt zerstört.

Es ist unvernünftig und gefährlich, dermaßen von den nicht erneuerbaren, fossilen Energiequellen abhängig zu sein – Kohle, Erdgas und Erdöl. Wir wissen sehr wohl, dass damit Schluss sein muss. Wir können nicht weiterhin unser Energiekapital verschleudern. Es liegt jedoch gleichermaßen auf der Hand, dass man das Rad nicht mehr zurückdrehen kann. Die meisten Menschen sind Opfer ihrer Gewohnheiten: Sich mit dem Auto fortbewegen, Obst außerhalb der Jahreszeiten essen, preisgünstige Kleidung aus den Niedriglohnländern kaufen und vieles andere, was die Energiereserven unseres Planeten auffrisst. Und jetzt, was tun?

Jeder von uns kann versuchen, weniger fossile Energie zu verbrauchen und sie durch erneuerbare, natürliche Energieressourcen zu ersetzen: Sonnen- und Windenergie, Erdwärme und Wasserkraft. Diese Veränderungen können nicht auf einen Schlag erfolgen, wir können aber zumindest versuchen, ein Gleichgewicht herzustellen, indem wir immer mehr auf Sonnenenergie zurückgreifen, auf Windenergie, auf Wasserkraft und auf Erdwärme. Beziehen Sie Erdgas aus dem Gasnetz für einen Gaskessel zum Heizen und Kochen, können Sie – sozusagen als Gegenleistung – die Wände und den Dachboden optimal wärmedämmen. Wird als Richtwert für die Dicke der Wärmedämmung eines Dachbodens 15 cm angegeben, können Sie stattdessen 30 cm verwenden. Sie können auch dickere Vorhänge aufhängen, einen Holzofen einbauen und Sonnenkollektoren auf dem Dach installieren. Diese Maßnahmen mögen lächerlich erscheinen, aber der Großteil Ihres Energiebedarfs wird so von erneuerbarer Energie abgedeckt. Wenn jeder von uns diese kleinen Veränderungen in die Praxis umsetzte, wäre schon die halbe Miete gewonnen.

*„In den 1970er Jahren, als die Ölkrise auf ihrem Höhepunkt war und wir alle mit unseren Kerzen durch die Gegend liefen, war es schwierig, zum Heizen Brennstoff zu bekommen. Zu dem Zeitpunkt nahm das Interesse an alternativen Energien schwunghaft zu. Es wurden Zeitungsartikel und Bücher zu diesem Thema veröffentlicht, die Regierungen setzten Gremien ein, Subventionen wurden gewährt und Privatpersonen nahmen ihre eigenen Baumaßnahmen vor. Es herrschte eine Atmosphäre der Dringlichkeit. Aus alldem kristallisierte sich ein Konsens heraus: Es musste etwas getan werden, bevor die nicht erneuerbaren Energien erschöpft waren. Alle möglichen apokalyptischen Zahlen und Zeitpläne wurden errechnet und diskutiert. Aus manchen Ecken verlautete, dass die Erdgasreserven in fünfzig Jahren erschöpft seien. Das Einzige, worüber sich alle einige waren war, dass etwas getan werden musste. Und da wurde es dann schwierig. Die Suche nach nachhaltigen und erneuerbaren Energiequellen wurde dringend, aber die Regierungen kamen nur widerwillig ihrer Verantwortung nach. Schließlich entdeckte man neue Erdölreserven, woraufhin die Preise fielen und sämtliche Probleme augenblicklich in Vergessenheit gerieten."*
*Die Autoren*

# Holzöfen

Was gibt es an Winterabenden Schöneres als es sich an einem warmen Holzofen gemütlich zu machen? Vorausgesetzt, er passt zum Zimmer und wird fachmännisch eingebaut, kann ein guter moderner Ofen eine große Wohnfläche beheizen. Mit derselben Menge Holz brennt er zweimal so lange und wesentlich sauberer als die gusseisernen Ungetüme von früher.

## Ein paar gute Ratschläge

> Hartholz wie Buche oder Eiche brennt besser und länger als Weichholz wie Fichte oder Kiefer.

> Spalten Sie die Holzstücke in zwei Teile, damit sie schneller trocknen.

> Verbrennen Sie nur trockenes Holz: es enthält nur 20 bis 30 % Restfeuchte und brennt viel besser und schadstoffärmer als frisch geschlagenes Holz.

> Verbrennen Sie niemals Kunststoff, wie beispielsweise Verpackungen, in einem Holzofen, da Kunststoff giftige Dämpfe abgibt.

> Achten Sie darauf, dass der Kaminschacht mindestens so breit wie die Abgangsöffnung des Ofens ist.

> Die durch die Verbrennung von Holz abgegebenen Rauchgase sind potenziell giftig, nehmen Sie daher einen modernen Ofen, dessen giftige Abgase um bis zu 90 % niedriger liegen.

> Die Verbrennung von Holz ist dann gut gelungen, wenn weißer oder transparenter Rauch aufsteigt und kein schwarzer Rauch.

> Es ist keine besonders gute Idee, ein Feuer für die Nacht zu machen. Auch wenn die Brandgefahr begrenzt ist, so trägt es doch dazu bei, dass sich Kreosot im Kamin ansammelt.

> Öffnen Sie beim Feuermachen alle Zuluftöffnungen. Das entfachte Feuer verbrennt das Kreosot und wärmt den Kamin vor.

> Halten Sie sich immer an die Herstellerangaben, denn die Abluftsysteme sind je nach Modell verschieden.

> Fragen Sie bei Ihrem zuständigen Kaminkehrer nach den Zulassungsvorschriften.

## Im Holzofen einschüren

1. Zerknüllen Sie ein halbes Dutzend trockene Zeitungsblätter (normales Zeitungspapier, kein Hochglanzpapier von Magazinen!) und stecken Sie es in den Ofen.
2. Nehmen Sie rund 20 ganz trockene und klein gespaltene Holzscheite zum Anzünden (vorzugsweise Weichholz) und legen diese nebeneinander und gitterförmig auf das Zeitungspapier.
3. Nehmen Sie zwei Hälften von kleineren, trockenen Holzstücken – die Sie der Länge nach gespalten haben – und legen diese mit der flachen Seite auf die kleinen Holzscheite.
4. Zünden Sie das Zeitungspapier an mehreren Stellen bei weit offenen Zuluftöffnungen an.
5. Lassen Sie die Zuluftöffnungen offen, bis die Holzstücke gut Feuer gefangen haben.
6. Lassen Sie das Feuer richtig brennen. Erst wenn Ofen

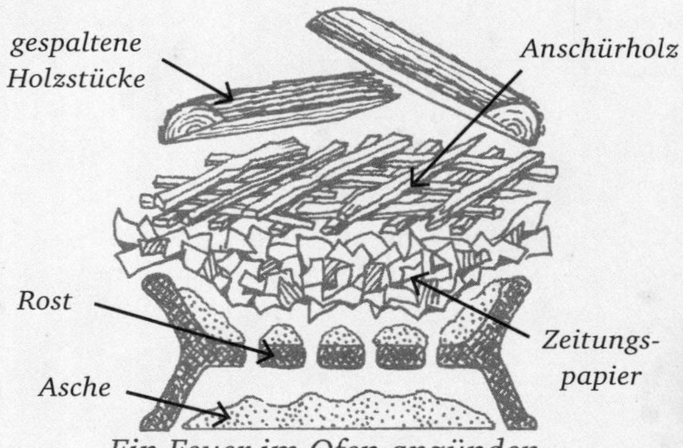


*Ein Feuer im Ofen anzünden*

und Rohre heiß sind, schließen Sie die Zuluftöffnungen eine nach der anderen oder je nach Herstellerangaben.

## Den Schornstein isolieren

**Den vorhandenen Kaminschacht begutachten** Haben Sie sich für den Einbau eines Holzofens entschieden, prüfen Sie vor dem Kauf, wie Schacht und Schornstein gebaut sind. Es gibt zwei Möglichkeiten: Entweder suchen Sie einen Ofen aus, der zu dem vorhandenen Anschluss passt. Möchten Sie ein Modell, das nicht zu Ihrem Schornstein passt, ändern Sie den Schornstein, um ihn an den Ofen anzupassen.

Ob Sie nun ein altes Haus mit einem offenen Kamin bewohnen oder ein modernes Haus mit einem Schornsteinschacht, an dem noch kein Ofen angeschlossen ist: In seltenen Fällen kann es vorkommen, dass der Schacht eine einschalige Ziegelkonstruktion ist. Dann muss er mit einem Innenrohr verstärkt werden.

**Warum den Schornstein isolieren?** Durch die Verbrennung von Holz entstehen Rauchgase; diese bilden Teer und Verschmutzungen, die sich im Laufe der Zeit im Inneren des Schachts ansammeln. Da ein Ofen leistungsstärker als ein offener Kamin ist, produziert er mehr Teer. Mehrere Probleme entstehen: Der Teer sickert durch die Wand und hinterlässt Flecken. Er wandert im Kaminschacht nach unten in Form eines klebrigen Rückstands, der das Innere des Ofens verschmutzen kann. Dies erhöht das Risiko eines Schornsteinbrands.

Die Nachrüstung des Schachts mit einem Innenrohr vermeidet dies, indem eine glattwandige Fläche geschaffen wird, die Teerablagerungen verhindert. Auch durch regelmäßiges Schornsteinfegen kann man hier vorbeugen. Lagert sich dennoch Teer ab, wird er in Richtung Feuer geleitet, wo er verbrennt. In einem Schacht von ausreichendem Querschnitt, der mit einer Isolierschicht ausgekleidet ist, werden die Rauchgase viel schneller nach draußen transportiert – in anderen Worten, der Schornstein zieht besser und sein Wirkungsgrad ist höher.

Ein weiteres Problem ist, dass meist der Querschnitt des Kamins für den Ofen zu groß ist. Fragen Sie am besten einen Fachmann um Rat.

## Einen Ofen einbauen

**Ofen mit Rauchgasabgang nach hinten** Falls Sie einen normalen Kaminschacht mit einer Ummantelung besitzen, besteht die Möglichkeit, einen Ofen mit Rauchgasabgang nach hinten und einem kurzen Rohr einzubauen, das direkt von der Hinterseite des Ofens in das Innere des Schornsteins führt.

1. Messen Sie die Öffnung Ihres Kaminschachts aus – Breite und Höhe ab der Bodenplatte bis oben gemessen. Messen Sie auch die Tiefe des Kamins aus.
2. Kaufen Sie einen Ofen mit Abgang nach hinten, der an der Wand montiert werden kann, wobei die Abgangsöffnung genau in die Kaminöffnung passt.
3. Liegt die Kaminöffnung sehr niedrig, muss eventuell weiter oben ein Loch in die Wand gebohrt werden, um das Abluftrohr für die Verbrennungsgase zu verlegen. In einem solchen Fall suchen Sie einen Ofen aus, der

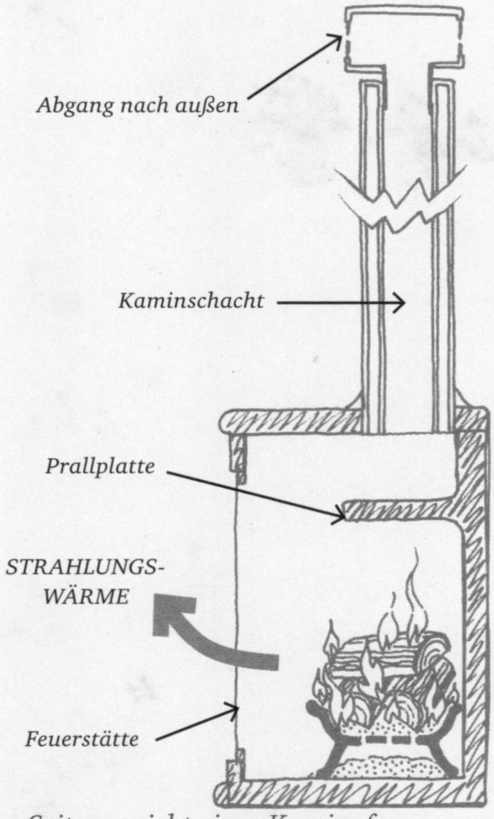


*Seitenansicht eines Kaminofens*

hoch genug ist, damit die herzustellende Öffnung etwas höher liegt als der bestehende Kamin.

4. Bauen Sie den Ofen ein – indem Sie den Abgang entweder auf Höhe der bestehenden Öffnung oder weiter oben legen – und befestigen Sie das Ofenrohr an der Ummantelung des Kamins.
5. Verschließen Sie die Kaminöffnung: Entweder mauern Sie die Öffnung zu oder Sie setzen eine Metallplatte in den Schacht ein, die Sie anschließend am Rohr hinter dem Ofen befestigen und abdichten.

**Ofen mit senkrechtem Rauchgasabgang nach oben** Haben Sie einen hohen, sogenannten begehbaren Kamin, kann man die Öffnung zumauern, um einen Ofen mit Rauchgasabgang nach hinten an der Wand einzubauen (siehe oben), sodass sich der Ofen im Zimmer befindet. Sie können aber auch einen Ofen mit senkrechtem Rauchgasabgang nach oben innen im Kamin anschließen und zwar mit einem kurzen vertikalen Rohr oben am Ofen, das durch eine Metallplatte und nach oben in den Kaminschacht verläuft. Die Metallplatte verschließt die Kaminöffnung, damit kein Ruß hereinfallen und die Wärme nicht aus dem Zimmer entweichen kann. Diese Lösung hat den Vorteil, dass man nicht an Wohnfläche verliert, aber der Einbau ist schwieriger. Ist der Kamin wirklich groß, muss auch der Raum im Schacht um das Rohr mit einem Dämmstoff wie Vermiculit gedämmt werden. So gehen Sie Schritt für Schritt vor (wenden Sie sich an einen Fachmann, wenn Sie sich nicht sicher sind):

1. Messen Sie die Kaminöffnung aus: Breite, Innenhöhe, Gesamttiefe und alle Details wie Ausbuchtungen, Eisenstücke, Vorsprünge, usw.
2. Suchen Sie einen Ofen mit senkrechtem Rauchgasabgang nach oben aus, der entweder ganz oder teilweise im Kamin Platz hat und gegen die Rückwand gesetzt wird. Suchen Sie ein Modell aus, bei dem das Rohr für den Rauchgasabgang direkt von der Oberseite des Ofens in den Schacht führt und so groß ist, dass es ausreichend Platz zwischen der Oberseite des Ofens und der Unterseite des Kaminschachts hat; so kann man bei der Wartung gut an den Ofen herankommen. Befindet sich der Rauchgasabgang unten am Ofen, achten Sie darauf, dass der Abgang zugänglich ist. In einem großen Haus können Sie einen Ofen mit Dampfkessel einbauen, der entweder Warmwasser liefert oder die Zentralheizung versorgt.
3. Beschaffen Sie sich eine Metallplatte zum Verschließen des Schachts. Ist die Öffnung groß, brauchen Sie wahrscheinlich eine Abschlussplatte mit einem Träger, Revisionsklappen zur Reinigung des Kamins etc. In diesem Fall ist es besser, sich an einen Fachmann zu wenden.
4. Bauen Sie den Ofen ein und schließen Sie ihn an den Kaminschacht an.
5. Verschließen Sie die Kaminöffnung mit der Metallplatte gemäß den Herstellerangaben.

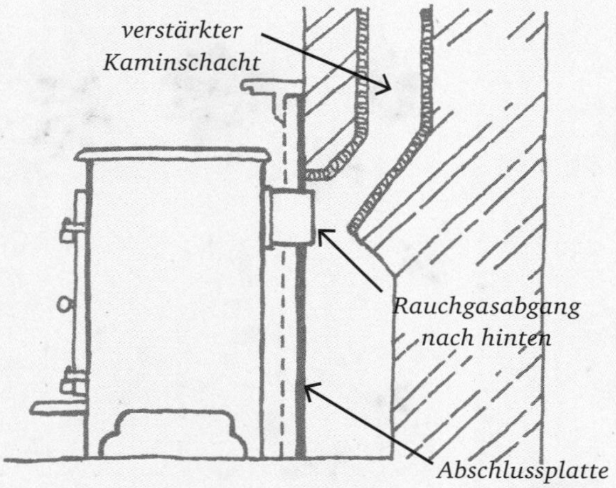


*Ofen mit Rauchgasabgang nach hinten*

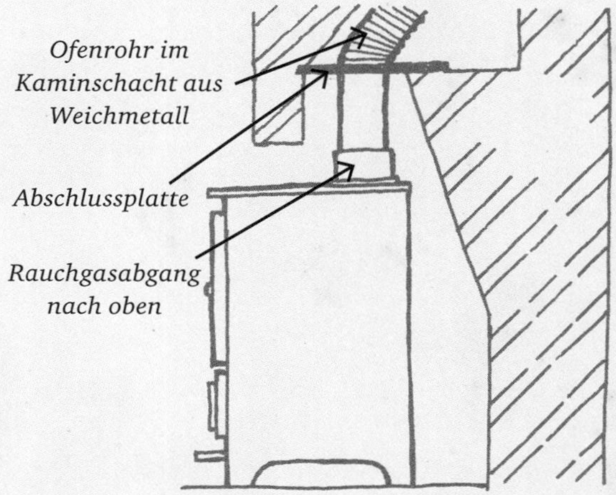


*Ofen mit Rauchgasabgang nach oben*

# Einen Schornstein bauen

Ist an Ihrem Haus kein Schornstein, kann ein solcher am besten in Form eines doppelwandigen Rohrs aus Edelstahl nachträglich angebaut werden. Es handelt sich einfach um eine Reihe von Rohrelementen von 15, 18 oder 20 cm Durchmesser – gerade Rohrstücke, Knierohre, Rohrverbindungsstücke, Rohrwinkel, Klemmschellen – die Sie zusammengesteckt bis auf Dachhöhe, entweder von innen oder von außen am Gebäude anbringen können. Dank der Zweischaligkeit ist der Schornstein sehr gut isoliert (Klasse M1) und entspricht damit den Bauvorschriften. Durch die Isolierung kann der Großteil der Verbrennungsgase nach oben steigen, ohne zu kondensieren; aber auch der Schacht gefahrlos von einem Stockwerk zum anderen, durch einen Dachboden oder Zimmer, geführt werden.

## Kamineinsatz – Pro und Kontra

Einen offenen Kamin durch einen Kamineinsatz zu ersetzen ist eine gute Lösung, denn der Wirkungsgrad eines offenen Kamins beträgt lediglich 5 bis 15 %, während der eines Einsatzes 55 bis 65 % beträgt. Dennoch sind Speicheröfen (die die Wärme speichern und sie gleichmäßig als Strahlungswärme abgeben) noch leistungsstärker, da ihre abgegebene Strahlungswärme weniger trocken ist.

Das Rohrsystem muss in regelmäßigen Abständen mit Klemmschellen gesichert werden.

**Achtung!** Diese Ausführung ist für den Do-it-yourself-Gebrauch gedacht. Verwenden Sie hochwertigen doppelwandigen Edelstahl und beachten Sie die Herstellerangaben. Erkundigen Sie sich in jedem Fall vorher nach den jeweiligen Vorschriften und Normen.

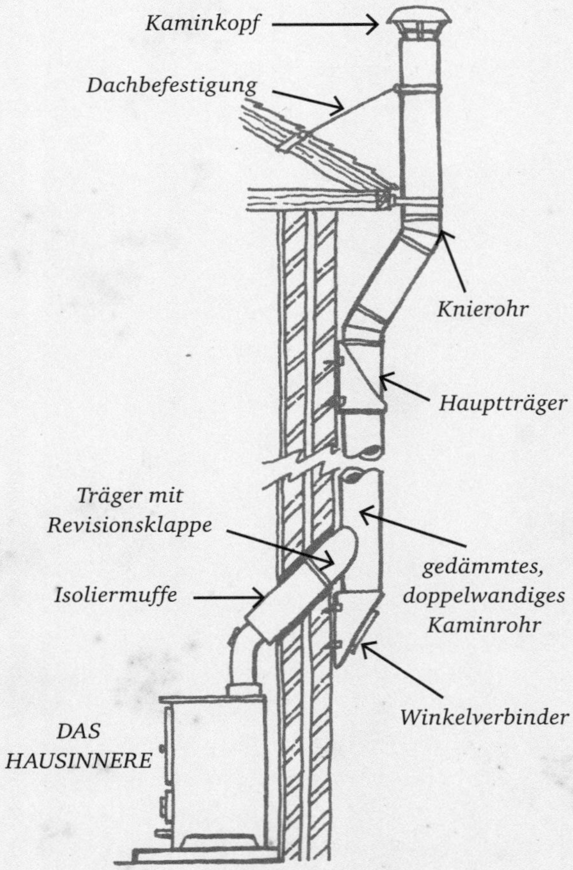


*Außenkamin*

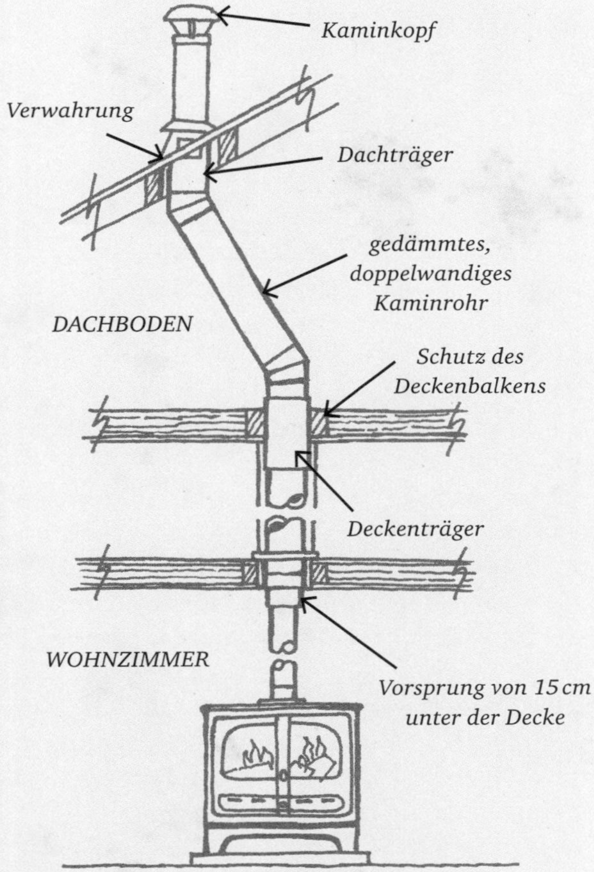


*Innenkamin*

# Beleuchtung

Auch wenn wir elektrisches Licht als zivilisatorische Errungenschaft betrachten, ist es noch gar nicht so lange her, dass Beleuchtung Lärm machte, schlecht roch, großer Anstrengungen bedurfte und alles andere als sofort verfügbar war ... Die Häuser, Kaufhäuser und Straßen waren beleuchtet, aber nicht ständig mit Licht überflutet wie heute. Würden wir unsere Dauerbeleuchtung herunterfahren, wäre viel Energie gespart.

## Entwicklung der Lichtstärke

Anfang des 20. Jahrhunderts betrug die empfohlene Lichtstärke für öffentliche Gebäude 30 Lux, das heißt 1 Lumen pro Quadratmeter multipliziert mit 30. 1920 ging man zu 200 Lux über, 1940 dann hoch auf 300 Lux, bis wir heutzutage bei rund 1500 Lux angelangten. Das Paradoxe daran ist, dass man bei einer Lichtstärke von über 350 Lux zu grellem Licht ausgesetzt ist. Unsere Vorfahren verdarben sich die Augen bei dem Versuch, bei flackerndem Kerzenlicht zu lesen, während wir uns heute ebenfalls die Augen verderben, aber diesmal mit der geballten Leuchtkraft von Millionen von Glühbirnen. Würden wir zu einer schwächeren Lichtstärke um die empfohlenen 350 Lux herum zurückkehren, würden wir zwei Drittel der für Beleuchtung aufgewandten Energie einsparen.

Bevor auf den folgenden Seiten weiter auf alternative Methoden zur Stromgewinnung eingegangen wird, soll zunächst erwogen werden, welche Möglichkeiten es gibt, unseren Stromverbrauch zu reduzieren.

*„In den 1970er Jahren lebten wir – wir, das sind Gill und ich mit unseren beiden Kindern – zehn Jahre lang auf einem abgelegenen Bauernhof, fernab jeglicher Stromversorgung. Ich habe etwas geschummelt, indem ich die Akkus bei der Fakultät, an der ich unterrichtete, auflud, sodass wir in den Genuss kamen, etwas fernzusehen und Radio zu hören, aber davon abgesehen hatten wir keinerlei Strom. Wir machten uns Licht mit Kerzen, Petroleumlampen und Gas. Es kann sehr angenehm sein, schöne Sommerabende mit guten Gesprächen zu verbringen, sich im Winter ans Feuer zu setzen und Radio zu hören oder einfach früh ins Bett zu gehen, um bei Kerzenlicht ein gutes Buch zu lesen. Aus dieser Zeit habe ich bis heute sehr schöne Erinnerungen behalten. Natürlich sind wir auch mal ausgegangen, in eine Kneipe oder ins Kino. Aber in diesen ganzen zehn Jahren gehörte Strom nicht zu den Dingen, die uns am meisten fehlten.“*

*Die Autoren*

## Im Rhythmus der Natur leben

Früher stand man mehr oder weniger bei Morgendämmerung auf und ging bei Sonnenuntergang ins Bett. Diejenigen, die sehr früh aufstanden oder sehr spät zu Bett gingen, brauchten Licht, um ihren Weg zu beleuchten. Zahlreiche Völker in den Entwicklungsländern leben noch heute so. Wenn Sie beispielsweise einen Bauern in Nordindien fragen, wie er nach Sonnenuntergang Licht macht, wird er Ihnen antworten, dass er zu dem Zeitpunkt so müde ist, dass er ins Bett geht.

Das soll nicht heißen, dass wir uns künftig bei der Arbeit

so verausgaben, dass wir abends vor Müdigkeit umfallen, um Strom für elektrisches Licht zu sparen. Man müsste vielmehr ein neues Gleichgewicht zwischen Arbeit, Schlafen und Freizeit finden. Es geht nicht darum, den Strom abzuschalten, sondern vielmehr darum, unser Verhalten zu ändern und damit den Lichtbedarf auf ein Minimum zu reduzieren.

## Hohllichtleiter installlieren

Der auf dem Dach installierte Hohllichtleiter fängt das direkte Sonnenlicht und das Umgebungslicht auf und leitet die eingefangenen Lichtstrahlen über reflektierende Rohre in das Innere eines Zimmers, wo ein Streuglas an der Decke oder Wand das eingeleitete Licht wiederum verteilt. An beiden Enden des Rohres befindet sich ein Streuglas aus Glas oder Acryl; das Licht im Inneren des Rohres wird an dessen Wänden reflektiert. Treffen die Sonnenstrahlen auf die Innenwände des Leiters, wird das Licht ins Innere des Gebäudes weitergeleitet. Natürlich funktioniert ein Hohllichtleiter nur dann, wenn die Sonne scheint oder zumindest bei Tageslicht. Sie können damit jedoch im Dachgeschoss, im Kellergeschoss oder in einem fensterlosen Raum arbeiten, ohne ständig Licht brennen lassen zu müssen.

### Lichtverbrauch senken

**Licht aus!** Da wir in der Regel über zwei oder mehr Lichtquellen pro Raum verfügen, könnten wir Energie sparen, indem wir lediglich den Raumteil beleuchten, in dem wir uns aufhalten. Es muss auch nicht das ganze Haus beleuchtet werden.

**Energiesparbirne rein!** Warum nicht die herkömmlichen Glühbirnen gegen Energiesparbirnen austauschen? Aktuelle Zahlen belegen, dass dadurch eine Menge Energie eingespart wird.

**Stand-by-Modus aus!** In den meisten Häusern leuchten die ganze Nacht über kleine flackernde rote Lichter, die anzeigen, dass die verschiedenen Elektrogeräte funktionsbereit sind. Ob Fernseher oder DVD-Player, Stereoanlage oder Computer: Schalten Sie die Geräte ganz aus, wenn Sie sie nicht mehr benötigen – das spart viel Energie.

**Die Raumausstattung macht's aus!** Entscheiden Sie sich bei der Raumausstattung für weiße oder cremefarbene Anstriche, helle Stoffe, glänzende Flächen oder Spiegel – alles, was das verfügbare Licht reflektieren kann.

*Fenster und Flächen, die das Licht reflektieren*

*Hohllichtleiter (Seitenansicht)*

# Wasser

Anfang des 20. Jahrhunderts besaßen die meisten Menschen einen Brunnen in ihrem Garten. Die Wohlhabenderen unter ihnen besaßen eine Handschwengelpumpe in der Küche oder außerhalb des Hauses. Wasser schöpfen und Eimer tragen; ins Dorf an den öffentlichen Brunnen gehen; das Wasser in die Spüle pumpen, um es dann in einen Eimer zu schöpfen – all das war schwierig und mühselig. So tat jeder sein Möglichstes, um mit einem Minimum an Wasser auszukommen.

## Wasserverbrauch senken

Die Zahlen zeigen, dass zu Beginn des 20. Jahrhunderts ein oder zwei Eimer Wasser pro Tag und pro Person ausreichten, um zu kochen, sich selbst und die Wäsche zu waschen. Das scheint wenig, aber man darf nicht vergessen, dass die Toiletten damals aus einem einfachen Klosettraum im Freien bestand, mit einem Eimer und einem Krug. Mit dem Aufkommen von Toiletten und Badezimmern im Innere, Wasserspülung, Duschen, Waschmaschinen und Geschirrspülern haben wir unseren täglichen Wasserverbrauch im Laufe der Zeit auf umgerechnet 30 bis 60 Eimer erhöht!
Wenn man bedenkt, dass wir im Schnitt größtenteils 30 Eimer Wasser pro Tag verbrauchen wird laut Statistik rund ein Drittel davon, also ungefähr zehn Eimer, allein für die Toilettenspülung verwendet. Wir könnten wohl hier und dort Wasser einsparen, wenn wir die Waschmaschine oder den Geschirrspüler weniger oft nutzten und indem wir die Bewässerung des Gartens einschränkten. Dies wäre jedoch nur ein Tropfen auf dem heißen Stein im Vergleich mit den Wassermengen, die wir durch Toilettenspülungen einsparen können.

## Grauwasser nutzen

Als Grauwasser wird Wasser aus Dusche, Bad, Küche und Waschmaschine bezeichnet – also alle von Exkrementen, Urin oder sich zersetzenden Lebensmittelresten bereinigten Abwässer. Es macht rund 50 % des Abwassers aus.

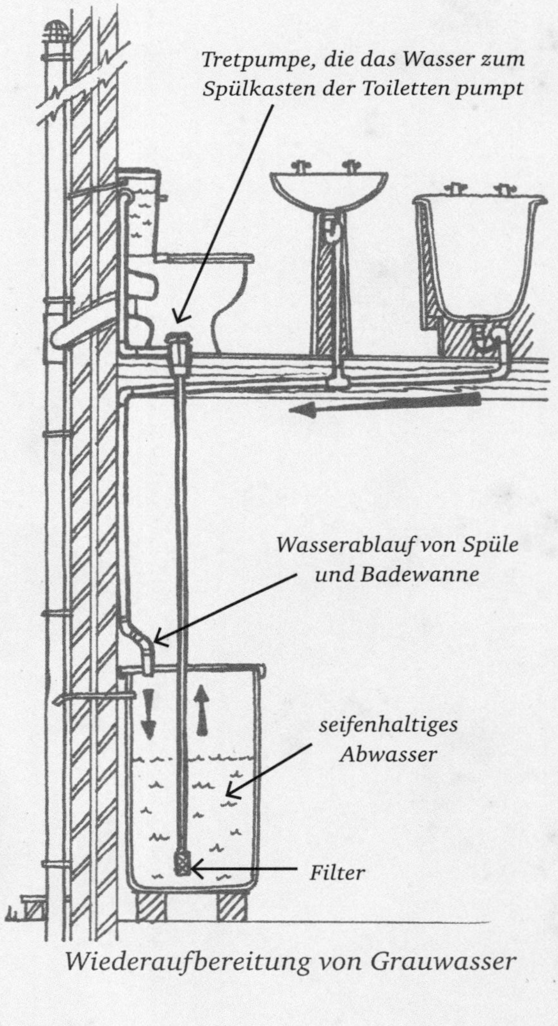


*Wiederaufbereitung von Grauwasser*

Indem wir Grauwasser für die Toiletten nutzen – für die man nicht unbedingt Trinkwasser braucht – könnten wir an zwei Fronten Energie einsparen: je 50 % weniger Kosten und Verbrauch. Ein Großteil des Grauwassers ist durch Seife und Waschmittel verschmutzt – was für die WC-Spülung unerheblich ist, nicht aber für die Bewässerung des Gartens. Grauwasser fängt schnell an, schlecht zu riechen.

Eine ökonomische wie einfache Lösung bestünde in der Installation eines Waschbeckens, das an den Kasten für die Toilettenspülung angeschlossen ist: Wäscht man sich die Hände, läuft das Wasser in den Spülkasten. Nach Benutzung der Toilette drücken Sie die Spülung, danach waschen Sie sich die Hände. Die nachfolgende Person spült mit dem Wasser, mit dem Sie sich die Hände gewaschen haben, und so weiter fort.

## Brunnen bohren

Eine gute Möglichkeit der Versorgung mit sauberem Wasser und der langfristigen Kosteneinsparung ist eine eigene Quelle. Bohrbrunnen sind umweltfreundlich, da sie die Wassernutzung aus Bächen und Reservoirs reduzieren. Je nach Standort ist das Wasser aus Bohrbrunnen kein Oberflächenwasser.

Man kann eine Bohrung bis etwa 50 Meter Tiefe vornehmen, dann wird die Bohrlochwandung mit Stahlrohren verstärkt, an deren oberem Ende eine Pumpe installiert ist. Dreht man im Haus einen Wasserhahn auf, fließt das Wasser in einen Tank, wo ein Schwimmer einen Schalter auslöst, der die Pumpe einschaltet. Diese fördert das Brunnenwasser nach oben zum Wassertank. Die Investitionskosten haben sich in rund drei Jahren amortisiert.

## Regenwasser auffangen

In ländlichen Gebieten war das Sammeln von Regenwasser schon seit jeher üblich. Warum nicht darauf zurückgreifen? Es ist ganz einfach: Regenwasser fällt auf das Dach, wird von dort zur Regenrinne geleitet, die es wiederum durch einen Filter weiterführt. Danach fließt das Wasser in einen Wassertank als Vorrat und zur Nutzung im Haus.

Es ist nicht einfach, in puncto Wasserversorgung als Selbstversorger zu leben, umso mehr, als in den Gebieten, in denen ein Wasserversorgungsnetz vorhanden ist, ein Anschlusszwang für das Trinkwasserleitungsnetz besteht (siehe Kasten Seite 12). Die Nutzung von Regenwasser zum Wäschewaschen, Baden und zur WC-Spülung ist jedoch ein guter Kompromiss.

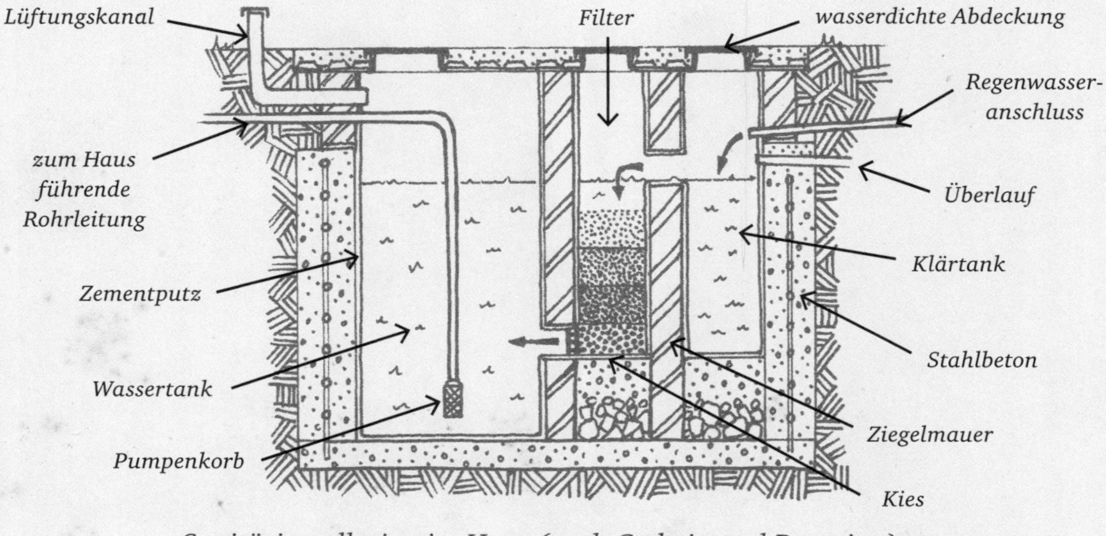


*Sanitärinstallation im Haus (nach Godwin und Downing)*

# Abwassersysteme

Die Entwicklung von Toiletten mit Wasserspülung war ein bedeutender Fortschritt, der uns von Fliegen, Ratten, Cholera und sonstigen „Freuden" befreite, die Abwässer unter freiem Himmel mit sich bringen. Heute stehen wir jedoch vor einem anderen Problem: Für die WC-Spülung verbrauchen wir enorme Mengen an Trinkwasser. Das ist teuer und im Sinne von Energie und Ressourcen reine Verschwendung.

## Mögliche Alternativen

Hat man einmal die WC-Spülung gedrückt, hängt alles davon ab, wo Sie wohnen. Noch vor wenigen Jahren – in den 1990er Jahren – wurden die Abwässer direkt in das nächstbeste Gewässer, in den Fluss oder das Meer, geleitet, während sie heutzutage zum Abwasseranschluss oder, wenn Sie auf dem Land leben, zu einer biologischen Klärgrube geleitet werden. Die Einleitung von hervorragendem Trinkwasser zur Entsorgung unserer Fäkalien in ein fließendes Gewässer ist in vielerlei Hinsicht eine äußerst ungute Praxis – man vergeudet Trinkwasser und verschmutzt Flüsse oder das Meer.

> **Der Kanalanschluss** ist eine gute Sache, wenn nach der Aufbereitung das Endprodukt als Klärschlamm der landwirtschaftlichen Verwertung zugeführt wird. Er ist jedoch teuer, was Aufwand und Transport angeht.

> Man hat Versuche durchgeführt, die organischen Bestandteile des Klärschlamms in sogenannte Klärgase zu überführen. Diese Art der Verwertung macht nur dort Sinn, wo große Mengen Faulschlamm zur Aufbereitung vorhanden sind.

> **Die biologische Klärgrube** ist eine gute Sache, wenn Sie auf dem Land leben. Das Grauwasser kann auch genutzt werden, um die an die Klärgrube angeschlossene WC-Spülung zu versorgen.

> **Trockentoiletten** Im Rahmen der Selbstversorgung ist die Nutzung von biologischen Trockentoiletten in Form von Komposttoiletten (Typ Clivus multrum) oder mit Trockenstreu, die die Fäkalien in Kompost verwandeln, eine der besten Erfindungen. Schon mein Großvater war darauf gekommen, die anfallenden Fäkalien ein oder zwei Jahre lang zu vergraben und so in Humus zu verwandeln.

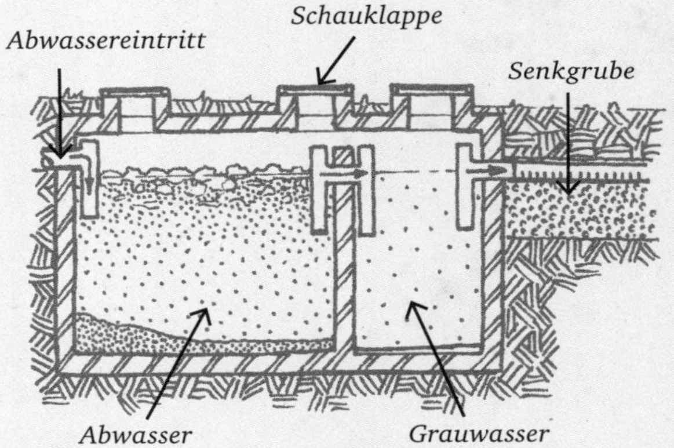

*Biologische Klärgrube*

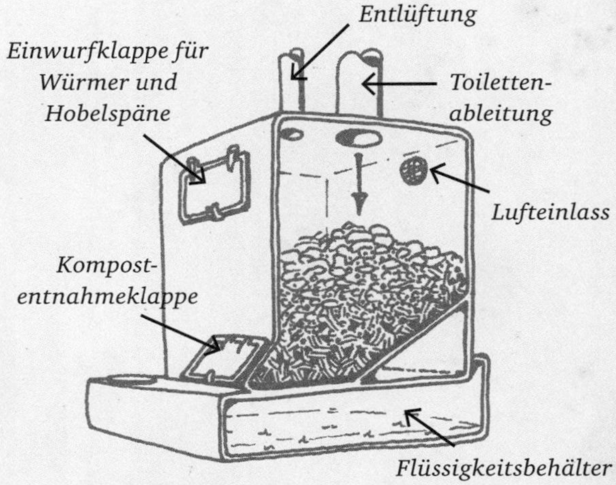

*Trocken- oder Komposttoilette*

> **Pflanzenkläranlage** Diese Form der Abwasserreinigung ist genehmigungspflichtig und muss in regelmäßigen Abständen überprüft werden. Erkundigen Sie sich nach den behördlichen Vorschriften in Ihrer Region.

## Trocken- oder Komposttoiletten

Trocken- oder Komposttoiletten bestehen aus einem Kompostbehälter aus Kunststoff von der Größe eines kleinen Raums, versehen mit drei oder vier Rohren: Zwei Rohre mit großem Durchmesser führen nach oben (eines zu den Toiletten und eines zur Küche), manchmal führt noch ein weiteres Rohr kleineren Durchmessers zu einem Ablauf, und ein dickes aufsteigendes Lüftungsrohr tritt auf Dachhöhe ins Freie aus. Wenn Sie die Toiletten benutzen oder in der Küche arbeiten, werden die Fäkalien und organischen Abfälle entsorgt, indem sie eine Art Öffnungsklappe passieren und anschließend in den Behälter fallen, wo sie sich allmählich zersetzen. Ein oder zwei Jahre später können Sie mit der Schaufel guten Kompost entnehmen – ähnlich, wie es mein Großvater bei den rudimentären Toiletten aus meiner Kindheit machte.

### Häufige Fragen

**Stinken Komposttoiletten?** Im Prinzip nicht. Der von den Toiletten absteigende Luftstrom ist so stark, dass die Gerüche aus der Küche und den Toiletten abgezogen und zum Abluftrohr geleitet werden.

**Ist das Ganze gesund?** Ja. Aufgrund der Funktionsweise ist der gewonnene Kompost gesund und ungefährlich.

**Sieht der Kompost nach Fäkalien aus?** Nein. Er verwandelt sich in eine dünne braune und krümelige Schicht, die im Garten ausgebracht werden kann.

**Kann man die Anlage überall einbauen?** Nein. Da das Entleerungsfach zugänglich sein muss, muss die Anlage im Kellergeschoss oder Erdgeschoss eines Hauses eingebaut werden, wobei sich die Toiletten und die Küche im ersten Stock befinden.

**Funktioniert die Anlage mit Wasser?** Nein, es ist kein Tropfen Wasser dazu nötig.

**Können Probleme auftreten?** Ja. Der Geruch kann Fliegen anlocken, aber die neuesten Modelle lösen dieses Problem durch Ventilatoren, die den absteigenden Luftstrom noch verstärken und die Fliegen verscheuchen. Der Nachteil hierbei ist allerdings, dass der Ventilator Strom braucht.

**Was wird aus dem Grauwasser?** Das Grauwasser wird zum Abwasseranschluss geleitet oder, sofern es der Platz erlaubt, läuft es durch die Pflanzenklärbecken.

*„Als ich ein Kind war, in den 1950er Jahren, wohnte ich auf dem Land und die Toiletten waren ziemlich primitiv: Man musste erst einmal aus dem Haus gehen und sich in ein winziges Häuschen ohne Fenster zwängen, am Eingang zum Obstgarten, sich dann auf einen rudimentären Holzsitz über einem schwarzen Loch setzen. Man saß in der Finsternis, bis man fertig war, anschließend streute man eine Handvoll trockene Erde oder Asche auf die Fäkalien. Es gab weder glänzende Fliesen noch eine Wasserspülung, nur Spinnen überall, unangenehme Gerüche und Finsternis …*
*Jeden Tag, wenn der Eimer voll war, trug mein Großvater ihn an den Rand des Obstgartens, leerte ihn in eine leere Grube und warf ein paar Schaufeln Erde hinein. Wenn die Grube nahezu voll war, füllte er sie mit Erde auf und hob eine neue Grube aus. Nach zwei Jahren und dem Füllen von zwölf Gruben ging er zur ersten Grube und entnahm ihren Inhalt – eine schöne braune und krümelige Mischung, der keinerlei schlechter Geruch anhaftete –, um ihn auf das Gemüse im Garten auszubringen. Nichts davon erschien uns seltsam. Es war einfach unser Alltag.“*
*Die Autoren*

# Sonnenenergie

Mit Sonnen- oder Solarenergie bezeichnet man den Strom oder die Wärme, die aus Sonnenlicht gewonnen werden. Dieses Sonnenlicht kann umgewandelt und zur Erwärmung des Hauses und des Wassers verwendet oder in elektrische Energie umgewandelt werden. Sie kann aber auch einfach passiv absorbiert, gespeichert und wieder abgegeben werden.

## Primärenergiequelle

Jeder weiß, dass es um die Mittagszeit wärmer ist als bei Sonnenauf- oder -untergang und dass die Temperatur am Äquator höher ist als am Nord- oder Südpol. Tatsächlich wird die Menge an Sonnenenergie, die die Erde erreicht, durch den Einfallswinkel bestimmt, in dem das Sonnenlicht auf der Erde auftrifft – je nach Breitengrad, Stunde und Jahreszeit unterschiedlich – und durch die Wärmeabsorption. Wir wissen auch, dass wir die Wärme stärker spüren, wenn wir Schwarz tragen als wenn wir Weiß tragen. Schwarz absorbiert die Sonnenstrahlen stärker als Weiß. Manche Experten behaupten, dass mattes Dunkelgrün noch bessere Absorptionseigenschaften aufweist als Mattschwarz.

Aus diesen seit Urzeiten bekannten Tatsachen gingen zwei Formen der Nutzung von Solarenergie hervor: zum einen die Passivnutzung, die Bestandteil der heute sogenannten Bioklimatik ist und zum anderen die Aktivnutzung, die Fotovoltaikkollektoren und -zellen nutzt.

### Sonnenenergie und Bioklimatik

Mit dem Einsatz von Sonnenenergie im Rahmen einer bioklimatischen Architektur ist man bestrebt, den Energiebedarf für Heizung und Klimatisierung von Gebäuden zu senken. Vereinfacht ausgedrückt wird dabei das Sonnenlicht eingefangen, gespeichert und in Form von Wärme unter Vermeidung von Wärmeverlusten im Wohnraum abgegeben. Schlüsselelemente hierbei sind:

- die Ausrichtung: große, nach Süden (zur Mittagssonne) ausgerichtete Glasfenster fangen das Sonnenlicht auf.
- die Speicherung in der thermischen Masse des Gebäudes: Beton- und Ziegelmauern absorbieren die Sonnenwärme wie Speicherheizgeräte und geben sie anschließend allmählich wieder ab.
- eine gute Wärmedämmung von Wänden, Decken und Böden sowie Fensterläden und Vorhänge: sie verhindern ein Entweichen der Wärme.
- die Solarlüftung: durch den sogenannten „Kamineffekt" wird die warme Luft nach außen abgegeben und durch kühlere Luft ersetzt.
- aktive Sonnenkollektoren: eine von der Sonne erwärmte Flüssigkeit (auch Wärmeträger genannt) wird zum Warmwasser- und Raumheizungssystem gepumpt.
- aktive Speicherung durch Sonnenkollektoren: die Sonne erwärmt eine schwarze Fläche (den Absorber), dieser wiederum erwärmt die Luft, die anschließend zum Gebäude geleitet wird.
- Fotovoltaikzellen, die Sonnenenergie in Strom umwandeln.

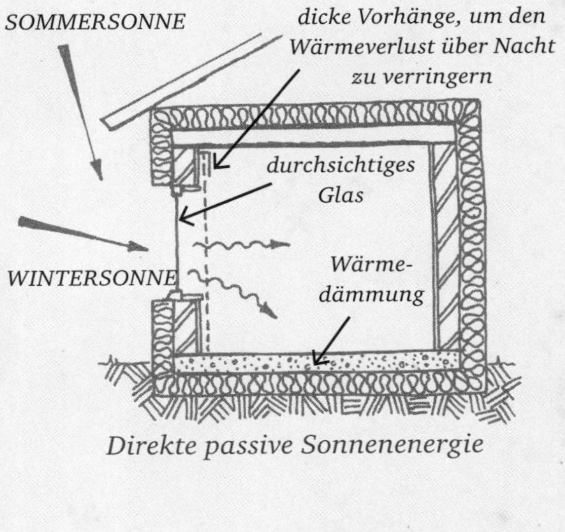


*Direkte passive Sonnenenergie*

# Direkte passive Sonnenergie

Wenn wir unsere Häuser wie gut isolierte Kästen mit großen nach Süden, also zur Mittagssonne hin, ausgerichteten Glasfenstern bauen, nutzen wir direkte passive Sonnenenergie. Das durch die Fenster einfallende Sonnenlicht trifft auf die Wände, die Böden und die Möbel auf, wo es aufgefangen und in Form von Wärme gespeichert wird. Wenn es nachts kalt ist, reicht es, die Vorhänge zuzuziehen oder die Fensterläden zu schließen, um die Wärme zurückzuhalten, die nach und nach von den Wänden, Böden und Möbeln abgegeben wird – genau wie bei den Speicherheizgeräten. Ist es nachts warm, öffnet man die Fenster, um die Wärme entweichen zu lassen.

Es ist möglich, das Wärmespeichervolumen eines Hauses beträchtlich zu erhöhen: mithilfe dickerer Fußböden und Mauern – mit mehr Mauerwerk und mehr Beton –, einer besseren Wärmedämmung von Fußböden, Mauern und Decken, größeren Glasflächen mit einem optimierten Neigungswinkel in Bezug auf die Sonneneinstrahlung und durch Verwendung dunklerer Farben bei der Raumausstattung.

Diese Art der Nutzung von Solarenergie ist bei gemäßigtem Klima mit milden Tagen und Nächten sinnvoll, nicht jedoch bei einem Klima mit heißen Tagen und kalten Nächten, denn dann wären die Zimmer um die Mittagszeit unbewohnbar.

# Indirekte passive Sonnenenergie

## Absorptionswände

Um indirekt von der passiven Sonnenenergie zu profitieren, kann man vor einer Wärmespeicherwand – einer schwarz gestrichenen Ziegelstein- oder Betonwand – oder vor einem Wasserspeicher (Wasserwand) eine Isolierverglasung montieren. Dieses System ist unter dem Namen Trombewand bekannt: Die Sonne erwärmt die Wand durch die Verglasung, Letztere absorbiert die Wärme und der Zwischenraum zwischen Verglasung und Wand wird zum Wärmeschacht. Anschließend betätigt man die Lüftung im Boden- und Deckenbereich von Verglasung und Trombewand, um die gespeicherte Wärme maximal zu nutzen: Die warmen Luftströme steigen durch Konvektion in den Wärmeschacht auf und werden entweder nach außen oder in das Innere des Gebäudes geleitet.

## Speicherwärme zurückgewinnen

Wenn Sie ein Gewächshaus oder einen Wintergarten haben, wissen Sie, zu welchem Zeitpunkt die Temperatur dort schnell ansteigt. Gegen Herbstende und Frühjahrsbeginn oder selbst bei einem eher kühlen Herbst ist man gut beraten, sich dort aufzuhalten. Dagegen ist die Wärme dort von Frühjahrsende bis Herbstanfang zumeist drückend und stickig. Zu dieser Jahreszeit, wenn Veranda

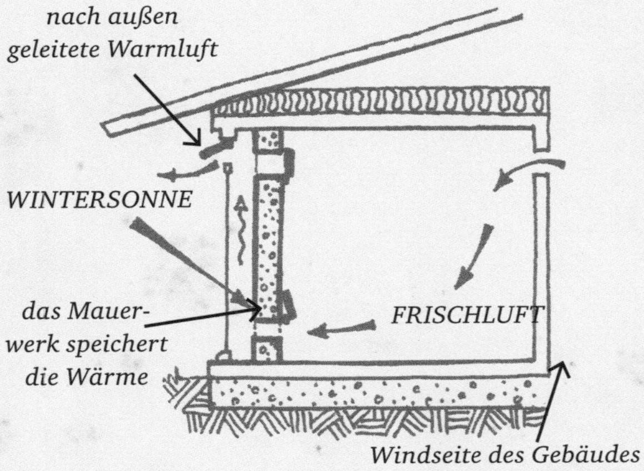


Trombewand

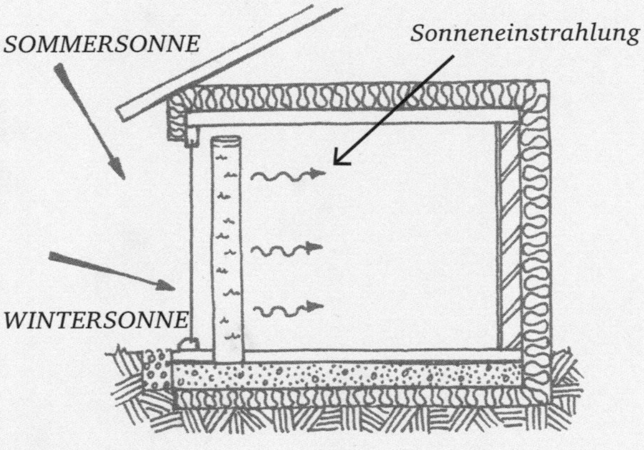


Wasserwand

## So funktioniert eine Trombewand

**Warme Tage, warme Nächte** Tagsüber sind die Lüftungsöffnungen des Fensters offen und die der Wand geschlossen. Die zwischen beiden Öffnungen eingeschlossene Luft steigt durch Konvektion nach oben. Die Warmluft entweicht durch zwei Lüftungsöffnungen oben am Fenster und saugt Frischluft durch die unten liegenden Lüftungsöffnungen in den Innenraum an. Die zirkulierende Luft trägt zur Kühlung des Innenraums bei.

**Warme Tage, sehr kalte Nächte** Tagsüber ist die Lüftungsöffnung oben am Fenster und die unten an der Wand offen, die übrigen Lüftungsöffnungen sind geschlossen. Eine andere Lüftungsöffnung an der gegenüberliegenden Wand wird geöffnet. Die eingeschlossene Luft steigt durch Konvektion nach oben. Die Warmluft entweicht durch die Lüftungsöffnung oben am Fenster und saugt Frischluft in den Innenraum an.

**Warme Tage, kalte Nächte** Tagsüber sind die Lüftungsöffnungen des Fenster offen und die der Wand geschlossen. Die zwischen beiden Öffnungen eingeschlossene Luft steigt durch Konvektion nach oben. Die Warmluft entweicht durch zwei Lüftungsöffnungen oben am Fenster und saugt Frischluft durch die untenliegende Lüftungsöffnungen in den Innenraum an. Nachts sind die Lüftungsöffnungen des Fensters geschlossen und die der Wand geöffnet. Die zwischen beiden Öffnungen eingeschlossene Warmluft steigt nach oben und verteilt sich im Innenraum.

**Kalte Tage, kalte Nächte** Tagsüber sind die Lüftungsöffnungen des Fensters geschlossen und die der Wand geöffnet. Die zwischen beiden Öffnungen eingeschlossene Luft steigt durch Konvektion nach oben. Die Warmluft entweicht.

oder Gewächshaus zu heiß sind, ist das Haus häufig kühler. Instinktiv öffnen wir die Türen zwischen Veranda und Haus, um die Wärme ins Haus zu lassen.
Ausgehend von demselben Prinzip kann man in der Wand, die die Veranda vom Haus trennt, ähnlich wie bei einer Trombewand eine Luftführung herstellen, um einen Kamineffekt hervorzurufen und die warme Luft in das Innere des Hauses zu „saugen". Alternativ kann man mit einer noch effektiveren Ventilation die warme Luft durch über das ganze Haus verteilte Lüftungskanäle an die kalten Stellen leiten. In beiden Fällen geht es lediglich darum, ungenützte Warmluft dorthin zu leiten, wo man sie benötigt.

Die Wärmespeicherung im Kiesbett im Inneren des Gewächshauses zur Lösung des Problems „Haus zu kalt – Gewächshaus zu warm" stellt einen weiteren Vorstoß in diese Richtung dar. Die Sonne erwärmt Wände und Boden des Gewächshauses, die Luft erwärmt sich und steigt nach oben. In diesem Moment setzt sich ein Sauggebläse in Gang, das die warme Luft aus dem Gewächshaus über die Lüftungskanäle ab- und zu einem wärmegedämmten Bereich hinleitet, wo ein Kiesbett vorhanden ist – idealerweise ein im Kellergeschoss befindliches Speicherbecken. Meist fällt die Wahl auf Steine, denn sie sind günstig und leicht erhältlich. Es kann jedoch auch ein anderer inerter Stoff verwendet werden, vorausgesetzt, er erwärmt sich langsam und kühlt sich auch langsam wieder ab, wie Beton oder Glasurmasse. Sobald die erwärmte Luft von dem betreffenden Stoff absorbiert wurde, wird die abgekühlte Luft zum Gewächshaus zurückgeleitet. Nachts wird die im Speicherbecken gespeicherte Luft durch natürliche Konvektion oder über ein Lüftungssystem ins Haus zurückgeführt.
Die Wärmespeicherung im Kiesbett ist eine eher mechanische Lösung im Vergleich zur Trombewand, aber sie ist ein interessanter Ansatz, wenn die bestehenden Gebäude das oben genannte Problem aufwerfen – Gewächshaus zu warm und Haus zu kalt. Diese Form der Wärmespeicherung löst beide Probleme.

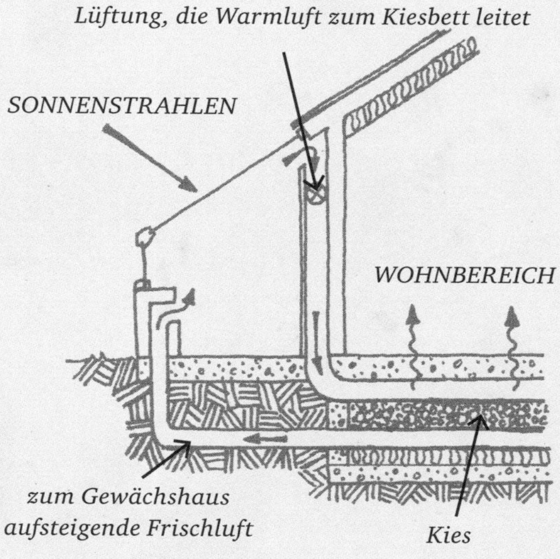


*Wärmespeicherung im Kiesbett*

*„Als sich in den 1970er Jahren das Interesse am Thema Selbstversorgung abzuzeichnen begann, probierten die Menschen alle möglichen Solarkollektoren aus, die sie aus alten Heizkörpern, schwarzen Kunststoffrohren und anderen Materialien herstellten. Ich erinnere mich an ein erstaunlich einfaches System: Wasser lief Tropfen für Tropfen an einem verglasten Dach aus feuerverzinktem Stahl entlang in ein Becken und von da in einen im Keller eingebauten Tank, wo man es zum Heizen oder als Warmwasser nutzte. Diese optisch nicht besonders ansprechende, riesige Konstruktion seitlich am Haus, die fast genauso voluminös wie der Giebel war, war dennoch sehr effektiv und lieferte nach anfangs kaltem sehr warmes Wasser. Es gab auch ein anderes System, bestehend aus einem schwarzen Kunststoffrohr, das um einen riesigen zylindrischen Tank verlief – genauso hoch wie das Haus. Auch hier lief das Wasser kalt auf der einen Seite herein und auf der anderen Seite sehr heiß wieder heraus.“*

*Die Autoren*

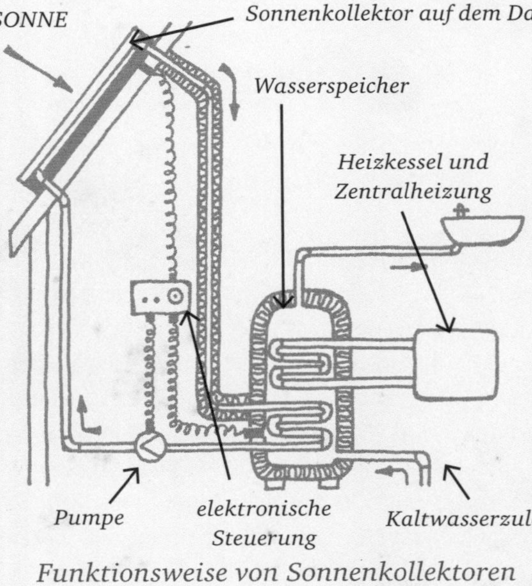


*Funktionsweise von Sonnenkollektoren*

# Sonnenkollektoren

Sonnenkollektoren sind zentraler Bestandteil einer aktiven Solarheizung. Die ersten Solarkollektoren erschienen in den 1970er Jahren auf dem Markt. Dabei handelte es sich hauptsächlich um sperrige, sehr kostspielige Apparaturen, die sich eher an die Zielgruppe der „Hippies“ richteten und generell nicht sonderlich zuverlässig waren.

Heutzutage sind die industriellen Solarkollektoren zu sehr vernünftigen Preisen erhältlich, Tendenz sinkend. Zudem sind sie effektiv, hoch entwickelt und im Allgemeinen gut durchdacht. Wenn Sie Ihre Stromrechnung mit einem bewährten System reduzieren möchten, dann sind Sonnenkollektoren eine gute Wahl.

Es gibt verschiedene Kompaktmodelle und Kollektoren ohne Pumpe, die meisten sind jedoch mit einer oder mehreren Pumpen ausgestattet, mit denen ein flüssiger Wärmeträger (Wasser/Frostschutzmittel/Thermalöle) durch das System gepumpt wird.

Die Solarheizungssysteme bestehen aus fünf wesentlichen Elementen:

- dem Sonnenkollektor
- einem Warmwasserspeicher
- einer automatischen Steuerung
- einer oder mehreren Pumpen
- Rohrleitungen

## Wie funktionieren Solarkollektoren?

- > Die UV-Strahlen der Sonne erwärmen den im Inneren des Kollektors befindlichen Solarabsorber.
- > Die Wärme des Solarabsorbers wird auf das Wasser oder einen ihn durchfließenden Wärmeträger übertragen.
- > Bei Erreichen einer vorgegebenen Temperatur werden die Pumpen eingeschaltet.
- > Der Wärmeträger wird vom Kollektor zu einem im Brauchwasserspeicher sitzenden Wärmetauscher geleitet.
- > Das in diesem Speicher gespeicherte Wasser wird entweder direkt als Warmwasser oder aber zur Warmwasserbereitung für die Zentralheizung genutzt.
- > Nach Abkühlung des flüssigen Wärmeträgers fließt dieser zurück zu den Kollektoren, wo er erneut erwärmt wird.

## Kollektortypen

*Man unterschiedet drei verschiedene Typen von Sonnenkollektoren, die in ihren Eigenschaften und Merkmalen leicht voneinander abweichen. Prüfen Sie genau, welcher Typ sich für Ihre Bedürfnisse am besten eignet.*

**1. Flachkollektor**
Der Flachkollektor besteht aus einem Absorber mit Rohrleitungen, der die Wärme im Inneren eines wärmegedämmten und hinter einer Glasabdeckung liegenden Kollektorgehäuses absorbiert. Er kommt den Prototypen aus den 1970er Jahren sehr nahe. Die in den Rohren fließende Wärmeträgerflüssigkeit nimmt die Wärme von der Absorberfläche auf. Für maximalen Wirkungsgrad muss sich der Flachkollektor horizontal zur Sonneneinstrahlung befinden.

**2. Parabolrinnenkollektor**
Dieser Kollektor besteht aus einem Absorberrohr aus Kupfer über in Facetten angeordneten Spiegeln sowie Sekundärspiegeln über dem Absorberrohr. In vielerlei Hinsicht sind diese Bautypen den Flachkollektoren vorzuziehen, da die Parabolform das Sonnenlicht sowohl auf die Vorder- als auch auf die Rückseite der Spiegel konzentrieren kann.

**3. Vakuumröhrenkollektor**
Dieser Kollektortyp besteht aus mehreren nebeneinanderliegenden Kollektorröhren mit jeweils einer inneren und einer äußeren, durch ein Vakuum voneinander getrennten Glasröhre. Das Sonnenlicht wird von einem beschichteten Absorberstreifen in der Glasröhre aufgefangen. Die Wärme wird an das obere Ende eines Wärmerohrs, bei Bedarf an einen Wärmesammler aus Kupfer und danach zum Wärmespeicher geleitet.

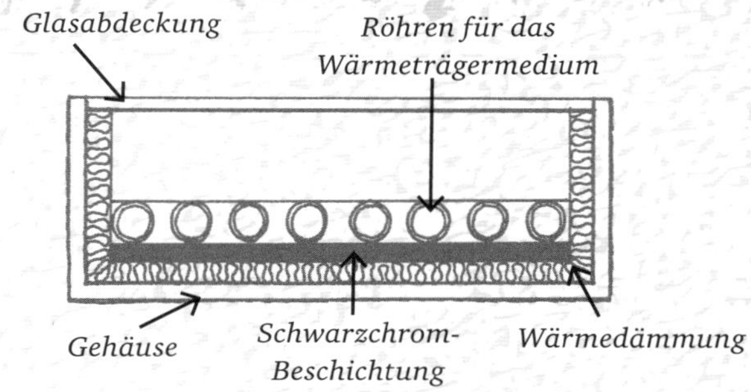

Flachkollektor

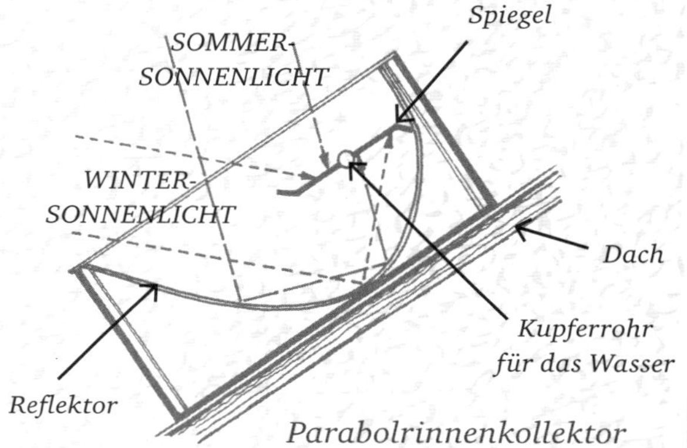

Parabolrinnenkollektor

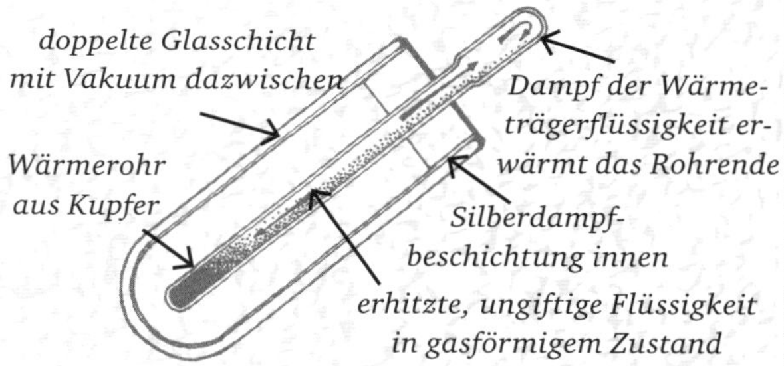

Vakuumröhrenkollektor

# Fotovoltaikzellen

Ende der 1970er Jahre wurden im Zuge der Weltraumforschung und damit verwandten Industriezweigen Fotovoltaikzellen oder Fotozellen entwickelt, die Licht direkt in elektrische Energie umwandelten. Fotovoltaikzellen arbeiten ohne Wasser – nur mit Sonnenlicht, das direkt in Gleichstrom umgewandelt wird. Zum Zeitpunkt ihrer Entstehung waren diese Zellen unglaublich teuer und in Wirklichkeit glaubte niemand, dass sie eines Tages im häuslichen Bereich genutzt werden würden. Heutzutage sieht man die Fotovoltaikzellen fast überall – auf dem Deck von Jachten oder mitten im Gebirge, wo sie an Minigeneratoren angeschlossen sind, um geringe Strommengen zu erzeugen, besonders in Gebieten ohne Anschluss an das öffentliche Stromnetz. Die Massenproduktion hat zu einer beträchtlichen Preissenkung geführt. Im Gegensatz zu den äußerst hohen Kosten in den 1970er Jahren sind Fotovoltaikzellen heutzutage wesentlich günstiger zu erhalten, mit weiterhin sinkender Tendenz. An abgelegenen Orten hat sich diese Form der Stromerzeugung häufig als wirtschaftlichste Lösung durchgesetzt. Zudem macht eine solche Installation steuerlich durchaus Sinn: sowohl durch die finanzielle Förderung als auch durch das Erneuerbare-Energien-Gesetz (EEG), das Einnahmen aus der Stromeinspeisung garantiert.

Zahlreiche Anlagen dieser Art sind heute weltweit in Betrieb – nicht nur in den sonnenreichen Ländern, sondern auch in Zonen mit schwierigen klimatischen Verhältnissen. Fotovoltaikzellen sind leicht und schnell zu montieren und müssen nur einmal jährlich von einem Fachmann gewartet werden. Zur Steigerung der Leistung muss lediglich die Anzahl der Zellen erhöht werden.

### Wie funktionieren Fotovoltaikzellen?

Die Fotovoltaikzelle wandelt einen Teil des Sonnenlichts in Gleichstrom um. Eine Zelle besteht in der Regel aus mehreren Schichten: einer Rückseitenkontaktfläche, zwei Siliziumschichten (Halbleiter), einer Antireflektionsschicht, einem Vorderseitenkontaktgitter. Das Ganze ist durch Glas geschützt. Fotovoltaikzellen funktionieren einfach ausgedrückt folgendermaßen: Wenn das aus Photonen bestehende Sonnenlicht auf die Solarzellen trifft, entsteht ein regelmäßiger Elektronenfluss, der eine genaue definierte Strommenge in Form von Gleichstrom mit einer Spannung in der Größenordnung von 0,5 V erzeugt. Eine einzelne Zelle erzeugt allerdings nur wenig Strom; daher werden viele Fotovoltaikzellen in einem Modul zusammengeschaltet. Der von den Zellen gelieferte Gleichstrom muss über einen Wechselrichter in Wechselstrom umgewandelt werden. Auf diese Weise erhält man einfach und kostengünstig elektrische Energie.

## Fotovoltaikkollektoren und -zellen

Zu Fotovoltaikzellen gibt es viele Fragen: Wird ihr Preis noch mehr fallen? Sind sie zuverlässig? Wie hoch ist ihre Lebensdauer? Kann man sie in einem kalten Klima nutzen? Beim Einsatz der Kollektorentechnik zu nicht industriellen Zwecken steht man erst am Anfang. Häufig sind es kleine Fotovoltaikmodule, die den Strom für die Pumpen und Steuerungen liefern. Die Technik ist nicht sehr komplex, sodass man Fotovoltaikzellen weitaus häufiger einsetzen könnte als bislang üblich.

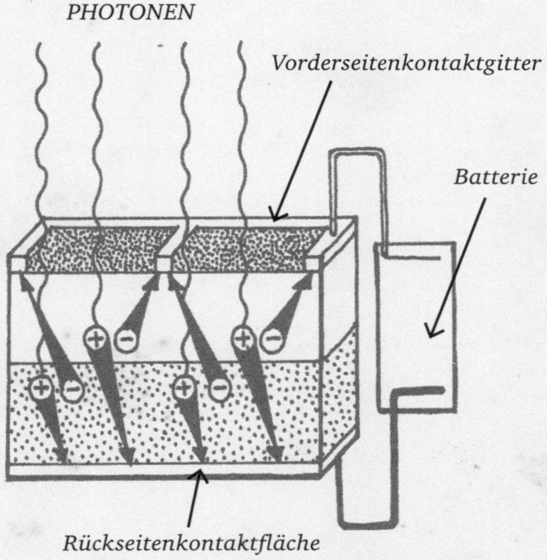


Fotovoltaikzelle

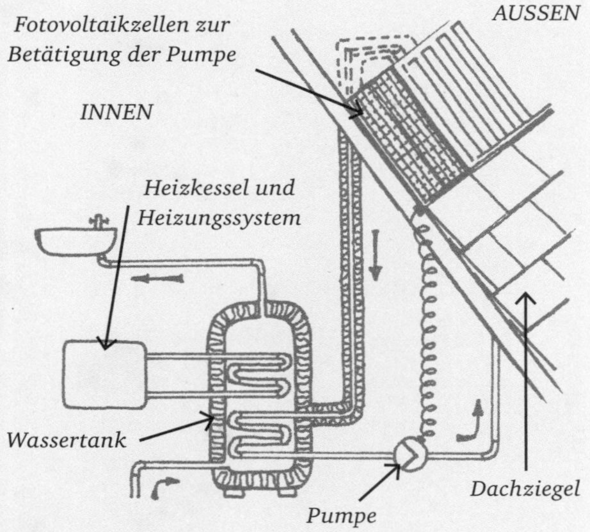


Solarbetriebene Pumpe

# Windenergie

Die seit Jahrhunderten genutzte Windenergie diente anfänglich zur Bewältigung mechanischer Arbeiten – zunächst die Windmühlen, später die mechanischen Windräder, die kinetische Windenergie in mechanische Energie umwandelten. Die Windkraftanlagen verwandelten kinetische Windenergie direkt in elektrische Energie.

*Altes mechanisches Windrad*

## Unterschiedliche Windradtypen

Heutzutage sieht man überall riesige Windräder in Reih und Glied auf Hügeln und Berggipfeln. Es stellt sich nicht mehr die Frage, ob man ein Windrad selbst baut oder wo man ein Windrad erhält; man hat vielmehr die Qual der Wahl, welchen Windradtyp man aufstellen soll. Jeder kennt das gute alte **mechanische Windrad**. Die Rotorblätter nehmen den Wind auf und bringen den Rotor zum Drehen. Die horizontale wird durch Getriebe und Naben in vertikale Drehkraft umgewandelt, um damit große, schwere Mühlsteine zum Mahlen von Getreide oder einen Zapfen zu drehen, der die Kurbelwelle und Kolben einer Wasserpumpe antreibt. Es gibt alle möglichen Modelle von Gondeln und Masten, unter anderem Rotoren mit horizontaler und zylindrische Rotoren mit vertikaler Rotordrehachse, Rotorblätter mit vertikaler Rotordrehachse oder Rotorblätter, die denen einer Miniaturwindmühle ähneln.

Die meisten technisch ausgereiften **Windgeneratoren** oder **Windkraftanlagen** besitzen zwei bis fünf Rotorblätter (oder Repeller), die in ihrer Form dem Profil einer Flugzeugtragfläche ähneln. Die meisten Anlagen werden auf einem Masten oder Turm montiert und sind mit einer mechanischen oder elektronischen Sicherheitseinrichtung ausgestattet, die bei zu starker Windgeschwindigkeit eine Bremse auslöst. Die Rotorblätter nehmen

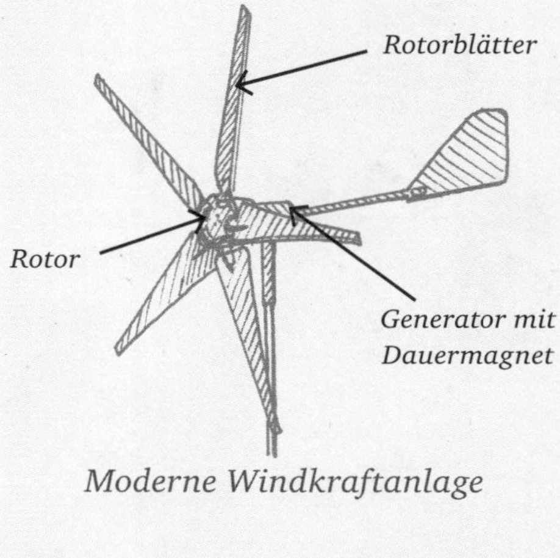


*Moderne Windkraftanlage*

den Wind auf und drehen die Rotorwelle der horizontalen Achse, die wiederum einen elektrischen Generator antreiben und der die mechanische Energie in elektrische umwandelt. Schließlich wird die gewonnene Elektrizität in Akkumulatoren gespeichert, in Wechselstrom umgewandelt und in bestimmten Fällen in das öffentliche Stromnetz eingespeist.

## Technische Fragen

- > **Welche Rotorblattanzahl?** Manche Windkraftanlagen (WKA) haben zwei, andere drei und wieder andere fünf Rotorblätter. Es gibt zahlreiche unterschiedliche Modelle; informieren Sie sich daher detailliert über die technischen Daten und entscheiden Sie sich am besten für eine Anlage, die sich offensichtlich bewährt hat.
- > **Wieviel Strom erzeugen Windkraftanlagen?** Es gibt unterschiedliche Nennleistungen: 0,6 kW, 1 kW, 1,5 kW, 2,5 kW bis hin zu 6 kW und mehr. Eine 600-W-Windkraftanlage (0,6 kW) erzeugt genügend Strom, um ein Haus mit vier Zimmern zu beleuchten. Eine 2500-W-Windkraftanlage (2,5 kW) liefert darüber hinaus noch so viel Strom, dass die meisten Elektrogeräte betrieben werden können.
- > **Welche Lebensdauer haben Windkraftanlagen?** Das hängt von der jeweiligen Anlage ab, aber manche Hersteller bestätigen eine Lebensdauer von über 20 Jahren. **Wie hoch muss der Mast sein?** Die Höhe variiert von 5,5 Meter bis zu 15 Meter.
- > **Kann man Windkraftanlagen auf dem Dach installieren?** Obwohl die Industrie versucht, den Durchmesser der Naben und die Höhe der Masten zu erhöhen – ausgehend vom Prinzip, dass die Größe sich proportional zur Menge der erzeugten Energie verhält – neigt man dazu, eher mehrere kleine als eine große Windkraftanlage zu nutzen. Vorstellbar wäre eine oder mehrere kleine Windkraftanlagen auf dem Dach jedes Hauses – ähnlich wie die Parabolantennen. Die Gegner von Windkraftanlagen auf dem Dach verweisen jedoch auf die Laufgeräusche und darauf, dass deren Schwingungen nach wie vor bei der Entwicklung von Dachkonstruktionen Probleme bereiten. **Kann ich eine Windkraftanlage selbst bauen?** Ja, sofern Sie ein Händchen für Mechanik und Kenntnisse der Elektrik haben.

> *„Wir lebten an einem Ort, wo der Wind so stark blies, dass sich noch der kleinste Baum und das kleinste Gebäude gegen ihn zu wappnen schienen – was also lag näher, als einen Windgenerator zu bauen? Ich schrieb einen Brief an eine Hippie-Kommune in den USA und man schickte mir einen Haufen technische Zeichnungen mit Notizen, damit ich mir selbst einen Windgenerator aus alten Autoteilen bauen konnte. Nun war der große Tag gekommen: der Generator war an Ort und Stelle, die Kabel miteinander verbunden und der Rotor begann sich zu drehen – es war einfach großartig! Um es kurz zu machen: wir hatten gute zehn Minuten lang Strom, dann fing das Licht an zu flackern, die Kabel schmorten durch und das Rotorgehäuse rollte übers Feld. So blieb uns nichts anderes übrig, als wieder unsere Kerzen und Gaslampen anzuzünden.“*
> *Die Autoren*

- > **Ist eine Windkraftanlage eine Lösung für entlegene Gebiete?** In Gegenden ohne Stromnetzanschluss kann sie die einzige Lösung sein.
- > **Werden Windkraftanlagen finanziell gefördert?** Strom aus Windkraftanlagen wird aufgrund des Erneuerbare-Energien-Gesetze (EEG) mit einem bestimmten Anteil vergütet. Erkundigen Sie sich.
- > **Welche Genehmigungen sind notwendig?** Erkundigen Sie sich beim Bauamt oder den zuständigen Baubehörden nach den entsprechenden Genehmigungsverfahren.

## Windkraftanlage im Inselbetrieb

Eine Windkraftanlage im Inselbetrieb, das heißt ohne Verbindung zum öffentlichen Stromnetz, besteht aus einem Windgenerator oder einer Turbine, die an einem

Mast befestigt ist, mehreren Akkumulatoren und einem Wechselrichter. Der von den Rotorblättern aufgenommene Wind setzt den Rotor in Bewegung, der Rotor dreht sich horizontal und treibt über die gemeinsame Welle den Generator an; der Generator wandelt die Bewegungskraft in Elektrizität um. Diese wird in den Batterien gespeichert und dann an einen Wechselrichter weitergeleitet und gelangt schließlich als Wechselstrom ins Haus. Diese Lösung ist ideal – und manchmal die einzig mögliche – wenn Sie sich an einem entlegenen Ort mit Strom versorgen wollen. Sie können den Strom auch direkt für einen Durchlauferhitzer nutzen, aber das liefert noch keine Beleuchtung.

### Vollständige Unabhängigkeit in entlegenen Gebieten

Manche Selbstversorger haben es sich zum Ziel gesetzt, ganz ohne Anschluss an das öffentliche Stromnetz zu leben. Wieder andere leben derart abgeschieden, dass sie notgedrungen ihren eigenen Strom erzeugen müssen. Die Stromerzeugung durch Windenergie ist jedoch nur unter bestimmten klimatischen Bedingungen eine Lösung und wenn Sie in Zeiten geringeren Windes genug Holz zum Heizen haben. Am besten geeignet sind etwas höher gelegene Orte und Gegenden, in denen fast das ganze Jahr über regelmäßig der Wind bläst.

## Windkraftanlage im Netzparallelbetrieb

Bei Windkraftanlagen im Netzparallelbetrieb, das heißt bei Anlagen, die an das öffentliche Stromversorgungsnetz angeschlossenen sind, wird der Strom zunächst vom Betreiber selbst genutzt und die überschüssige elektrische Energie ins öffentliche Stromnetz eingespeist. Somit werden Stromkosten gespart und eine erneuerbare an Stelle einer fossilen Energie genutzt. Die Schadstoffemissionen werden verringert und Sie machen sich vom öffentlichen Stromnetz weitgehend unabhängig.

### Energie sparen

Sie leben in einem großen Haus mit einem großen Garten und Sie möchten in punkto Energie unabhängiger sein, ohne sich gleich ganz vom Stromnetz abzukoppeln. Sie haben viel Zeit, aber nur begrenzte Mittel und Sie möchten so viel wie möglich sparen. Sie haben eine Baugenehmigung für den Bau einer kleinen Turbine von 1 kW. Abgesehen von der modernen Turbine sind Sie bereit, ein Leben wie die ersten Bewohner Ihres Hauses in den 1920er Jahren zu führen.

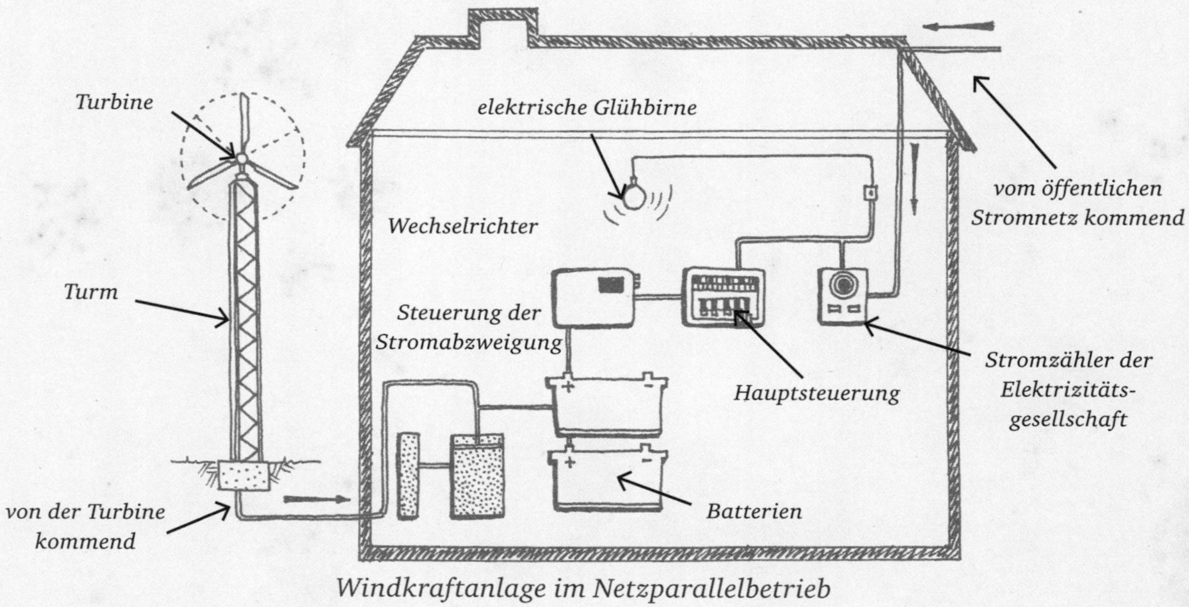


*Windkraftanlage im Netzparallelbetrieb*

## Was eine kleine 1-kW-Windkraftanlage alles kann

**INSELBETRIEB**

**Beleuchtung.** Kein Problem, wenn Sie einen Wechselrichter einbauen, um Wechselstrom zu erhalten (oder 220 Volt).

**TV, Radio & Computer.** Diese Geräte können dank des Wechselrichters, aber auch mit 12 Volt funktionieren; allerdings müssen Sie Anpassungen durch den Elektriker vornehmen lassen. Sie riskieren lediglich von Zeit zu Zeit Spannungsabfälle.

**Elektrischer Wasserkocher.** Nein, zu hoher Stromverbrauch.

**Heizung & Warmwasser.** Ja und Nein. Sie könnten die Turbine zur Versorgung eines Niederspannungs-Durchlauferhitzers nutzen, aber Sie hätten dann keine Beleuchtung – es sei denn, Sie speicherten die überschüssige elektrische Energie in mehreren Akkumulatoren, die den Durchlauferhitzer speisen.

**Elektroherd & Elektroofen.** Nein, zu hoher Stromverbrauch.

**Waschmaschine & Geschirrspüler.** Ja, wenn Sie ziemlich starke Batterien haben und die Geräte nur zu sorgfältig ausgewählten Zeitpunkten einzusetzen, wenn Sie damit wirklich Energie einsparen können.

**Elektrowerkzeug.**
Manche ja, aber ganz sicher keinen Schlagbohrer.

**NETZPARALLELBETRIEB**

**Beleuchtung.** Kein Problem. Mit Ihrer Turbine haben Sie mehr als genug Licht.

**TV, Radio & Computer.** Sie können diese Geräte wie gewohnt nutzen.

**Elektrischer Wasserkocher.** Funktioniert, aber die Energie kommt im Wesentlichen vom öffentlichen Stromnetz. Warum keinen stromlosen Wasserkessel verwenden?

**Heizung & Warmwasser.** Sie können einen Durchlauferhitzer betreiben, aber ein Großteil des Stroms dafür käme aus dem öffentlichen Stromnetz. Ein mit einem Heizkessel ausgestatteter Ofen ist viel ökonomischer. Sie können auch überlegen, wie Sie das Warmwasser nutzen: Wenn Sie sich ein Bad einlassen, brauchen Sie nicht erst ganz heißes Wasser, um dann mit kaltem Wasser nachzufüllen. Nehmen Sie Wasser, das gleich von Anfang an richtig temperiert ist.

**Elektroherd.** Funktioniert, aber der Löwenanteil des Stroms kommt aus dem öffentlichen Stromnetz.

**Waschmaschine & Geschirrspüler.** Funktionieren gut. Diese Geräte werden immer energiesparender und verbrauchen weniger Wasser, als wenn man von Hand wäscht.

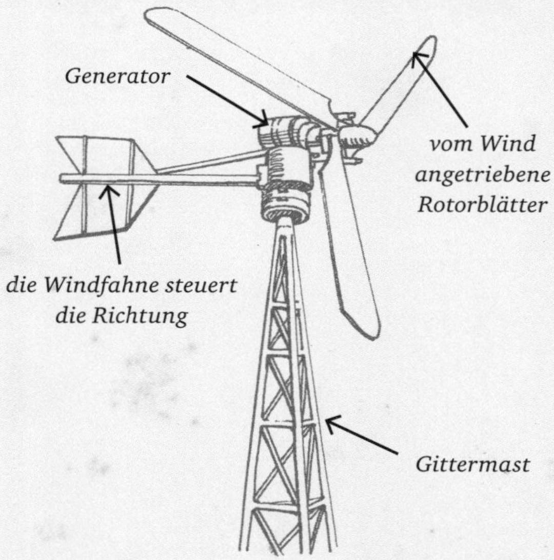


*Wie funktioniert das?*

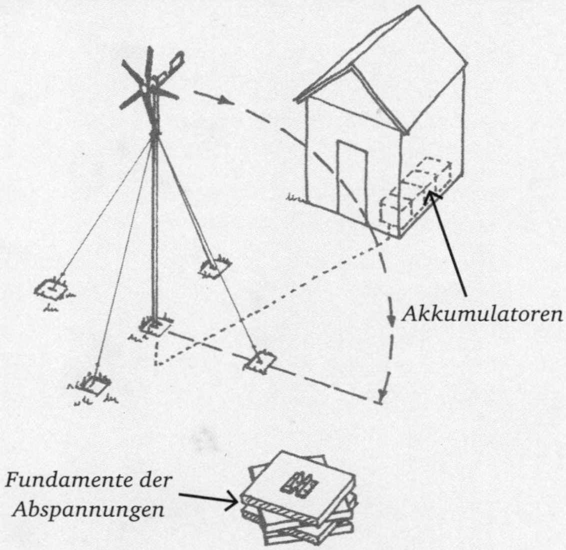


*Windkraftanlage mit abgespannten Masten*

# Erdwärme-Energie

In unseren gemäßigten Breiten ist das Erdreich ein guter Wärmespeicher mit konstanten Temperaturen, die umso mehr ansteigen, desto tiefer man ins Erdreich vordringt. Das Erdreich ist eine konstante und umweltfreundliche Energiequelle. Inzwischen sind oberflächennahe Wärmepumpen bereits auf dem Markt erhältlich; besonders im privaten Wohnungsbau haben sie einen vielversprechenden Aufschwung erfahren.

## Prinzip der Erdwärmepumpe

Das Ziel einer Erdwärmepumpe ist es, mittels eines Erdkollektors die im Erdreich gespeicherte Sonnenwärme zurückzugewinnen. Der Erdkollektor besteht aus einem im Erdreich in Form einer Rohrschleife verlegten Rohrsystem. Diese Rohrschleife besteht aus Kunststoffrohren, durch die ein Kältemittel fließt – oder je nach verwendeter Technik ein Gemisch aus Wasser und Frostschutzmittel. Das vollständig im Erdreich liegende Rohrsystem entzieht dem Erdreich seine Wärme und leitet sie zum Haus. Das System funktioniert umgekehrt wie ein Kühlschrank: Die Kühlflüssigkeit nimmt die gespeicherte Wärme auf und verwandelt sich dann in Gas. Anschließend wird das Gas zunächst komprimiert, dann ausgedehnt. Im flüssigen Zustand gibt es seine Wärme an den Heizkreis ab. Im Winter entzieht das System dem Erdreich Wärme und gibt sie im Gebäude ab. Im Sommer funktioniert das System genau umgekehrt, sofern im System beide Energieaustauschformen integriert sind: es kühlt das Gebäude.

## Die geeignete Anlage

Es gibt unterschiedliche Erdwärmepumpenanlagen. Suchen Sie sich die für Ihr Gelände am besten geeignete aus.

### Erdwärmepumpe mit horizontal verlegten Erdkollektoren

Dieser Anlagentyp eignet sich, wenn Sie viel Grund und Boden haben. Die Rohrstränge von 100 bis 200 Meter werden in Gräben oder in einer Ausschachtung 1,50 bis 1,80 Meter tief verlegt. Diese Lösung bietet sich bei unbebautem Gelände an oder, wenn Sie aus Kostengründen einen Teil der Erdarbeiten in Eigenleistung übernehmen. Der Erdkollektor sollte schätzungsweise zwischen 1½- und 2½-Mal so groß sein wie die zu beheizende Gebäudefläche.

### Erdwärmepumpe mit Erdsonde

Eine gute Lösung bei kleinem Gelände. Hier wird die Sonde (Doppel-U-Rohrsonde aus Polyethylen) in eine Bohrung von kleinem Durchmesser in 40 bis 200 Meter Tiefe oder tiefer eingeführt. Die platzsparende Bohrung ist jedoch weitaus teurer als Rohrgräben.

### Unterwasser-Erdwärmepumpe

Wenn Sie ein großes Becken oder einen großen Teich haben, ist das die ideale Lösung. Die Rohrschleife wird einfach auf dem Becken- beziehungsweise Teichgrund verankert – fertig.

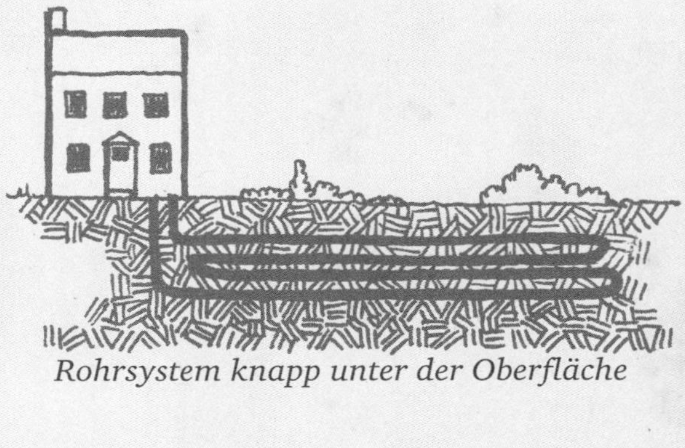

*Rohrsystem knapp unter der Oberfläche*

## Das brauchen Sie

Die Anlage besteht aus einer Wärmepumpe, dem Gestell des Wärmetauschers, das heißt der in der Rohrschleife fließenden Flüssigkeit, der Rohrleitungen im Gebäudeinneren und natürlich Strom für den Pumpenbetrieb.
Die erste Frage, die Sie sich vor dem Einbau einer solchen Anlage stellen sollten, betrifft den Standort der Erdkollektoren. Problemlos, wenn Sie ein großes Becken in Ihrem Garten haben, aber die meisten Leute haben nur die Wahl zwischen einer Erdsonde oder horizontal verlegten Erdkollektoren.
Auf den ersten Blick mag die Aushebung von Rohrgräben oder ein Erdaushub von der Größe eines Schwimmbads einfacher als eine Bohrung erscheinen, aber es hängt alles von der Bodenbeschaffenheit ab. Ist der Boden sehr locker oder sandig, sehr steinig oder auch aufgeweicht und lehmig, sind Sie vielleicht gezwungen, zur zweiten Lösung zu greifen. Wenn Sie jedoch die Wahl haben, ist es zweifellos kostengünstiger, Rohrgräben auszuheben, da die eingesetzte Technik einfacher ist. Die eigentliche Wärmepumpe entspricht von der Größe her in etwa einem traditionellen Heizkessel. Ein Standort im Keller oder in der Waschküche ist ausreichend.

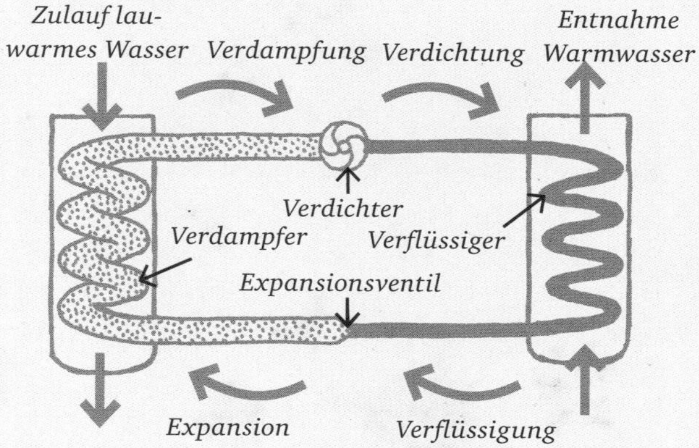


*Erwärmung von Luft und Wasser mit Erdwärme*

Mit einer klassischen Anlage von durchschnittlicher Leistung wird das lauwarme Wasser aus dem Kreislauf zu einer Wärmepumpe geleitet, wo es auf rund 50° C erwärmt und anschließend in einem sehr gut isolierten, großen Tank gespeichert wird. Zum Heizen wird das Wasser einfach in die Niedrigtemperaturheizkörper oder Niedrigtemperaturfußbodenheizung geleitet; zur Warmwassernutzung wird es in einen zweiten Kreislauf gepumpt und in einen Warmwasserboiler geleitet, um es anschließend zum Waschen und für die Toiletten zu nutzen.

## Wärme nutzen

Ist die Wärme einmal dem Erdreich entzogen, kann man sie in Form von Warmluft oder Warmwasser nutzen. Warmwasser ist meist sinnvoller, denn es kann sowohl für die Zentralheizung sowie als Warmwasser im Haus zum Waschen, Baden und Spülen genutzt werden.

## Wie hoch ist der Wirkungsgrad?

Am besten prüft man den Wirkungsgrad von Erdwärme, indem man ihn mit den fossilen Energien vergleicht. Die Leistungszahl von Wärmepumpen wird als Coefficient of

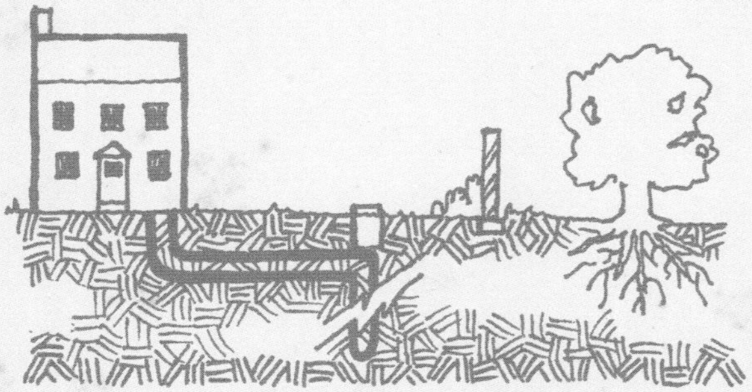

*Rohrsystem etwas tiefer im Erdreich, in schwierigem Gelände*

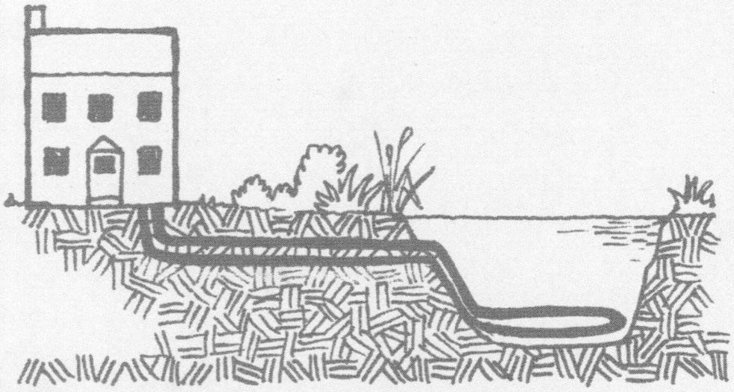

*Rohrsystem in einem großen Becken oder Teich*

Performance (COP) bezeichnet. Der COP-Wert ist das Verhältnis aus eingesetzter elektrischer Energie und gewonnener Wärmeenergie.
Erdwärmeanlagen haben einen sehr hohen Wirkungsgrad, denn aus einer Einheit eingesetzter elektrischer Energie erzeugen sie rund vier Einheiten Wärmeenergie. In anderen Worten: während Kohle eine Wärmeleistung von 70 bis 90 % erbringt, errreicht eine Erdwärmepumpe rund 400 % Wärmeleistung.

### Zwei Fliegen mit einer Klappe

Wenn Sie beschließen, eine Bohrung für eine Erdsonde vorzunehmen, heißt das, dass Sie bereit sind, eine nicht unbeträchtliche Summe dafür auszugeben. Also ziehen Sie den größtmöglichen Nutzen daraus und denken Sie auch an Ihre Wasserversorgung.
Letztendlich werden Sie einen Brunnen mit zwei Rohrleitungssystemen haben – einem geschlossenen Kreislauf für die Heizung und einer Rohrleitung mit einer Unterwasserpumpe für das Wasser. Denken Sie daran, wenn Sie eine Bohrung vornehmen lassen.

## Wartung

Erdwärmeanlagen sind relativ einfach zu warten. Pumpe und Kompressor müssen regelmäßig gewartet werden, aber darüber hinaus benötigen der geschlossene Kreislauf der Erdkollektoren sowie die ganzen Rohrleitungen so gut wie keine Wartung. In jedem Fall sollte die Wartung von Fachleuten ausgeführt werden. Am besten schließt man einen Wartungsvertrag ab, damit die Anlage immer vollständig funktionsbereit ist und optimale Leistung bringt.
Eine Druckprüfung der Kühlmittelleitungen ist unerlässlich, um eventuelles Entweichen von Kühlmittel festzustellen. Ein solches Entweichen ist schädlich für die Umwelt: Selbst wenn die neuen Generationen an Kühlmitteln sich nicht mehr zerstörerisch auf die Ozonschicht auswirken, sind sie dennoch Treibhausgase; einmal in der Atmosphäre tragen sie zur Klimaerwärmung bei. Bei Austausch der Anlage muss die Flüssigkeit von einem Fachmann abgelassen und anschließend wiederaufbereitet oder entsorgt werden.

### Fragen zur Erdwärme

> **Wie teuer ist Erdwärme?** Das hängt von der von Ihnen ausgesuchten Anlage ab. Ist die Bodenbeschaffenheit gut, können Sie auf örtlich ansässige Arbeitskräfte zurückgreifen, um einen Aushub von der Größe eines Schwimmbeckens vorzunehmen oder Rohrgräben auszuheben, sodass Sie beträchtliche Kosten einsparen können.

> **Welche Probleme sind mit einer Bohrung verbunden?** Früher waren Bohrungen laut, teuer und machten aus Ihrem Garten eine Baustelle. Die Kosten hierfür sind heutzutage nicht mehr so hoch und die Anlagen weitaus zuverlässiger.

> **Ist so eine Anlage leicht einzubauen?** Einbau und Wartung sollten Sie einem Fachmann überlassen.

> **Gibt es finanzielle Fördermöglichkeiten?** Wer sich zur Nutzung von Erdwärme entschließt, wird finanziell von Bund, Ländern und Kommunen unterstützt. Verschiedene Stromanbieter fördern den Einsatz zudem durch vergünstigten Strom für die Wärmepumpen. Da die Förderungen örtlich unterschiedlich sind, erkundigen Sie sich am besten direkt vor Ort bei Ihrer Stadt- oder Gemeindeverwaltung nach den geltenden Fördermöglichkeiten (siehe auch Anhang).

> **Handelt es sich dabei um teure Spitzentechnologie?** Die Technologie existiert bereits seit den 1930er bis 1940er Jahren. Die Schwierigkeit lag immer in der Umsetzung des geschlossenen Kreislaufs der Kollektoren – schwierig auszuführen und teuer, wenn die Rohre aus Kupfer waren. Das Auftreten von preisgünstigeren Kunststoffrohren hat die Preise erheblich sinken lassen.

# Energie aus Wasserkraft

Das Potenzial aus Wasserkraft gewonnener Energie in kleinem Maßstab wird von ökologischen Gruppierungen, Regierungen und der Industrie allmählich erkannt.

## Pico-Wasserkraftwerke

In Nepal hat die Firma Pico ein kostengünstiges, einfach zu wartendes, tragbares und kompaktes Kleinwasserkraftwerk auf den Markt gebracht. Es entspricht ganz und gar nicht unserer Vorstellung von einer Wasserturbine, sondern ähnelt eher einer Art Schneebesen. Es besteht aus einer Radnabe mit einer Schaufel auf der einen Seite und einem Wechselstromgenerator auf der anderen, beides auf einem Rahmen montiert. Die Turbinenschaufel muss in einen Wasserlauf mit sehr schneller Wasserführung eingetaucht werden, danach an elektrische Leitungen angeschlossen werden, um etwas Licht zu erhalten. Die Turbine wurde ursprünglich für Entwicklungsländer konzipiert – die über viel Wasser verfügen, gleichzeitig einen geringen Strombedarf und wenig technisches Know-how haben. Sie eignet sich gut für Selbstversorger. Bei einer Fallhöhe von 1,50 Meter und einem Wasservolumen von 70 Litern pro Minute kann dieses Pico-Wasserkraftwerk 500 W erzeugen. Wenn Sie die Turbine an einem schnellfließenden Bach aufstellen und einen Ableitungskanal bauen, damit das Wasser direkt auf die Turbinenschaufeln fällt, erhalten Sie eine zwar geringe Stromausbeute – diese aber garantiert und ideal zum Betrieb von wenig stromfressenden Geräten.

### Autark mit Energie aus Wasserkraft

Wenn Sie Zugang zu einem Wildbach haben und Sie dessen Tiefe, die Möglichkeit eines Gefälles und die Wasserführung überprüft haben, wenn Sie sicher sind, dass der Wasserlauf auch im Sommer Wasser führt, müssen Sie zunächst alle notwendigen Bau- beziehungsweise Nutzungsgenehmigungen für eine Wasserkraftanlage beantragen. Überlegen Sie, was Sie mit dem erzeugten Strom versorgen wollen. Zweifellos genügt ein Wasserrad, um Strom zu erhalten. Die Menge des von Ihnen erzeugten Stroms hängt von Ihrer Situation ab. Haben Sie Ihr Quartier in einer alten Mühle mit einem bereits vorhandenen riesigen Wasserrad aufgeschlagen, brauchen Sie nur eine Turbine an der Nabe anzuschließen, um soviel Strom zu erzeugen, wie Sie benötigen. Wahrscheinlicher ist jedoch, dass Sie selbst erst einen solchen Wasserlauf anlegen müssen. Wie beim Windrad fällt die Energieerzeugung im Winter höher aus als im Sommer. Manchmal ist die Stromausbeute so hoch, dass die überschüssige elektrische Energie in Batterien gespeichert werden muss. Über das Erneuerbare-Energien-Gesetz (EEG) haben Sie aber auch die Möglichkeit, überschüssigen Strom gegen Vergütung in das öffentlich Netz einzuspeisen. Am besten prüfen Sie die Situation vor Ort, beziffern Ihren Bedarf und entscheiden im Hinblick auf diese beiden Gegebenheiten, welche Turbine Sie kaufen.

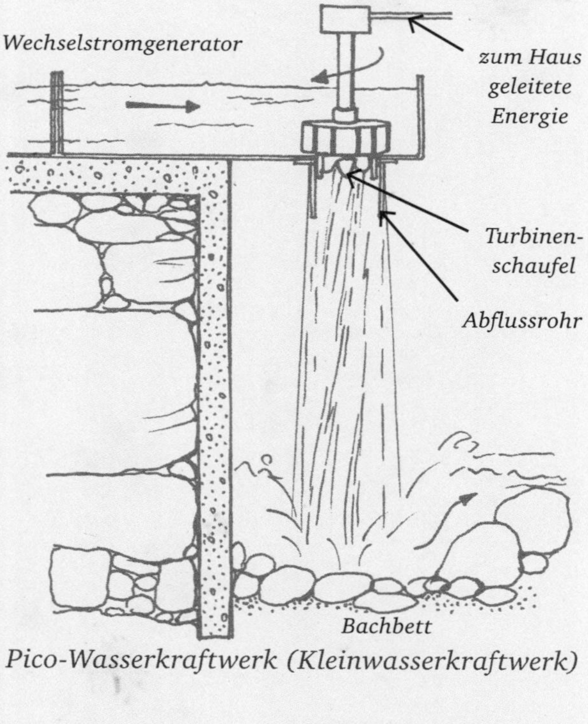


*Pico-Wasserkraftwerk (Kleinwasserkraftwerk)*

# Wärmedämmung

Rund 75 % unserer Energiekosten werden für Heizung und Lüftung unserer Wohnungen verwendet. In einem Haus gänzlich ohne Wärmedämmung entweicht die Wärme fast genauso schnell wie sie erzeugt wird, durch Ritze und Fugen und ebenso durch wärmeleitende Baumaterialien: 25 % der Wärme steigt zur Decke und zum Dach auf, 35 % der Wärme dringt durch die Wände und 15 % der Wärme dringt durch den Boden.

## Wärmedämmung früher

Der traditionelle Wohnraum war schon immer gut isoliert – ob es sich um Höhlen, Häuser mit Strohdach, Häuser aus Holz und Stroh oder mit dicken Stein- oder Strohlehmwänden handelte – und nur in geringem Maße einem Wärmeverlust ausgesetzt.
Über die Jahrtausende hinweg haben die Völker ihre Unterkünfte aus den an Ort und Stelle verfügbaren Materialien gebaut. Unsere Vorfahren kannten keinen Wärmewiderstand; sie wussten einfach, dass die Mauern dick und nicht zu hoch sein mussten, um das Gewicht des Daches zu tragen.
Im Laufe von Generationen lernte man durch Versuch und Irrtum, dass durch eine bestimmte Bauweise die Häuser im Winter warm und trocken und im Sommer kühl waren.

## Wärmedämmung heute

Die industrielle Revolution bedeutete das Ende von jahrtausendelangem traditionellem Wohnraum; sie ermöglichte es, Häuser mit dünnen Wänden und Dächern zu bauen – Häuser, die in der Fabrik hergestellt wurden und nicht mehr von ihren zukünftigen Bewohnern.
So kam es, dass man ab der Mitte des 19. Jahrhunderts bis in die 1930er Jahre hinein den traditionellen Wohnbaumethoden kaum bis keinerlei Beachtung mehr schenkte.
Gegen Ende des Zweiten Weltkriegs kamen unter den Architekten Überlegungen auf, dass die Häuser komfortabler wären, wären sie besser wärmegedämmt. Zunächst fanden Stroh, dann Zeitungspapier in Streifen, Lumpen und anderes Material Verwendung – wichtig war lediglich, dass es nicht teuer war.
Die Wärmedämmung, wie wir sie heute kennen, kam erstmals in den 1940er Jahren auf. Nur zögerlich wurde damals vorgeschlagen, dass eine ideale Wärmedämmung mit Materialien wie Gipskartonplatten, Leichtfaserplatten auf Latten, Glasfasern, Korkplatten, Mineralwolle

FÜR PROFIS

### Wärmewiderstand

Je effektiver die Wärmedämmung, desto langsamer entweicht die Wärme, denn die Dämmstoffe leiten die Wärme gar nicht oder nur wenig. Den Wärmewiderstand der Wärmedämmung – abgekürzt mit R – erhält man durch das Verhältnis der Dicke (in Metern) zu der Wärmeleitfähigkeit des betreffenden Dämmstoffs in Quadratmetern × Kelvin/Watt. Der Wärmewiderstand eines Dämmstoffes ist umso höher, je dicker er ist und je geringer seine Leitfähigkeit. Bei der Auswahl achtet man auf den Wärmewiderstand R, der auf dem Etikett angegeben ist. Unser Ziel besteht darin, den R-Wert möglichst stark zu erhöhen. Denn ein hoher Wärmewiderstand entspricht einem geringen Wärmeverlust, was sich wiederum in geringeren Energiekosten niederschlägt und somit ganz einfach in Energieeinsparung.

## Dicke oder dünne Dämmstoffe?

*Viele von den zahlreich auf dem Markt erhältlichen Dämmstoffen sind weder Naturprodukte noch „grüne" Produkte. Dies trifft besonders auf dünne Dämmstoffe zu. Wolle dagegen ist ein Naturprodukt, sie ist jedoch teuer und muss in dicken Lagen aufgebracht werden, was die Transportkosten erhöht.*
*Da es unmöglich ist, ein Produkt direkt mit dem anderen zu vergleichen, geht man am besten die ganze Angebotspalette durch und entscheidet sich für den besten Kompromiss.*

**Reflektierende dünne Dämmstoffe** Diese bestehen aus mehreren mit Metall bedampften Schichten und dünnen Materialien, also organischen oder pflanzlichen Fasern, Schaumstoffen oder Luftblasen. Sie reflektieren die Wärme im Sommer nach außen und im Winter nach innen.
Sie sind einfach anzubringen und nehmen nicht viel Platz weg. Aber sie sind generell teuer und obwohl sie als Hochleistungsdämmstoffe ausgezeichnet sind, existiert diesbezüglich bis heute noch keine offizielle Zertifizierung.
Auf Grund ihrer hohen Dichtigkeit gegenüber Wasserdampf ist ihr Einsatz als Unterdachschutz zu vermeiden.

**Wolle** Schafwolle vermischt mit Naturkautschuk ist ein ausgezeichneter Dämmstoff, dessen Wärmewiderstand von der Schichtdicke abhängt. Es sind mehrere Schichtdicken bis zu 130 mm erhältlich.
Dieses vollkommen natürliche Produkt ist wiederverwendbar, biologisch abbaubar, sondert keine Giftstoffe ab, ist nicht hautreizend, eignet sich sowohl für Neubauten als auch für Sanierungen und man kann es selbst anbringen.

**Andere Naturdämmstoffe** wie Hanfwolle, Geflügelfedern oder Zellulose können ebenfalls je nach den Erfordernissen verwendet werden.

Informationen und Adressen hierzu erhalten Sie beim Informationsdienst BINE (siehe Anhang).

oder Aluminiumfolie zu erreichen wäre. Da Bauherren jedoch keinerlei Einbußen an ihren Gewinnspannen hinzunehmen bereit waren, geschah in Sachen Wärmedämmung nichts, bis in den 1970er Jahren die Ölkrise die Energiekosten in die Höhe trieb. Selbst heute noch entscheiden sich die meisten Fachleute immer noch lieber für die Minimalstärken als zu versuchen, so gut wie möglich zu dämmen.

*„Für meinen Großvater war das sicher nicht sehr lustig: Er war Bergarbeiter in Wales und bewohnte ein kleines Nebenhaus, das genau gleich aussah wie alle anderen in der Straße. Es war aber ein modernes Häuschen, mit Mauern so dünn wie Zigarettenpapier und einem dünnen Schieferdach. Der Kohlehaufen nahm den ganzen Garten ein und trotzdem war das Haus immer kalt und zugig."*
*Die Autoren*

# Dachdämmung

## Wärmedämmung von nicht ausbaubaren Dachböden

Zwischen Ende der 1950er und den 1980er Jahren war es üblich, die je nach Baufortschritt entstehenden Hohlräume mit Glaswolle auszufüllen und danach eine Schicht Glaswolle auf den Boden des Speichers zu legen (siehe Skizze unten). Die Dächer damals waren sogenannte „Kaltdächer", in denen nach Auslegen der Glaswolle auf dem Boden der Raum natürlich belüftet wurde, denn die

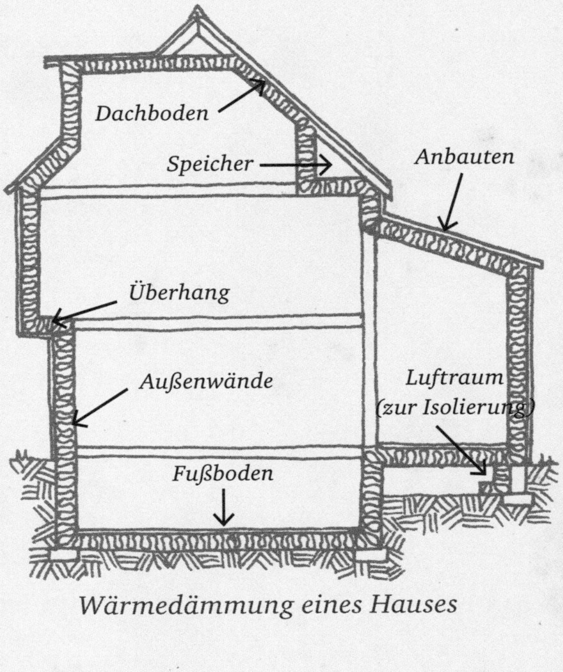

*Wärmedämmung eines Hauses*

Luft konnte frei zirkulieren. Da das eine wesentliche Verbesserung zu den bisherigen Maßnahmen darstellte, erschien es auf dem Reißbrett als ideale Lösung – eine Dämmung, die eine dicke Schicht zwischen den Dachbalken bildete. In Wirklichkeit wurde die Verlegung häufig schnell und schlampig ausgeführt. Daher liegen in den Speichern aus jener Zeit oft nicht nur die Ecken frei und bilden Wärmebrücken, das heißt die Dämmung ist unterbrochen; noch schlimmer ist, dass sich der Dämmstoff oft gelöst hat und kaputt auf dem Boden herumliegt. Hinzu kommt, dass Dachböden ein schlecht gedämmter Bereich sind, was sich durch Kondensierungs- oder Feuchtigkeitsflecken im Stockwerk darunter an den Anschlüssen zwischen Wand und Decke bemerkbar macht – das ist vor allem im Badezimmer oder in der Küche problematisch, also Zimmern, die auf der Kälteseite des Hauses liegen. Ein weiterer Nachteil dieser Art der Dämmung ist, dass die in den Dachböden vorhandenen Installationen (Leitungen, Warmwasserboiler ...) nicht gedämmt und somit frostgefährdet sind.

## Minimale Wärmedämmung von Dachböden

Der Hauptschwerpunkt liegt hier auf der Schaffung eines warmen, gut isolierten und gelegentlich nutzbaren Raumes unter dem Dach. Eine solche Dämmung ohne Luftschicht zwischen Wärmedämmung und Dachhaut – auch „Warmdach“ genannt – ist wesentlich besser als die eines Kaltdachs. Ein Kaltdach ist ausreichend, um das Einfrieren der Rohre zu verhindern, aber nicht genug, um eine Küche oder ein Badezimmer daraus zu machen.

Auf der Abbildung rechts unten sieht man die Materialien von innen nach außen: Gipskartonplatten, Dämmung der Sparrenzwischenräume, diffusionsoffene Unterspannbahn oder Bitumendachpappe, Latten und Dachziegel. Wir sprechen hier von einer minimalen Wärmedämmung; insbesondere weist sie keine Dampfsperre auf. Mit einer Treppe, mit Beleuchtung und Lüftung kann dieser Raum dennoch als Büro oder Gästezimmer genutzt werden.

## Wärmedämmung von ausgebauten Dachböden

Der wachsende Bedarf an Wohnflächen hat stark dazu beigetragen, dass vermehrt Dachböden zu Wohnzwecken umgebaut werden. Positiv an der Wärmedämmung ist, dass man sie größtenteils in Eigenleistung durchführen kann. In dem auf der Abbildung unten dargestellten Haus soll der Dachraum zum Wohnraum werden – beispielsweise eine Küche, ein Bad oder ein Zimmer. Von innen nach außen werden folgende Materialien verwendet: Gipskartonplatten, Dämmung zwischen den Konterlatten, Dampfsperre, Dämmung der Sparrenzwischenräume, diffusionsoffene Unterspannbahn, Dachlatten zum Fixieren der Unterspannbahn, Konterlatten für die Dach- und Ortgangziegel. Die auf der Innenseite der Dachsparren angebrachte Dampfsperre verhindert, dass die im Laufe eines Tages beispielsweise durch Atmung,

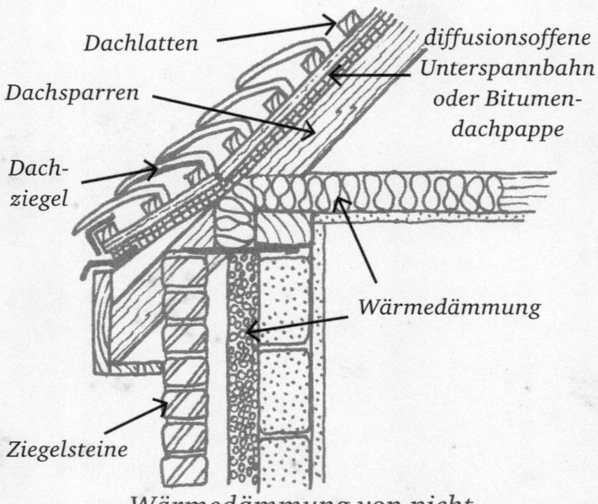

Wärmedämmung von nicht ausbaubaren Dachböden

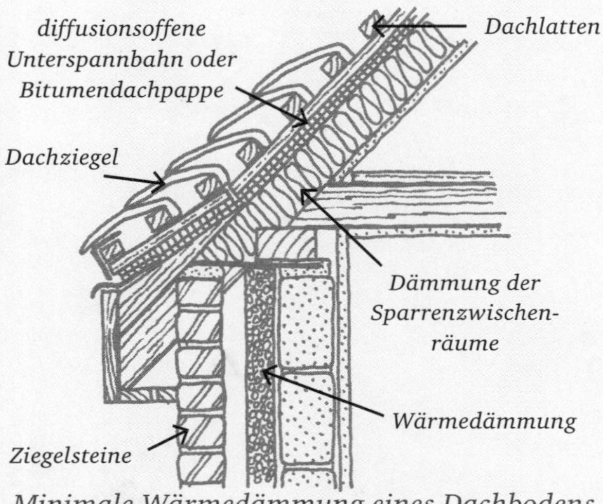

Minimale Wärmedämmung eines Dachbodens

Küchendämpfe oder Reinigung entstehende Feuchtigkeit durch die Decke dringt.
Stehen Ihnen nur begrenzte Mittel zur Verfügung oder haben Sie vor, die Arbeit Zug um Zug auszuführen, fangen Sie mit der Dämmung der Sparrenzwischenräume an und machen Sie mit der Dampfsperre weiter. Später, wenn Sie wieder bei Kasse sind, Zeit haben oder wenn Sie sich dazu entschieden haben, den Dachboden zu bewohnen, bringen Sie die Konterlatten auf, fügen die zusätzliche Dämmung ein und führen die restlichen Feinarbeiten aus.

*„Als wir unsere Zwischengeschoss-Fußböden erneuerten, dachten wir über verschiedene Dämmmöglichkeiten nach und entschieden uns für Wollplatten. Unsere Überlegung war, dass wenn wir sie etwas größer nehmen würden, wir sie fester zwischen die Deckenbalken stopfen könnten und sie dort so lange von selbst halten würden, bis wir die Gipskartonplatten der Decke des Geschosses darunter wieder angebracht hätten.“*
*Die Autoren*

# Wärmedämmung von Wänden

## Außendämmung

Eine für einen Neubau oder Neuverputz geeignete Außendämmung eignet sich noch lange nicht für Natursteine. Sie hat jedoch den Vorteil eines höheren Wirkungsgrades, ohne den Innenraum zu beeinträchtigen. Außerdem ist das Problem der Wärmebrücken in den Ecken damit so gut wie gelöst, denn es werden alle Bauteile einschließlich der Anschlüsse zwischen Böden und Wand lückenlos gedämmt.
Die erste Möglichkeit sind sogenannte Wärmedämmverbundsysteme. Dabei werden Dämmplatten – in der Regel aus aufgeschäumtem Polystyrol mit glasfaserverstärktem Oberflächenputz – auf die Wand aufgeklebt oder befestigt und danach ein Deckputz aufgebracht.
Die zweite Möglichkeit einer Außendämmung ist die sogenannte Vorhangfassade, bei der sozusagen „in einem Aufwasch“ sowohl die Dämmung als auch die Wasserdichtigkeit des Gebäudes hergestellt wird. Dabei werden Fassadenelemente oder Tragkonstruktionen mit Außenbeplankung verwendet: Die Tragkonstruktion wird montiert und deren Zwischenräume mit Dämmstoff – zum Beispiel Polystyrol, Steinwolle oder Glaswolle – ausgefüllt. Die Tragkonstruktion erhält eine Außenverkleidung aus Bruchstein, Holz oder Schieferschindeln. Im Handel sind auch vormontierte Montageplatten mit Dämmung erhältlich, die man nur noch an den Wänden befestigen muss.
Diese relativ einfach auszuführenden Methoden sind kostengünstig und verändern das Aussehen der Fassade. Daher muss man sich im Vorfeld vergewissern, inwieweit dies den örtlichen Vorschriften entspricht. Anzumerken ist noch, dass die fertige Dämmung instabiler als eine Ziegel- oder Steinmauer ist.

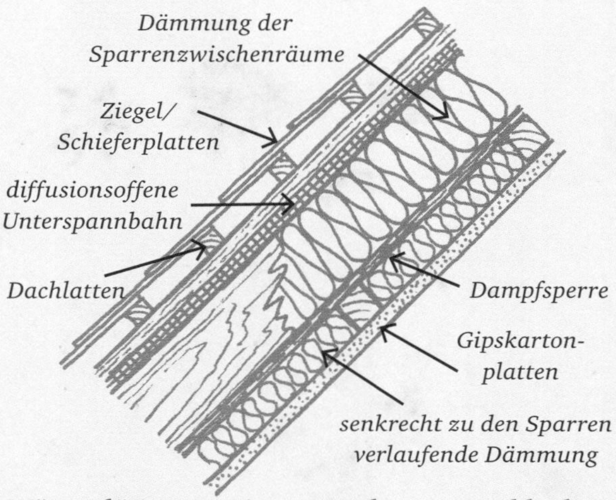


*Wärmedämmung eines ausgebauten Dachbodens*

## Innendämmung

Die Kosten für eine Innendämmung betragen nur rund die Hälfte der Kosten für eine Außendämmung. Sie verändert auch nicht das Äußere der Fassade, hat jedoch einen geringeren Wirkungsgrad.
Je nach Beschaffenheit der Wände gibt es unterschiedliche Vorgehensweisen. Eine glatte Wand kann man vor dem Anstrich oder Tapezieren durch eine Dämmung aufdoppeln, beispielsweise indem man Verbundplatten zur

thermoakustischen Wandisolierung aufklebt. Die Platten bestehen aus einer Schicht Mineraldämmstoff und Polystyrol mit Gips. Bei feuchten Wänden befestigt man die Dämmplatten, die zum Beispiel aus Mineralwolle oder Schafwolle bestehen, auf einer Metallkonstruktion mit Abstand zur Wand, damit die Dämmwand nicht mit der Feuchtigkeit der Wand in Berührung kommt.
Bei unregelmäßigen Wänden muss der Dämmstoff nach demselben Prinzip aufgebracht werden, also in den Zwischenräumen der Tragkonstruktion, was die Unregelmäßigkeiten der Wand ausgleicht. Es ist auch möglich, eine Vorsetzwand aus Ziegelsteinen oder aus Gipsplatten im Abstand von einigen Zentimetern vor der Wand zu montieren: eine langfristige Lösung bei Feuchtigkeitsproblemen, die noch dazu den Vorteil hat, dass die Wand dadurch schwere Lasten tragen kann. Allerdings wird der Innenraum durch die Vorsetzwand etwas kleiner.

### Fußbodendämmung

Wurde Ihr Haus vor 1950 errichtet, haben Sie vermutlich einen Dielenboden, das heißt auf Holzbalken befestigte Dielen. Solche Böden weisen in der Regel keinerlei Dämmung auf. Hierfür gibt es zwei sehr kostengünstige Lösungen: entweder eine Schicht Sperrholz-Schaumstoff-Sperrholz direkt auf den Boden verlegen und sie mit einem Bodenbelag Ihrer Wahl versehen oder aber den alten Dielenboden sorgfältig abnehmen, eine dicke Kunststofffolie zwischen die alten Balken tackern, die Balkenzwischenräume mit einem Dämmstoff Ihrer Wahl auffüllen – der Dämmstoff wird von der Folie wie eine Art Hängematte gehalten –, danach den alten Dielenboden wieder verlegen. Diese zweite, schwieriger auszuführende Lösung hat einen höheren Wirkungsgrad, denn sie verringert die Temperaturunterschiede und die Kondensatbildung. Es gibt auch Schäume mit diffusionsoffener Deckschicht, die allerdings sehr teuer sind.

## Dämmung eines Geschossbodens

Ein Geschossboden aus Holz ist in der Regel identisch mit einem Boden im Erdgeschoss, wenn er nur als Decke für das untere Stockwerk fungiert. Zwei Gründe sprechen für seine Dämmung: zum einen der Schallschutz und zum anderen das Bestreben, die Wärme nicht nach oben steigen zu lassen. Wenn Sie beispielsweise Äpfel auf dem Dachboden lagern möchten, muss dieser frostgeschützt sein, aber die Wärme darf nicht zu ihm aufsteigen.
Alles hängt vom Zustand des vorhandenen Bodens und der vorhandenen Decke ab. Ist der Boden in gutem Zustand, genügt es, ihn zu entfernen, dann den Dämmstoff aufzubringen und den Boden wieder zu verlegen. Ist der Boden in keinem guten Zustand, gehen Sie die Sache von der Decke darunter an – es ist in etwa dieselbe Vorgehensweise: Entfernen Sie den Verputz, füllen Sie die Hohlräume mit Dämmstoff aus und bringen Sie den Verputz wieder auf. Die einzige Schwierigkeit bei der Deckendämmung ist, dass der Dämmstoff gerne dem Gesetz der Schwerkraft folgt und herunterfällt. Beim Arbeiten muss man ihn daher fixieren.

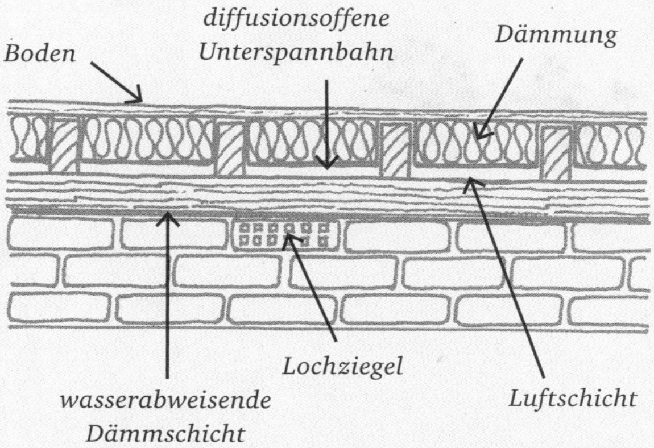


*Dielenboden*

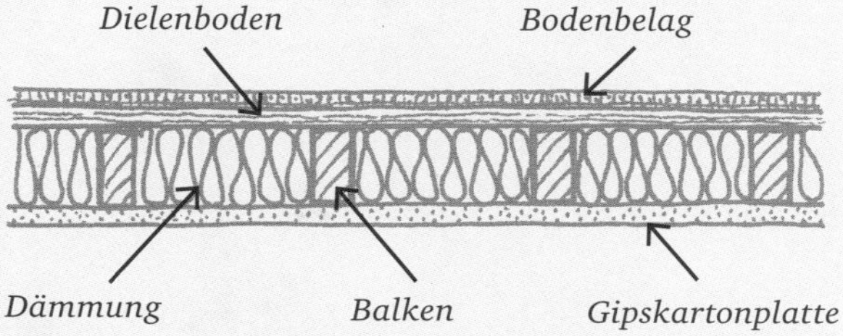


*Geschossboden*

# Abfallverwertung

Erst seit kurzem werden unsere Haushaltsabfälle wie Papier- und Kartonverpackungen, Zeitungen, Konservendosen und Küchenabfälle entweder wiederaufbereitet oder kompostiert.

## Mäßige Fortschritte

Früher hatte jede Hausgemeinschaft einen Kohleofen und/oder einen Heizkessel in der Küche, der schwarzen Rauch ausstieß, jede Fabrik hatte Kohlen- oder Kokskessel und die Abwässer wurden ungefiltert in den nächsten Fluss, See oder ins Meer geleitet.
Heutzutage versucht man, die Umweltverschmutzung zu vermeiden, das Verbrennen von Abfällen erfolgt kontrolliert, die Anlagen zur Wiederaufbereitung von Abwasser sind moderner und man versucht, die Flüsse und das Meer zu sanieren. Die von manchen Verbrennungsanlagen für Hausmüll abgegebene Wärme wird sogar zurückgewonnen, um Wohnungen zu heizen – hier spricht man von Energieverwertung aus Abfall.
Fortschritte wurden in vielerlei Hinsicht erzielt. Dafür erzeugt heute jeder Haushalt ein Vielfaches an Abfall wie noch in den 1950er Jahren und die überlasteten Wiederaufbereitungsanlagen werden durch ihren Ausstoß an Feinstaub und Schwermetallen selbst zu Umweltverschmutzern. Die Verbrennung von PVC soll zudem die Ursache für den Dioxinausstoß sein, einem krebserregenden Gift. In Deutschland betrug das Abfallaufkommen im Jahr 2006 laut Statistischem Bundesamt pro Person etwa 450 kg. Davon waren der größte Anteil mit 207 kg pro Einwohner Haus- und Sperrmüllabfälle. Dazu kamen 102 kg organische Abfälle, die kompostiert werden können und 140 kg getrennt gesammelte Wertstoffe wie Glas, Papier oder Kunststoffe. Desweiteren produzierte jeder Einwohner durchschnittlich 4 kg Elektronikschrott (Haushaltsgeräte, Computerteile).

**In einem durchschnittlichen Mülleimer findet man**
- 29 % organische Abfälle
- 25 % Papier und Karton
- 13 % Glas
- 11 % Kunststoffe
- 4 % Metalle
- 18 % Sonstiges

Tatsache ist, dass zunehmend mehr Abfall gelagert wird. Bei einer Wiederverwertung von 35 % der Autoreifen bleiben 65 % übrig, die gehortet oder irgendwo vergraben werden. Selbst wenn wir auf Grund einer EU-Richtlinie seit November 2006 verpflichtet sind, ein funktionierendes E-Schrott Recycling-System in Betrieb zu nehmen, werden bis dato lediglich 2 % wiederverwertet.

*Die meisten Abfälle könnten wiederverwertet werden.*

# Was können wir tun?

- Das Wichtigste ist: Trennen Sie Ihren Müll! Denken Sie auch daran, dass beispielsweise die Verwendung aufladbarer Batterien eine Verschmutzung der Umwelt durch Quecksilber vermeidet.
- Die beste Lösung in puncto Abfall ist es, von vorneherein möglichst wenig Abfall zu produzieren. Weniger Abfall entsteht, wenn Sie Behälter und Inhalte mehrfach nutzen.
- Wiederverwertung spart Energie. Die Wiederverwertung von Konservendosen aus Aluminium spart 95 % der Energie ein, die zur Neuproduktion solcher Dosen erforderlich wäre: weniger Transport, weniger Rohstoffe und weniger Umweltverschmutzung. Noch besser wäre es, wenn wir gar keine Dosen mehr verwendeten, dann würde man überall Energie einsparen.
- Die Wiederverwertung ist keine Wunderwaffe: Zur Wiederverwertung von Papier wird Chlor eingesetzt, was die Flüsse stark verschmutzt. Das kleinere Übel für uns wäre, ungebleichtes Recyclingpapier zu benutzen, und für die Druckereien, ein Papier mit geringerem Grammgewicht zu geringeren Transportkosten zu verwenden und es dann auf der Rückseite wieder zu benutzen. Die Wiederverwertung von Glas verursacht auf Grund dessen Gewichts hohe Transportkosten. Außerdem muss Glas bei sehr hohen Temperaturen eingeschmolzen werden, wodurch wiederum Mehrkosten beim Energieverbrauch entstehen. Besser ist es, Flaschen und Gläser wieder zu verwenden. Man weiß um die Schwierigkeiten bei der Wiederverwertung von Kunststoffen, derer es nicht wenige sind. Vermeiden Sie daher Kunststoffverpackungen, soweit möglich.
- Die individuelle Kompostierung von organischen Abfällen liegt auf der Hand: Entsorgen Sie Ihre Küchen- und Gartenabfälle, indem Sie im Garten einen Komposthaufen errichten, der Ihnen eine hochwertige und fruchtbare Bodenverbesserung liefert.
- Plastiktüten aus Supermärkten sind eine Belastung für unsere Umwelt und nutzlos. Wir können unsere eigenen Einkaufstaschen verwenden – diese Praxis findet übrigens zunehmend Verbreitung – und uns für die Abschaffung der Plastiktüten einsetzen oder zumindest biologisch abbaubare Tüten verwenden.

## Die Wiederaufbereitung von Haushaltsabfällen

In Deutschland wurden im Jahr 2006 von den knapp 38 Millionen Tonnen Haushaltsabfällen mehr als 21 Millionen verwertet, etwa 16 Tonnen wurden beseitigt.

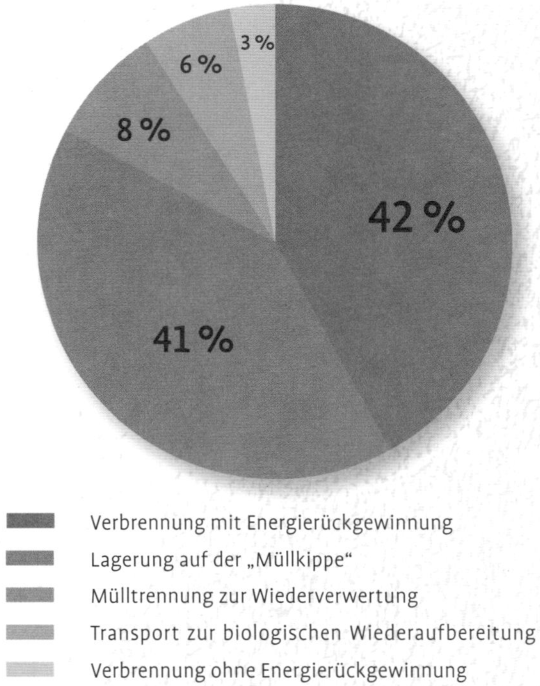


- Hinsichtlich Selbstversorgung und Wiederverwertung gibt es nur ein Motto: weniger Abfall produzieren und Verpackungen mehrfach nutzen. Der Anbau von eigenem Obst und Gemüse verringert nutzlose Verpackungen, aber vor allem wird dadurch an den Energiekosten für den Transport gespart. Indem wir unsere eigenen Erzeugnisse essen, essen wir Gemüse der Saison und lokale Produkte und nicht am anderen Ende der Welt angebaute Produkte. All das trägt dazu bei, die Zahl der unnötigen Transporte und Verpackungen zu senken.

# Der Ökogemüsegarten

# Der Biogarten

Biologischer Anbau wird häufig gleichgesetzt mit besserem Geschmack, höherem Nährwert, gesünderer Umwelt, besseren Böden sowie größerer biologischer Vielfalt. Zumindest ist das die Ansicht einer ständig wachsenden Zahl von Verbrauchern und Erzeugern.

## Anbaumethoden der Zukunft

Pestizide und Chemikalien sind in den meisten Agrarprodukten enthalten, die wir kaufen, aber ihre schädliche Langzeitwirkung ist noch wenig bekannt. Dennoch sind zahlreiche Landwirte der Auffassung, dass die einzig sinnvolle Anbaumethode darin besteht, Chemikalien, Pestizide und synthetische Dünger durch organische, umweltfreundlichere Dünger zu ersetzen.

Die Zeiten, in denen die Landwirte wahllos Unkrautvernichtungsmittel und Pestizide ausbrachten, Geflügel in Batterien hielten und mit einer Mischung aus Mist und Antibiotika fütterten oder ihrem Vieh Schlachtabfälle zum Fressen gaben, sind womöglich bald vorbei.

*Gestaltung eines Biogartens mit Hochbeeten*

### Das kleine Biogarten-ABC

**Auswirkungen auf die Umwelt**
Überlegen Sie gut, ob Sie Tore, Zäune und Wege „massiv“ bauen möchten. Stein, Erde und Holz sind auf jeden Fall besser als Beton, Kunststoff oder Drahtgitter. Ein mit Hobelspänen ausgelegter Weg ist beispielsweise sowohl optisch ansprechend als auch interessant für Vögel und Insekten. Darüber hinaus hat er den Vorteil, wiederverwertbar zu sein: Werden die Hobelspäne einmal kompostiert, versorgen sie den Gartenboden mit Nahrung. Dasselbe gilt für den aus Naturmaterial hergestellten Zaun des Hühnergeheges: Hat er einmal ausgedient, zersetzt er sich im Boden im Unterschied zu einem Plastikzaun.

**Biologische Schädlingsbekämpfung**
Sobald Sie einmal ein natürliches Umfeld ohne Chemikalien geschaffen haben, funktioniert der Kreislauf der Natur: Große Insekten ernähren sich von kleinen, Vögel fressen Insekten und Schnecken, Hühner fressen beinahe alles, Kröten, Frösche und Eidechsen fressen ebenfalls Insekten und so fort. Die Tiere, die Sie gewohnheitsmäßig als Schädlinge betrachten, werden von ihren natürlichen Raubfeinden gefressen und nehmen ihren Platz im Ökosystem ein.

**Feuer**
Ein schönes Feuer ist sehr angenehm, aber denken Sie auch an die Folgen wie Rauch und Abgase – dann werden Sie sicherlich versuchen, das Meiste zu kompostieren. Errichten Sie Komposthaufen für Zweige und Reisig – sie verrotten und ziehen Insekten und andere Tiere wie Mäuse, Vögel und Schlangen an.

**Plastik**
Egal, ob es nun für Folienhauben oder Folientunnel, Pflanztöpfe oder Schutznetze verwendet wird, Plastik ist ein notwendiges Übel. Es entsteht durch die Umwandlung von Erdöl. Auch wenn es unserem Garten streng genommen keinen wirklichen Schaden zufügt, so verschmutzt es doch in großem Maße die Umwelt. Es gibt auch hier Alternativlösungen: Glas, Baumwollnetze, Terrakottatöpfe. Aber auch deren Herstellung verbraucht Energie. Das Einzige, was man tun kann, ist, im Einzelfall die finanziellen Kosten und die Energiekosten abzuwägen und jeweils individuell zu entscheiden.

**Regionale Produkte kaufen**
Wenn Sie auf Einkäufe von außerhalb angewiesen sind, versuchen Sie, Produkte aus der Region zu nehmen. Unterstützen Sie das Kunsthandwerk, die Landwirtschaft oder die Industrie in Ihrer Region anstatt Produkte zu kaufen, die um die halbe Welt gereist sind.

**Schmarotzer**
Wenn sich Hasen, Eichhörnchen oder ähnliche Tiere Ihren Garten als Heimat ausgesucht haben und Sie diese als Schmarotzer betrachten, legen Sie sich eine Katze oder einen Hund zu.

**Unkraut**
Nicht so schlimm wie immer angenommen, denn manche Unkräuter können als Nahrung für Hühner dienen, sich in Kompost verwandeln, als Mulch genutzt werden und Nützlinge anziehen. Manche Unkräuter sind sogar essbar.

**Wasser**
Fangen Sie Regenwasser in Regenwassertonnen und -tanks auf. Auch das Grauwasser aus Bad und Dusche kann zur Bewässerung genommen werden, wenn es nicht zuviel Seife oder Waschmittel enthält.

**Wiederverwertung**
Nutzen und verwerten Sie alles wieder, von den Kräutern bis zum Regenwasser über Zeitungspapier, Asche und Lebensmittelabfälle.

## Gestaltung eines Biogartens

Lockt Sie die Vorstellung, Ihre Lebensmittel selbst zu erzeugen? Dann stellen Sie sich Ihren Garten oder Ihr Grundstück als die Insel des Robinson Crusoe vor. Ihr Garten ist Ihre Insel, Ihr Werkzeug sowie Ihr wesentliches Material sind das, was Sie bei dem Schiffbruch haben retten können. Die Infrastruktur – Hochbeete und hohe Einfassungen, einige Ausläufe für die Hühner, ein Komposthaufen und ein Folientunnel – ist das, was Sie gebaut haben. Ihnen steht ein unerschöpflicher Vorrat an tierischen Düngern und Samen zur Verfügung. Ihre Herausforderung besteht darin, sich zu ernähren und den Boden mit nur ganz wenigen Zusätzen von außen zu verbessern und möglichst wenig zu verschwenden.

Sie werden zwangsläufig auf Schwierigkeiten stoßen und Kompromisse eingehen müssen – beispielsweise Folienmulch, Drahtzaun oder Kunststoffnetze –, aber entscheidend ist, dass Sie aus dem, was Sie haben, das Beste machen.

# Fruchtwechsel

Eine Grundregel der Landwirtschaft besagt, niemals mehrere Jahre hintereinander dieselbe Kultur an derselben Stelle anzubauen. Bauen Sie zum Beispiel in einem Gartenabschnitt immer nur Kartoffeln an, entziehen diese dem Boden immer dieselben Nährstoffe; so verarmt mit der Zeit der Boden, mit dem Ergebnis, dass die Ernte schlecht ausfällt.

## Fruchtwechsel über drei Jahre

Unterteilen Sie das Gelände in die vier Parzellen 0, 1, 2 und 3 mit ungefähr gleicher Bodenbeschaffenheit.

**Parzelle 0:** Dauerkulturen
**Parzelle 1:** Kohl (und die Familie der Kreuzblütengewächse)
**Parzelle 2:** Erbsen, Bohnen, Dicke Bohnen und Salate
**Parzelle 3:** Wurzelgemüse

Lassen Sie Parzelle 0 einmal außer Acht, die Sie für Dauerkulturen und Sonderkulturen reservieren und stellen Sie für die drei anderen Parzellen einen Fruchtwechselplan über drei Jahre auf. Man kann sogar soweit gehen und innerhalb jeder Parzelle einen Fruchtwechsel durchführen: Beispielsweise kann man die im ersten Jahr in Parzelle 1 angebauten Wurzelgemüse im zweiten Jahr in Parzelle 2 und im dritten Jahr in Parzelle 3 anbauen. So können Wurzelgemüse innerhalb einer Parzelle je nach Jahr aufeinander abgestimmt werden, so dass Karotten auf Kartoffeln folgen und Radieschen nach den Roten Beten und so weiter.

Im Idealfall sind die Reihen innerhalb der Parzelle nach Nordwesten ausgerichtet und der Parzelle mit den Dauerkulturen ist am meisten dem Wind ausgesetzt. Planen Sie die Kulturen oder notieren Sie die Reihenfolge in einem Notizbuch, so dass Sie auf die Vorjahre zurückgreifen können, wenn Sie Ihre Vorbereitungen für die Folgejahre treffen.

### Dauerkulturen und Kräuter – Parzelle 0

Diese Kulturen werden als Dauerkulturen bezeichnet, weil sie über mehrere Jahre hinweg nahezu am selben Standort verbleiben können.

**Dill** Winterharte Einjährige.

**Artischocken** Sind im dritten oder vierten Jahr am ertragreichsten.

**Spargel** Kann zehn bis zwanzig Jahre lang am selben Standort bleiben.

**Borretsch** Winterharte Einjährige.

**Kerbel** Winterharte Zweijährige, häufig als Einjährige angebaut.

**Schnittlauch** Winterharte Mehrjährige mit kugeligen Dolden, langsam wachsend.

**Fenchel** Winterharte krautige Mehrjährige.

**Lorbeer** Immergrüner, bedingt winterharter Strauch. Mag durchlässigen Boden, der die Feuchtigkeit gut zurückhält, und einen sonnigen Standort.

**Minze** Winterharte krautige Mehrjährige.

**Petersilie** Winterharte Zweijährige.

**Rhabarber** Kann immer am selben Standort angebaut werden.

**Rosmarin** Immergrüner Strauch.

**Salbei** Winterharter immergrüner Strauch.

**Thymian** Winterharter immergrüner niedriger Strauch.

In der Parzelle 0 kann auch Dauergemüse wie Auberginen, Paprika, Kürbisse, Zucchini oder Tomaten angebaut werden.

*Parzelle 1, erstes Jahr: Kohl und Pflanzen, die denselben Bodentyp mögen (wird im zweiten Jahr Parzelle 2 und im dritten Jahr Parzelle 3)*

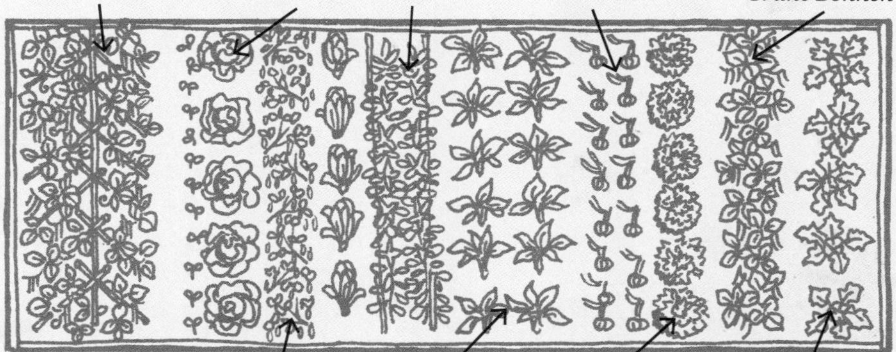


*Parzelle 2, erstes Jahr: Erbsen, Bohnen und Blattsalate (wird im zweiten Jahr Parzelle 3 und im dritten Jahr Parzelle 1)*

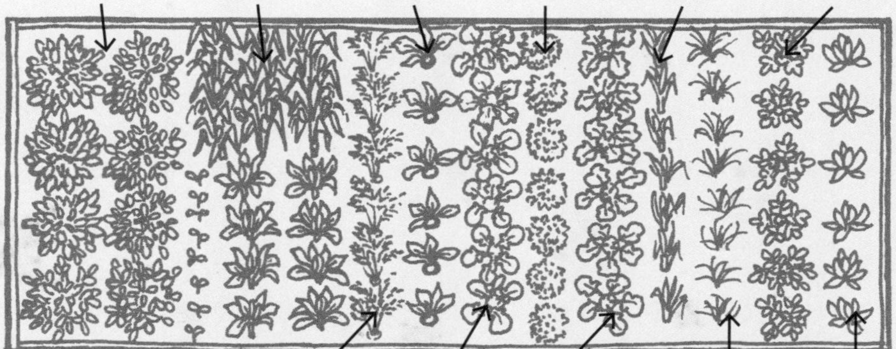


*Parzelle 3, erstes Jahr: Wurzelgemüse und Pflanzen, die denselben Bodentyp mögen (wird im zweiten Jahr Parzelle 1 und im dritten Jahr Parzelle 2)*

# Bodenbearbeitung

Der Erdboden ist ein Lebensraum, er atmet und gewährt den Pflanzen Schutz und Nahrung. Ist der Boden krank oder unausgewogen – zu sauer, zu alkalisch, zu kalt oder anderweitig mangelhaft, werden die Pflanzen zwangsläufig leiden.

## Den Boden pflegen

Ein Boden kann sandig, lehmig, torfig, kalkhaltig oder schlammig sein und gleichzeitig entweder feucht, aufgeweicht, trocken oder ausgetrocknet. Ein lehmiger, aufgeweichter Boden bereitet mehr Probleme als ein lehmiger feuchter. Während Sie nichts an der Bodenbeschaffenheit ändern können (Lehm bleibt Lehm), können Sie die Eigenschaften des Bodens nutzen und verbessern. Schlecht kultivierter Boden bringt nur geringe Erträge. Die Aufgabe des Biogärtners besteht darin, ihn zu pflegen und zu nähren, indem man ihm organische Materie zuführt, ihn zum Schutz mit Mulch abdeckt, nicht mehr als unbedingt nötig umgräbt und nicht überbeansprucht.
**Das Leben unter der Bodenkrume** ist vielfältig, angefangen bei den Regenwürmern und anderen Insekten, die groß genug sind, um sie mit bloßem Auge zu erkennen, bis hin zu Kleinstlebewesen, die nur unter dem Mikroskop sichtbar sind. Es ist keine Übertreibung, wenn es heißt, dass alles Leben, sichtbar oder unsichtbar, einen anderen lebenden Organismus braucht, um zu existieren. Wenn Sie diese ganzen Bodenlebewesen „als Schädlinge" zerstören, beseitigen Sie damit gleichzeitig die nützlichen.
**Organische Materie** Ob lebendig oder tot, Pflanzen und Tiere sind wichtig für die Gesundheit des Bodens: Lebend produzieren sie organische Materie und tot werden sie selbst zu organischer Materie. Ohne diesen endlosen Kreislauf würde der Boden schnell steril. Die organische Materie verbessert die Bodenstruktur, ernährt Pflanzen und Bodenlebewesen, nimmt Wasser auf und speichert es.

## Nährstoffe für den Boden

**Kompost** Ein schöner Komposthaufen verkörpert perfekt die Philosophie der Ökologie und des Naturkreislaufs: Einerseits recycelt man Garten- und Haushaltsabfälle, andererseits erhält man ein Material, das den Boden verbessert, die Pflanzen ernährt und schließlich dazu beiträgt, auch uns wieder zu ernähren. Ein Komposthaufen ist unentbehrlich, zwei sind besser, und am besten hat man drei.
Ein großer, in drei Abschnitte unterteilter Komposthaufen bietet Platz für verschiedene Verrottungsstadien von Unkraut, Mäh- und Schnittabfällen, verwelkten Pflanzen, Stroh, Tiermist, Tierdung von Pflanzenfressern, Obst- und Gemüseschalen, Papier und Karton, Naturfasern wie Wolle, Federn, Baumwolle. Nicht auf den Kompost gehören Glas, Konservendosen, Plastik, Asche, Ausscheidungen von Haustieren, Pflegeprodukte, Tierkadaver, rohes Fleisch oder Fisch, kranke Pflanzen oder stark wuchernde Unkräuter.
**Regenwurmkompostierung** Mit der Regenwurmkompostierung werden die Küchenabfälle in Flüssigdünger für die Gewächshauspflanzen und in krümeligen Kompost umgewandelt, der ein sehr fruchtbares Bodenverbesserungsmittel für junge Pflanzen ist. Dabei ernähren sich Regenwürmer von den nicht zu harten pflanzlichen Abfällen, etwa Gemüse, Obst, Kaffeesatz oder Tee und man erhält einen sehr fruchtbaren Kompost.
Kompostmieten sind im Handel erhältlich; Sie können sich aber auch selbst eine bauen: Bringen Sie an einer alten Plastikmülltonne einen Wasserhahn an, geben Sie etwas Erde und ein paar Schaufeln an Grünzeug reichem Pferdemist zu und werfen Sie Ihre Küchenabfälle hinein. Sie merken schnell, ob der Komposter richtig funktioniert, denn sobald der Rotteprozess einsetzt, vermehren sich die Würmer, es entsteht ein erdiger Geruch und wenn Sie den Hahn aufdrehen, läuft flüssiger Dünger heraus. Nach Beendigung des Rotteprozesses können Sie den Kompost vollständig entnehmen und wieder von Neuem beginnen.

**Gründüngung** Bei der Gründüngung werden bestimmte Pflanzen angebaut, um das Unkraut zu ersticken, den Boden zu schützen durch Bildung eines lebenden Pflanzenmulchs bestimmte Pflanzen und unerwünschte Tiere loszuwerden. So wird das Bodenmilieu verändert und die Erde mit Nährstoffen angereichert. Die meisten Gründüngungspflanzen besitzen die Fähigkeit, Stickstoff im Boden zu binden. Sie werden gemäht, um sie nach einigen Tagen als Nahrung für Pflanzen und Boden trocken in die Bodenkrume einzuarbeiten. Gründüngungspflanzen wie Luzerne und Klee, die im Frühjahr oder Sommer ausgesät und gleich bei Frühlingsbeginn im Folgejahr in den Boden eingearbeitet werden, reichern den Boden durch Erhöhung seines Stickstoffgehalts an. Roggen verbessert die Bodenstruktur eines leichten Bodens, denn seine Wurzeln verkleben und verbessern so das Wasserrückhaltevermögen.

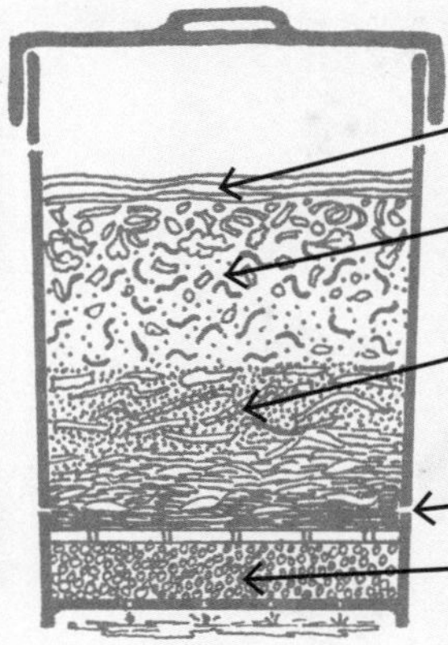


*Regenwurmkompostierung*

**Stallmist** Mist von Rindern, Pferden, Ziegen und Hühnern wurde seit jeher als Dünger verwendet. Der beste Dünger kommt aus Ihrer eigenen Viehzucht oder von Biobauernhöfen. Mist tierischen Ursprungs – in der Regel mit Stroh, Papier oder Hobelspänen vermischt – ist ein ausgezeichneter Bodenzusatz, der ideal mit Küchen- und Gartenabfällen vermengt werden kann. Kuhmist liefert alle Nährstoffe, Geflügelmist ist sehr stickstoffhaltig, riecht aber stark, Pferdemist ist stickstoffhaltig und leicht aufzubringen, Schweinemist ist ein guter Dünger, aber heikel anzuwenden: jede Mistsorte hat Vor- und Nachteile. Ist der Mist gut verrottet, kann er auf dem Boden verteilt oder auch eingearbeitet werden.

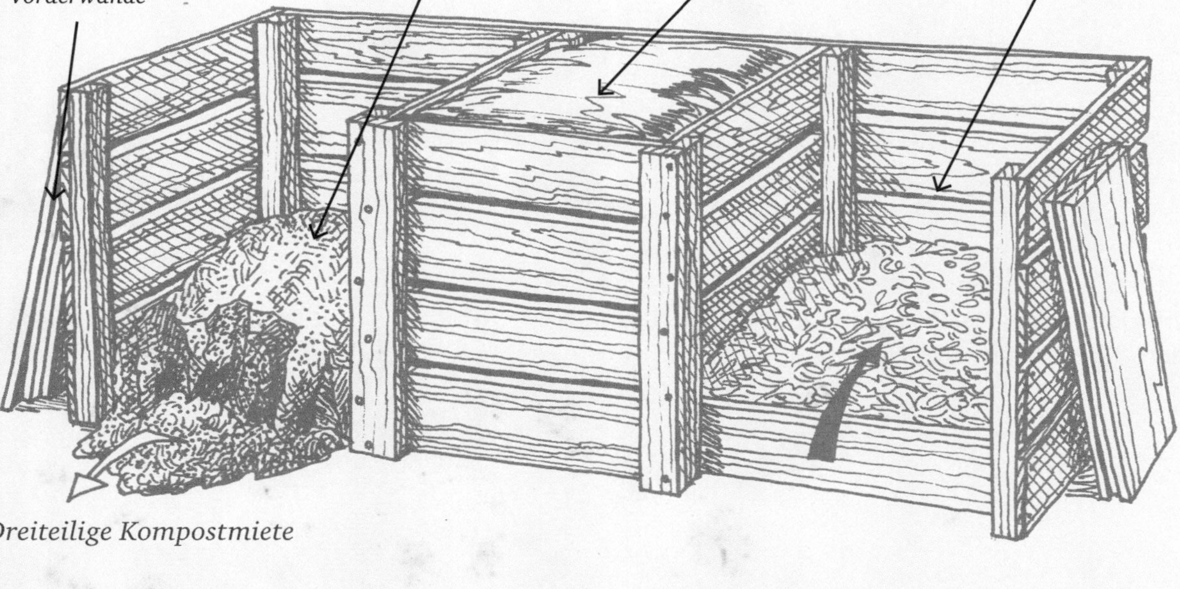


*Dreiteilige Kompostmiete*

# Wasser im Garten

Wasser ist unser wertvollstes Gut. Für Selbstversorger ist seine Speicherung und Wiederverwertung von wesentlicher Bedeutung. Wasser aus dem öffentlichen Wasserleitungsnetz ist teuer und auch Verschwendung: Warum soll man Pflanzen mit sauberem Trinkwasser gießen? Da ist es doch besser, Regenwasser aufzufangen und zu speichern, bevor es in die Kanalisation zurückfließt.

## Regenwasser auffangen

**Tröge** Ein oder zwei Tröge sind praktisch, besonders, wenn Sie Vieh haben. Manche Tröge sind sowohl optisch ansprechend als auch funktionell.

**Becken** Leicht zu bauen und sehr dekorativ, kann ein Becken so groß sein, wie es Ihre Finanzen und die Größe Ihres Geländes erlauben. Das Regenwasser kann darin aufgefangen und anschließend zu einem Speicherbecken geleitet werden (siehe Abbildung Seite 79).

**Zisternen** Ideal zum Speichern von Regenwasser. Nicht ganz einfach zu bauen und relativ teuer.

**Naturbecken** Inzwischen sind auch Naturbecken mit Filteranlage erhältlich, die das Wasser sauber hält. Reinigungspflanzen tragen ebenfalls zur Wasseraufbereitung bei. Eine solche Anlage kann komplett eingebaut werden und das Gartenwasser durch ein Rohrnetz wieder auffangen.

**Wassertonnen** Eine Regenwassertonne unter jeder Dachrinne ist eine althergebrachte Methode, einfach auszuführen und sehr kostengünstig. Man kann sogar recycelte Fässer verwenden. Die Speicherkapazität kann man aufstocken, indem man mehrere Fässer miteinander verbindet. Stellen Sie die Fässer auf Steinblöcke oder Leichtbausteine, damit die Wasserhähne hoch genug sind, um einen Eimer oder eine Gießkanne darunterzustellen.

## Hydroponik

Bei diesem System der erdelosen Pflanzkultur wird das Wasser maximal genutzt. Wasser wird gespart, indem es direkt zu den Pflanzenwurzeln geleitet wird. Das Bewässerungssystem mit einem geschlossenen Kreislauf besteht aus einem Behältnis, das mit einer Kunststofffolie ausgelegt und mit einem sterilen Stützsubstrat aufgefüllt ist – Perlit und feiner Kies oder auch Schotter mit Sand vermischt. Die Pflanzen werden direkt auf das Substrat gesetzt, dem eine Nährlösung zugeführt wird. Die Pflanzenwurzeln wachsen aus den Töpfen ohne Boden nach unten, wo sich die Nährlösung befindet. Der anfängliche Wasserverlust wird dadurch kompensiert, dass man aufgefangenes Regenwasser verwenden kann. Manche Befürworter dieser Methode gehen noch weiter und verringern die Verdunstung, indem sie auf das Substrat Hobelspäne oder einen Mulch aus Papier, bedeckt mit kleinen Kieselsteinen, aufbringen.

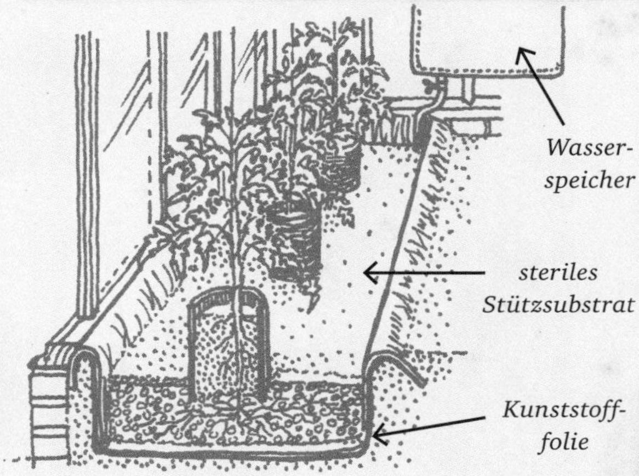


*Erdelose Pflanzenkultur mit geschlossenem Kreislauf*

## Wasserverbrauch optimieren

**Windfang** Benutzen Sie Windschirme, um die durch austrocknende Winde hervorgerufene Verdunstung zu verringern. Verwenden Sie Planen zum Schutz der Pflanzen vor der Sonne.

**Selektives Gießen** Wässern Sie nicht den Rasen, das ist Wasserverschwendung.

**Hydroponik** Erdelose Pflanzenkulturen, die auf ein Substrat gestellt werden, das direkt mit Nährlösung versorgt wird, sind eine gute Methode, die Verdunstung zu verringern (siehe Seite 78).

**Bodenkrume** harken Diese Methode („Einmal Harken ist wie zwei Mal Gießen") besteht darin, die Bodenkrume (2,5 cm) bei trockenem Wetter krümelig zu harken. Dadurch wird vermieden, dass das Gießwasser auf der Oberfläche verrinnt. Zwischen zwei Gießvorgängen zu harken belüftet die Erde und lässt das Wasser durch kapillaren Aufstieg nach oben gelangen.

**Grauwasser** Das Grauwasser kann man wiederverwenden, wenn es aus Dusche oder Spüle kommt und nicht zu stark seifen- beziehungsweise waschmittelhaltig ist. Es kann jedoch nicht wiederverwendet werden, wenn es Öl, Bleichmittel, Chemikalien oder Farbstoffe enthält. Zudem wird Grauwasser schnell schmutzig, bei der Wiederverwendung muss es daher möglichst schnell genutzt werden.

**Die beste Zeit zum Gießen** Gießen Sie immer frühmorgens oder spätabends. Gießen am Abend zieht Nacktschnecken an, die Sie abtöten können; oder Sie bauen Sorten an, die gegen Nacktschnecken resistent sind.

**Organische Materie** Arbeiten Sie große Mengen organischen Dünger in den Boden ein, um sein Wasserrückhaltevermögen zu verbessern: Stroh, Mist, Gründünger, gut verrottete Rinde oder jedes andere Material, das Wasser zurückhalten und sich dann zersetzen kann.

**Stroh** Decken Sie den Boden mit einem Mulch aus Rinde, Blättern oder Stroh ab, um die Feuchtigkeit im Boden zurückzuhalten und die Verdunstung zu verringern.

**Bewässerungssysteme** Bewässerungsschläuche mit zahlreichen Durchtrittsöffnungen, die direkt unter der Oberfläche verlegt werden, leiten das Wasser punktgenau an die jeweiligen Pflanzen und verringern dadurch die Verdunstung, ähnlich wie bei der Hydroponik. Im Handel sind auch Bewässerungsschläuche mit mikroskopisch kleinen Poren erhältlich.

**Resistente Sorten** Nehmen Sie möglichst solche Sorten, die gegen große Trockenheit resistent sind.

*Auffangen des Regenwassers vom Gewächshausdach in einer Wassertonne*

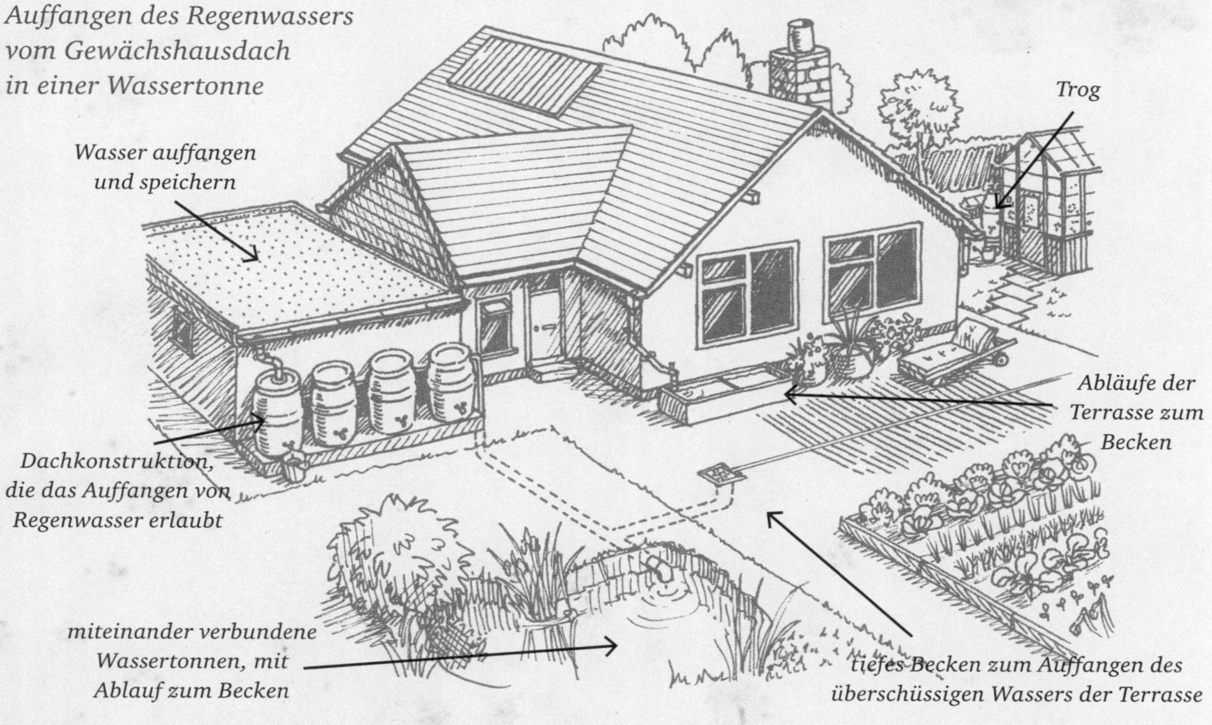

# Unkräuter

Egal, ob Sie biologischen Anbau praktizieren oder nicht, ob Sie ein erfahrener Gärtner sind oder nicht – wie auch immer Sie das Problem mit dem Unkraut angehen: Unkraut bleibt Unkraut! Selbst wenn Sie das Unkraut nicht beim Namen nennen können, ist eine Pflanze, die dort wächst, wo Sie gerne etwas anderes wachsen lassen würden, *per definitionem* ein „Unkraut."

## Was tun?

Als Selbstversorger und Biogärtner haben Sie die Wahl: Sie können das Unkraut entweder essen, wenn es essbar ist (beispielsweise Brennnesseln, Löwenzahn, Brombeeren und Augentrost, siehe Seite 164). Sie können es den Tieren als Futter geben, ihm durch Hacken, Jäten oder Umgraben den Garaus machen, Sie können es schneiden, es durch Nahrungsentzug vernichten, es mit Mulch abdecken und etwas anderes darüber pflanzen. Sie können es mit anderen Pflanzen ersticken, es verbrennen oder aber Ihre Ansicht darüber ändern und es etwas wohlwollender betrachten – vielleicht weil das Unkraut schön aussieht oder weil es Nützlinge anzieht.

## Hacken

Diese Arbeit ist sehr befriedigend, da das Ergebnis unmittelbar sichtbar ist. Es genügt, den Boden flach zu harken, etwa 2,5 cm, mit einer Ziehhacke oder einer Jäthacke und die Sache ist geritzt! Das klassische Werkzeug für diese Arbeit ist die Ziehhacke, elegant geschwungen wie ein Schwanenhals, mit der man vorsichtig die Erde zieht, aber auch die Stoßhacke, mit der man abwechselnd in die Erde stößt und sie dann zu sich herzieht, die große Hacke, deren Kopf einem Beil ähnelt und dann noch die Hacke, die ein Mittelding zwischen Hacke und kleinem Beil ist. Schaffen Sie sich zunächst ein qualitativ hochwertiges Werkzeug an, etwa eine traditionelle Ziehhacke. Später, wenn Sie genau wissen, welche Art von Werkzeug Sie brauchen, können Sie immer noch wechseln. Sie werden schnell merken, dass eine Hacke mit Schwanenhals ideal zum Arbeiten zwischen den Wurzeln ist, während eine holländische Hacke besser geeignet ist, um Unkraut flach aus dem Boden zu entfernen.

## Mischkulturen anlegen

Das Anlegen von Mischkulturen, mit denen man den höchsten Ertrag aus einem Standort zieht – beispielsweise indem man Radieschen mit kurzer Reifezeit neben Sellerie mit langer Reifezeit pflanzt – ist ebenfalls eine gute Sache: Der Boden wird besser abgedeckt und das Unkraut kann sich schlechter ansiedeln. Die Methode ist ganz einfach: Pflanzen Sie an dem von Ihnen ausgewählten Standort schnellwüchsige Pflanzen, die das Unkraut ersticken.

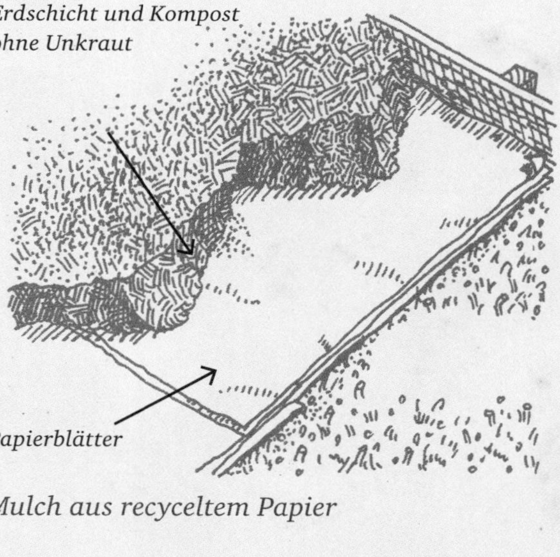


*Mulch aus recyceltem Papier*

# Mulchen

**Mulch aus Recyclingmaterial** Man kann nahezu alles wiederverwerten, um daraus Mulch zu erhalten: von Papier und Karton bis hin zu Hobelspänen, Sand und Papierschnipseln. Alles, womit sich der Boden abdecken lässt (oder was in den Boden eingearbeitet werden kann), vorausgesetzt, es ist organisch und biologisch abbaubar, kann als recycelter Mulch gelten. Eine dicke Schicht aus gehackter Rinde beispielsweise kann man dazu verwenden, die Wege zwischen den Gemüsebeeten eines Gemüsegartens abzudecken. Auf solchen Wegen geht man gerne, denn der Mulch hindert das Unkraut am Wachsen. Wenn die Rinde im Laufe eines Jahres festgetreten wurde und ihre Festigkeit verloren hat, kann man sie mit der Schaufel aufhäufen, sie beim Umgraben in den Boden einarbeiten und später durch frische Rinde ersetzen.

**Mulch zum Belüften** Das kann Sand oder Papier in Streifen sein, aber auch Rindenmulch oder gestoßene Muschelschalen. Es hängt davon ab, ob Sie den Mulch auf eine Plastikfolie verteilen wollen oder nicht. In einem Gemüsegarten verwendet man vorzugsweise einen biologisch abbaubaren Mulch. Kieselsteine auf einer Plastikfolie sind zwar effektiv, haben jedoch die Tendenz, von der Folie herunterzurutschen.

**Lebendmulch aufbringen** Lebendmulch kann neben seiner Eigenschaft, Unkraut zu ersticken, auch den Boden für die Folgeernte anreichern. Soll ein kleinerer Gartenabschnitt, wo Sie etwa Gemüse anpflanzen möchten, einige Monate lang leerstehen und Sie möchten nicht, dass sich dort Unkraut breit macht, dann können Sie folgendes tun:

1. Nehmen Sie einen schnellwüchsigen Gründünger (Alfalfa, Klee oder Dicke Bohnen).
2. Säen Sie möglichst dicht aus.
3. Sobald die jungen Pflanzen ihre Blätter zeigen, schneiden Sie sie ab und arbeiten sie in die Bodenkrume ein.

## Mulchdecke aufbringen

Steht in manchen Beeten das Unkraut schulterhoch und Sie möchten es schnellstens ohne Umgraben loswerden, können Sie eine Mulchdecke unter Folie aufbringen.

1. Mähen Sie das Unkraut mit der Sense ab.
2. Zerkleinern Sie es mit der Schaufel und treten Sie alles ringsum fest, bis Sie eine gut verteilte Mulchdecke aus geschnittenem Unkraut haben.
3. Zerschneiden Sie Kartons oder Papier in Streifen und verteilen Sie diese obenauf.
4. Decken Sie das Ganze mit einer Plastikfolie ab, die Sie mit Pflöcken oder Betonklötzen an den Rändern im Boden befestigen oder sie eingraben.
5. Abschließend schneiden Sie kleine kreuzförmige Schlitze in die Folie und den Karton und säen oder pflanzen Sie in diese Pflanzlöcher.

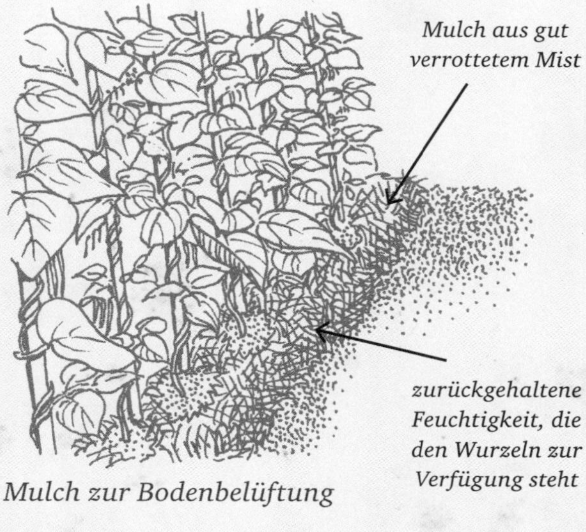


*Mulch zur Bodenbelüftung*

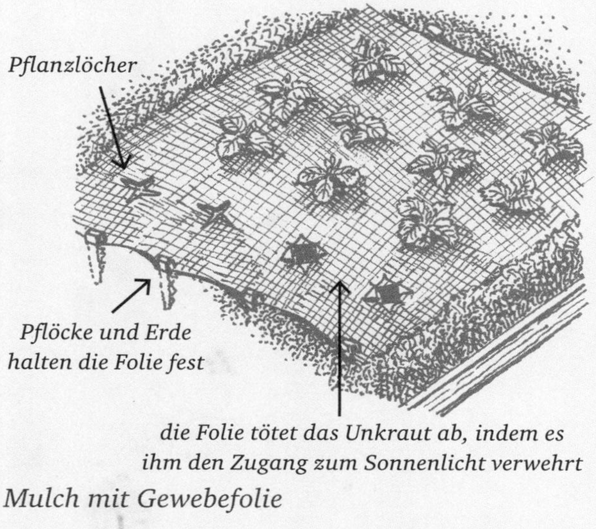


*Mulch mit Gewebefolie*

# Umgraben

Traditionsgemäß soll man den Boden im Herbst und dann wieder im Frühjahr umgraben. Der Gärtner soll im Einklang mit Sonne, Wind, Frost und Regen Parasiten fernhalten, organischen Dünger in den Boden einarbeiten, den Boden belüften und die Dränage verbessern. Obwohl das Umgraben kurzfristig von Vorteil ist, soll es langfristig die Dränage beeinträchtigen und den Boden zu sehr verdichten. Aus diesem Grund werden heute von Vertretern des biologischen Anbaus Anbaumethoden ohne Umgraben bevorzugt.

## Traditionell umgraben

Bei einem sehr schweren Boden kann das traditionelle Umgraben notwendig sein, um die Erde zu wenden, den Boden aufzulockern und bei Bedarf ein Bodenverbesserungsmittel einzuarbeiten. In einem solchen Fall sollte man im Herbst umgraben. Im Frühjahr reicht es dann aus, den Boden aufzulockern.

### Richtig umgraben

Unterteilen Sie den Abschnitt der Länge nach in zwei Hälften (siehe nebenstehende Abbildung). Heben Sie in der ersten Hälfte eine spatentiefe Furche aus und werfen Sie die Erde an die Seite. Bringen Sie Mist oder Kompost auf die Sohle der Furche auf. Vor dem Umgraben der nächsten Furche entfernen Sie die oberflächliche Bodenschicht mit dem Unkraut und legen Sie sie in die erste Furche, Unkraut zuunterst. Heben Sie nun die nächste spatentiefe Furche aus und werfen Sie die Erde auf das Unkraut in der ersten Furche. Verfahren Sie nach dieser Methode bis zum Ende der ersten Hälfte. Bearbeiten Sie nun die zweite Hälfte wie gehabt. Wenn Sie am Ende der zweiten Hälfte angelangt sind, füllen Sie die letzte Furche mit dem ganz zu Anfang auf der Seite aufgehäuften Erdaushub auf.

## Holländern

Diese Methode, bei dem zwei Spaten tief umgegraben wird, wendet man beim Anlegen von Pflanzbeeten an. Sie belüftet die tiefen Bodenschichten und erlaubt eine sehr gute Durchdringung mit Wasser, was zu kräftigeren Pflanzen und besserer Wurzelentwicklung führt. So können die Pflanzen leichter bestimmte Nährstoffe aus der Tiefe ziehen und dichter gepflanzt werden, ohne sich gegenseitig zu beeinträchtigen. Sobald eine gute Boden-

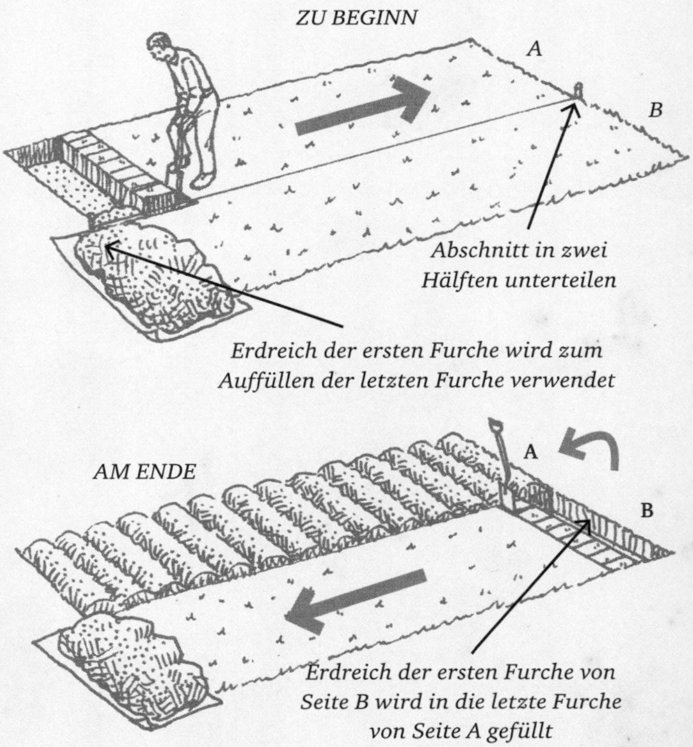


*Traditionelles Umgraben*

struktur erreicht wurde, bearbeitet man nur die obere Bodenschicht und lockert den Boden auf, ohne ihn zu wenden.

### Richtig holländern

Unterteilen Sie den Abschnitt der Länge nach in zwei Hälften (siehe Abbildung unten). Heben Sie eine zwei Spaten tiefe, 60 cm breite Grabfurche aus und legen Sie die ausgehobene Erde an der Seite ab. Legen Sie mit der Grabegabel eine dicke Schicht Mist oder Kompost auf der Sohle aus. Entfernen Sie die Grassoden (5 cm dick) der zwei folgenden Grabfurchen und legen Sie sie umgekehrt in die erste Furche.

Graben Sie anschließend die Erde aus und verteilen Sie sie auf den Grassoden, bis die erste Grabfurche aufgefüllt ist. Verfahren Sie nach dieser Methode bis zum Ende der ersten Hälfte. Füllen Sie die letzte Grabfurche mit dem auf der Seite aufgehäuften Erdaushub auf.

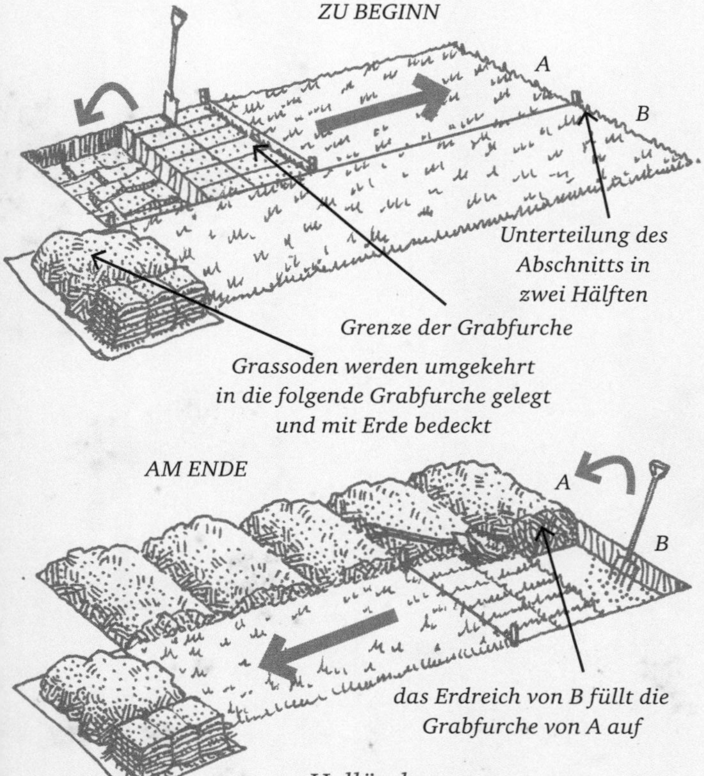


*Holländern*

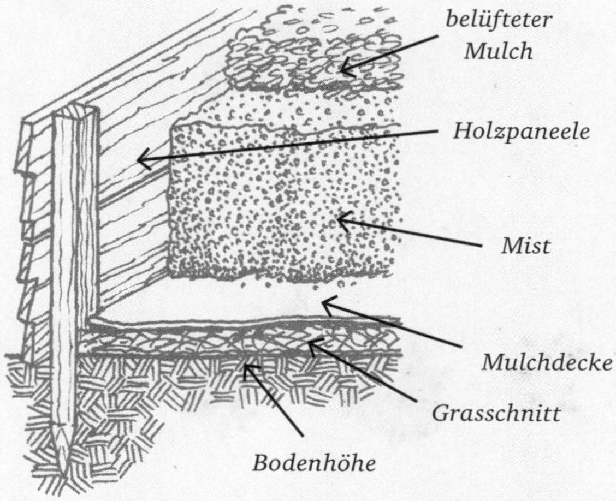


*Methode ohne Umgraben*

## Hügelbeete ohne Umgraben

Während das Umgraben eine traditionelle Methode ist, um das Erdreich mit Handwerkzeugen umzuwenden und so Pflanzabschnitte vorzubereiten, sind Hügelbeete ohne Umgraben oder Hochbeete eine biologische Anbauform, die den Boden zur Anpflanzung ohne Umwenden des Erdreichs vorbereitet. Traditionalisten betrachten diese Methode eher skeptisch. Aber der Anbau ohne Umgraben hat den Vorteil, weniger Körperkraft einsetzen zu müssen, die Bodenstruktur zu erhalten und vor allem, das Wiederaufkeimen von Unkrautsamen an der Oberfläche zu verhindern.

### Hochbeete anlegen

1. Errichten Sie aus Holzbrettern eine Konstruktion von rund 1,20 Meter Seitenlänge und 30 bis 45 cm Höhe.
2. Schneiden Sie das Gras innerhalb der Beetkonstruktion und bringen Sie auf den Boden eine Mulchdecke aus Papier oder Karton und gut verrottetem Mist als oberste Schicht auf.
3. Decken Sie das Ganze mit einer belüfteten Mulchdecke aus Stroh, Heu oder gehackter Rinde ab.

# Aussaatmethoden

Mit der Aussaat im Freiland erhält man am einfachsten und schnellsten neue Pflanzen. Manchmal ist eine Aussaat im Gewächshaus angebracht, je nach Pflanze und Klima.

## Die passende Aussaatmethode

Manche Gemüsesorten werden im Gewächshaus ausgesät, bis die jungen Pflanzen soweit herangewachsen sind, dass man sie ins Freiland pikieren kann. Andere wiederum, wie Karotten und Radieschen, sät man eher in Reihen ins Freiland aus und vereinzelt anschließend die Sämlinge. Wieder anderes Gemüse wie Kohl, kann entweder nach Direktsaat ins Freiland an Ort und Stelle vereinzelt werden oder aber ausgesät und die Sämlinge später an den endgültigen Ort versetzt werden. Die Samen von Erbsen und Bohnen werden häufig direkt im späteren Pflanzabstand ausgesät und weder pikiert noch vereinzelt; es ist aber auch möglich, sie in Obstkisten auszusäen und sie später im Garten zu pikieren.

## Aussaat ins Freiland

**Kleine Saatkörner** (z. B. Radieschen, Karotten)

1. Harken Sie die Bodenkrume mit einer Zieh- oder Blatthacke fein krümelig.
2. Fahren Sie mit dem Rechen darüber, um Steine, Reisig oder harte Erdklumpen zu entfernen.
3. Spannen Sie eine Gartenschnur dort, wo Sie aussäen werden und ziehen Sie mit der Spitze der Ziehhacke eine schmale Furche, deren Tiefe sich nach der Saatkorngröße richtet.
4. Feuchten Sie den Boden mit einer feinen Brause an und streuen Sie die Saatkörner in die Furche.
5. Decken Sie die Saatkörner mit einer dünnen Erdschicht ab und ebnen Sie sie mit dem Rechen ein. Gießen Sie mit einer feinen Brause.

**Mittelgroße Saatkörner** (z. B. Erbsen, grüne Bohnen)

1. Spannen Sie nach dem Hacken und Rechen der Bodenkrume zwei Gartenschnüre dort, wo Sie aussäen werden und ziehen Sie rückwärts gehend mit der Spitze der Ziehhacke eine Furche, so breit wie das Blatt der Hacke und tief je nach der Saatkorngröße.

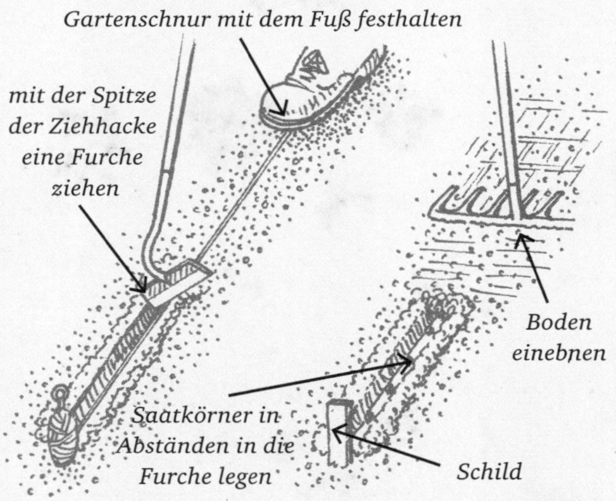


*Kleine Saatkörner*

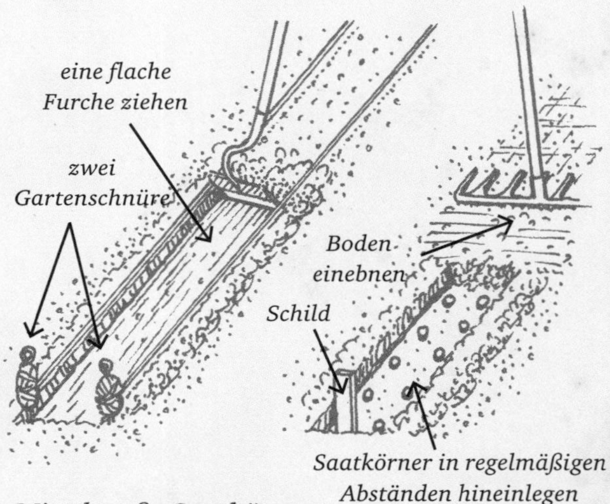


*Mittelgroße Saatkörner*

2. Feuchten Sie den Boden mit einer feinen Brause an und legen Sie jedes Saatkorn in die Furche.
3. Decken Sie die Saatkörner mit einer Erdschicht ab und ebnen Sie sie mit dem Rechen ein. Gießen Sie mit einer feinen Brause.

**Große Saatkörner** (z. B. Dicke Bohnen, Feuerbohnen)
1. Harken Sie die Bodenkrume mit einer Zieh- oder Blatthacke fein krümelig. Fahren Sie mit dem Rechen darüber, um alle Steine zu entfernen.
2. Spannen Sie eine Gartenschnur, wo Sie aussäen werden und klopfen Sie die Erde mit dem Rechen fest.
3. Feuchten Sie den Boden mit einer feinen Brause an und drücken Sie mit dem Pflanzholz Löcher in die Erde. Pflanzholz und Saatlochtiefe je nach Saatkorngröße wählen.
4. Lassen Sie die Saatkörner in die Löcher fallen und gießen Sie an. Decken Sie mit einer dünnen Erdschicht ab und ebnen Sie sie mit dem Rechen ein.

## Aussaat im Gewächshaus

### Aussaat in Multitopfplatten
Dies begrenzt die mit dem Pikieren verbundenen Schäden, denn das Hantieren mit den Pflanzen entfällt.

1. Füllen Sie die Multitopfplatten mit einem für die Samen geeigneten Substrat.
2. Entfernen Sie überschüssiges Substrat mit einem Kantholz und drücken Sie das Substrat leicht fest, dass die Erde bis knapp unterhalb des Rands reicht.
3. Feuchten Sie das Substrat an, geben Sie in jede Einheit ein oder zwei Saatkörner und decken Sie das Ganze mit einer dünnen Schicht Komposterde ab.
4. Sind die Pflanzen mit zwei voll ausgebildeten Blättern entwickelt – nehmen Sie sie aus ihren Einheiten, ohne den Wurzelballen zu beschädigen und pflanzen sie aus.

### Aussaat in Torftöpfe
Diese Methode verringert Schäden an den Pflanzenwurzeln und es fällt kein Plastikmüll an.
1. Füllen Sie die Torftöpfe mit einer geeigneten Mischung aus Komposterde und Kompost auf.
2. Feuchten Sie das Substrat an, drücken Sie ein Loch hinein und legen Sie ein bis zwei Saatkörner hinein.
3. Decken Sie mit Substrat ab und gießen Sie leicht an.
4. Beim Vereinzeln behalten Sie die schönsten Pflanzen.
5. Sind sie kräftig genug, pflanzen Sie sie an ihren endgültigen Standort aus. Weichen Sie zuvor die Töpfe ein und setzen Sie dann samt Pflanzen möglichst tief in die Erde.

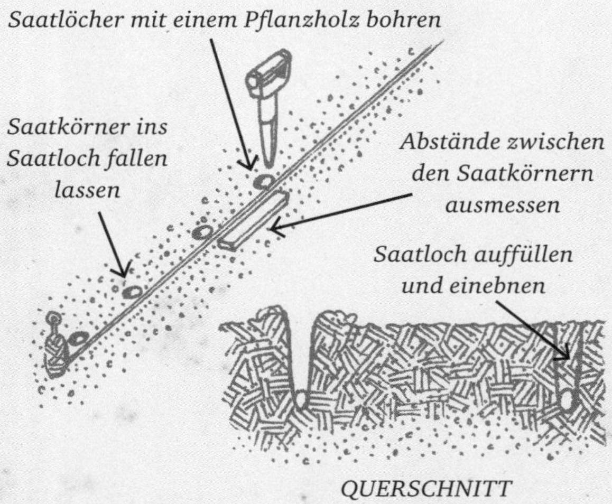


*Große Saatkörner*

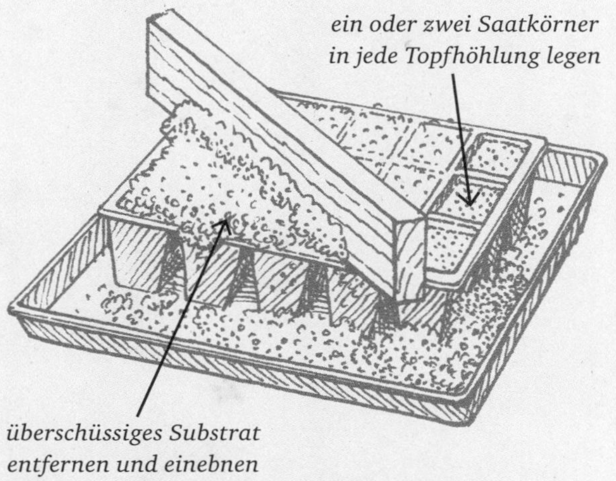


*Multitopfplatten*

# Anbau im Gewächshaus

Mit einem Gewächshaus oder Folientunnel kann man das ganze Jahr über zahlreiche Obst- und Gemüsesorten anbauen und sich auch an exotischen Pflanzen versuchen, indem man ein an ihre Bedürfnisse angepasstes Umfeld schafft. Im Gewächshaus kann man darüber hinaus früher aussäen und später ernten als im Freiland.

## Gewächshäuser

Für einen kleinen Garten ist ein Gewächshaus ideal, denn es ist relativ preiswert und in verschiedenen Größen und Formen erhältlich. Zudem kann Glas einfach beschafft und ersetzt werden. Gewächshäuser gibt es in verschiedenen Modellen und Bausätzen zum Selbstbauen. Ein Gewächshaus ist ein echter Gewinn für einen Garten, besonders wenn es aus Zedernholz und mindestens 2,50 Meter breit ist.

### Ein paar Tipps

- Halten Sie das Gewächshaus immer sauber und ordentlich in Beete aufgeteilt.
- Wenn Sie entspitzen oder Triebe und Blätter zurückschneiden (etwa bei Tomaten), lassen Sie keine Reste oder Abfälle im Gewächshaus zurück.
- Desinfizieren Sie zu Beginn der Saison das Gewächshaus von innen, besonders die Ecken und die Unterseite der Stellagen. Verwenden Sie dazu ein ökologisches Desinfektionsmittel.
- Gießen Sie am besten morgens anstatt abends.
- Wässern Sie bei sehr heißem Wetter die Gänge und Stellagen, um die Luft etwas abzukühlen.
- Beschatten Sie bei schönem Wetter das Gewächshaus durch Windfänge oder engmaschige Netze an der Sonnenseite.
- Isolieren Sie im Winter das Gewächshaus durch Anbringen von Noppenfolie an der Innenwand – wesentlich einfacher bei Gewächshäusern aus Holz.
- Sorgen Sie für gute Belüftung, vor allem bei heißem und feuchtem Wetter.

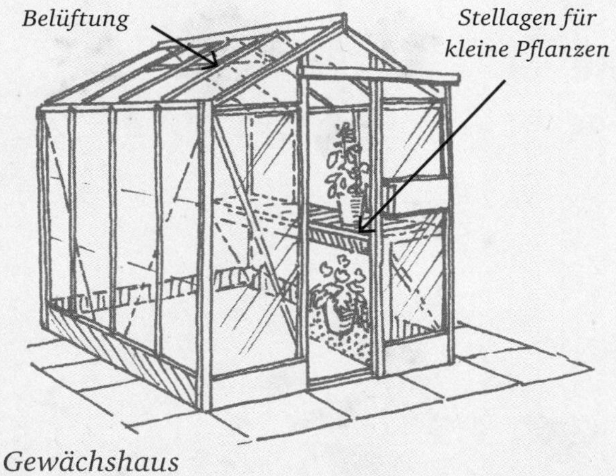

*Gewächshaus*

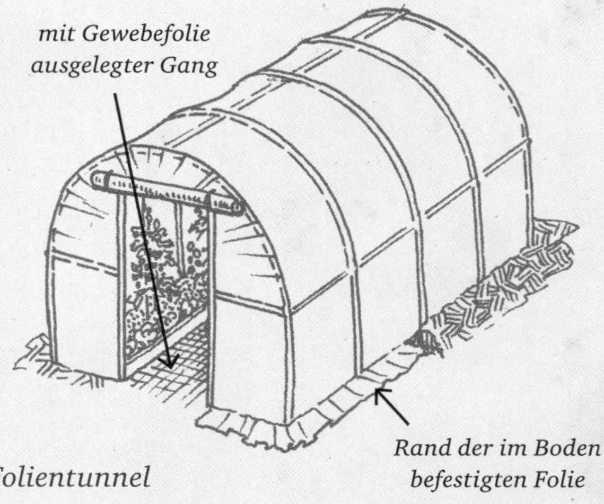

*Folientunnel*

# Folientunnel

Folientunnel sind eine relativ neue Erfindung und eine gute Wahl, wenn Sie das Gärtnern vom Freiland nach innen verlegen wollen. Ein klassischer Folientunnel besteht aus einem feuerverzinkten Bogengerüst, das mit transparenter Folie bedeckt ist.

Folientunnel sind in verschiedenen Formen und Größen erhältlich: Höhe, Länge und Breite sind variabel. Am besten sucht man sich ein kurzes und breites Modell aus, mit hohen und geraden Wänden sowie einer großen Öffnung auf jeder Seite. Der Zugang zum Folientunnel ist einfach, die Belüftung stimmt und diese Art von Tunnel schafft gleichzeitig soviel Platz, dass man sich aufrecht darin bewegen kann, um zu pflanzen und immer noch Platz für einen Hauptgang hat.

### Ein paar Tipps

> Rollen Sie bei mildem Wetter die Plastikbahnen über die Türen, um die Wärme innen zu halten.
> Bei starkem Wind schließen Sie die Seite, wo der Wind herkommt, damit die kalte Luft nicht hineinbläst.
> Halten Sie das Blattwerk von den Tunnelwänden fern, damit es nicht abstirbt und abfault.
> Achten Sie darauf, nicht mit Gartendraht, Stützen oder spitzen Werkzeugen in die Folienwände zu stechen.
> Wenn Sie einen Wasserschlauch verwenden, achten Sie darauf, dass der Druck nicht zu hoch ist und die Folienwände aufreißt.

# Frühbeet, Mistbeet

**Frühbeet** Wenn man kein Gewächshaus hat, kann man Samen aussäen im Frühbeet. Dieses kann aus vier mit einer Glasplatte abgedeckten Brettern bestehen. Das Glas erwärmt das Innere des Frühbeets.

**Mistbeet** Der Anbau erfolgt in einem mit Stroh oder geflochtenen Strohmatten außen isolierten Bretterkasten, der auf einer frischen Mistpackung sitzt. In dem Maße, wie der Mist verrottet, gibt er Wärme ab. Heute verwendet man meist Noppenfolie als Isolierung für das Mistbeet.

### Ein paar Tipps

> Bei begrenzten finanziellen Mitteln können Sie ein Frühbeet aus Restholz und Plastikfolien bauen.
> Frühbeetkästen sind leicht zu belüften.
> Früher wurde der Anbau im Mistbeet als revolutionär angesehen, der unabhängig von den Jahreszeiten und auf knappem Raum erfolgen konnte. Das Prinzip dahinter war, mehrere warme Schichten übereinander zu schichten. Es ist ein hervorragendes System, das auszuprobieren sich lohnt, wenn Sie über einen großen Vorrat an Pferdemist verfügen.
> Für Mistbeete braucht man unbedingt frischen Mist, der schnellstmöglich in den Boden eingebracht werden muss, denn an der frischen Luft verliert er seine Wärme sehr schnell.

# Wärmegrube

Das ist die Sparversion eines Mistbeets. Die einfachste Version besteht in einer tiefen, mit frischem Mist aufgefüllten Pflanzgrube, einigen jungen und ziemlich langen Zweigen zum Wiederabdecken des Lochs und einer oder mehreren geflochtenen Strohmatten.

Es wird direkt in die Grube gepflanzt. Der Mist gibt beim Verrotten Wärme ab, wie bei einem Mistbeet. Nachts oder bei kühlerem Wetter legt man das Astwerk über die Grube und deckt sie mit Strohmatten ab.

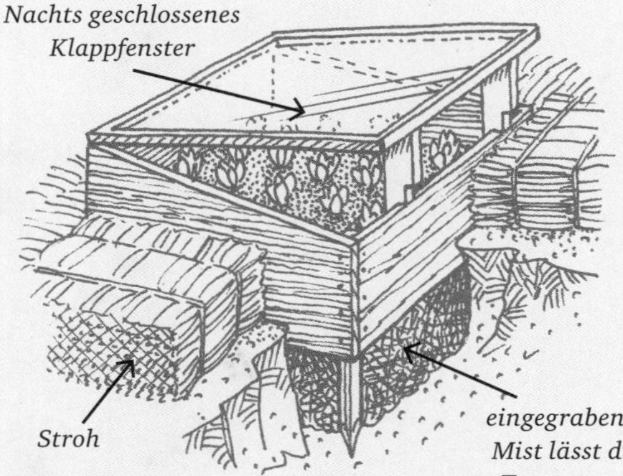


*Anbau im Mistbeet*

# Anbaumethoden

Fachleute stellen die traditionellen Anbaumethoden in Reihen oder in Beeten, mit einem Gang zwischen den Beeten und viel Platz zwischen den Pflanzen in Frage. Ist ein Gartenabschnitt umgegraben und bepflanzt und die Ernte vorbei, war die für den unbepflanzten Abschnitt aufgewandte Energie umsonst und die Bodenstruktur wurde durch das häufige Betreten beschädigt. Die nachfolgend beschriebenen Anbaumethoden zielen auf einen besseren Anbau ab.

## Flachbeete

### Vor- und Nachteile

Flachbeete sind gerechte und eingeebnete Flächen.

- Sind sie einmal angelegt, braucht man weder Zeit noch Energie auf das Umgraben oder auf die Gänge verschwenden.
- Flachbeete anzulegen ist nicht teuer, allerdings verteilt sich das Erdreich irgendwann auf den Gängen.
- Werden die Beete 1,20 Meter breit angelegt, kann man gut arbeiten, ohne die Beete betreten zu müssen.
- Die kleine Größe des Beets hält das Wachstum von Unkraut in Grenzen.

## Hochbeete

### Vor- und Nachteile

Bei Hochbeeten befindet sich das Erdreich oberhalb Bodenhöhe.

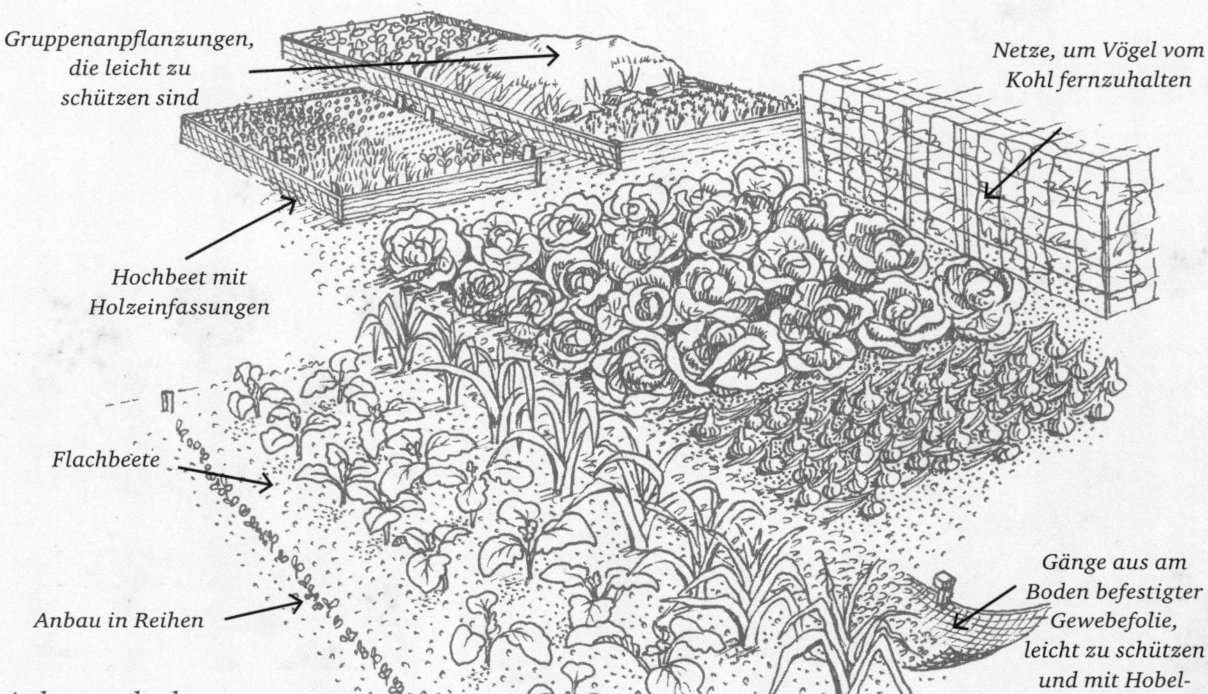


*Anbaumethoden*

> Sind die Beete angelegt, mit schmalen Gängen ringsum, kann man sich auf das Anpflanzen konzentrieren.
> Es fällt kein lästiges Umgraben mehr an.
> Hochbeete anzulegen ist teuer, aber die Komposterde bleibt innerhalb der Beeteinfassung.
> Man muss das Beet nicht betreten.
> Die kleine Größe des Beets hält das Wachstum von Unkraut in Grenzen.
> Beethöhe und Bodentiefe können je nach Bedarf variiert werden.

# Quadratisch angelegte Beete

## Vor- und Nachteile

Auf erhöht oder flach angelegten Beetquadraten kann man flächig und nicht in Reihen anbauen.

> Sind die Beete einmal angelegt, mit schmalen Gängen ringsum, kann man sich auf das Anpflanzen konzentrieren.
> Das Anlegen erhöhter Beeteinfassungen ist teuer, aber die Komposterde bleibt innerhalb der Einfassung.
> Die ganze Gartenarbeit kann von den Gängen aus verrichtet werden.
> Jedem Beet kann man eine bestimmte Pflanze zuordnen.
> Einzelne Beete können unterschiedlich hoch angelegt werden, mit mehr oder weniger Erdreich, je nach den Bedürfnissen der Pflanzen.
> Der Fruchtwechsel wird vereinfacht.
> Unkraut wird auf ein Minimum reduziert.
> Es ist sehr einfach, die Pflanzen mit einem Netz oder mit Astwerk zu schützen.
> Form und Gestaltung der Beetquadrate können dekorativ eingesetzt werden.

# Traditionelle Bodenbearbeitung

**Frühjahr – den Boden festigen** Gleich zu Frühjahrsbeginn, an einem Tag, wenn die Luft trocken und frisch und die Erde unter dem Fuß schön trocken ist, rechen Sie den Boden, um Erdbrocken zu zerkrümeln. Klopfen Sie die so erhaltene feine Erdschicht schön eben. Achtung! Bleibt das Erdreich am Rechen oder an den Füßen kleben, heißt das, dass die Erde zu feucht ist.

**Frühjahr – den Boden einebnen** Führen Sie den Rechen von vorne nach hinten über den Boden, um Löcher zu füllen, Buckel einzuebnen und Tonscherben zu entfernen. Sie brauchen nicht jeden einzelnen Stein zu entfernen – Steine sind für die Dränage nützlich –, es reicht, wenn die großen Steine entfernt werden.

**Herbst – Unkraut jäten mit der Grabegabel** Bearbeiten Sie an einem schönen Herbsttag, wenn der Boden unter Ihren Füßen trocken ist, das Erdreich vorsichtig mit einer Grabegabel. Entfernen Sie Unkraut und Abfälle.

**Herbst – Mist aufbringen** Bringen Sie eine ordentliche Schicht Mist auf den Boden auf. Je dicker die Schicht, umso besser später das Ergebnis.

*Unkraut jäten mit der Grabegabel*

*Mist aufbringen*

# Das Gartenjahr

## Januar

### Allgemeine Arbeiten
- Werkzeug, Stützen, Töpfe, Plastikfolien und Schutznetze inspizieren
- Saatkartoffeln Vortreiben
- Saatgut bestellen
- Pflanzstandorte festlegen
- winterharte Obstbäume zurückschneiden

### Bodenvorbereitung
- Boden wenden oder Mulch zum Abdecken aufbringen
- Mist aufbringen

### Aussaat und Anpflanzung
- Dicke Bohnen an einem sonnigen Standort setzen
- Zwiebeln, Lauch und Radieschen im Früh- oder Mistbeet aussäen

### Ernte und Lagerung
- Rosenkohl, Winterkohl, die letzten Karotten, Sellerie, Endivien und alles, was erntereif ist, ernten
- Karotten einfrieren oder einwecken
- Sellerie konservieren
- Kohl einsalzen

## Februar

### Allgemeine Arbeiten
- Gänge säubern
- Frühbeete nachts abdecken

### Bodenvorbereitung
- weiterhin umgraben und mulchen
- Kulturpflanzen vorbereiten; eine warme Ecke aussuchen und das Erdreich auflockern, für eine feine, glatte Bodenkrume
- Unkraut entfernen
- Gartenabfälle kompostieren

### Aussaat und Anpflanzung
- Artischocken und Schalotten anpflanzen
- Früherbsen und Bohnen aussäen
- Karotten, Blattsalate und Radieschen im Mistbeet aussäen
- Setzlinge im Mistbeet ziehen

### Ernte und Lagerung
- Rosenkohl, Winterkohl, die letzen Karotten, Sellerie, Endivien und alles, was erntereif ist, ernten
- Karotten einfrieren oder einwecken
- Sellerie einwecken
- Kohl einsalzen

## März

### Allgemeine Arbeiten
- Zäune reparieren

### Bodenvorbereitung
- Boden an den Standorten krümelig harken und rechen, wo der Boden geholländert wurde
- Boden hacken

### Aussaat und Anpflanzung
- resistente Gemüse wie Blattsalate, Pastinaken ins Freiland säen
- Spinat, Brokkoli, Lauch, Zwiebeln, Erbsen, Sellerie, Tomaten und Zucchini im Gewächshaus, direkt in die Beete oder in Obststeigen aussäen

### Ernte und Lagerung
- Rosenkohl, Blumenkohl und Kohl ernten
- Blumenkohl einfrieren oder einwecken, Kohl einsalzen

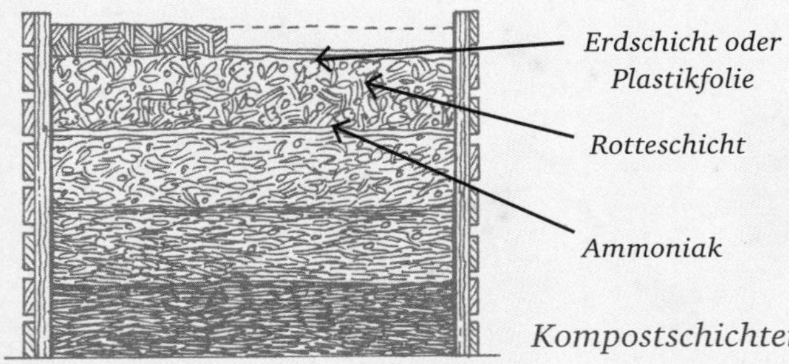


*Kompostschichten*

# April

## Allgemeine Arbeiten
- auf Schnecken, Krankheiten oder Parasiten achten
- Sämlinge bei Bedarf vereinzeln und weiterhin Unkraut entfernen
- Frühbeete nachts schließen

## Bodenvorbereitung
- Erde hacken, besonders rund um die neu ausgesäten Pflanzen
- Kartoffeln anhäufeln

## Aussaat und Anpflanzung
- Pflanzen ins Freiland aussäen
- Kartoffeln, Zwiebeln, Radieschen, Karotten, Mangold, Schwarzwurzeln und Winterspargel, Chicorée, Kohlrabi, Blattsalate, Erbsen, Spinat anpflanzen
- erstarkte Sämlinge auspflanzen
- Feuerbohnen und Zucchini im Frühbeet aussäen

## Ernte und Lagerung
- Blätter von Mangold und Brokkoli schneiden
- Brokkoli einfrieren oder einwecken

# Mai

## Allgemeine Arbeiten
- junge empfindliche Setzlinge schützen
- auf Thripse an Bohnen achten
- Stützen für die Erbsen anbringen
- Mulch um Obstbäume und -sträucher aufbringen
- Erdbeerausläufer entfernen
- Sämlinge wässern
- jäten und Unkraut entfernen

## Bodenvorbereitung
- Kulturbeete vorbereiten
- regelmäßig harken und rechen
- Kartoffeln anhäufeln
- zwischen Gemüsepflanzen mulchen

## Aussaat und Anpflanzung
- aus dem Gewächshaus kommende abgehärtete Setzlinge pikieren
- wenig resistente Pflanzen ins Freiland aussäen
- grüne Bohnen, Dicke Bohnen und Feuerbohnen aussäen
- Erbsen, Chicorée, Radieschen und Sommerspinat aussäen
- Rosenkohl, Brokkoli und Gurken anpflanzen

## Ernte und Lagerung
- Mangold, Brokkoli, frühe Rote Bete, Frühkarotten, Gewächshausgurken, Chicorée
- Brokkoli und Karotten einfrieren oder einwecken
- Rote Bete einwecken
- Kohl einsalzen

# Juni

## Allgemeine Arbeiten
- frischen Mist aufbringen
- gießen
- Um die Mairüben mulchen, und Netze über das Obst spannen
- schwache Triebe an Himbeersträuchern entfernen
- Frühbeetkästen reinigen
- harken und Unkraut jäten
- Stangenbohnen, Erbsen stützen

## Bodenvorbereitung
- jäten und harken
- Kartoffeln ausgraben
- leere Beete umgraben

## Aussaat und Anpflanzung
- Baumschulsetzlinge pikieren
- abwechselnd Chicorée, Blattsalate und Radieschen aussäen

## Ernte und Lagerung
- Salate, Sommerspinat, Erbsen und Frühkartoffeln ernten
- alle erntereifen Produkte einfrieren, einsalzen und einwecken

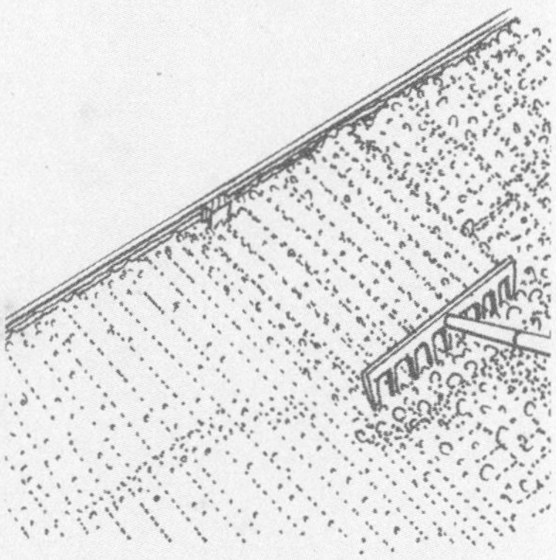

# Das Gartenjahr

## Juli

### Allgemeine Arbeiten
- müde Pflanzen stützen
- reifes Obst ernten
- Minze und Kräuter schneiden und trocknen
- Mist aufbringen
- falls nötig, Tomaten entspitzen und düngen
- Kartoffeln zum Trocknen wenden
- zwischen den Pflanzen hacken
- gießen und Unkraut jäten
- Gewächshaus, Frühbeete lüften

### Bodenvorbereitung
- Unkraut entfernen und jäten
- nach der Kartoffelernte Unkraut entfernen
- Lagerkartoffeln anhäufeln

### Aussaat und Anpflanzung
- Sellerie, Kohl, Rosenkohl und Brokkoli anpflanzen

### Ernte und Lagerung
- Brokkoli einfrieren oder einwecken
- Kohl einsalzen
- Rote Bete einwecken
- Schalotten trocknen lassen

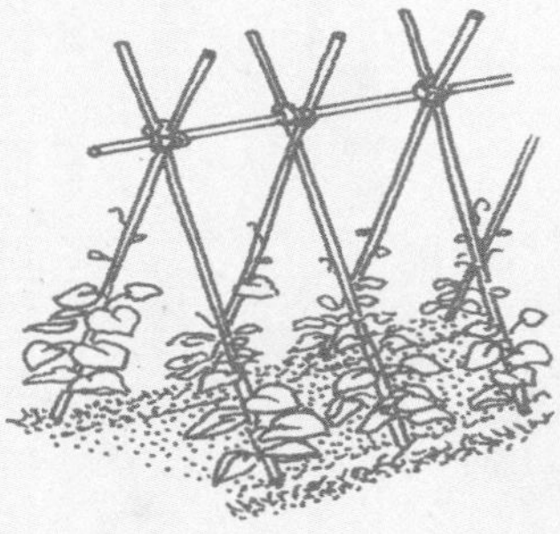

## August

### Allgemeine Arbeiten
- Herbstsaatkörner bestellen
- Obst und Gemüse einwecken, trocknen oder einfrieren
- Zwiebeln mit der Knolle nach unten aufhängen
- Kräuter trocknen lassen
- Tomatenpflanzen entspitzen
- Boden säubern
- Obst vor Vögeln schützen
- Erdbeerbeete pikieren
- Umgraben, hacken, Unkraut entfernen

### Bodenvorbereitung
- Standorte, wo Kartoffeln angepflanzt waren, umgraben und mit der Grabegabel bearbeiten

### Aussaat und Anpflanzung
- Chicorée, Radieschen, Spinat, Zwiebeln oder andere aussäen
- Salate im Frühbeet aussäen
- Kohl für die Frühjahrspflanzung aussäen

### Ernte und Lagerung
- ernten, essen und lagern
- Gartenkräuter trocknen lassen
- Bohnen, Tomaten und Obst je nach Reifegrad ernten
- Wurzelgemüse in Sand lagern
- Dicke Bohnen einfrieren, einwecken oder einsalzen
- Die ersten Äpfel ernten
- Kohl einsalzen

## September

### Allgemeine Arbeiten
- Die Ernten vor Frost schützen, falls nötig
- Wurzelgemüse ernten und lagern
- Sellerie und Lauch anhäufeln
- Auf Raupen achten und sie gegebenenfalls abtöten
- Himbeeren zurückschneiden
- Bei Bedarf gießen, Unkraut entfernen und hacken
- Chicorée bleichen

### Bodenvorbereitung
- Unkraut entfernen und hacken
- Nach der Ernte den Boden umgraben, mit der Grabegabel bearbeiten und rechen
- Bei Bedarf die Pflanzen anhäufeln

### Aussaat und Anpflanzung
- Frühjahrskohl pikieren
- Je nach Beschriftung des Saatguts entsprechende Saatkörner aussäen

### Ernte und Lagerung
- Kartoffeln und Zwiebeln ausgraben
- Feuerbohnen ernten
- Reifes Obst ernten und lagern
- Feuerbohnen einsalzen oder einfrieren
- Zwiebeln trocknen lassen oder in Essig einlegen
- Grüne Tomaten oder Brombeeren einwecken

## Oktober

### Allgemeine Arbeiten
- Pflanzungen vor Frost schützen
- Bei Bedarf weiterhin hacken und Unkraut entfernen
- Den Boden säubern und Abfälle kompostieren
- Gänge und Hacken säubern. Zwiebeln vereinzeln

### Bodenvorbereitung
- Unkraut entfernen und hacken
- Leeren Standorte umgraben und mit der Grabegabel bearbeiten

### Aussaat und Anpflanzung
- Rhabarber und Obstbäume pflanzen
- Erbsen im Frühbeet aussäen
- Salate im Frühbeet aussäen
- Sämlinge pikieren
- Früherbsen an einem warmen Standort aussäen

### Ernte und Lagerung
- Die letzten Tomaten ernten
- Sellerie und Karotten ernten
- Einlegegurken in Essig einlegen
- Äpfel und Birnen ernten und lagern

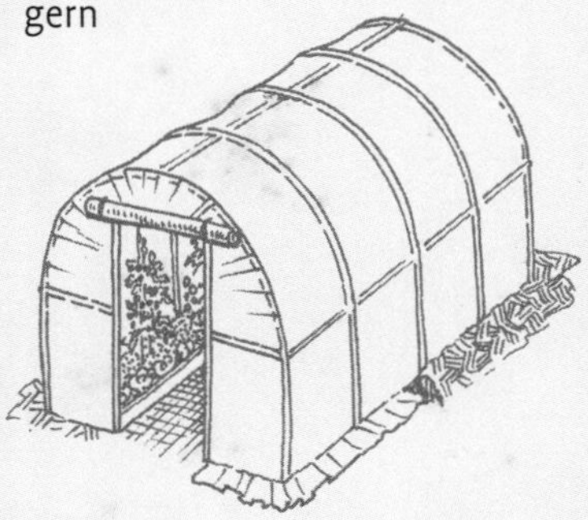

## November

### Allgemeine Arbeiten
- Die Pflanzungen vor Frost schützen
- Abgestorbene Blätter und sonstige Abfälle wegräumen
- Die leeren Standorte umgraben
- Bei Bedarf Unkraut entfernen und hacken
- Stützen und Stangen von Bohnen und Erbsen wegnehmen

### Bodenvorbereitung
- Hacken und Unkraut entfernen
- Die leeren Standorte umgraben und mit der Grabegabel bearbeiten

### Aussaat und Anpflanzung
- Dicke Bohnen an einem geschützten Standort aussäen

### Ernte und Lagerung
- Wurzelgemüse ausgraben und in Sand lagern
- Das andere Obst und Gemüse nach Bedarf ernten, ausgraben und essen

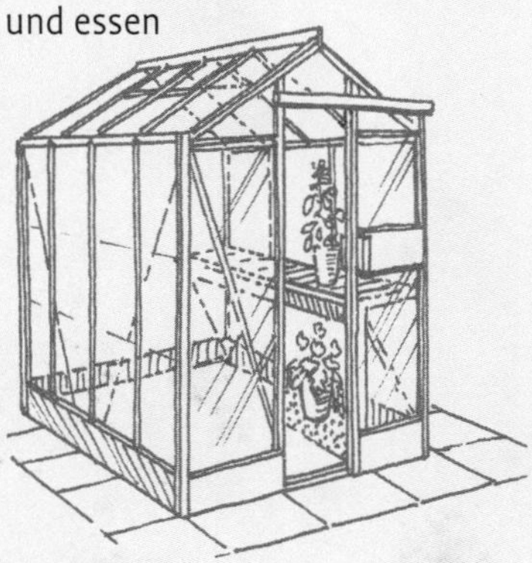

## Dezember

### Allgemeine Arbeiten
- Die Pflanzungen vor Frost schützen
- Werkzeuge und Gewächshäuser reinigen

### Bodenvorbereitung
- Hacken und Unkraut entfernen
- Die leeren Standorte umgraben und mit der Grabegabel bearbeiten
- mit der Grabegabel den Boden so bearbeiten, dass eventuelle Parasiten herauskommen
- nachsehen, ob das gelagerte Gemüse in Ordnung ist

### Aussaat und Anpflanzung
- Dicke Bohnen aussäen
- Erbsen anhäufeln
- Salate im Frühbeet aussäen und gegebenenfalls schützen

### Ernte und Lagerung
- letzten Mangold ernten
- Rosenkohl, Winterkohl, die letzten Karotten, Sellerie, Endivien und alles andere, was erntereif ist, ernten

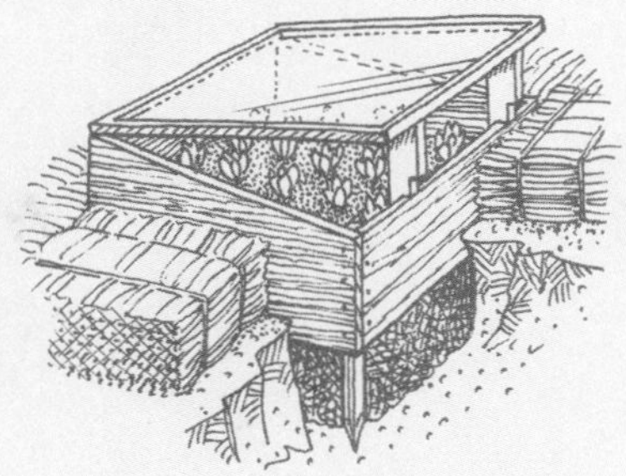

# Biogemüse und Bioobst

# Kartoffeln

Die Kartoffel ist eines der in Europa am meisten verzehrten Gemüse. Sie ist einfach anzubauen und zu lagern, reich an Vitamin C und Natrium und kann auf vielfältige Art und Weise zubereitet werden. Kartoffeln aus dem eigenen Garten sind wesentlich besser als im Handel erhältliche Kartoffeln, die einen Teil ihrer Nährstoffe während der Lagerung verlieren.

## Stärkereiches Nahrungsmittel

Laut Statistischem Bundesamt kauften im Jahr 2003 die privaten Haushalte in Deutschland durchschnittlich 5 kg Kartoffeln im Monat. Das sind etwa 60 kg pro Jahr, wovon die Hälfte davon industriell verarbeitete Produkte wie Chips, Fritten, Püreepulver oder Tiefkühlgratins sind. Je nach Vegetationsperiode werden die Kartoffeln in frühe, mittlere und späte Sorten eingeteilt. Manche Sorten isst man besser frisch, spätere Sorten sind eher zur Winterlagerung geeignet.

## Die Knolle zum Vortreiben bringen

Suchen Sie unter Ihren krankheitsresistenten Kartoffeln im Februar/März die schönsten Knollen aus und legen Sie sie mit der Seite, die die meisten Augen aufweist nach oben in eine Obststeige. Stellen Sie die Steige fünf bis sechs Wochen lang an einen hellen, luftigen, aber frostgeschützten Platz. Sobald die Knollen vorgetrieben sind, entfernen Sie die kleinsten Triebe, so dass an jeder Knolle nur noch die zwei bis drei schönsten bleiben.

## Anbau und Pflege

**Traditioneller Anbau** Ziehen Sie eine Furche oder graben Sie 5 bis 7,5 cm tiefe Löcher im Abstand von jeweils rund 30 cm. Legen Sie die vorgetriebenen Knollen mit den Augen nach oben hinein und füllen Sie die Furche oder Löcher mit einer 13 bis 15 cm dicken Erdschicht auf.

**Pfluglose Bodenbearbeitung** Sobald keine Frostgefahr mehr besteht, setzen Sie die vorgetriebenen Knollen ins Freiland und häufeln Erdreich über ihnen an. Decken Sie die Erde mit einer schwarzen Plastikfolie ab, die Sie an den Rändern im Boden festmachen, damit sie hält. Sobald Sie merken, dass die Pflanzen gegen die Folie drücken, öffnen Sie die Folie: Schneiden Sie mit einem scharfen Messer sorgfältig kreuzförmige Schlitze in die Folie, damit die jungen Triebe Platz haben.

**Anhäufeln** Sobald das Blattwerk erscheint, häufeln Sie mit einer Hacke das Erdreich rund um die Pflanzen an, so dass nur etwas Blattwerk herausschaut. Wiederholen Sie das Ganze alle vier bis fünf Tage während des Wachs-

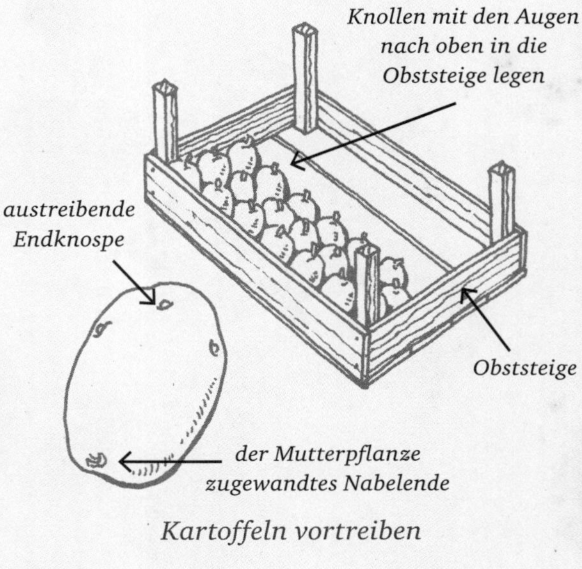


*Kartoffeln vortreiben*

### Krankheiten, was tun?

**Kartoffelfäule**
An den Blättern treten braune Flecken auf, die auf der Unterseite einen weißen Pilzrasen bilden können. Verbrennen Sie die Pflanzen, pflanzen Sie die gesunden Knollen an anderer Stelle ein, verwenden Sie zukünftig eine resistente Sorte.

**Nacktschnecken**
An den Knollen treten große schleimige Löcher auf, vor allem gegen Ende des Sommers. Bauen Sie Kartoffeln nicht auf aufgeweichten Böden an und düngen Sie nicht zu viel.

**Goldnematoden**
Die Blätter welken und an den Wurzeln sind kleine Zysten zu beobachten. Bauen Sie Kartoffeln nie wiederholt an derselben Stelle an, bauen Sie nur resistente Sorten an und fördern Sie das Auftreten der natürlichen Feinde durch eine pfluglose Bodenbearbeitung.

tums, bis das angehäufelte Erdreich ungefähr 30 cm hoch ist. Diese Methode schützt die Pflanze vor Kälte und Mehltau und hemmt außerdem das Wachstum von Sprossen und verhindert das Grünwerden der Knollen.

## Ernte und Lagerung

Frühkartoffeln erntet man je nach Sorte vor der Ausreifung, vom Frühjahr bis Mitte des Sommers. Warten Sie bis zur Blütenöffnung, heben Sie mit einer Erdharke jede Pflanze an und lassen Sie die Knollen zu Boden fallen.
Warten Sie bei Spätkartoffeln, bis das Blattwerk welkt, meist im September. Bei Bodenbearbeitung ohne Umgraben entfernen Sie die Plastikfolie und entnehmen Sie je nach Bedarf die Kartoffeln.
Kartoffeln können entweder in einer Kartoffelmiete – in einem Erdloch in einer Gartenecke, das vor Feuchtigkeit geschützt und mit Stroh und Erde abgedeckt ist – oder in Jutesäcken licht- und feuchtigkeitsgeschützt aufbewahrt werden.

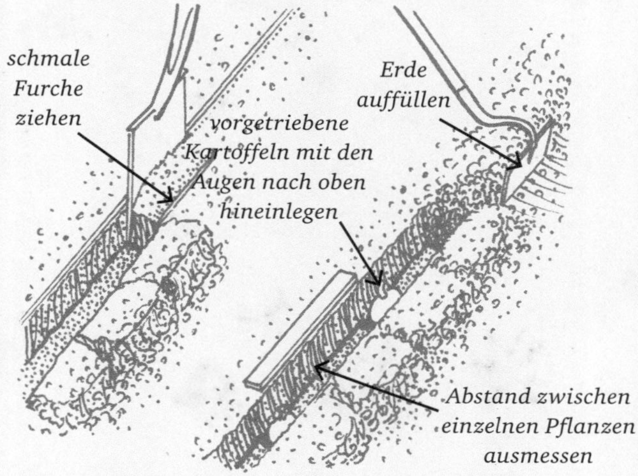

*Kartoffeln anpflanzen*

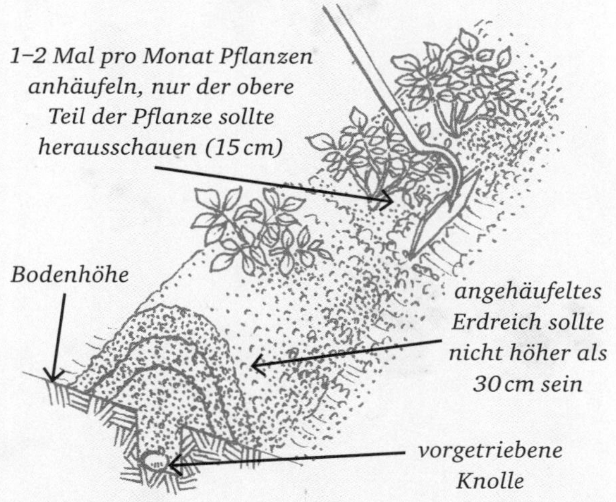

*Pflege der Pflanzen*

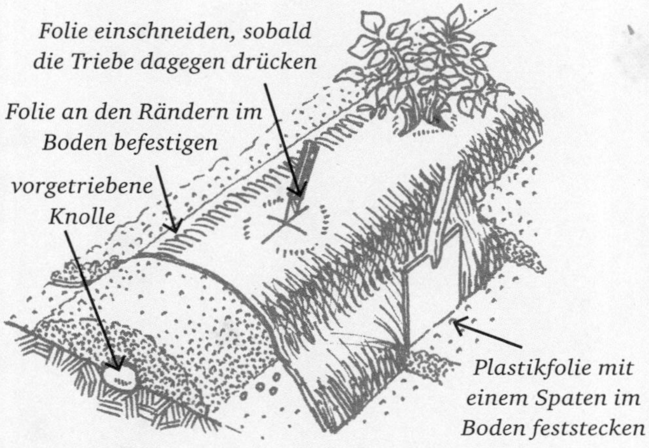

*Bodenbearbeitung ohne Umgraben*

# Kohl

Kohl zählt zur Familie der Kreuzblütengewächse (Brassicaceae) und kommt in unterschiedlichen Arten vor, wie Rosenkohl, Grünkohl, Brokkoli und Blumenkohl, aber auch Mairüben und Steckrüben.

## Erstaunliche Eigenschaften

Ob Brokkoli, Wirsing oder Weißkohl – Kohl ist ein wahres „Wundergemüse": Er ist sehr fettarm und enthält Eisen, Kalzium, Natrium, Vitamin C und E. Bei richtiger Einteilung können Sie das ganze Jahr hindurch regelmäßig Gemüse essen. Daher ist Kohl für jeden Gärtner ein Muss, der seine Familie nur mit selbstgezogenem Gemüse ernähren möchte.
Auch wenn die Anbaumethoden leicht variieren, so ist der Anbau von Kohl im Grundsatz immer derselbe: Aussaat und Pikieren beziehungsweise Aussaat und Verziehen, danach die übliche Pflege.

## Methode 1: Aussäen und Pikieren

Bereiten Sie den Boden vor wie für jedes andere Gemüse auch. Harken Sie die Erde auf, damit sie locker wird und rechen Sie sie anschließen mit dem Rücken des Rechens glatt. Säen Sie in die rund 12 mm tiefen und im Abstand von 23 cm nebeneinanderliegenden Reihen eine dünne Linie Samenkörner aus. Rechen Sie Erdreich darüber und wässern Sie mit einer feinen Gießkannenbrause. Nach dem Aufgang, sobald Sie die Sämlinge umsetzen können, verziehen Sie sie und behalten nur die schönsten Sämlinge, die Sie 5 cm in der Reihe voneinander entfernt setzen. Sind diese Sämlinge gut gewachsen, wässern Sie das Erdreich und graben Sie die Sämlinge vorsichtig aus, um sie an Ort und Stelle zu pikieren.

## Pikieren

Harken Sie den Boden und rechen Sie ihn krümelig. Ziehen Sie dann im Abstand von 30 bis 60 cm Rillen. Drücken Sie mit dem Pflanzholz alle 30 bis 60 cm, je nach Sorte, Pflanzlöcher in die Erde. Setzen Sie pro Loch einen

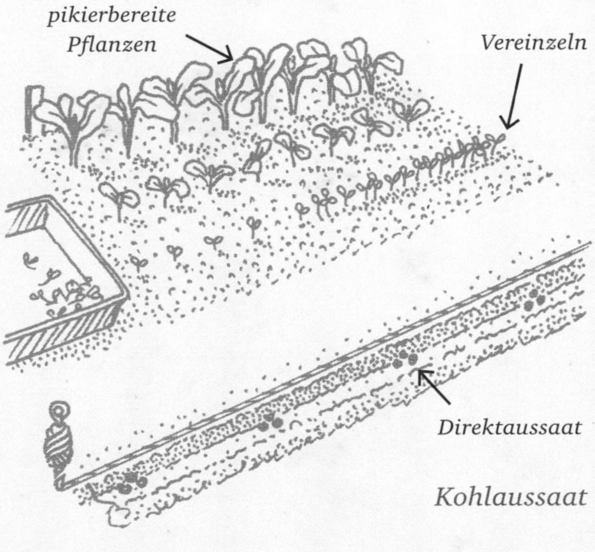

*Kohlaussaat*

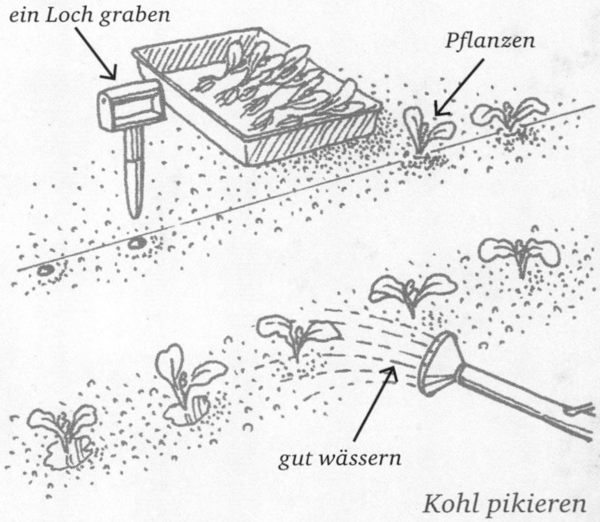

*Kohl pikieren*

Setzling und wässern Sie reichlich. Richten Sie den Setzling auf, füllen Sie das Pflanzloch mit Erde auf und drücken Sie mit den Fingern die Erde fest an, damit der Setzling sicher steht. Gießen Sie entweder frühmorgens oder spätabends, bis die Setzlinge richtig angewachsen sind.

## Methode 2: Aussäen und Verziehen

Harken Sie den Boden und rechen Sie ihn krümelig. Säen Sie 12 mm tief in Reihen im Abstand von 45 cm in Horsten (3 bis 5 Samen) je 23 bis 30 cm auseinander. Sobald die Sämlinge umgesetzt werden können, behalten Sie nur die kräftigsten aus jedem Horst. Wenn die Kohlköpfe gut ausgebildet sind, schneiden Sie jeden zweiten zum Verzehr. Lassen Sie je nach Sorte alle 35 bis 60 cm einen Kohlkopf stehen.

## Unkraut jäten und mulchen

Jäten Sie Unkraut und harken Sie den Boden flach. Graben Sie bei warmem Wetter die Bodenkrume so um, dass daraus eine bröckelige Erdschicht wird, die die Verdunstung reduziert. Bringen Sie abschließend rund um die Pflanze eine dünne Schicht gut verrotteten Mist auf.

### Krankheiten und was Sie dagegen tun können

**Windanfälligkeit**
Die Pflanzen sind geschwächt und schwanken auf ihren Strünken. Das vermeidet man am besten, indem man zum Abstützen rund um die Strünke Erde anhäufelt.

**Insekten**
Sie sind unter anderem verantwortlich für Löcher und Flecken an den Blättern, für Eierkolonien oder Larven. Insekten kann man gut bekämpfen, indem die Pflanzen mit Gewächshausfolie abgedeckt werden, die Schmetterlinge, Kohlblattläuse und andere Insekten abhält.

**Vögel**
Sie picken die Blätter an oder fressen sie und scharren die Erde rund um die Pflanzungen auf. Der beste Schutz gegen Vögel ist ein Netz über das gesamte Beet als vorübergehende Maßnahme. Ist Ihnen das zu teuer, können Sie rund um das Beet Pflöcke aufstellen und kreuz und quer schwarzen Baumwollfaden spannen.

**Kohlweißling**
Zuerst treten weiße Flecken und dann massenweise winzige Eier an der Blattrückseite auf und schließlich Raupen, die die Blätter fressen. Das beste Mittel, sie loszuwerden, ist, die Eier entweder abzuspritzen, sobald Sie welche entdecken und/oder die Pflanzen mit Gewächshausfolie oder einem feinmaschigen Netz abzudecken.

*Unkraut jäten und mulchen*

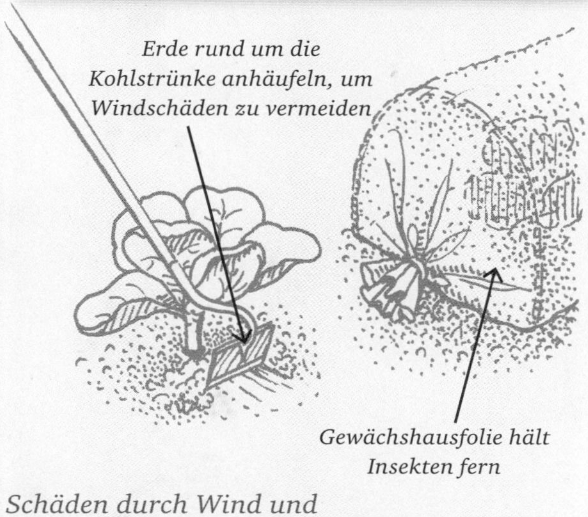


*Schäden durch Wind und Insekten im Sommer verringern*

# Rote Bete

Rote Bete zählen zur Familie der Gänsefußgewächse (Chenopodiaceae), zu der auch Spinat, Mangold, weißer Gänsefuß, Quinoa und die Gartenmelde gehören. Die Rote Bete wird wegen ihrer dicken und saftigen roten Wurzeln sehr geschätzt. Sie wird schon seit langem kultiviert. Rote Bete wird gekocht und als Salat serviert, schmecken aber roh, gewürfelt oder geraspelt genauso gut.

## Nährstoffreich und stärkehaltig

Die Rote Bete ist ein äußerst interessantes Gemüse: reich an Eisen, Vitamin C und Kalium, kalorien- und fettarm. Das einfach anzubauende Gemüse kann im Sommer, Herbst und Winter geerntet werden. Die Samen sind so groß und widerstandsfähig, dass man sie direkt ins Freiland aussäen kann. Außerdem ist ihre Lagerung einfach: sie hält sich drei Monate lang im Sand, man kann aber auch die Wurzeln trocknen lassen oder sie in Essig einlegen.

## Methode 1: Rillensaat

Harken Sie den Boden und rechen Sie ihn krümelig, damit die Erde schön fein ist. Lassen Sie die Saatkörner ungefähr eine Stunde lang einweichen. Spannen Sie Schnüre im Abstand von 30 oder 40 cm und ziehen Sie mit der Spitze der Harke eine 2,5 cm tiefe Rille. Wässern Sie den Boden leicht. Streuen Sie das Saatgut in die Rille, ziehen Sie mit dem Rechen Erde über die Samen und wässern Sie mit einer feinen Brause. Wenn die Pflanzen soweit erstarkt sind, dass man sie umsetzen kann, vereinzeln Sie und behalten nur die besten im Abstand von jeweils rund 10 bis 25 cm in der Reihe. Denken Sie daran, bei jedem Schritt gründlich zu wässern.

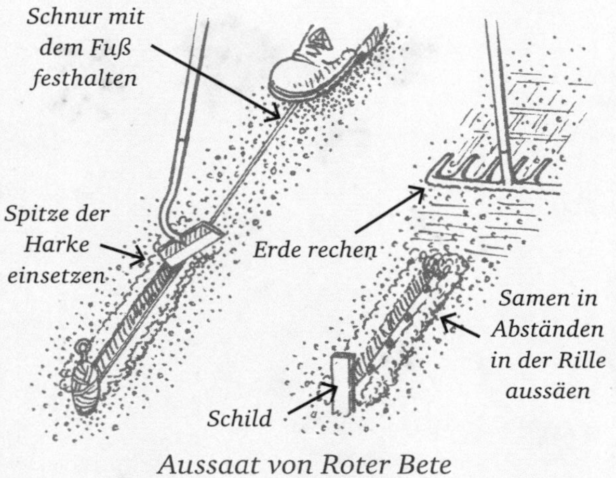


*Aussaat von Roter Bete*

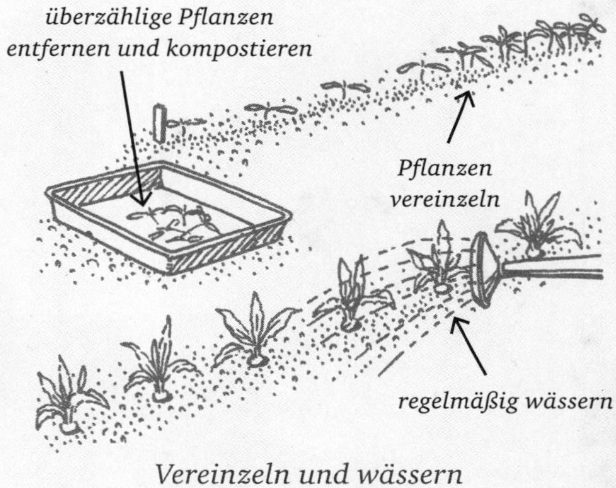


*Vereinzeln und wässern*

## Methode 2: Direktaussaat ins Freiland

Harken Sie den Boden und rechen Sie ihn krümelig. Lassen Sie die Samen ungefähr eine Stunde lang einweichen. Spannen Sie Schnüre im Abstand von 30 oder 40 cm und säen Sie in Horsten von 2 bis 3 Samen in 2,5 cm tiefe Saatstellen alle 10 bis 25 cm. Verziehen Sie die erstarkten Pflanzen auf je eine pro Horst. So verbraucht man weniger Samen und muss weniger umsetzen.

## Methode 3: Beetsystem

Bereiten Sie das Pflanzbeet vor – vorzugsweise ist es etwas erhöht und ungefähr 1,20 Meter lang. Lassen Sie die Samen ungefähr eine Stunde lang einweichen. Säen Sie breitwürfig aus. Wässern Sie das Beet mit einer feinen Brause und decken Sie es mit einer Plastikplane ab, die Sie beim Aufgehen der Samen wieder abnehmen. Diese Methode nutzt den verfügbaren Platz und erfordert kein Vereinzeln oder Pikieren. Außerdem stehen die Pflanzen so dicht, dass ihr Blattwerk die Funktion von Mulch übernimmt.

Zur Konservierung werden die Roten Bete Ende Oktober vor dem Frost geerntet: Drehen Sie die Blätter ab und lagern Sie die Knollen ein- oder mehrlagig in Sand- oder Torfkisten.

### Parasiten

**Rübenfliege**
An den unteren Blättern oder am Wurzelansatz treten Larven auf, die regelrechte Gänge durch die Blätter fressen. Am einfachsten entfernt man die befallenen Blätter und alle Maden, die man findet.

## Mulchen und Unkraut jäten

Sobald das erste Unkraut erscheint, entfernen Sie es knapp unter der Oberfläche mit der Harke. Achten Sie darauf, dass Sie nicht die Spitzen der Pflanzen beschädigen. Bei warmem und trockenem Wetter hacken Sie die Bodenkrume flach, damit die geharkte Erdschicht den Boden isoliert und die Verdunstung verhindert. Bringen Sie abschließend rund um jede Pflanze eine dünne Schicht gut verrotteten Stallmist oder Kompost auf. Entfernen Sie alle gelben oder welken Blätter.

## Ernte und Lagerung

Sie können die frühen Roten Beten herausziehen, sobald sie dick genug zum Verzehr sind, das heißt etwa ab Mitte Juni – 7 bis 13 Wochen nach der Aussaat.

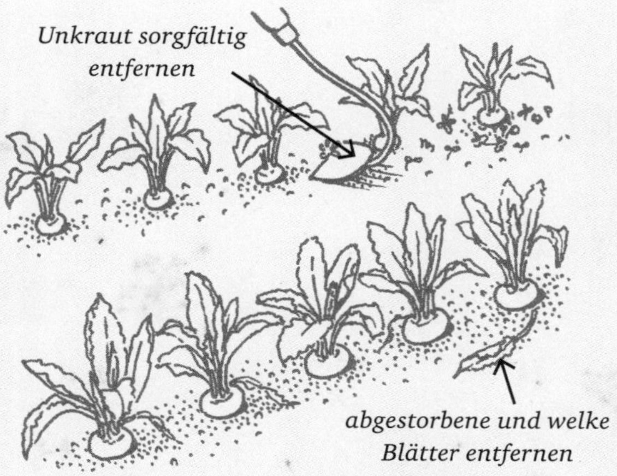

*Unkraut jäten und säubern*

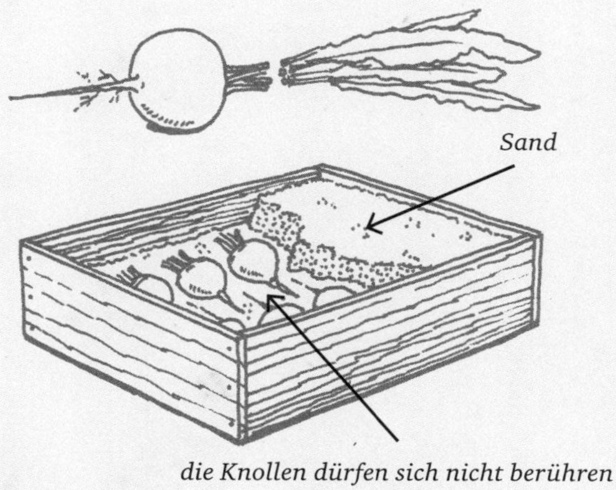

*Lagerung von Roter Bete*

# Erbsen, Bohnen und **Dicke Bohnen**

Die Familie der Fabaceae, auch Hülsenfrüchtler oder Leguminosen genannt, werden hauptsächlich wegen ihrer fleischigen Hülsen und ihrer Kerne angebaut. Dazu zählen die Gartenbohnen (der Gattung *Phaseolus*, zu der auch grüne Bohnen, Wachsbohnen und Weiße Bohnen gehören), die Feuerbohnen, die Dicken Bohnen und die Erbsen.

## Gesundheit pur

Diese Gemüse haben einen hohen Nährwert und können als Grundnahrungsmittel fungieren: Sie sind reich an Proteinen, Eisen und Fasern, aber fettarm und somit hervorragend für Herz und Muskeln. Außerdem haben sie die Eigenschaft, den Boden mit Stickstoff anzureichern. Kurzum – ein sehr interessantes Gemüse für eine gesunde Ernährung, einfach anzubauen, in zahlreichen Sorten vorhanden und gut zu konservieren.

## Bohnen anbauen

Manche Gärtner säen von April bis Juli direkt ins Freiland aus, wenn der Boden ziemlich warm ist (12 °C), während andere wiederum lieber im Frühbeet aussäen und hinterher im Freiland pikieren. Wieder andere arbeiten mit beiden Methoden.

Wurde der Boden für vorhergehende Kulturen nicht verbessert, bringen Sie vor der Aussaat einen durchschnittlich konzentrierten Dünger auf.

Bereiten Sie für die Klettersorten (Stangenbohnen) einen 60 cm breiten und rund 25 cm tiefen Graben vor, sobald es das Wetter erlaubt. Legen Sie eine ordentliche Schicht gut verrotteten Mist hinein und ebnen Sie den Graben wieder mit Erde ein. Bereiten Sie die Stangen oder Stangenkonstruktionen vor (man verbringt genausoviel Zeit mit der Vorbereitung der Stangenkonstruktionen wie mit der Pflege der Pflanzen).

Um die Pflanzen im Gewächshaus vorzuziehen, säen Sie in Töpfen mit Kompost aus. Pikieren Sie die Pflanzen gegen Frühjahrsende in dem bereits vorbereiteten Graben in Doppelreihen mit einem Reihenabstand von 60 cm auf 10 cm in der Reihe.

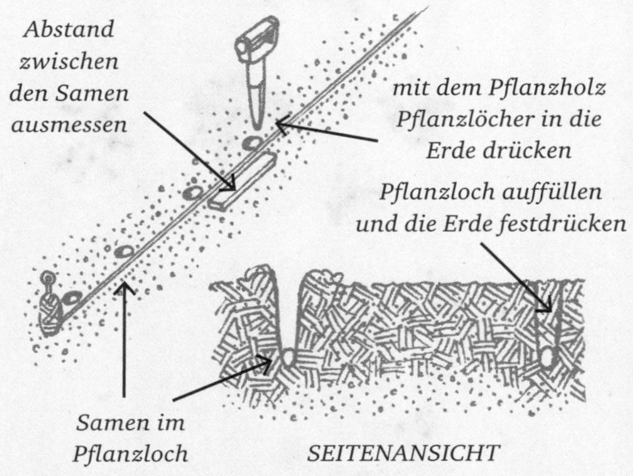


*Große Saatkörner von Leguminosen im Freiland aussäen*

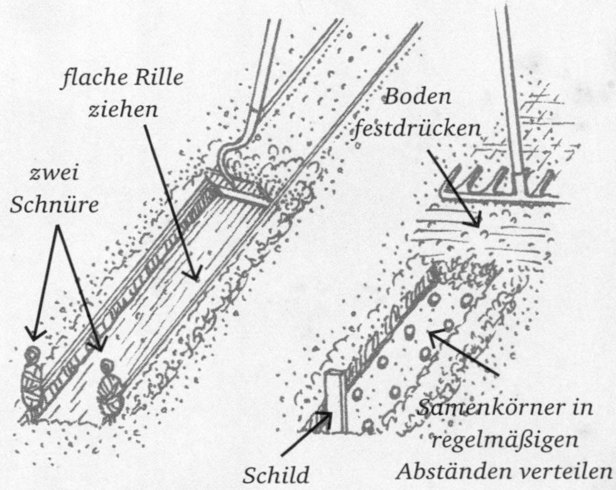


*Mittelgroße Saatkörner von Leguminosen im Freiland aussäen*

Zur Direktsaat ins Freiland machen Sie 4 bis 5 cm tiefe Löcher in dem Graben und streuen Sie die Samen im Abstand von rund 10 cm aus. Säen Sie Buschbohnensorten in Einzelreihen im Abstand von 25 cm aus.

**Pflege** Harken Sie den Boden auf, damit die geharkte Erdschicht den Boden isoliert, Verdunstung reduziert und das Unkraut niederhält. Decken Sie bei trockenem Wetter den Boden mit trockenem Mist oder Stroh beidseits der Reihe ab, um Feuchtigkeit im Boden zu halten.

**Ernte und Lagerung** Geernet wird zwischen 7 und 13 Wochen nach Aussaat, von Juli bis Oktober. Je nach Sorte erntet man die Schoten jung oder etwas reifer (siehe Seite 109f.). Nach dem Pflücken halten sich frische mittelfeine grüne Bohnen 2 bis 3 Tage lang, ebenso Weiße Bohnen (in der Schote). Man kann sie auch sterilisieren oder einfrieren. Trockene Bohnen halten sich in ihrer Schote oder auch ausgehülst.

## Erbsen anbauen

Die frühen Sorten mögen einen sandigen, lauwarmen und trockenen Boden, die Sorten der Hochsaison einen nahrhafteren. Erbsen brauchen viel Feuchtigkeit. Trocknet der Boden aus, gießen Sie reichlich und decken Sie den Boden mit Mulch ab. Säen Sie Folgeaussaaten alle 10 Tage mit Beginn des Frühjahrs (sobald die Bodentemperatur 10 °C beträgt) bis Anfang Juli. Die Saattiefe sollte 5 cm betragen, der Pflanzabstand 15 bis 15 cm in der Reihe und, je nach Sorte, 35 cm bis 1,20 Meter von Reihe zu Reihe. Schützen Sie das Saatgut vor Vögeln mit Reisig, Maschendraht oder einem Netz und bringen Sie Rankhilfen an (Stangen, Drahtgitter oder Erbsennetz).

**Pflege** Harken Sie nach Aufgehen der Samen den Boden krümelig, damit die feine Erdschicht den Boden isoliert. Harken Sie wiederholt mindestens ein Mal pro Woche während der Saison, besonders bei trockenem Wetter. Bei langen Warmwetterperioden wässern Sie den Boden gründlich und bringen Sie eine Schicht gut verrotteten Mist beidseits der Reihe auf.

**Ernte** Ernten Sie von Sommeranfang bis Mitte Herbst, rund 12 Wochen nach Aussaat. Pflücken Sie alle 2 bis 3 Tage, um das Wachstum neuer Schoten zu fördern.

## Dicke Bohnen anbauen

Dicke Bohnen bevorzugen einen nahrhaften, nicht zu trockenen, durchlässigen und mit gut verrottetem Mist aufgewerteten Boden sowie einen sonnigen und geschützten Standort. Sie mögen weder Zugluft noch aufgeweichte und schwere Böden.

Erfahrene Gärtner wenden die Wintersaat an (Oktober/November), um im Juni zu ernten. Säen Sie entweder im März (Frühsaat) oder im Oktober/November (Wintersaat) aus. Die Saattiefe sollte 7,5 cm in der Reihe betragen, der Pflanzabstand der einzelnen Saatstellen 15 bis 20 cm in der Reihe und 45 cm von Reihe zu Reihe. Wässern Sie reichlich.

**Pflege** Sobald die Pflanzen einige Zentimeter hoch sind, häufeln Sie die Stängel an. Harken Sie zwischen den Pflanzen. Sobald sich die Blüten öffnen, knipsen Sie die oberen Triebe ab, damit sich die Schoten entwickeln können und entfernen Sie die schwarzen Läuse der dicken Bohne. Setzen Sie eine Rankhilfe für die Pflanzen.

**Ernte** Die Schoten werden einzeln geerntet, sobald man die dicken Bohnen im Inneren spüren kann. Nach der Ernte schneiden Sie die Pflanzen bis auf den Boden zurück und lassen die stickstoffreichen Wurzeln in der Erde.

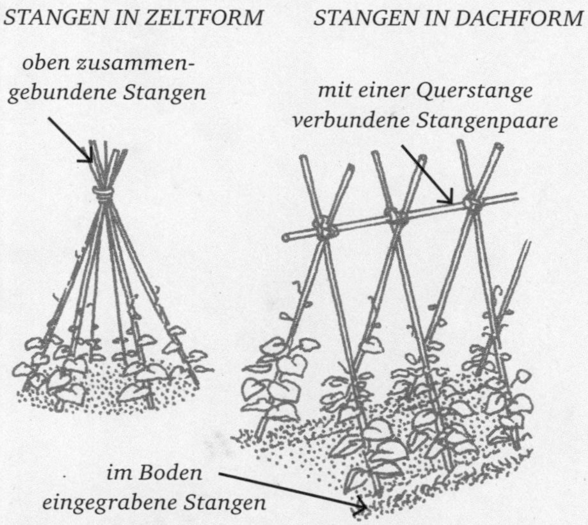


*Klettersorten an Stangen binden*

# Wurzelgemüse

Unter Wurzelgemüse versteht man unter anderem Karotten, Pastinaken und Schwarzwurzeln, die wegen ihrer essbaren Wurzeln angebaut werden. Sie mögen einen angereicherten, feuchten, jedoch keinesfalls steinigen Boden. Diese Gemüse werden in der Regel durch Direktaussaat im Freiland vermehrt, da sie das Pikieren nur schlecht vertragen.

## Wurzeln essen

Karotten sehen schön aus, riechen gut, schmecken fein, sind gut für die Gesundheit und können relativ einfach angebaut werden. Es gibt sie in zahlreichen Sorten und – noch besser – man kann sie von Mai bis November essen.
Pastinaken gedeihen in nahezu jeglichem Boden, vorausgesetzt, er ist fruchtbar und gut vorbereitet. Diese winterharte Pflanze kann den ganzen Winter über in der Erde bleiben.
Schwarzwurzeln und Winterspargel sehen auf dem Teller nicht sehr appetitlich aus, haben jedoch ein gutes Aroma und sind zuverlässig ertragreich.

## Karotten anbauen

Karotten brauchen einen lockeren, tiefgründig geharkten, durchlässigen, sandigen und fruchtbaren Boden. Sie mögen ein sonniges Plätzchen. Bei sehr steinigem Boden oder Boden mit viel frischem Mist können Nebenwurzeln und Vergabelungen entstehen.
Säen Sie aus, sobald die Bodentemperatur über 7 °C liegt – Frühsorten im Februar oder März, Sommersorten im Mai und Juni. Säen Sie Lagerkarotten Ende Mai/Anfang Juni aus. Es sollte dünn in einer Saattiefe von 1 bis 2 cm in der Reihe mit einem Reihenabstand von 15 bis 20 cm ausgesät werden. Wässern Sie mit einer feinen Brause. Vereinzeln Sie die Sämlinge auf rund 5 cm. Schützen Sie die Pflanzen am Anfang und am Ende der Saison mit Folienhauben, um die Möhrenfliege fernzuhalten.
**Pflege** Harken Sie den Boden, um das Unkraut zu entfernen. Wässern Sie wenig, aber häufig.
**Ernte und Lagerung** Frühsorten reifen in 9 bis 12 Wochen. Wenn Sie mehrere Sorten zeitlich gestaffelt aussäen, können Sie je nach Bedarf von Mai bis November Karotten ernten, wobei Sie die Ernte gegen Ende der Saison schützen, indem Sie sie in der Erde lassen. Graben Sie die letzten Karotten vor den starken Herbstregen aus, da sie sonst verderben. Lagern Sie die Spätkarotten in Sandkisten an einem frostgeschützten Ort.

## Pastinaken anbauen

Auch wenn Pastinaken mit jedem Boden zufrieden sind, ist der ideale Boden gut vorbereitet, locker, fein, durchlässig und fruchtbar sowie durch eine vorherige Kultur bereits angereichert. Bringen Sie keinen frischen Mist

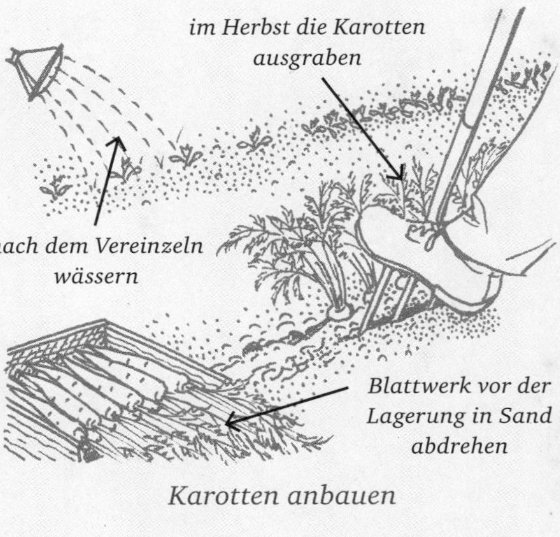

*Karotten anbauen*

auf, denn durch den direkten Kontakt mit den Wurzeln können Vergabelungen oder Pastinakenbrand auftreten. Graben Sie den Boden tiefgründig um, damit die Wurzeln gut anwachsen können. Möchten Sie Pastinaken auf einem mageren und steinigen Boden anbauen, suchen Sie eine kurze und gedrungene Sorte aus. Sie können ab Februar/März mit der Aussaat beginnen und bis Mai/Juni hinein aussäen. Säen Sie in Horsten von 3 bis 4 Samen im Abstand von 15 cm in 2 cm tiefen Rillen mit einem Reihenabstand von 20 bis 25 cm aus. Drücken Sie die Erde fest an und wässern Sie. Sobald die Sämlinge erstarkt sind, vereinzeln Sie und behalten aus jedem Horst nur die kräftigste Pflanze.

**Pflege** Harken Sie den Boden. Verletzen Sie nicht den sichtbaren Teil der Wurzel, denn dies kann zum Abfaulen der Wurzel führen. Wässern Sie wenig, aber häufig, damit der Boden gleichmäßig feucht bleibt.

**Ernte** Pastinaken kann man ungefähr 16 Wochen nach Aussaat ernten, Spätsorten etwas später, die dafür aber länger in der Erde bleiben können. Die Wurzeln sind frosthart – nach Frösten sind sie eher noch süßer. Sie können sie daher den ganzen Winter über in der Erde lassen und je nach Bedarf von September bis Februar ernten. Graben Sie die letzten Wurzeln im Februar mit einer Grabegabel aus, bevor sie hart und holzig werden. Achten Sie dabei darauf, das Wurzelende nicht zu beschädigen.

## Schwarzwurzeln anbauen

Dieses Gemüse mag einen tiefgründigen, leichten, feuchten, lockeren und fruchtbaren Boden ohne Steine. Bereiten Sie den Boden gut vor und bringen Sie ausreichend gut verrotteten Mist auf. Frischer Mist führt zu Vergabelungen oder sogar zu Fäulnis der Wurzeln und sie schmecken ranzig und erdig. Die Aussaat sollte im Frühjahr in Horsten von 2 bis 3 Samenkörnern im Abstand von 15 cm bei einer Saattiefe von 12 mm mit einem Reihenabstand von 25 bis 30 cm erfolgen. Drücken Sie die Erde fest an und wässern Sie reichlich mit einer feinen Brause. Vereinzeln Sie und behalten aus jedem Horst nur die kräftigste Pflanze. Wässern Sie jeweils vor und nach dem Vereinzeln und häufeln Sie die verbliebenen jungen Triebe an.

**Pflege** Lockern Sie die Bodenkrume, damit die geharkte Erdschicht den Boden isoliert. Achten Sie darauf, die Wurzeln nicht zu beschädigen. Wässern Sie wenig, aber häufig, um Vergabelungen zu vermeiden.

**Ernte** Lassen Sie die Wurzeln sich entwickeln und ernten Sie ungefähr 4 Monate nach Aussaat, von Oktober bis März. Wenn Sie viele Pflanzen haben, belassen Sie einen Teil an ihrem Platz und schneiden ihre Stiele im Herbst. Häufeln Sie mit der Harke rund 15 cm an; dann können Sie sich auf neue Triebe im folgenden Frühjahr freuen, die weiß in der Dunkelheit leuchten.

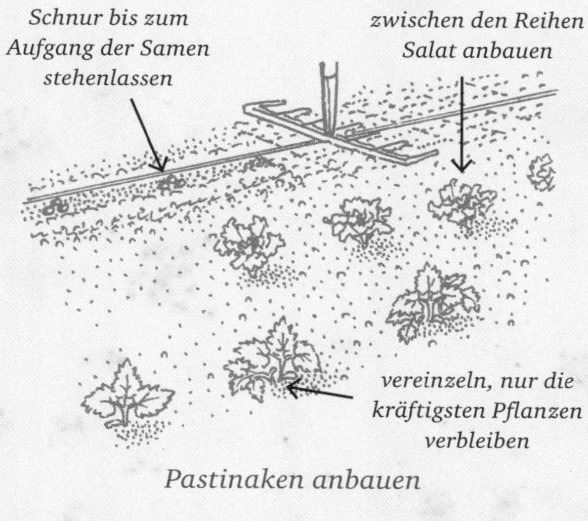


*Pastinaken anbauen*

*Schwarzwurzeln pflegen*

# Zwiebeln, Knoblauch, **Lauch**

Die Pflanzen aus der Familie der Liliaceae (Liliengewächse) werden oft als Wundermittel bezeichnet. Sie enthalten Antioxidanzien und andere Mikronährstoffe, die gegen Blutgerinnsel und zuviel Cholesterin wirken sollen. Diese an Vitamin B und C reichen, kalorienarmen Pflanzen sind einfach anzubauen und auf vielfache Weise zu konservieren.

## Gesundes Gemüse

Frühlings- oder Lauchzwiebeln (mit weißen Schalen) treiben schnell und werden jung gegessen – man isst die Knolle und das Laub. Zur Lagerung bestimmte braunhäutige Zwiebeln, Schalotten und Knoblauch werden nach der Reife frisch oder getrocknet verzehrt. Lauch wird ähnlich angebaut wie Chicorée und Endivie, denn er muss ausbleichen. Lauch ist ein gutes Gemüse für die Winterzeit, wenn andere Gartenerzeugnisse rar sind. Es gibt zahlreiche Sorten, vom dünnen süßen bis hin zum dicken Lauch mit sehr starkem Aroma.

## Zwiebeln anbauen

Zwiebeln gedeihen am besten an sonnigen Standorten, auf fruchtbarem, feuchtem, lockerem, durchlässigem und sandigem Boden. Harken Sie den Boden und arbeiten Sie im Herbst einen Dünger ein. Jede Art von gut verrottetem Mist ist geeignet. Manche schwören auf eine Mischung aus getrocknetem Geflügeldung und Sand. Geben Sie sandigem Boden etwas Ton bei, schwerem und lehmigem etwas Sand. Die Samen keimen gut, weiße Zwiebeln können auch durch Setzen kleiner Steck- oder Brutzwiebeln gewonnen werden.

**Zwiebeln aussäen** Von Ende Februar bis April oder im August/September bei mildem Klima, mit einem Reihenabstand von 25 cm und einer Saattiefe von rund 12 mm. Vereinzeln Sie die Sämlinge je nach Sorte auf 2,5 bis 5 cm. Je dichter die Sämlinge, desto kleiner bleiben die Zwiebeln.

**Steckzwiebeln setzen** Setzen Sie die Steckzwiebeln von weißen Zwiebeln und Schalotten von Februar bis Mai im Abstand von 5 bis 15 cm in 10 cm Setztiefe mit einem Reihenabstand von 25 cm. Verteilen Sie die Erde darauf und drücken Sie sie fest an, so dass nur die Spitzen herausschauen.

**Pflege** Den Boden harken. Anschließend mit den Fingern die Erde oben entfernen, bis der obere Teil der Zwiebel aus der Erde hervorragt. Wässern entfällt, stattdessen den Boden gut harken.

**Ernte** Frühlingszwiebeln können bereits vor der Reife ab Juni geerntet werden. Die anderen Zwiebelsorten und Schalotten reifen nacheinander, bis im September/Oktober die braunen Zwiebeln als letzte geerntet werden.

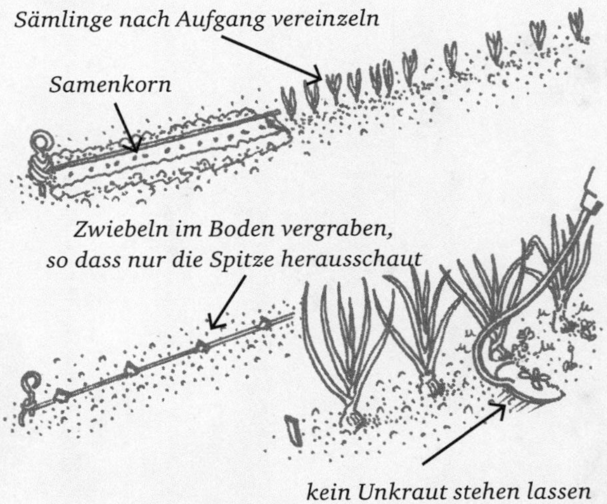


*Weiße Zwiebeln anbauen*

## Knoblauch anbauen

Stecken Sie Tochterzwiebeln (Zehen) alle 20 cm in 2,5 cm Tiefe, Reihenabstand 30 cm, im Frühjahr oder im Herbst in feuchtigkeitsarme Erde. Wässern Sie häufig.

**Pflege** Harken Sie die Erde. Sind die Pflanzen gut angewachsen, bedecken Sie die Erde rund um jede Pflanze mit gut verrottetem Mist.

**Ernte und Lagerung** Sobald das obere Drittel der Laubblätter gelb wird, rund 16 bis 36 Wochen nach der Anpflanzung, graben Sie mit der Erdharke die Knollen und lassen Sie sie einige Tage lang auf dem Boden trocknen, bevor Sie sie im Bund aufhängen.

## Lauch anbauen

Lauch kann auf jedem Bodentyp angebaut werden, am besten eignet sich tiefgründig geharkter, feuchter, durchlässiger und gut gedüngter Boden. Stellen Sie Löcher oder Furchen her und setzen Sie den Lauch in eine Mischung aus Kompost und gut verrottetem Mist. Die zum Anhäufeln bestimmte Erde muss oft bearbeitet werden, damit sie krümelig, locker und leicht feucht bleibt. Säen Sie den Lauch für die Haupterntezeit im April/Mai in einer Saattiefe von 12 mm in Furchen im Abstand von 25 bis 30 cm dünn aus. Sobald die Sämlinge etwa bleistifthoch sind (rund 12 Wochen nach Aussaat), geht es ans Zurückschneiden. Kürzen Sie die Wurzeln auf die halbe Länge und entfernen Sie vor der Neupflanzung rund ein Drittel der Blätter. Pikieren Sie die Pflanzen auf 15 cm tiefe Pflanzlöcher im Abstand von 15 cm mit einem Reihenabstand von 30 cm. Pro Pflanzloch setzen Sie eine Pflanze gießen dann an.

**Pflege** Harken Sie den Boden. Sobald die pikierten Setzlinge gut angewachsen sind, decken Sie die Erde rund um die Pflanzen mit Rindenmulch oder gut verrottetem Mist ab und häufeln Sie mit der Harke jede Woche an. Führen Sie dies die ganze Saison aus, bis die ganze Pflanze bis auf die Spitze eingegraben ist. Wässern Sie häufig.

**Ernte und Lagerung** Frühe Sorten kann man von August bis November ernten, die Haupternte findet vom Herbstende bis zum folgenden Frühjahr statt – rund 5 Monate nach Aussaat. Sobald die Blätter gut entwickelt sind und bevor die Stange hochwächst, graben Sie den Lauch mit einer Erdharke aus. Lagern Sie ihn frostgeschützt im Keller.

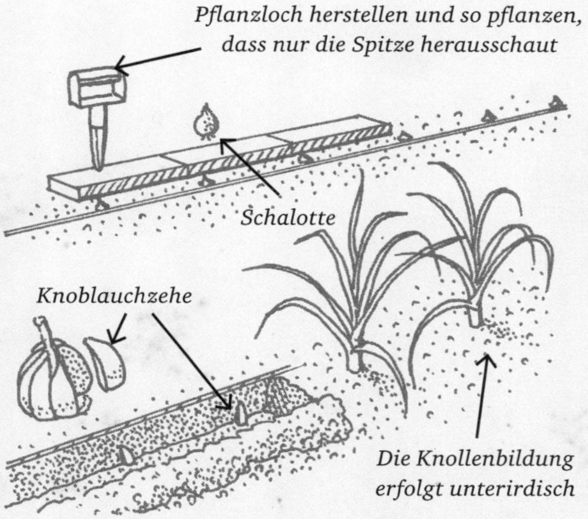


*Schalotten und Knoblauch anbauen*

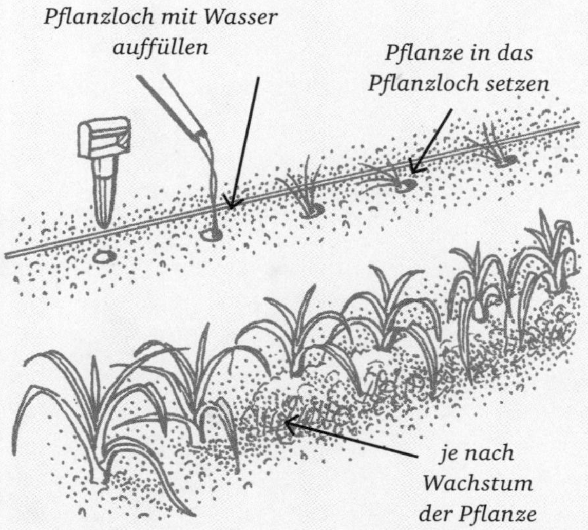


*Lauch anbauen*

# Kürbisse und **Gurken**

Die Cucurbitaceae (Familie der Kürbisgewächse) sind Kletter- oder Rankpflanzen, zu denen neben Kürbissen und Zucchini *(Cucurbita pepo)* auch die Riesenkürbisse, Melonen und Wassermelonen, die Gurken und Einlegegurken zählen. Diese Pflanzen mit großen derben Blättern und gelben Blüten brauchen viel Platz.

## Delikatesse Kürbis

Auch wenn diese Pflanzen im Wesentlichen aus Wasser bestehen, so ist ihr Gehalt an Beta-Carotin, Vitamin C und $B_9$ nicht zu vernachlässigen. Dagegen sind Kürbisgewächse kalorienarm. Die Kerne enthalten viel Vitamin B, ungesättigte Fettsäuren und Proteine. Kürbisgewächse sehen oft spektakulär aus und sind eine echte Delikatesse.

## Kürbisse und Zucchini anbauen

Kürbisse und Zucchini kann man überall anbauen, am liebsten mögen sie einen tief geharkten, gut gedüngten, feuchten, durchlässigen Boden an einem geschützten und sonnigen Standort.

**Dammkultur** Ziehen Sie Furchen und füllen Sie diese mit Kompost und gut verrottetem Mist auf. Formen Sie aus derselben Mischung einen Damm, der an der Oberseite abgeflacht ist, bringen Sie eine Lage Erde auf und setzen Sie dort die Pflanzen. Der Damm absorbiert die Sonnenwärme besser und verbessert die Durchlässigkeit des Bodens. Sobald die Pflanzen gut austreiben, decken Sie den Damm mit Mulch ab, damit die Feuchtigkeit im Boden verbleibt.

**Aussaat in Torftöpfen** Säen Sie im April/Mai zwei Saatkörner pro Torftopf aus und stellen Sie diese in einem Frühbeet oder unter einer Plastikfolie auf. Sobald die Sämlinge zwei Blätter haben, vereinzeln Sie vorsichtig, so dass nur die kräftigste Pflanze im Topf verbleibt. Im Mai/Juni, wenn die Stängel samtig werden, graben Sie 30 cm tiefe und breite Pflanzlöcher in Reihen mit einem Reihenabstand von 1,20 bis 1,50 Meter und füllen Sie diese mit gut verrottetem Mist auf. Häufeln Sie eine Mischung aus Erde und Mist um die Pflanzlöcher an. Setzen Sie die Torftöpfe ein und wässern Sie.

**Pflege** Harken Sie den Boden und verteilen Sie einen Mulch aus gut verrottetem Mist. Kürzen Sie die Triebe bei rund 60 cm Höhe. Blätter beim Gießen nicht nass machen und die ganze Saison über mit Grasschnitt und verrottetem Mist mulchen, damit die Früchte gut wachsen.
**Ernte** Geerntet wird von Juli bis Oktober (bei Zucchini rund 2 Monate nach Aussaat). Brechen Sie alle 3 oder 4 Tage aus, damit die Pflanze mehr Fruchtansätze hervorbringt und ernten Sie die Kürbisse nach Bedarf. Warten

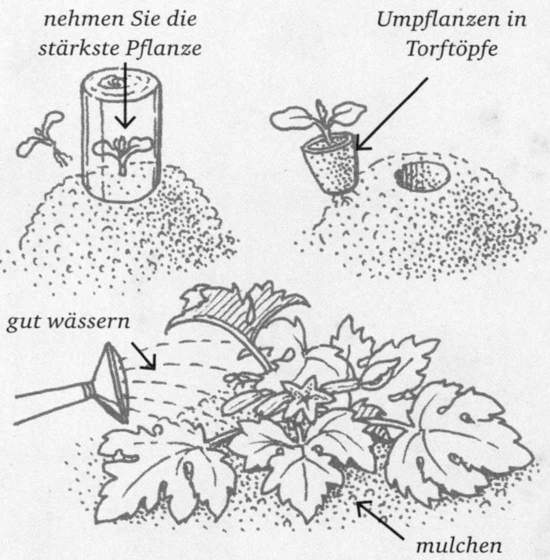

*Kürbisse und Zucchini anbauen*

Sie gegen Ende der Saison, bis die Kürbisse ausgereift sind. Sie müssen hart sein und beim Klopfen hohl klingen, dann sind sie erntereif.

# Gurken anbauen

Gurken können unter Folie, im Frühbeet und im Freiland angebaut werden, bei Bedarf mit einem Windfang. Suchen Sie eine geeignete Sorte aus. Wenn Sie zum Beispiel Gurken im Freiland anbauen wollen, nehmen Sie lieber eine gerippte Sorte.

Gurken mögen einen leichten bis mittelschweren, lockeren, feuchten, tief geharkten und nahrhaften Boden. Graben Sie für Freilandsorten ein Loch oder einen Graben von 30 cm Saattiefe, je nachdem, wieviele Pflanzen Sie anbauen möchten, und füllen Sie mit Kompost oder gut verrottetem Mist auf. Auf diese Weise erhalten Sie einen humusreichen, feuchten, aber durchlässigen Boden. Suchen Sie einen sonnigen, windgeschützten Standort aus, legen Sie eine Plastikfolie aus oder stellen Sie einen Windschutz an der Windseite auf.

**Gewächshausgurken** Legen Sie im März/April Samenkörner auf feuchtem Küchenkrepp in einer Saatschale aus, decken Sie diese mit Glas ab und stellen Sie sie ins Warme. Sobald die Samen aufgegangen sind und die Sämlinge umgesetzt werden können, pikieren Sie die Sämlinge in Torftöpfe von 7,5 cm Durchmesser und später dann in Pflanztöpfe oder Pflanzbeutel von 25 cm Durchmesser. Sobald die Pflanzen gut verwurzelt sind und wachsen, befestigen Sie sie. Entspitzen Sie die Triebe, wenn sie an das Gewächshausdach oder an die Folie stoßen.

**Freilandgurken** Graben Sie im Mai/Juni 30 cm tiefe und breite Furchen und füllen Sie sie mit einer Mischung aus Erde und Mist auf. Säen Sie 20 mm tief in Horsten von je 3 Samenkörnern im Abstand von 60 bis 90 cm aus und stülpen Sie ein durchsichtiges Plastikgefäß darüber. Sobald die Samen aufgegangen sind, behalten Sie die schönste Pflanze aus jedem Horst und decken Sie sie mit einem Glas oder einer Plastikfolie ab. Lassen Sie die Pflanze sich ausbreiten oder hochklettern. Entspitzen Sie die Nebentriebe, sobald diese das Foliendach erreicht haben und gießen Sie täglich.

**Ernte** Gewächshaussorten können von Juli bis Oktober geerntet werden, Freilandgurken von Juni bis September. In der Regel wird 3 bis 4 Monate nach Aussaat geerntet.

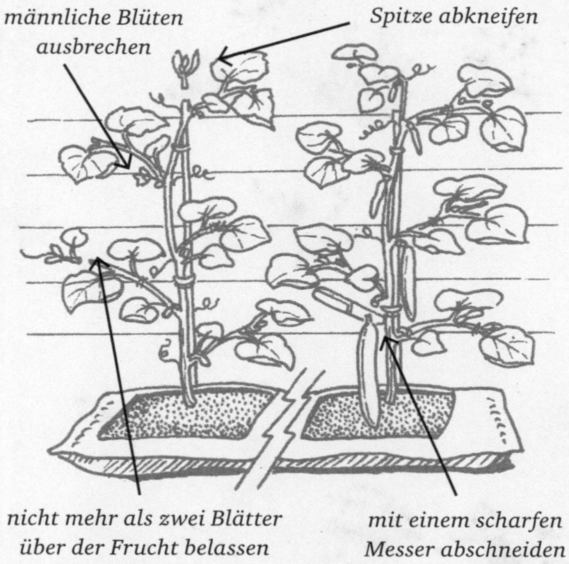


*Gewächshausgurken*

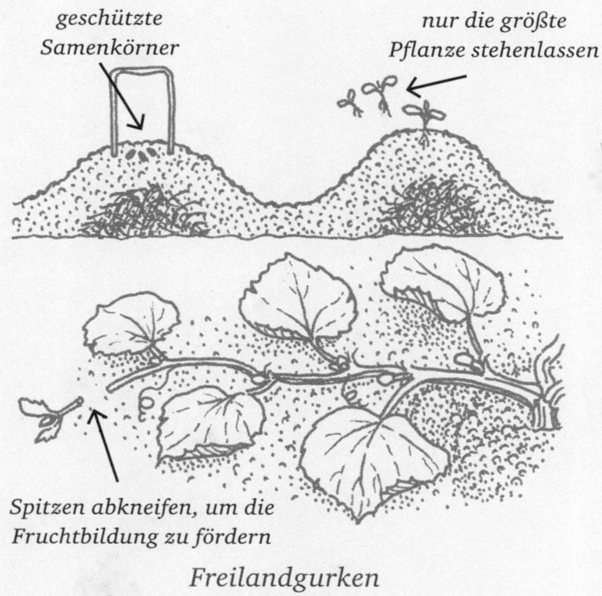


*Freilandgurken*

# Tomaten & Co.

Im Gemüsegarten gezogene Tomaten, Paprika und Auberginen sind streng genommen Früchte. Sie werden roh, eingelegt, gebraten oder gedünstet verzehrt. An dieser Stelle wird auch der Maisanbau besprochen, obwohl es sich bei Mais um ein Getreide und keine Frucht handelt.

## Im Sommer genießen

Freilandtomaten sind meist robuster und schmackhafter als Gewächshaustomaten. Letztere können zwar früher angebaut und später geerntet werden als Freilandtomaten, sind jedoch wesentlich krankheitsanfälliger.

Paprika und Auberginen stellen in etwa dieselben Ansprüche hinsichtlich Boden und Standort wie Tomaten. Sie können direkt in Anzuchtbeutel oder Anzuchtschalen aussäen, in Torftöpfe und später in größere Töpfe umsetzen – im Freiland oder im Gewächshaus.

## Tomaten anbauen

### Freilandtomaten

Freilandtomaten bevorzugen tiefgründig bearbeiteten, humusreichen, kompakten, durchlässigen Boden und einen sonnigen und windgeschützten Standort. Säen Sie im Frühjahr in Saatschalen mit feuchtem Kübelpflanzensubstrat aus und decken diese mit Glas ab. Sobald die Sämlinge 5 bis 6 Blätter haben und umgesetzt werden können, pikieren Sie auf Torftöpfe von 7,5 cm Durchmesser; halten Sie sie warm. Besteht keine Frostgefahr mehr, können Sie die Torftöpfe windgeschützt ins Freiland umsetzen und wässern.

**Pflege** Binden Sie die Pflanzen an Stützen. Entfernen Sie die Seitentriebe. Entspitzen Sie den Haupttrieb und belassen Sie 5 bis 6 Blütenstände. Wenn die Tomaten zu reifen anfangen, decken Sie den Boden mit einer Schicht gut verrottetem Mist und Stroh ab. Nehmen Sie die Stützen weg und biegen Sie die Pflanzen vorsichtig auf den Boden. Decken Sie sie mit einer Folie ab und gießen Sie die Wurzeln. Sobald die Früchte reifen, entfernen Sie alle unteren Blätter bis zur ersten Blüte oberhalb der Blütentraube. Nehmen Sie verdorbene Früchte ab.

**Ernte** Geerntet wird von Juli bis September, wenn die Früchte fest sind und eine schöne Farbe haben.

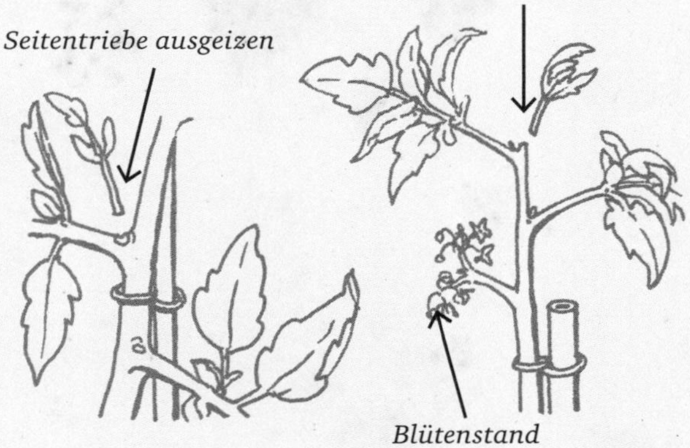

*Tomaten pflegen*

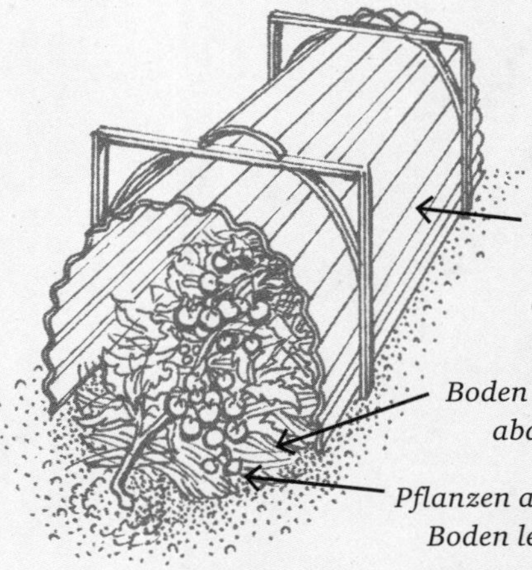

*Freilandtomaten reifen lassen*

### Gewächshaustomaten

Die einfachste Anbaumethode ist die Pflanzung in Kultursäcke. Gleich zu Frühjahrsbeginn in ein Kübelpflanzensubstrat in Saatschalen aussäen und mit Glas abdecken. Sobald die Sämlinge groß genug sind, in Kultursäcke pikieren und reichlich gießen.

**Pflege** Die Pflanzen an Stangen festbinden. Die jungen, aus der Blattachsel sprießenden Seitentriebe ausgeizen. Die Pflanzen bis knapp unter die Decke des Gewächshauses oder Folientunnels einkürzen. Wenig, aber häufig wässern mit Gießwasser, das kaliumhaltigen Bioflüssigdünger enthält. Trockene Blätter entfernen.

**Ernte** Je nach Sorte von Juni bis Oktober ernten. Sobald die ersten Früchte reifen, alle unteren Blätter bis zur ersten Blüte über dem Fruchtstand entfernen. Die Tomaten pflücken, wenn sie fest und schön gefärbt sind.

## Paprika und Auberginen anbauen

Paprika und Auberginen mögen einen durchlässigen, nahrhaften Boden und einen sonnigen, windgeschützten Standort. Säen Sie Samen in Saatschalen mit Kübelpflanzensubstrat aus, im Februar und März die Paprika, von Januar bis April die Auberginen; decken Sie die Saatschalen mit Glas ab und halten Sie sie warm. Pikieren Sie, sobald die Pflanzen 3 Blätter ausgebildet haben, in Torftöpfe von 7,5 cm Durchmesser. Im Mai/Juni, setzen Sie die Torftöpfe in Töpfe von 23 cm Durchmesser um oder in Kultursäcke und stellen Sie sie ins Gewächshaus, in den Folientunnel oder ins Freiland in ein vorbereitetes Beet.

**Pflege** Wässern Sie vor und nach dem Pflanzen. Lockern Sie den Boden, damit die geharkte Erdschicht den Boden isoliert und das Unkraut fernhält. Binden Sie die Pflanzen an Stützen an. Bringen Sie bei trockenem Wetter gut verrotteten Mist oder Stroh auf, damit die Feuchtigkeit im Boden bleibt. Wässern Sie häufig. Sobald die Pflanzen 30 cm hoch sind, entspitzen Sie. Lassen Sie nur die sechs schönsten Fruchtstände hängen und entfernen Sie die anderen und brechen Sie die Blütenstände aus.

**Ernte** Ernten kann man nach Ausbildung der Früchte von Juli bis Oktober, je nachdem, ob Sie rote oder grüne Paprika, kleine oder große Auberginen möchten. Schneiden Sie die Früchte mit einem scharfen Messer ab.

## Zuckermais anbauen

Mais gedeiht am besten auf einem gut vorbereiteten, tiefgründigen, durchlässigen, leicht sandigen Boden und an einem sonnigen und geschützten Standort. Verteilen Sie im Herbst vor dem Anbau ordentlich Kompost und Mist. Nehmen Sie bei kaltem Klima mittelfrühe Sorten wie 'Early Extra Sweet'. Säen Sie im Mai/Juni in Torftöpfe im Frühbeet oder unter einer Schutzfolie aus (1 vorgetriebenes Korn pro Topf) und gießen Sie an. Stellen Sie im Mai/Juni in Vierecken angeordnete Pflanzlöcher im Abstand von 30 bis 45 cm her, setzen die Töpfe hinein und wässern. Bei mildem Klima kann der Samen von April bis Juni direkt ins Freiland ausgesät werden, sobald die Bodentemperatur 10 °C beträgt.

**Pflege** Lockern Sie den Boden auf, damit die geharkte Erdschicht den Boden isoliert. Häufeln Sie die Stängel mit Erde an. Bei trockenem Wetter, wenn die Blüten verwelkt sind, wässern Sie und decken den Boden mit einer dicken Strohschicht ab.

**Ernte** Sie können rund 15 Wochen nach Aussaat von Juli bis September/Oktober ernten, wenn die „Fäden" braun werden. Pflücken Sie die Kolben mit einer schnellen Drehbewegung.

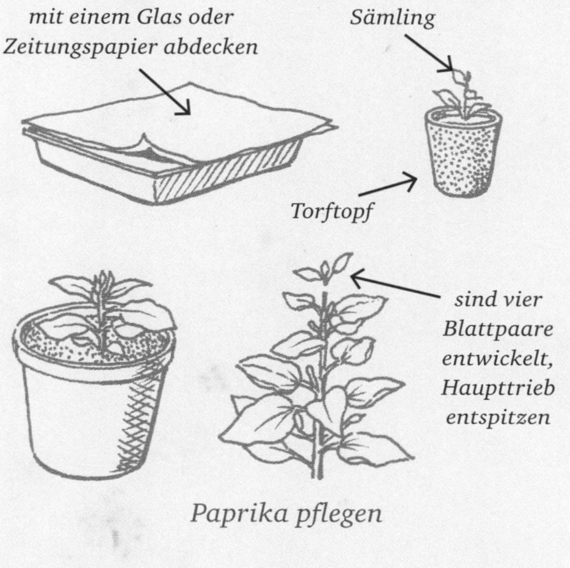


*Paprika pflegen*

# Salat

Salat gibt es in zahlreichen Variationen, die alle sehr einfach angebaut werden können: die Endivie und ihre Varietäten – krausblättrige Endivie, Chicorée, Eskariol –, grüner Salat und seine Varietäten – Eichblattsalat, Bataviasalat, Romanasalat –, Feldsalat, Kresse und viele andere sehr schmackhafte Blattsalate.

## Nahrhaftes Grün

Die verschiedenen Varietäten der Endivie werden von Sommerende bis zum folgenden Frühjahr geerntet und eignen sich hervorragend als Wintersalate. Bei guter Einteilung gibt es keine Unterbrechung zwischen Frühlings- und Sommerblattsalaten und Endivien. Endivien muss man bleichen, indem man sie vor Licht schützt, was ihnen den etwas milden und leicht bitteren Geschmack verleiht. Manche verbesserten Endivien müssen nicht gebleicht werden, zum Beispiel die Sorte 'Diva'. Es sind die Wurzeln der Brüsseler Endivie, die im Winter ausgegraben und unter Lichtausschluss getrieben werden, aus denen gebleichte Knospen, der Chicorée, hervorgehen. Wenn Sie es knackig und leicht bitter mögen, ein Gewächshaus oder ein Frühbeet und einen Treibraum haben, dann ist Chicorée eine gute Wahl. Sie müssen jedoch einen Großteil des Jahres warten, bevor Sie Chicorée ernten können.

Blattsalate kann man das ganze Jahr über essen, da man sie entweder im Wärmebeet oder im Frühbeet oder unter Vliesen und Folien anbaut. Für Kinder ist der Anbau von Blattsalaten einfach, da er auch in Blumenkästen gelingt.

*Endivien bleichen*

## Endivien anbauen

Die Endivie mag einen tiefgründig geharkten, fruchtbaren Boden mit viel gut verrottetem Mist aus einer vorangegangenen Kultur. Je nach Sorte kann der Bedarf an Sonne variieren. Nehmen Sie einen vollsonnigen Standort und halten Sie Windfänge als Schattenspender vor. Säen Sie von März bis September 12 mm tief in Rillen mit einem Reihenabstand von 25 bis 30 cm aus. Säen Sie dünn aus und wässern Sie reichlich. Vereinzeln Sie die Sämlinge auf 30 cm.

**Pflege** Lockern Sie den Boden, damit die geharkte Erdschicht den Boden isoliert und wässern Sie täglich mit einer feinen Brause. Bleichen Sie die konventionellen Sorten, wenn sie vollständig ausgewachsen sind. Zum Bleichen nehmen Sie die Pflanzen bei mildem und trockenem Wetter, binden sie mit Raphiabast zusammen und stülpen einen Terrakottatopf darüber. Kontrollieren Sie die Pflanzen regelmäßig, dass sie trocken stehen und nicht von Nacktschnecken befallen werden.

**Ernte** Nach zwei Wochen Bleichen entfernen Sie den Topf und schneiden Sie den Salat direkt über dem Boden ab.

## Chicorée anbauen

Chicorée mag einen leichten oder mittelschweren, tiefgründigen, fruchtbaren, lockeren Boden und einen sonnigen und geschützten Standort. Sie können Samen in Folgesaat alle zwei Wochen aussäen. Säen Sie von April bis August in 12 mm Tiefe in Reihen mit einem Reihenabstand von 25 bis 30 cm. Säen Sie dünn aus und wässern Sie mit einer feinen Brause. Vereinzeln Sie die Sämlinge auf rund 20 cm.

**Pflege** Wässern Sie täglich. Lockern Sie den Boden, damit die geharkte Erdschicht den Boden isoliert. Wenn die Blätter welken, graben Sie die Wurzeln aus, schneiden sie unten ab und stecken sie in Sand.

**Ernte** Ernten und essen Sie die Sorten, die nicht gebleicht werden müssen, 8 bis 10 Wochen nach Aussaat (von Mitte Herbst bis zum Winteranfang). Ernten Sie den traditionellen Chicorée nach dem Bleichen (10 bis 15 Tage) von Ende Herbst bis Anfang des nächsten Frühjahrs. Schneiden Sie dazu Ende Herbst die Blätter direkt über dem Boden ab und legen Sie die Wurzeln zur Seite. Setzen Sie die Wurzeln zu je 4 Stück aufrecht in einen Topf mit feuchtem Sand und stülpen Sie einen schwarzen Plastiktopf darüber. Die Blätter bilden in 3 bis 4 Wochen den Chicorée aus. Um den Reifeprozess zu beschleunigen, kann man noch etwas Mist obenauf legen.

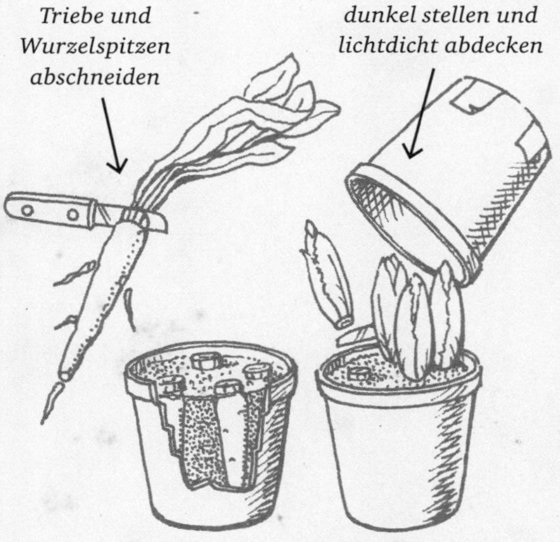


*Chicorée treiben*

## Blattsalate anbauen

Blattsalate mögen leichten, lockeren, durchlässigen, humushaltigen und sandigen Boden. Sie können jederzeit zwischen Reihen von Erbsen oder Kohl oder auch am Fuß von Stangenbohnen Salatreihen anlegen.

Säen Sie Wintersalate im August und September 12 mm tief in Reihen von 25 bis 30 cm Abstand aus. Säen Sie dünn aus und wässern Sie mit einer feinen Brause. Schützen Sie den Salat mit Glas oder Plastikfolie. Vereinzeln Sie die Sämlinge auf 30 cm.

Säen Sie Sommer- und Herbstsalate von März bis Juni wie beschrieben aus, setzen aber niedrige Sorten 20 bis 25 cm auseinander. Vereinzeln Sie die Sämlinge versetzt auf 25 cm.

**Pflege** Lockern und wässern Sie den Boden kontinuierlich während der gesamten Saison.

**Ernte** Die Ernte ist zeitlich versetzt und erfolgt das ganze Jahr über, wobei die einzelnen Sorten aufeinanderfolgen. Sommer- und Herbstsalate werden 2 Monate nach Aussaat geerntet, Wintersalate 7 Monate nach Aussaat. Je nach Sorte schneidet man zunächst die äußeren Blätter ab und verfährt dann nach Bedarf (Schnittsalat) oder man schneidet den Salat bei Kopfbildung (Kopfsalat). Blattsalate kann man nicht länger als 2 Tage im Freien lagern.

### Noch mehr Salat …

**Feldsalat**
Eine leicht anzubauende Alternative zum grünen Salat, die man jedoch nicht ins Kraut schießen lassen sollte, denn sie kann sehr schnell alles überwuchern. Leicht in Blumenkästen zu ziehen. Feldsalat enthält viel Vitamin C und $B_9$, Stickstoff, Eisen und Betakaroten. Er wird roh als Salat mit verschiedenen Salatsaucen verzehrt.

**Rauke**
Diese kleine winterharte krautige Pflanze mit würzigem Geschmack ist als Salat eine Delikatesse. Man schneidet die trockenen Blätter 45 Tage nach Aussaat, um ein Nachwachsen zu fördern.

**Brunnenkresse**
Leicht anzubauendes Gemüse, nahrhaft und schmackhaft. Eine gute Wahl, wenn Sie einen Wasserlauf in der Nähe haben.

# Stangengemüse

Stangengemüse zählen zu einer Reihe botanischer Familien und Arten. Man isst die Stängel oder Blätter, wie beim Stangensellerie, Spargel, Kohlrabi und Knollensellerie. Der essbare Teil des Kohlrabi und des Knollenselleries ähnelt einer Wurzel, ist jedoch ein verdickter Stängel.

## Gesundheit von der Stange

Stangen-, auch Bleichsellerie genannt, und Knollensellerie, reich an Faserstoffen und kalorienarm, können gekocht oder roh verzehrt werden. Kohlrabi braucht nur 2 Monate von der Aussaat bis auf Ihren Teller. Spargel braucht 3 bis 4 Jahre bis zur Ernte, bleibt dann aber 10 bis 20 Jahre lang ertragreich. Am schnellsten zieht man Spargel aus einjährigen Jungpflanzen (Klauen).

## Stangensellerie anbauen

Stangensellerie braucht einen nahrhaften, tiefgründigen, feuchten, durchlässigen Boden und einen sonnigen und offenen Standort. Säen Sie im Frühjahr ins Frühbeet aus. Bereiten Sie ein 30 cm tiefes und 55 cm breites Beet vor und verteilen Sie darin eine 5 cm dicke Lage Mist und eine Deckschicht Erde. Setzen Sie die Pflanzen, selbstbleichende Sorten im Abstand von 25 cm und konventionell anzuhäufelnde Sorten von 40 cm.

**Pflege** Lockern Sie den Boden, entfernen Sie Seitentriebe (Schösslinge) und abgestorbene Blätter. Sobald die anzuhäufelnden Sorten 25 bis 30 cm hoch sind, binden Sie sie mit Raphiabast zusammen und häufeln sie an, so dass nur die Blattspitzen aus dem Boden herausschauen. Schützen Sie das Blattwerk bei Frost mit Rindenmulch.

**Ernte** Selbstbleichende Sorten werden von Juli bis September, anzuhäufelnde Sorten im September/Oktober geerntet. Graben Sie die Pflanzen nach dem Bleichen spätestens vor den großen Frösten aus.

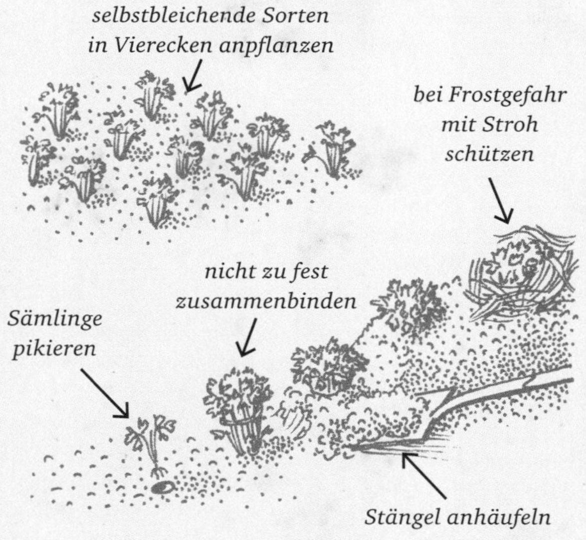


*Stangensellerie*

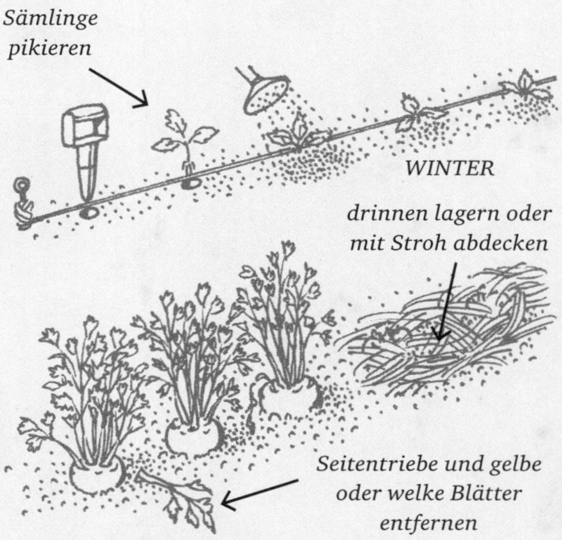


*Knollensellerie*

# Knollensellerie anbauen

Nehmen Sie einen sonnigen und geschützten Standort für Knollensellerie, mit nahrhaftem, fruchtbaren und vom vorangegangenen Winter mit Mist angereicherten Boden. Säen Sie im Frühjahr in Saatschalen ins Frühbeet aus. Pikieren Sie die Pflanzen auf 5 cm in Torftöpfe oder Schalen. Pikieren Sie die Pflanzen erneut im Mai/Juni nach den letzen Frösten auf 30 cm in der Reihe im Abstand von 25 bis 40 cm in flache Löcher, so dass der Hals frei bleibt.

**Pflege** Lockern Sie den Boden, entfernen Sie welke Blätter, Seitentriebe und Wurzeln, falls nötig. Lassen Sie den Boden niemals austrocknen.

**Ernte und Lagerung** Ist der Boden sehr durchlässig und sind die Pflanzen durch Stroh oder Folie geschützt, können Sie den Knollensellerie in der Erde lassen und den ganzen Winter hindurch ernten. Bei feuchtem Boden graben Sie die Knollen lieber aus und lagern sie frostgeschützt.

# Spargel anbauen

Spargel mag durchlässigen, tiefgründigen, nahrhaften und eher sandigen Boden sowie einen geschützten und sonnigen Standort. Stechen Sie ein Beet von 25 cm Tiefe und 45 cm Breite aus. Verteilen Sie auf dem Grund eine 7,5 cm dicke Schicht Kompost oder gut verrotteten Mist. Pflanzen Sie die Klauen im März oder Anfang April in Abständen von 45 cm, breiten Sie die Wurzel gleichmäßig auf dem Kompost aus und geben Sie anschließend 5 bis 7,5 cm Erde darüber. Wässern Sie ausgiebig.

**Pflege** Im ersten und zweiten auf die Anpflanzung folgenden Herbst wird das Laub abgeschnitten, der Boden geharkt und die Pflanzen mit einer Mistpackung und einer Deckschicht Erde angehäufelt. Im dritten Herbst und in den Folgejahren wiederholt man dies, lässt aber die Rhizome (zarte unterirdische Stangen) austreiben. Nach der Ernte dämmt man durch Eggen ab.

**Ernte** Im dritten Jahr wird von April bis Juni geerntet. Sobald die Spargelstangen 7 bis 10 cm hoch sind, nehmen Sie ein Messer mit einer langen Klinge und stechen es in leichtem Winkel in den Boden, um die Spargelstangen 7,5 bis 10 cm tief abzuschneiden.

## Krankheiten und was Sie dagegen tun können

**Spargelhähnchen und Nacktschnecken**
Larven und adulte Käfer befressen das Spargelkraut und die Stangen. Sammeln Sie die Schädlinge ab und sprühen Sie mehrmals ein Spritzmittel zum Verdünnen auf der Basis von Kaliseife auf. Entfernen Sie die verfärbten Blätter und verdorbene Stangen. Sammeln Sie die Nacktschnacken von Hand ab und vernichten Sie sie. Stellen Sie Fallen in Form von jungen Salatblättern unter den Steinen auf.

**Rost**
Zu Sommeranfang treten rostbraune Flecken am Spargel auf. Entfernen Sie befallene Teile und verbrennen Sie sie.

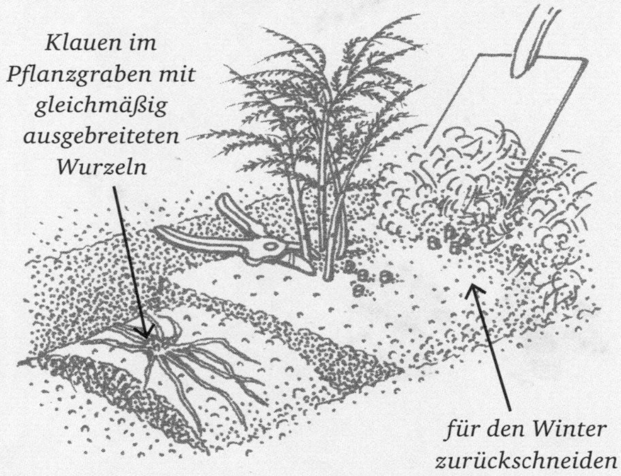


*Spargel: Zweites Anbaujahr*

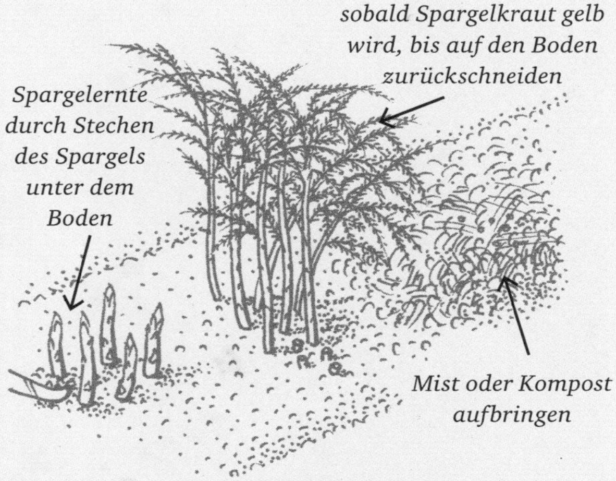


*Spargel: Drittes Anbaujahr*

# Gemüse von A bis Z

## Artischocken

• **Artischocken brauchen in Deutschland im Winter etwas Schutz.**
• **Die Pflanze treibt aus Jungtrieben (Ablegern, an der Mutterpflanze) und erreicht eine Höhe von rund 1,20 Meter.**
• **Die Pflanzen sind im 3. bis 4. Anbaujahr am ertragreichsten. Pflanzt man einen oder mehrere Jungtriebe pro Jahr über vier Jahre an, hat man eine kontinuierliche Ernte.**
• **Im 1. Anbaujahr die ersten Knospen entfernen und nur die vom Sommerende zu ernten.**

### Saison

**Aussaat:** März/April
**Pflanzung:** von März bis Juni.
**Ernte:** von Juni bis September.

### Boden und Standort

Vollsonniger Standort, tiefgründiger Boden, der reich an organischer Materie ist, im Winter gut durchlässig ist und der während der Sommermonate feuchtgehalten wird. Eine Schicht gut verrotteten Mist aufbringen und reichlich gießen.

### Aussaat und Pflanzung

• Jungtriebe teilen und sofort einzeln 10 cm tief im Abstand von 75 cm einpflanzen.
• Erde festklopfen und reichlich gießen.
• Bis zur Ernte täglich gießen.

### Pflege

Im Sommer die Erde harken, den Boden sauberhalten. Im ersten Winter bodennah abschneiden und mulchen. Im folgenden Frühjahr Mulch entfernen und einen Zusatz oder Mist in den Boden einarbeiten.

### Ernte

Sobald die Blütenköpfe reif, aber noch geschlossen sind, werden sie an einem Stängel von 5 bis 7,5 cm Länge geschnitten.

### Sorten

'Camus de Bretagne' ist eine kräftige, zuverlässige Sorte mit großen, grünen runden Blütenköpfen.
'Vert Globe' hat dunkelgrüne Köpfe und schönes Blattwerk.

## Auberginen

• **Am besten werden Auberginen durch Saat vermehrt – ähnlich wie bei den Tomaten.**
• **Auberginen werden im Gewächshaus oder im Freiland gezogen und in kalten Gegenden geschützt, denn dieses Gemüse braucht viel Wärme.**

### Saison

**Aussaat:** im Gewächshaus von Januar bis April, im Freiland von April bis Mai.
**Pflanzung:** Mai.
**Ernte:** von Juni bis August (rund 5 Monate nach Aussaat).

### Boden und Standort

Die Aubergine gedeiht am besten in einem fruchtbaren, tiefgründigen, durchlässigen Boden und an einem sonnigen, aber geschützten Standort. Sie verträgt weder Frost noch aufgeweichte Böden noch kalte Winde. Sie kann in Töpfen von 25 cm Höhe und Durchmesser in Komposterde für Kübelpflanzen oder in Kultursäcken gezogen werden. In kalten Gebieten sollte jede Pflanze einzeln mit schwarzer Folie geschützt werden.

### Aussaat und Pflanzung

• Aussaat in gut angefeuchteten Anzuchttöpfchen auf Anzuchterde für Kübelpflanzen. Mit Glasabdeckung schützen, mit Zeitungspapier abdecken und warmhalten.
• Sobald die Pflanzen hoch genug sind (bei Austreiben der ersten zwei Blätter) in Torftöpfe von 7,5 cm Durchmesser pikieren.
• Im Frühjahr die Torftöpfe in Töpfe von 23 cm Durchmesser setzen, reichlich gießen und ins Gewächshaus stellen.
• Auberginen kann man auch ins Freiland pikieren, wenn keinerlei Frostgefahr mehr besteht (nach den Eisheiligen).

### Pflege

Bei einer Höhe von 30 cm die Pflanzen entspitzen, damit sie buschig werden. Die Pflanzen mit Stäben stützen oder an Schnüren ziehen. Nicht zu fest binden. Die Triebe entspitzen und nur die 5 oder 6 schönsten Fruchtstände belassen, alle anderen ausbrechen. Die Pflanzen gegen Blattläuse sprühen. Flüssigdünger zuführen und welke Blätter entfernen. Mulchen, damit die Feuchtigkeit im Boden bleibt.

### Ernte

Sind die Früchte rund 5 Monate nach Aussaat 15 bis 25 cm lang, mit einem scharfen Messer abschneiden.

### Sorten

'Bonica' oder 'Marfa' tragen dunkelviolett glänzende Früchte.
'Sito', eine F1-Hybride, ist früh tragend, mit rundovalen, glänzend-violetten Früchten.

## Blattsalate

• **Blattsalate können nahezu das ganze Jahr und in verschiedenen Sorten als Zwischenfrucht angebaut werden.**
• **Man unterscheidet zwischen Kopfsalaten (Frühjahr, Sommer, Herbst und Winter) und Schnittsalaten.**
• **Blattsalate können auch gekocht wie Spinat oder als Beilage zu gedünsteten Erbsen verzehrt werden.**
• **Die Sorten 'Batavia' und 'Romana' sind Blattsalate.**

### Saison

**Frühjahrsalate**
**Aussaat:** Februar/März im Frühbeet, pikieren bei 4 bis 5 Blättern auf 25 oder 30 cm Abstand.
**Ernte:** April/Mai.

**Sommer- und Herbstsalate**
**Aussaat:** von März bis Juni.
**Ernte:** von Mai bis Oktober.

**Wintersalate**
**Aussaat:** August/September.
**Ernte:** März/April.

### Boden und Standort

Blattsalate mögen einen leichten, lockeren, durchlässigen Boden, der gut die Feuchtigkeit hält und zudem angereichert und sandig ist. Eine gute Methode des Salatanbaus sind Hochbeete mit Brettereinfassungen und einer Mischung aus sandiger Komposterde, Kompost und trockenem Mist.

### Aussaat und Pflanzung

- Dünn in Rillen von 12 mm Saattiefe im Abstand von 25 bis 30 cm aussäen. Den Boden festklopfen und mit feiner Brause gießen. Mit Glas oder Plastikfolie schützen, dann die Sämlinge auf 30 cm vereinzeln.
- Auf rund 25 cm für versetzte Pflanzung vereinzeln.
- Sämlinge von Schnittsalat nicht vereinzeln, damit sie nicht schießen.

### Pflege

Bodenoberfläche harken. Ein schwarzes Baumwollnetz über die Pflanzen spannen, um sie vor Vögeln zu schützen. Gießen, vor allem bei trockenem Wetter.

### Ernte

Von März bis Oktober, wobei die Sorten aufeinanderfolgen. Wenn die Ernte mit einem Schutznetz geschützt wird, kann man etwas früher aussäen und später ernten. Je nach Sorte schneidet man zunächst die äußeren Blätter, später nach Bedarf (Schnittsalat) oder, sobald sich der Kopf gebildet hat.

### Sorten

**Kopfsalat:** 'Merveille des quatre saisons', gegen Kälte und Trockenheit resistent, für den Anbau im Frühjahr, Sommer und Herbst. Großer rotbrauner Kopf.

**Bataviasalat:** 'Reine des Glaces', schnellwüchsige Sorte zur Aussaat in Frühjahr und Sommer, auch als Schnittsalat geeignet. Fester Kopf mit bissfesten Blättern und schwarzen Saatkörnern.

**Romanasalat:** 'Brun d'hiver', schöner, voller, roter Romanasalat, der auch im Langtag gute Köpfe bildet; robust und gesund.

# Bohnen

## Dicke Bohnen (Saubohnen, Puffbohnen)

- **Ende Oktober ausgesäte Pflanzen können im Juni geerntet werden.**
- **Den Winter über in der Erde gebliebene Pflanzen sind widerstandsfähiger gegen Blattläuse.**
- **Um Blattlausbefall zu vermeiden, kann man zwischen den Reihen Dill anpflanzen.**
- **Dicke Bohnen werden roh, halbreif, nur mit Salz gewürzt oder in Butter gekocht, mit Speck, Sahne, in Eintöpfen oder als Püree.**

### Saison

**Aussaat:** von Februar bis Mai.
**Ernte:** von Juni bis Oktober.

### Boden und Standort

Dicke Bohnen mögen nahrhaften, tiefgründigen, feuchten, durchlässigen und mit gut verrottetem Mist angereicherten Boden und einen sonnigen, geschützten Standort.

### Aussaat und Pflanzung

- Aussaat in Rillen von 7,5 cm Saattiefe in sandigem Boden, in Saatlöcher von 7,5 cm Tiefe in schwerem Boden.
- Die Saatkörner einzeln im Abstand von 15 bis 20 cm ausbringen, mit einem Reihenabstand von 45 cm.
- Reichlich gießen und den Boden nicht zu stark festklopfen.

### Pflege

Sind die Pflanzen einige Zentimeter hoch, die Stängel anhäufeln. Die Erde zwischen den Pflanzen harken. Sobald die Blüten aufgehen, die oberen Knospen ausbrechen, um die schwarzen Blattläuse abzuwehren. Reichlich gießen und Rankhilfen setzen.

### Ernte

Je nach Sorte und Pflanzzeitpunkt kann man Dicke Bohnen von Juni bis Oktober rund 12 bis 16 Wochen nach Aussaat im Frühjahr und 28 bis 35 Wochen nach Aussaat im Winter ernten. Nach der Ernte die Pflanzen bodennah zurückschneiden, die Wurzeln in der Erde lassen: sie sind sehr stickstoffhaltig und reichern den Boden an.

### Sorten

'Witkiem' ('Frühe Weißkeimige'), Aussaat Februar/März, ist eine widerstandsfähige, ertragreiche Sorte mit langen Schoten.

'Con Amore' ist eine Sorte mit schwarz gefleckter Blüte, deren Bohnen sich nach dem Kochen braun verfärben.

'Hang Down' ist eine grünkernige Sorte mit reinweißer Blüte, deren Bohnen sich nach dem Kochen nicht verfärben.

# Feuerbohnen

- **Feuerbohnen sind leicht anzubauen.**
- **Die gleichermaßen dekorativen wie nützlichen Bohnen können als Windschuz für andere Pflanzen eingesetzt werden.**
- **Aussaat entweder direkt in vorbereitete Beete oder ins Frühbeet.**
- **Vor der Aussaat die Saatkörner einige Stunden lang einweichen.**

### Saison

**Aussaat:** April/Mai.
**Ernte:** von Juli bis September.

### Boden und Standort

Feuerbohnen mögen einen mittelschweren bis leichten Boden. Kalkböden müssen gut durchlässig sein. In diese Böden muss viel gut verrotteter Mist eingearbeitet werden.

### Aussaat und Pflanzung

- Einen 60 cm breiten und rund 25 cm tiefen Graben ausheben, eine ordentliche Schicht gut verrotteten Mist aufbringen und anschließend mit Erde abdecken. Stangenkonstruktionen in Dach- oder in Zeltform vorbereiten.
- Zur Anzucht im Gewächshaus die Saatkörner im April/Mai in Komposttöpfe aussäen. Im Mai die Pflanzen auf 15 cm vereinzeln.
- Bei Direktaussaat ins Freiland bis Mai/Juni warten und dann in 5 cm tiefe Saatlöcher im Abstand von rund 13 bis 15 cm aussäen.

### Pflege

Die Bodenkrume harken. Bei trockenem Wetter einen Mulch aus trockenem Mist oder Stroh beidseits der Reihe aufbringen, um Feuchtigkeit zu halten. Abends mit feiner Brause gießen. Die Pflanzen entspitzen, sobald sie die Stangenhöhe erreichen.

### Ernte

Geerntet wird von Juli bis Ende September. Die Bohnen pflückt man, wenn die Schoten jung und dünn sind und man die Bohnenkerne spürt. Möglichst oft pflücken, denn umso mehr erntet man: Lässt man die Schoten reifen, produziert die Pflanze keine mehr.

### Sorten

'Scarlet Emperor', mit riesigen Kernen, purpurviolett und schwarz gefleckt mit leuchtend roten Blüten, bis zu 4 Meter hoch. Die Kerne werden frisch, halbtrocken oder trocken verzehrt. Diese Sorte mag ein kaltes Klima.

'Énorma' bringt sehr lange Schoten mit violetten Kernen, die schwarz gefleckt sind. Sehr ergiebige Sorte.

'Streamline', mit schmalen, 30 cm langen Schoten und violetten Kernen, die schwarz gefleckt sind. Für schwere Böden geeignet.

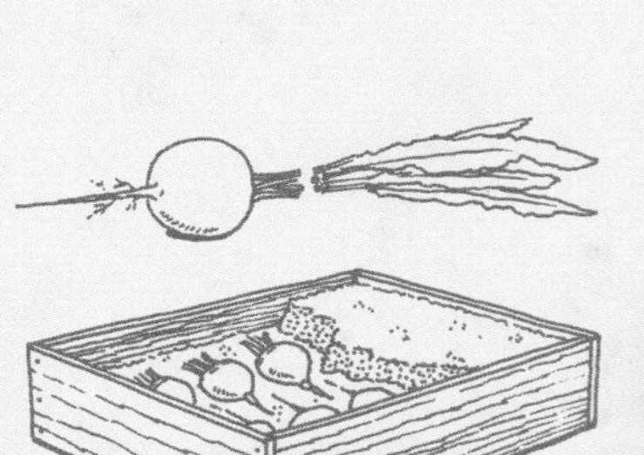

## Grüne Bohnen

**• Grüne Bohnen können früher geerntet werden als Feuerbohnen. Wenn sie ausgereift sind, können sie getrocknet werden.**
**• Die Saison kann verlängert werden, wenn man die Pflanzen Folie schützt.**
**• Grüne Bohnen sind eine gute Wahl bei wenig Platz.**

### Saison

**Aussaat:** von April bis Juli (April/Mai für die frühen Sorten, Mai/Juni für die mittleren Sorten, Juni/Juli für die späten Sorten).
**Ernte:** von Juni bis Oktober.

### Boden und Standort

Grüne Bohnen gedeihen gut in lockeren Böden an sonnigem windgeschützten Standort. Am besten pflanzt man sie in einen tiefgründig umgegrabenen Boden, der für eine vorangegangene Kultur bereits reichlich gedüngt wurde. Vor der Aussaat Kalk zusetzen, um den Säuregrad des Bodens zu neutralisieren. Sobald die Sämlinge aufgegangen sind, einen Mulch aus gut verrottetem Mist beidseits der Reihen aufbringen.

### Aussaat und Pflanzung

- In Rillen von 5 cm Saattiefe im Abstand von 5 bis 7,5 cm aussäen, mit einem Reihenabstand von 45 cm.
- Reichlich gießen.

### Pflege

Sobald die Pflanzen einige Zentimeter hoch sind, die Stängel anhäufeln, um sie vor Frost und Wind zu schützen. Einen Mulch aus gut getrocknetem Mist einarbeiten und verteilen und die Wurzeln großzügig wässern. Für die Klettersorten Stützen aufstellen. Früh- und Späternten mit Folienhauben oder -tunnel schützen.

### Ernte

Die Bohnen pflücken, sobald sie fest sind. Mindestens jeden zweiten Tag nachsehen, denn die Bohnen wachsen schnell.

### Sorten

'Triomphe de Farcy', eine der besten Buschbohnensorten mit extrazarten Hülsen, die jung gepflückt werden müssen.
'Cupidon', kräftige Buschbohnensorte, deren Früchte büschelweise wachsen. Feine, 15 bis 20 cm lange, grüne, fadenlose Hülsen, braun-beige marmorierte Kerne, jung als Filetbohne oder als normale Buschbohne zu pflücken.
'Goldmarie', sehr frühreife Stangenbohnensorte, ergiebig, fadenlos und ohne Pergamentschicht. Ausgezeichnetes Aroma.

## Weiße Bohnen

**• Weiße Bohnen zählen zur selben Art wie die grünen. Ihre Sorten bringen jedoch große und saftige Kerne hervor, die man entweder frisch verzehrt, bevor die Hülsen vollständig ausgereift sind, oder aber trocken und vollständig ausgereift.**
**• Die besonders stark eiweißhaltigen weißen Bohnen (9 g Proteine auf 100 g) enthalten auch viel Kohlenhydrate, Mineralsalze und Eisen.**
**• Vor der Aussaat die Saatkörner 24 Stunden lang einweichen lassen, um die Keimung zu beschleunigen.**

### Saison

**Aussaat:** April/Mai bis Mitte Juni für die Sorten, deren Kerne man trocken verzehrt und bis Mitte Juli für die Sorten, deren Kerne man frisch verzehrt. Zeitversetzt aussäen, damit man hintereinander ernten kann.
**Ernte:** von Juni bis Oktober.

### Boden und Standort

Diese Stangenbohnen mögen einen gesunden, lockeren, frischen, leichten und humushaltigen Boden sowie einen warmen, sonnigen und geschützten Standort. Idealerweise pflanzt man sie in einem tiefgründig umgegrabenen Boden, der bereits für vorangegangene Kulturen reichlich gedüngt wurde. Die Erde fein krümelig eggen und rechen.

### Aussaat und Pflanzung

- Zur Aussaat warten, bis der Boden ausreichend angewärmt ist – mindestens 10 °C für farbige und 12 °C für weiße Saatkörner.
- In Rillen von 5 cm Saattiefe niedrige Sorten im Reihenabstand von 40 cm und Klettersorten im Abstand von 70 cm aussäen: entweder in Horsten von 5 bis 6 Körnern alle 40 cm oder ein Einzelkorn alle 5 bis 7,5 cm.
- Für eine ideale Belüftung sollte man Beete mit maximal 2 bis 3 Reihen anlegen.
- Sobald die Bohnen aufgegangen sind, einen Mulch aus gut verrottetem Mist beidseits der Reihen aufbringen.

### Pflege

Wenn die Pflanzen einige Zentimeter hoch sind, die Stängel anhäufeln, um sie vor Frost und Wind zu schützen. Einen Mulch aus gut getrocknetem Mist einarbeiten und verteilen und die Wurzeln großzügig wässern. Für die Klettersorten Stützen aufstellen.

### Ernte

Je nach Sorte und Pflanzzeitpunkt kann man ab Mitte Juli mit dem Pflücken anfangen. Bohnen mit frischen Kernen erntet man, sobald die Hülsen schön gefüllt sind, Bohnen mit trockenen Kernen, wenn sie reif sind.
Die Hülsen lässt man an den Pflanzen trocknen; bei schlechtem Wetter hängt man sie drinnen kopfüber an einem warmen und gut belüfteten Platz auf.

### Sorten

'Big Borlotto Feuerzunge', italienische Sorte der Buschbohne, sehr ergiebig, mit breiten Schoten und großen runden Kernen, weiß gefärbt mit roten Streifen.
'Soissons vert à rames', sehr ergiebige grüne Kletterbohne, die Kerne noch nicht ausgereift oder trocken zu verzehren. Große hellgrüne Kerne, sehr feine Haut, dickes Fruchtfleisch. Gute Lagerfähigkeit.
'Crochu de Montmagny', Trockenbohnensorte, ergiebig und widerstandsfähig. Bringt kleine granatrote Bohnen mit zartem Fruchtfleich und gutem Geschmack, deren Kerne trocken verzehrt werden. Ausgezeichnete Lagerfähigkeit.

## Brokkoli

**• Unvergleichlich besser schmeckt selbst angebauter Brokkoli.**
**• Die Standzeit kann man verlängern, indem man frühzeitig erntet, zu Beginn der Knospenbildung bis zur Blüte.**

### Saison

**Aussaat:** von April bis Juni.
**Pflanzung:** von Mitte Mai bis Mitte Juni.
**Ernte:** je nach Sorte von Juni bis November.

### Boden und Standort

Brokkoli mag schweren fruchtbaren, leicht lehmigen Boden, kommt aber auch mit sandigem Boden zurecht. Am besten ist ein für eine bereits vorangegangene Ernte tiefgründig umgegrabener Boden, der gut gedüngt und dicht ist, um Brokkoli mit festen Köpfen zu erhalten. An einem sonnigen und geschützten Standort pflanzen.

**Aussaat und Pflanzung**

- Im Pflanzgarten oder in Töpfchen aussäen.
- Bei trübem oder regnerischem Wetter pikieren, wenn die Pflanze 4 bis 5 Blätter hat.
- Pflanzlöcher alle 45 bis 70 cm mit einem Reihenabstand von 45 bis 70 cm, gießen, Setzlinge gut abstützen, dann die Erde festdrücken.

**Pflege**

Die Setzlinge vor und nach dem Pikieren gießen. Die Bodenkrume harken. Bei trockenem Wetter eine Schicht gut verrotteten Kompost aufbringen, um die Feuchtigkeit im Boden zu halten.

**Ernte**

Je nach Sorte und Schutzmaßnahme kann man von Juni bis November ernten. Zuerst die mittlere Blume schneiden, dann die Seitenknospen. Ein regelmäßiger Schnitt, etwa zwei Mal wöchentlich, begünstigt das Wachstum neuer Triebe.

**Sorten**

'Romanesco', eine frühe Sorte, sieht aus wie ein fester Blumenkohl mit spiralförmig angeordneten Röschen, mit einem schönen grünen Kopf. Sehr verdaulich, ausgezeichnetes Aroma.
'Verde Calabrese', mit kleinen grünen Köpfen und sehr feinem Aroma, wird im Herbst geerntet.
'Marathon', eine mittelspäte Sorte mit sehr großen Blumen, tolerant gegen Falschen Mehltau.

# Chicorée

- **Es sind die im Winter ausgegrabenen Wurzeln der Brüsseler Endivie, aus denen die gebleichten Knospen treiben, wenn sie dunkel gehalten werden.**
- **Angenehmer Nebeneffekt des Chicorée ist, dass man zwischen November und März immer wieder 3 bis 4 der gelagerten Wurzeln zum Treiben nehmen kann.**

**Saison**

**Aussaat:** je nach Sorte von April bis August.
**Ernte:** von Oktober bis April.

**Boden und Standort**

Chicorée mag einen leichten oder mittelschweren, tiefgründig umgegrabenen, fruchtbaren und lockeren Boden. Keinen frischen Mist verwenden, da dies zu Vergabelungen der Wurzeln führen kann. Am besten pflanzt man Chicorée in einem für eine bereits vorangegangene Kultur angereicherten Boden. Der Standort sollte sonnig und gut windgeschützt sein.

**Aussaat und Pflanzung**

- In 12 mm Saattiefe im Reihenabstand von 25 bis 30 cm aussäen.
- Mit einer feinen Brause gießen.
- Sämlinge auf rund 20 cm vereinzeln.

**Pflege**

Täglich gießen. Die Bodenkrume harken. Wenn die Blätter welken, die Wurzeln ausgraben und kürzen, um Vergabelungen und Wurzelfasern zu entfernen. Die Blätter 1 bis 2 cm über der Krone abschneiden, dann flach in Sand eingraben.

**Ernte**

Chicorée kann man von Oktober bis April bleichen. Immer je 4 der bereits gelagerten Wurzeln senkrecht in eine Kiste mit feuchtem Sand stecken, mit Stroh und schwarzer Plastikfolie abdecken. Die Chirorées treiben in 3 bis 6 Wochen aus. Einmal gebleicht, müssen sie rasch verzehrt werden.

**Sorten**

'De Bruxelles' ist die Sorte, aus der der erste Chicorée hervorging. Die leicht anzubauende Sorte bildet schöne große, karottenförmige Wurzeln und später dann mittelgroße, weißgelbe Chicorées.
'Carla' bildet rote Chicorées.
'Zoom F1' muss zum Bleichen nicht unbedingt mit Erde abgedeckt werden und bildet bereits zu Herbstanfang karottenförmige Wurzeln.

# Endivien

- **Endivien müssen gebleicht werden, sonst sind sie ungenießbar.**
- **Das Bleichen dauert 2 bis 3 Wochen. Dadurch wird das bittere Aroma gemildert und hinterlässt lediglich einen leicht scharfen Nachgeschmack.**
- **Manche Sorten haben so große Köpfe, dass sie quasi „selbstbleichend" sind: die äußeren Blätter schützen die Herzblätter vor Licht.**

**Saison**

**Aussaat:** nach Sorte von März bis September.
**Ernte:** von August bis März. Für eine kontinuierliche Ernte Folgesaaten aussäen.

**Boden und Standort**

Endivien mögen einen tiefgründig umgegrabenen, fruchtbaren Boden, der viel gut verrotteten Mist aus einer vorangegangenen Kultur enthält. Der Standort sollte für die Sommer- und Herbstsorten vollsonnig sein und halbschattig für die Frühlingssorten.

**Aussaat und Pflanzung**

- In 12 mm Saattiefe mit einem Reihenabstand von 25 bis 30 cm aussäen. Dünn aussäen und reichlich gießen.
- Sobald die Sämlinge 6 bis 7 Blätter haben, auf 30 cm vereinzeln.
- Bei trockenem Wetter reichlich gießen.

**Pflege**

Die Bodenkrume harken. Die Endivien bleichen, sobald sie vollständig ausgereift sind: dazu bei trockenem Wetter an einem sonnigen Tag die Blätter jeder Pflanze mit Raphiabast zusammenbinden und Terrakottatöpfe überstülpen, um das Licht auszuschließen. Täglich nachsehen, ob die Pflanzen trocken bleiben und keine Blattläuse aufweisen.

**Sorten**

'Große grüne Krause' ist eine sehr beliebte krausblättrige Sorte (Frisée-Typ), mit dunkelgrünem Kopf und gelbem Herz, mit am Rand gezackten Blättern.
'Wallonne', ebenfalls eine krausblättrige Endivie mit großem Kopf, selbstbleichend.
'Géante maraîchère', eine Winterendivie mit hellgrünen Blättern und vollherzig. Für die Herbsternte.
'Diva', eine ganzblättrige, dickrippige Sorte (Escariol-Typ), die gut selbstbleichend ist.

# Erbsen

- **Mit zeitlich versetzter Aussaat – sehr frühe, frühe und mittlere Sorten – kann man vom Frühjahr bis zum Herbst Erbsen essen.**
- **Baut man Zuckererbsen an, die an der Innenwand der Hülse keine Pergamentschicht ausbilden, kann man sogar die Hülsen mitessen.**
- **Pal- oder Schalerbsen mit rundem Korn vertragen Kälte besser als Markerbsen mit runzeligem Korn. Schalerbsen werden früher ausgesät und reifen früher, Markerbsen später, bleiben aber länger zart.**

### Saison
**Aussaat:** von März bis Ende April, je nach Sorte.
**Ernte:** von Juni bis Oktober.

### Boden und Standort
Frühe Sorten treiben besser in sandigem, lauwarmem und trockenem Boden, während mittlere Sorten einen nahrhafteren Boden vorziehen. Achtung! Wird frischer Mist aufgebracht, wachsen die Erbsen unkontrolliert, mit vielen Blättern und sehr wenig Hülsen. Erbsen brauchen viel Feuchtigkeit. Sobald die Pflanzen auszutrocknen beginnen, den Boden durchtränken und mit einem Mulch aus gut verrottetem, alten Mist abdecken.

### Aussaat und Pflanzung
- Von Februar/März (sobald die Bodentemperatur 10 °C beträgt) bis April für die Sorten mit rundem Korn und von März bis Ende April für die Sorten mit runzeligem Korn. Alle 10 Tage Folgeaussaaten vornehmen.
- In 5 cm Saattiefe im Abstand von 12 bis 15 cm aussäen, mit einem Reihenabstand von 35 cm bis 1,20 Meter, je nach Sorte.
- Boden festklopfen und reichlich gießen.
- Saatkörner mit Reisig, einem Drahtgeflecht oder einem Netz vor Vögeln schützen und Stützen anbringen (Stangen, Maschendraht, Erbsennetz oder Reisig).

### Pflege
Vor allem bei trockenem Wetter die Bodenkrume krümelig harken. In langen Hitzeperioden den Boden durchtränken und eine Schicht gut verrotteten Mist beidseits der Reihen aufbringen. Die Stängel 3 Wochen nach dem Aufgehen der Samen anhäufeln.

### Ernte
Geerntet wird von Sommeranfang bis Mitte Herbst: Körnererbsen erntet man 3 bis 4 Monate, Zuckerschoten und Zuckererbsen 3 Monate nach Aussaat. Dabei pflückt man die jungen Schoten jeden zweiten oder dritten Tag, um den Ertrag zu fördern.

### Sorten
'Wunder von Kelvedon', niedrige Markerbse mit großen, schön gefüllten Schoten mit zarten und süßlichen Körnern. Lässt sich gut einfrieren.
'Douce Provence', niedrige Schalerbse, sehr frühreife und ergiebige Sorte. Mit süßlichen, zarten und fruchtigen Körnern.
'Kleine Rheinländerin', frühe sehr ertragreich mit niedrigem Wuchs und ziemlich langen dunkelgrünen Hülsen.
'Rheinische Zucker', mittelfrühe Zuckererbse.

## Feldsalat

- **Feldsalat braucht kaum Pflege.**
- **Er enthält viel Vitamin C und B sowie Eisen.**
- **Feldsalat eignet sich hervorragend zum Zwischenfruchtanbau.**
- **Man kann ihn mit Winterkulturen, zum Beispiel Lauch oder Kohl, breitwürfig zwischen die anderen Kulturreihen aussäen und anschließend die Saatkörner mit der Egge in den Boden einarbeiten.**
- **Feldsalat überwintert in der Erde und sät sich in den Folgejahren von allein aus.**

### Saison
**Aussaat:** von Juli bis Oktober.
**Ernte:** von September bis März.

### Boden und Standort
Gehaltvoll, durchlässig, nahrhaft, fest, nicht umgegraben, einfach gerecht. Feldsalat verträgt auch Schatten.

### Aussaat und Pflanzung
- Direktaussaat ins Freiland, in 1 cm tiefe Rillen mit einem Reihenabstand von 20 cm in Saatabständen von rund 0,5 cm oder breitwürfig in breite Rillen.
- Mit einer ganz dünnen Erdschicht abdecken, dann das Erdreich gut festklopfen.
- Bei Folgesaaten profitiert man von zeitversetzter Ernte: Zunächst die Sorten mit großen Saatkörnern aussäen, die frostempfindlich sind und im Herbst geerntet werden sollen. Anschließend bis Mitte Oktober die Sorten für die Ernte im Herbst und Winter aussäen.

### Pflege
Einen dünnen Mulch aus trockenem Gras aufbringen, damit der Boden feucht und kühl bleibt. Regelmäßig das Unkraut herausharken.

### Ernte
Die Blätter nach Bedarf schneiden, vorzugsweise vor der Blüte, indem man die gut entwickelten Rosetten über der Blattanlage abschneidet.

### Sorten
'Verte d'Étampes' ist frostbeständig und mittelgroß. Aussaat Anfang August bis Mitte September.
'Vit' ist für den ganzjährigen Anbau geeignet und weitgehend resistent gegen den Falschen Mehltau.
'Coquille de Louviers' bildet eine kleine Blattrosetten aus dunkelgrünen zarten Blättern. Sehr frostbeständige Sorte.

## Gurken, Einlegegurken

- **Es gibt Freiland- und Gewächshausgurken.**
- **Geeignete Sorte auswählen: Für das Freiland nimmt man Einlegegurken (Gewürzgurken) oder gerippte Sorten, die kürzer und dicker sind. Lange und glatte Gurken sind zumeist Gewächshausgurken.**
- **Einlegegurken sind Gurkensorten, die man klein erntet.**
- **Kultursäcke eignen sich besonders gut für den Anbau von Gurken: in ihnen kann man die Pflanzen pikieren oder direkt darin aussäen.**

### Saison
**Freiland**
**Aussaat:** Mai.
**Pflanzung:** Juni.
**Ernte:** von Juli bis Oktober.

**Gewächshaus**
**Aussaat:** März/April.
**Pikieren im Freiland:** Mai.
**Ernte:** von Juni bis September.

### Boden und Standort
Gurken schätzen einen leichten bis mittelschweren, lockeren, feuchten, tiefgründig umgegrabenen und angereicherten Boden. Für die Freilandkultur bereitet man Saatlöcher von 30 cm Tiefe oder eine Furche vor – je nach Anzahl der zu kultivierenden Pflanzen – und füllt diese mit einer Mischung aus Kompost und gut verrottetem Mist auf. Der Standort sollte warm, sonnig und windgeschützt sein.

### Aussaat und Pflanzung
- Gewächshaussorten werden im März/April auf feuchtem Küchenkrepp in Saatschalen ausgesät und warmgehalten.
- Am Ende des Frühjahres werden die Sämlinge in Kultursäcke pikiert und mit einer Plastikfolie abgedeckt.
- Für Freilandsorten werden im Mai/Juni Saatlöcher von 30 cm Saattiefe und Durchmesser

oder eine Furche vorbereitet und diese mit einer Mischung aus Mist und Erde aufgefüllt. Ausgesät wird in 20 mm Saattiefe in Horsten von jeweils 3 Saatkörnern im Abstand von 60 bis 90 cm. Hinterher mit Folie abdecken.

### Pflege
Die Gewächshaussorten mit Rankhilfen abstützen und entspitzen, sobald sie an das Gewächshausdach oder an die Folienhaube anstoßen. Freilandsorten sowie Einlegegurken dürfen sich ausbreiten oder hochklettern. Seitentriebe entfernen, sobald sie das Ende des Pflanzbeets oder des Frühbeets erreichen. Täglich gießen.

### Ernte
Im allgemeinen erntet man 3 bis 4 Monate nach Aussaat. Die Gurken ernten, sobald sie groß genug sind. Man hält die Gurke in der Hand und schneidet sie mit einem scharfen Messer ab, am besten morgens. Einlegegurken ernten, solange sie noch klein sind, am besten morgens, und jeden Tag oder jeden zweiten Tag.

### Sorten
'Tanja' ist eine ertragreiche bitterfreie Salatgurke für den Freilandanbau. In jungem Zustand geerntet sind die Früchte dunkelgrün, schlank und etwa 35 cm lang.
'Vorgebirgstraube' ist eine weitverbreitete ertragreiche Einlegegurke für das Freiland; resistent gegen Gurkenkrätze.
'Delikatess' ist eine bekannte Freilandsorte, die in jungem Zustand als Einlegegurke und in ausgewachsenem mit etwa 25 cm Länge als Salatgurke verwendet werden kann.

## Karotten

- **Damit man den größten Teil des Jahres über Karotten essen kann, sät man zeitversetzt mehrere Sorten aus.**
- **Zwischen die Karottenreihen Zwiebelreihen setzen, um die Möhrenfliege abzuwehren.**

### Saison
**Aussaat:** von März bis Mitte Juli.
**Ernte:** von Mai bis November (je nach Sorte 9 bis 20 Wochen nach Aussaat).

### Boden und Standort
Karotten mögen einen lockeren, tiefgründig umgegrabenen, durchlässigen, sandigen und fruchtbaren Boden. Bei schweren Böden nimmt man besser kurze Sorten. Bei steinigen Böden besteht die Gefahr von Nebenwurzeln oder Vergabelungen. Der Standort sollte sonnig sein.

### Aussaat und Pflanzung
- Von März bis Mitte Juli, je nach Sorte, jedoch nicht, bevor die Bodentemperatur 7 °C erreicht hat. Dünn aussäen in Rillen in 1 bis 2 cm Saattiefe mit einem Reihenabstand von 15 bis 20 cm. Mit feiner Brause gießen.
- Sämlinge auf rund 5 cm vereinzeln.
- Pflanzen zu Beginn und am Ende der Saison mit Folienhauben schützen.

### Pflege
Die Bodenkrume harken. Darauf achten, dass man die jungen Pflanzen nicht beschädigt.

### Ernte
Von Mai bis November Karotten ausgraben. Die zur Lagerung vorgesehenen Karotten in mit Sand gefüllten Obststeigen frostgeschützt lagern.

### Sorten
'Chantenay à cœur rouge' ist eine klassische Sorte, bewährt und zuverlässig, die große Wurzeln mit rotem und süßem Fruchtfleisch bildet. Für Sommerernte oder Lagerung.
'Nantaise' ist eine frühe Sorte und besonders für den Frischverzehr geeignet.
Die F1-Hybride 'Flyaway' ist die erste Sorte, die gegen die Möhrenfliege resistent ist. Relativ frühreife Sorte, die dicke, aromatische Karotten bildet.

## Kartoffeln

- **Kartoffeln sind leicht anzubauen und genauso leicht zu lagern.**
- **Neben Magnesium und Kalium enthalten Kartoffeln auch die Vitamine B, C und Rutin.**

### Saison
**Pflanzung der Knollen:** von April bis Juni.
**Ernte:** von Juni bis Oktober.

### Boden und Standort
Kartoffeln brauchen einen tiefgründig umgegrabenen, durchlässigen, lockeren, kalkhaltigen bis sandigen Boden, der die Feuchtigkeit gut zurückhält sowie einen sonnigen Standort. Ein feuchter Boden führt häufig zu glänzenden, etwas wächsernen und leicht gelblichen Kartoffeln, während es auf sandigem und trockenen Boden gezogenen Kartoffeln häufig an Gehalt fehlt. Bei Hanglage erhält man in trockenen Jahren sehr schöne Kartoffeln, bei feuchtem Wetter jedoch sind sie krankheitsanfälliger.

### Aussaat und Pflanzung
- Die Knollen für die Früherernte zum Vortreiben bringen. Ab Februar/März die Saatkartoffeln geschützt in Obststeigen legen, bis sie 2,5 cm ausgetrieben haben.
- **Frühpflanzung:** Die vorgekeimten Knollen im April/Mai mit den Augen nach oben 15 cm tief im Abstand von 30 bis 40 cm mit einem Reihenabstand von 60 bis 75 cm in Reihen legen. Mit Erde anhäufeln und mit Plastikfolie abdecken. Über jeder Pflanze Schlitze in der Folie anbringen.
- **Anbau unter Folie oder Vlies:** Im April/Mai den Boden rechen und wässern. Die vorgekeimten Knollen im Abstand von 40 cm mit einem Reihenabstand von 60 bis 75 cm auf die Erde legen. Mit Erde anhäufeln und mit Plastikfolie abdecken. Über jeder Pflanze Schlitze in der Folie anbringen.

### Pflege
Sobald das Blattwerk erscheint, mit der Hacke rund um jede Pflanze Erde anhäufeln. Dies während des gesamten Wachstums wiederholen, sodass nur ein paar Zentimeter des Blattwerks aus der Erde schauen. Bei trockenem Wetter einen Mulch aus gut verrottetem Mist oder geschnittenem Stroh rund um jede Pflanze aufbringen.

### Ernte
Kartoffeln 2 bis 3 Monate nach Pflanzung der Frühsorten, 4 bis 5 Monate nach Pflanzung der anderen Sorten ernten. Bei trockenem Wetter die Pflanze mit einer Grabegabel ausgraben und zwar von außen zur Mitte hin. Die Kartoffeln am Boden trocknen lassen, danach zwei Haufen machen: die „Schönen" und die „Lädierten". Die „Lädierten" zuerst essen.
Lagerkartoffeln in niedrigen Lattenkisten an einem frostgeschützten, trockenen und dunklen Ort oder in einer Kartoffelmiete lagern. Eine Kartoffelmiete erhält man, indem man trockene Kartoffeln zu einem Haufen schichtet, diesen mit Stroh abdeckt und ein paar Kartoffeln obenauf legt.

### Sorten
'Belle de Fontenay' ist eine sehr frühe Sorte, von ausgezeichnetem Geschmack.
'Désirée' ist eine mittelfrühe Sorte, die Trockenheit gut verträgt, mit glatter rötlicher Schale und gelbem Fruchtfleisch. Diese Sorte eignet sich gut zum Braten oder Kochen, zu Kartoffelpüree und als Kartoffelsalat, aber nicht zum Frittieren.
'La Ratte' ist eine späte Sorte mit gelber Schale und Fruchtfleisch, fest und von her-

vorragendem Garverhalten. Die ertragsschwache Sorte gilt als eine der besten Lager- und Geschmackssorten.

## Knollenfenchel

**• Gemüse- oder Knollenfenchel *(Foeniculum vulgare)* beziehungsweise Süßfenchel (*Foeniculum dulce*, siehe Seite 160) ist kleiner als der wilde Fenchel, dessen Samen und Blätter man verwendet.**
**• Verzehrt wird das verdickte Ende des Stängels des Knollenfenchels mit Anisgeschmack, roh als Salat oder gekocht, geschmort oder gedämpft.**
**• Fenchelsamen werden zum Würzen von Kuchen, Suppen und Brot verwendet. Ganz junge Blätter machen einen guten Salat.**
**• Fenchel kann man auf Grund seiner kurzen Standzeit zum Zwischenfruchtanbau einsetzen.**

### Saison

**Aussaat:** Mai/Juni.
**Ernte:** Im Sommer, nach Bedarf. Bei Folgesaaten profitiert man von zeitversetzter Ernte.

### Boden und Standort

Lockerer, kühler, aber durchlässiger Boden, wenn möglich, von einer vorangegangenen Kultur gedüngt. Warmer, sonniger und geschützter Standort.

### Aussaat und Pflanzung

• Ins Freiland in 1 cm Saattiefe in Horsten im Reihenabstand von 30 cm aussäen.
• Sobald die Pflanzen 4 oder 5 Blätter haben, vereinzeln und nur eine Pflanze pro Horst behalten. Mit Erde abdecken, den Boden festklopfen und gießen, damit der Boden bis zum Aufgang der Samen feucht bleibt.

### Ernte

Die Fenchelknollen bodennah abschneiden, wenn sie faustgroß sind. Die Stängel abschneiden und die jungen Blätter als Salat verwenden. Vor dem ersten Frost den Fenchel mitsamt Erdklumpen ausgraben, damit er im Sand geschützt überwintern kann.

### Sorten

'Zeva Fino' ist eine der bekanntesten Sorten in ganz Europa. Diese frühreife Sorte mit weißen, leicht abgeflachten Knollen kann ab Frühjahr ausgesät werden, ohne dass sie schießen.
'Doux précoce d'été' ist eine für kaltes oder raues Klima geeignete Sorte. Aussaat Anfang Mai bis Ende Juni, Ernte ab Knollenbildung.
'Sirio' und 'Rudy', beides Sorten mit guter Schosstoleranz, bevorzugt für einen Anbau von April bis Juni.

# Kohl

## Blumenkohl

**• Versierte Gärtner sagen, wer erfolgreich Blumenkohl anbauen kann, könne auch alles andere anbauen.**
**• Blumenkohl braucht viel Wasser und gedeiht nicht auf mageren Böden.**
**• Zuviel Wärme, Feuchtigkeit oder Trockenheit ist nichts für Blumenkohl.**

### Saison

**Aussaat:** von März bis Mai.
**Pflanzung:** Juni/Juli.
**Ernte:** den Großteil des Jahres über, je nach Sorte.

### Boden und Standort

Blumenkohl mag tiefgründigen, durchlässigen, dichten, gut gedüngten Boden, der die Feuchtigkeit gut zurückhält sowie einen sonnigen Standort. Am besten pflanzt man Blumenkohl in einen Boden, der bereits für eine vorangegangene Kultur gedüngt wurde. Auf einem sehr mageren und/oder zu trockenen Boden bleiben die Köpfe winzig.

### Aussaat und Pflanzung

• In Saatschalen im Gewächshaus oder in vorbereiteten Hochbeeten aussäen.
• Im Juni/Juli ins Freiland pikieren. Pflanzlöcher im Abstand von 50 bis 60 cm mit einem Reihenabstand von 50 bis 60 cm anlegen und einpflanzen.
• Den Boden um die Pflanzen festklopfen und reichlich gießen.
• Plastiknetze spannen, um die jungen Pflanzen vor der Kohlfliege zu schützen.

### Pflege

Die Pflanzen vor und nach dem Pflanzen gießen. Die Bodenkrume harken, damit die Erdschicht den Boden isoliert und geschnittenes Stroh ausbringen, damit die Feuchtigkeit im Boden bleibt. Reichlich gießen.

### Ernte

Werden Herbst- und Wintersorten früh ausgesät, kann man das ganze Jahr hindurch Blumenkohl ernten. Den Kopf mit allen Blättern abschneiden oder die ganze Pflanze ausgraben und frostgeschützt lagern.

### Sorten

'Neckarperle' ist eine altbewährte Sorte, kann von Frühjahr bis Herbst angebaut werden.
'Grafitti', eine sehr ergiebige, violette F1-Hybridsorte, die eine große, rund 1 kg schwere Blume von hervorragendem Geschmack bringt und gut zu lagern ist.
'Erfurter Zwerg' ist eine sehr alte und sehr frühe Sorte mit weißer Blume und feinen Röschen.

## Grünkohl

**• Grünkohl bildet keine Blumen.**
**• Diese einfach anzubauende Kohlsorte eignet sich gut für magere Böden, in Gegenden mit starken Frösten oder wenn die anderen Kohlsorten an Kohlhernie leiden.**
**• Grünkohl wird den ganzen Winter hindurch von Oktober bis zum folgenden Frühjahr geerntet. Man wartet einen Frost ab, bevor man die Blätter verzehrt: je stärker der Frost, umso zarter die Blätter.**

### Saison

**Aussaat:** von April bis Juni.
**Pflanzung:** von Juni bis August.
**Ernte:** von Oktober bis April.

### Boden und Standort

Grünkohl schätzt einen tiefgründig bearbeiteten, sehr dichten, fruchtbaren und eher lehmigen Boden. Am besten pflanzt man Grünkohl auf einem Boden, der bereits für eine vorhergehende Kultur mit Mist angereichert wurde. Grünkohl verträgt so gut wie alles, außer einen zu lockeren Boden, Staunässe oder lange starke Frostperioden.

### Aussaat und Pflanzung

• In Saatschalen oder Hochbeeten aussäen.
• Ungefähr 1 Monat später an einem regnerischen Tag ohne Sonne die jungen Sämlinge auf 40 bis 45 cm pikieren, mit einem Reihenabstand von 45 bis 50 cm. Häufig gießen.

### Pflege

Täglich gießen. Die Bodenkrume harken, damit die geharkte Erdschicht den Boden isoliert. Die Strünke zum Abstützen und zum Schutz der Pflanzen vor Wind und Frost anhäufeln. Bei starkem Wind einen Windfang oder einen Windschutz an der Windseite aufstellen.

### Ernte
Sind die Blätter ausreichend entwickelt, diese mit einem scharfen Messer am Blattansatz am Strunk abschneiden. Alle gelben Blätter entfernen.

### Sorten
'Russischer Roter' ist eine hochwüchsige Sorte mit zahlreichen grünlich-purpurnen, gezahnten Blättern auf langen Stängeln.
'Halbhoher Grüner Krauser' ist eine dunkelgrüne, frostharte Sorte, die hohe Erträge bringt und sich zum Tiefkühlen eignet.
'Westländer Winter' ist eine halbhohe, frostharte Sorte mit leicht süßlichem aromatischem Geschmack.

## Rosenkohl

- **Wer den starken Geschmack von Rosenkohl mag, pflanzt die klassischen Sorten an. Diejenigen, die es etwas milder mögen, entscheiden sich für F1-Hybriden wie 'Igor' und 'Oliver'.**
- **Am besten nimmt man Sorten mit kleinen und festen Röschen und dämpft sie anstatt sie in Wasser zu kochen.**
- **Noch besser schmeckt Rosenkohl, wenn er unmittelbar nach einem leichten Frost geerntet wird.**

### Saison
**Aussaat:** von März bis Juni.
**Pflanzung:** von April bis Juli.
**Ernte:** von Oktober bis März.

### Boden und Standort
Rosenkohl mag einen tiefgründig umgegrabenen, nahrhaften, fruchtbaren, festen Boden ohne Unkraut. Am besten pikiert man Rosenkohl in einem Boden, der bereits für eine vorhergehende Kultur gedüngt und umgegraben wurde. Der Standort sollte sonnig und offen, aber windgeschützt sein. Bei windigen Standorten sind niedrige Sorten geeigneter.

### Aussaat und Pflanzung
- Von März bis Mai in Hochbeeten oder Saatschalen im Gewächshaus aussäen.
- Ungefähr 1 Monat später an einem regnerischen Tag ohne Sonne pikieren.
- Pflanzlöcher alle 50 bis 90 cm mit einem Reihenabstand von 50 bis 90 cm herstellen und einpflanzen. Die Erde festklopfen.

### Pflege
Die Pflanzen vor und nach dem Pikieren gießen. Die Bodenkrume harken, damit die geharkte Erdschicht den Boden isoliert. Die unteren Blätter entfernen, sobald sie gelb werden. Die Strünke zum Abstützen anhäufeln. Einen Mulch aus gut verrottetem Mist oder geschnittenem Stroh aufbringen, damit die Feuchtigkeit im Boden bleibt.

### Ernte
Den im März und Anfang April ausgesäten Rosenkohl von Oktober bis Dezember ernten, von Januar bis März dann die späteren Aussaaten (von Ende April bis Juli) ernten. Je nach Sorte und Anbaumethode mit der Ernte zwischen 20 und 30 Wochen nach Aussaat rechnen. Die Röschen von unten nach oben ernten.

### Sorten
'Abunda', späte Sorte, hoch und starkwüchsig, muss früh ausgesät und gepflanzt werden.
'Oliver' ist eine der ersten Sorten, die gegen Krankheiten resistent ist und von August bis Oktober geerntet wird.
'Igor', eine kräftige, frostbeständige und sehr ergiebige Sorte, bildet massenweise kleine runde Röschen.

## Weißkohl

- **Bei guter Einteilung kann man das ganze Jahr hindurch Weißkohl als Gemüse essen.**
- **Die Frühlingssorten im Abstand von 10 cm aussäen und die jungen Pflanzen noch im Frühjahr essen.**
- **Den Kohl 5 bis 10 Minuten in kochendem Wasser blanchieren.**

### Saison
**Frühlingssorten**
**Aussaat:** August/September.
**Pflanzung:** November.
**Ernte:** Mai/Juni.

**Sommer- und Herbstsorten**
**Aussaat:** von März bis Mai.
**Pflanzung:** von April bis Juni.
**Ernte:** von August bis November.

**Wintersorten**
**Aussaat:** Mai/Juni.
**Pflanzung:** Juni/Juli.
**Ernte:** von November bis März.

### Boden und Standort
Weißkohl mag einen tiefgründig umgegrabenen, festen, durchlässigen, feuchten, nahrhaften Boden und einen windgeschützten Standort. Der Boden sollte festgetreten und dicht sein.

### Aussaat und Pflanzung
- In Saatschalen oder Beete aussäen).
- Im Freiland pikieren, sobald die Pflanzen 6 bis 7 Blätter haben. 10 cm tiefe Pflanzlöcher im Abstand von 30 bis 35 cm mit einem Reihenabstand von 30 bis 35 cm herstellen und darin die Pflanzen mitsamt Wurzelballen einpflanzen.

### Pflege
Täglich gießen. Mit der Hacke zum Abstützen unten am Strunk leicht anhäufeln. Bei sehr trockenem Wetter eine dicke Schicht gut verrotteten Mist und Kompost oder Stroh aufbringen, damit die Feuchtigkeit im Boden bleibt.

### Ernte
Je nach Sorte und Anbaumethode kann man das ganze Jahr über ernten. Den Kohlkopf mit dem Messer bodennah abschneiden, wenn der Kopf schön ausgebildet ist. In den im Boden verbliebenen Strunkrest ein Kreuz einschneiden, um eine zweite Ernte an „Minikohlköpfen“ zu fördern.

### Sorten
'Marner Lagerweiß', Weißkohl für die Sommer- und Herbsternte, mit zartem Kopf und ausgezeichnetem Aroma.
'Cape Horn F1', Weißkohl, eine Delikatesse als Salat.
'Castello F1', eine frühe Weißkohlsorte, mit rundem Kopf, kann ohne Probleme einige Wochen auf dem Beet bleiben.
'Wirosa F1', eine späte Wirsingsorte, mit dunkelgrünem gekraustem Kopf, hält gut auch bei schlechter Witterung.

## Kohlrabi

- **Roh ist Kohlrabi als Salat eine Delikatesse. Genauso lecker schmeckt er gedämpft und als Püree.**
- **Jung und zart ist er am besten.**
- **Es gibt eine Sorte, deren Knolle 8 kg wiegt.**

### Saison

**Aussaat:** von März bis August.
**Ernte:** von Juni bis Dezember.
Zeitversetzt aussäen, damit man hintereinander ernten kann.

### Boden und Standort

Kohlrabi mag einen leichten bis mittelschweren, lockeren, durchlässigen und fruchtbaren Boden. Er bevorzugt einen geschützten Standort im Halbschatten und braucht viel Wasser. Kohlrabi neigen dazu, bei trockenem Wetter zu schießen.

### Aussaat und Pflanzung

- Je nach Sorte von März bis August einige Körner im Abstand von 13 bis 15 cm in 18 mm Saattiefe mit einem Reihenabstand von 25 bis 30 cm aussäen.
- Sind die Sämlinge soweit erstarkt, dass sie umgesetzt werden können, wird auf 15 cm vereinzelt; nur die schönsten Pflanzen werden behalten.
- Bei trockenem Wetter reichlich gießen.

### Pflege

Die Bodenkrume harken, damit die Erdschicht den Boden isoliert, und reichlich gießen. Bei trockenem Wetter einen Mulch aus gut verrottetem Mist oder geschnittenem Stroh aufbringen, damit die Feuchtigkeit im Boden bleibt. Gelbe Blätter entfernen. Nebentriebe und Laub so entfernen, dass es eine sanft gerundete Form ergibt.

### Ernte

Sobald die Sprossachse des Kohlrabi schön verdickt ist, 3 bis 4 Monate nach der Aussaat, den Kohlrabi mit der Grabegabel ausgraben. Kohlrabi nach Bedarf ernten. Achtung! Kohlrabi verdirbt, wenn er zu lange im Boden bleibt oder gelagert wird.

### Sorten

'Azur Star' ist eine sehr frühe Sorte und für alle Jahreszeiten geeignet. Diese Sorte hat zarte, plattrunde, dunkelblaue Knollen, die man gut lagern kann.
'Lanro' ist eine bewährte weiße, runde Kohlrabisorte für den frühen Freilandanbau, auch unter Vlies und Folie; kälteresistent, frostwiderstandsfähig und schossfest. Auch für Herbstanbau geeignet.
'Superschmelz' ist eine alt bewährte, späte große Sorte; kräftiger, sehr aromatischer Kohlrabigeschmack, wird nicht holzig und ist schossfest; lagerfähig bis März.

# Kürbis

## Sommerkürbisse und Zucchini

**• Ob gefüllt, gedämpft oder gebraten – Kürbis ist eine Delikatesse. Zucchini schmecken hervorragend als Gratin, als Küchlein, kurz angebraten oder in Ratatouille.**
**• Wer größeres Gemüse mag, baut Kürbisse an; Zucchini sind allerdings im Anbau einfacher.**
**• Die Blüten von Kürbissen und Zucchini sind essbar, ebenso die jungen Kürbisblätter sowie die Kerne mancher Kürbissorten.**

### Saison

**Aussaat:** April/Mai.
**Pflanzung:** Mai/Juni.
**Ernte:** von Juli bis Oktober.

### Boden und Standort

Kürbisse und Zucchini gedeihen am besten auf tiefgründig umgegrabenem, gut gedüngtem, feuchtem, aber durchlässigem Boden und an einem geschützten und sonnigen Standort. Man zieht einen Graben oder eine Furche, die zuerst mit Mist, dann mit Erde zu einem Hügel aufgefüllt wird. Die Pflanzen werden auf diesem Hügel angebaut, der mehr Sonne erhält und für Dränage im Boden sorgt. Sobald die Pflanzen abgehärtet sind und gut austreiben, wird der Hügel mit einem Mulch abgedeckt, damit die Feuchtigkeit im Boden bleibt.

### Aussaat und Pflanzung

- Die Aussaat erfolgt in Torftöpfen zu je 2 bis 3 Saatkörnern pro Topf. Die Töpfe werden anschließend ins Frühbeet oder unter eine Folie gestellt. Beim Vereinzeln wird nur die kräftigste Pflanze pro Topf behalten.
- Im Mai/Juni ins Freiland auspflanzen. Pflanzlöcher von 30 cm Tiefe und Durchmesser in Reihen im Abstand von 1,20 bis 1,50 Meter herstellen und mit gut verrottetem Mist auffüllen. Einen Hügel aus Erde gemischt mit Mist über jedem Pflanzloch anhäufen. Die Torftöpfe im oberen Teil des Hügels einsetzen und reichlich gießen.

### Pflege

Die Bodenkrume harken. Einen Mulch aus gut verrottetem Mist rund um jede Pflanze aufbringen. Die Triebe bei 60 cm Höhe kürzen. Während der ganzen Saison über häufig gießen und mit Mähabfällen und gut verrottetem Mist mulchen, damit die Früchte groß werden.

### Ernte

Ungefähr 2 Monate nach Aussaat wird geerntet. Die Zucchini jeden 3. bis 4. Tag pflücken, damit die Pflanzen noch mehr Früchte bilden. Je nach Bedarf ernten. Am Ende der Saison die Kürbisse an einem trockenen und kühlen, frostgeschützten Platz in Netzen hängend lagern.

### Sorten

Kürbis 'Lunga di Napoli', sehr ergiebige mit ungewöhnlich langen Früchten, die an einem Ende dick sowie grün und gelb gestreift sind. Süßes, orangefarbenes Fruchtfleisch.
Zucchini 'Tondo Chiaro di Nizza', nicht rankende, frühe, sehr ergiebige Sorte mit runden Früchten. Feines, zartes Fruchtfleisch.
Zucchini 'Defender F1', frühe und ergiebige Sorte, die resistent gegen den Gurkenmosaikvirus ist.

## Riesenkürbis und Winterkürbis

**• Neben viel Vitamin B und C sowie Betakarotin enthält der Riesenkürbis auch Kalzium, Eisen, Magnesium und viele Faserstoffe.**
**• Er gehört zur selben Familie wie die Zucchini. Neben den klassischen Riesenkürbissen unterscheidet man auch die zwiebelförmigen Potimarron-Kürbisse (Kochkürbisse), die Speisekürbisse und den Hokkaidokürbis.**
**• Manche Früchte sind nur mäßig groß, andere wiederum erreichen ein Gewicht von Dutzenden von Kilo.**
**• Riesenkürbisse wurden traditionsgemäß direkt auf dem Komposthaufen angebaut.**

### Saison

**Aussaat:** im April (im Gewächshaus).
**Pflanzung:** Mai.
**Ernte:** September/Oktober.

### Boden und Standort

Humushaltig, tiefgründig und durchlässig, an einem sonnigen und warmen Standort.

### Aussaat und Pflanzung

- Vor der Aussaat die Saatkörner über Nacht einweichen.

- In Töpfchen je 3 Saatkörner pro Töpfchen bei 20 °C im Gewächshaus aussäen.
- Vereinzeln und nur die schönsten Pflanzen behalten.
- Vor dem Pikieren im Freiland abhärten. Im Mai in mit einer dicken Schicht aus Mist und Kompost gefüllten Becken im Abstand von 2 bis 3 Metern ins Freiland auspflanzen.

### Pflege

Bei trockenem Wetter gießen, ohne das Laub zu nässen und einen Mulch aus gut verrottetem Mist aufbringen. Bei den großfruchtigen Sorten nur 3 bis 4 Früchte pro Pflanze belassen. Einen Ziegel oder einen großen Stein unter die Früchte legen, da sie ansonsten durch den direkten Kontakt mit der feuchten Erde verderben würden.

### Ernte

Die Früchte möglichst lange an den Pflanzen lassen, damit ihre Außenschale vor dem Frost hart wird. Im Herbst, wenn die Früchte hart und die Blätter gelb geworden sind, die Früchte pflücken und ein paar Tage in der Sonne liegen lassen, damit sie vollständig ausreifen. An einem trockenen und luftigen Platz lassen sie sich bei Temperaturen über 10 °C 6 bis 12 Monate lang aufbewahren.

### Sorten

'Rouge vif d'Étampes' (Synonym 'Roter Zentner'), alte französische Riesenkürbissorte, mit schönen gerippten Früchten und zartem Fruchtfleisch. Für Eintöpfe, Gratins und Torten geeignet. Nur bedingt zu Lagern.
'Roter Hokkaido' (Synonyme 'Red Kuri', 'Potimarron'), eine Kochkürbissorte, die ungefähr 3 kg schwere Früchte bildet, mit festem, süßem Fruchtfleisch und leichtem Kastanienaroma.
'Olive', rankende Sorte, die pro Pflanze 3 bis 4 Früchte von jeweils 3 bis 5 kg trägt. Viel dickfleischiges, oranges Fruchtfleisch von hervorragender Qualität. Die Sorte braucht 2 Meter Abstand zwischen den Reihen, damit sie genug Platz hat, sich auszubreiten.

## Lauch

- **Lauch muss angehäufelt und gebleicht werden wie Sellerie.**
- **Er ist ein willkommenes Wintergemüse, wenn es wenig anderes gibt.**
- **Die verschiedenen Sorten variieren stark in Größe und Geschmack.**
- **Sommerlauch ist schnellwüchsig, aber nicht so widerstandsfähig gegen Kälte.**

### Saison

**Aussaat:** von Februar bis Mai.
**Pflanzung:** von Mai bis August.
**Ernte:** von August bis zum folgenden Frühjahr.

### Boden und Standort

Lauch mag einen tiefgründig umgegrabenen, feuchten, durchlässigen und gut gedüngten Boden. Man stellt zunächst Pflanzlöcher oder Furchen her und setzt den Lauch in eine Mischung aus gut verrottetem Kompost und Mist, wobei man gleichzeitig an beiden Seiten Erde vorsieht, die man später zum Anhäufeln benötigt.

### Aussaat und Pflanzung

- Frühaussaat: Ende Februar in Saatschalen, im Gewächshaus oder im Folientunnel aussäen. Auf 5 cm pikieren und im Mai ins Freiland auspflanzen.
- Haupternte: im April/Mai dünn in Rillen mit 12 mm Saattiefe und einem Reihenabstand von 25 bis 30 cm aussäen. Mit feiner Brause gießen. Auf 2,5 cm vereinzeln.
- Die Pflanzen vor dem Pikieren abdecken (siehe Seite 91). Im Juli/August an einem feuchten Tag ohne Sonne in 15 cm tiefe Pflanzlöcher im Abstand von 15 cm und mit einem Reihenabstand von 30 cm pikieren. In jedes Pflanzloch einen Setzling setzen und angießen.

### Pflege

Die Bodenkrume regelmäßig harken. Sobald die pikierten Pflanzen gut angewachsen sind, mit geschnittenem Stroh oder gut verrottetem Mist umgeben, danach jede Woche mit der Hacke anhäufeln. Dieses Prozedere die ganze Saison hindurch ausführen, bis die ganze Pflanze mit Ausnahme der Spitze eingegraben ist. Häufig gießen.

### Ernte

Im Allgemeinen wird 5 Monate nach Aussaat geerntet, je nach Sorte und Anbaumethode: die Frühaussaat wird von August bis zum Frost geerntet, die späteren Aussaaten bis zum Frühjahr. Sobald die Blätter gut entwickelt sind, Lauchstangen mit der Grabegabel ausgraben, bevor sie schießen.

### Sorten

'Hilari', eine Sorte für die Ernte im Spätsommer, Herbst und Vorwinter. Mittelgrünes Laub. Sehr lange, geschlossene Schäfte.
'Herbstriesen', ein dunkelgrüner, dickschäftiger, sehr ertragreicher Herbst- und Winterlauch. 'Blaugrüner Winter', ein ertragreicher Winterlauch mit guter Frosthärte, für die Überwinterung auf dem Feld geeignet; hat ein blaugrünes Blatt und mittellange, dicke, weiße Schäfte; hat einen hohen Zuwachs im Frühjahr.

## Linsen

- **Linsen enthalten viel Kohlenhydrate, Eiweiße und Eisen.**
- **Sie sind schneller gar als die anderen Trockengemüse und schmecken fein.**
- **Linsen werden in ihren Hülsen aufbewahrt und je nach Bedarf ausgehülst.**

### Saison

**Aussaat:** März/April.
**Ernte:** ab Juli.

### Boden und Standort

Linsen mögen einen leichten und sandigen, etwas kalkhaltigen, durchlässigen, fruchtbaren Boden, der nicht zu feucht und nicht zu dicht ist. Sie schätzen einen sonnigen, aber nicht zu heißen Standort.

### Aussaat und Pflanzung

- Im März/April in Horsten von jeweils 6 bis 8 Körnern in Rillen mit einem Reihenabstand von 35 bis 40 cm aussäen.
- Samen mit feinkrümeliger Erde abdecken.

### Pflege

Die Bodenkrume harken, damit die geharkte Erdschicht den Boden isoliert und das Unkraut fernhält. Vor allem bei anhaltender Trockenheit gießen. Sobald die Pflanzen hoch genug sind, anhäufeln. Damit die Pflanzen nicht umfallen, die Pflanzen an gespannten Drähten ziehen (siehe Seite 106).

### Ernte

Ab Ende Juli, bevor die Linsen ausreifen und wenn die Pflanzen zu welken beginnen, die Pflanzen ausgraben, danach an Ort und Stelle trocknen lassen. Anschließend in Büscheln zum Trocknen aufhängen.

### Sorten

'Verte du Puy', eine sehr ergiebige und die bekannteste Sorte.
'Champagner' hat ein hervorragendes Aroma.
'Large blonde' bildet große Linsen.

## Mairüben

- **Manche Sorten können bereits nach 6 Wochen geerntet werden.**
- **Die Blätter kann man wie grünes Gemüse essen.**
- **Eine geeignete Sorte aussuchen, da die Sorten sehr unterschiedlich sind.**

### Saison
**Aussaat:** Februar bis September.
**Ernte:** ab April und das ganze Jahr hindurch.

### Boden und Standort
Mairüben mögen einen nahrhaften, lockeren, sandigen Boden, der die Feuchtigkeit gut zurückhält. Außerdem mögen sie einen offen, halbschattigen, vor starkem Wind geschützten Standort. Hat man die Wahl zwischen zwei Standorten, der eine mit klebrigem und kalkhaltigem Boden, der andere trocken und sandig, nimmt man den sandigen Boden und verbessert diesen. Der Boden muss tiefgründig bearbeitet, mit Mist und Kompost angereichert und feucht gehalten werden.

### Aussaat und Pflanzung
- In 12 mm Saattiefe in Rillen mit einem Reihenabstand von 25 bis 30 cm aussäen. Dünn aussäen und mit Folie oder Glas abdecken.
- Boden festklopfen und reichlich gießen.
- Sobald die Sämlinge groß genug sind, erst auf 7,5 cm, dann auf 15 cm vereinzeln und nur die schönsten Pflanzen behalten. Vor und nach dem Vereinzeln gießen.

### Pflege
Die Bodenkrume harken. Darauf achten, den Kopf der Mairüben nicht zu beschädigen, da dies zu Brand oder zum Abfaulen der Wurzeln der roten Rübe führen kann. Wenig, aber häufig gießen.

### Ernte
Ab Oktober und den ganzen Winter hindurch ungefähr 2 Monate nach Aussaat (5 Wochen nach Aussaat bei frühen Sorten oder 6 bis 10 Wochen bei späten Sorten) die Rüben ausgraben. Frühe Mairüben gräbt man aus, wenn sie 4 bis 5 cm dick sind. Bei späten Mairüben wartet man, bis sie die Größe eines Tennisballs erreicht haben.
Die Blätter erntet man im Frühjahr. Das Blattwerk 10 bis 15 cm zurückschneiden, um eine erneute Blatternte zu erhalten.
Die Rüben nach Bedarf ernten. Sie sollten jung und zart verzehrt werden. An überschüssigen Rüben entfernt man das Kraut und bewahrt die Wurzeln in torfgefüllten Plastikschalen auf. Sorten mit langen Wurzeln können den ganzen Winter über in der Erde bleiben, wenn sie geschützt werden.

### Sorten
'Goldball', eine beliebte Frühjahrssorte, mit festem, süßem Fruchtfleisch, von hervorragender Qualität und sehr aromatisch.
'Mailänder', frühe Sorte mit mittelgroßer, flacher, glatter Rübe, reinweiß in der Erde mit violettrotem Kopf. Zartes, mildes Fruchtfleisch, angenehm im Geschmack.
'Runde weiße Rotköpfige', Herbstrübe für Herbst- und Winterkulturen, kälteresistent, mit weißem, festem und süßem Fruchtfleisch und guter Haltbarkeit.

## Mais

- **Maisanbau ist ein idealer Einstieg für Kinder in den Gemüseanbau.**
- **Heute können neue Sorten in kaltem Klima mit viel Pflege gedeihen.**
- **Die neuen Hybridsorten müssen in großen Abständen zueinander angebaut werden, um Kreuzbefruchtung zu vermeiden.**
- **Mais ist eine Delikatesse, wenn er gekocht, in Petersilienbutter oder mit einer Rahmsauce verzehrt wird.**

### Saison
**Aussaat:** April/Mai.
**Pflanzung:** Mai/Juni.
**Ernte:** von Juli bis Oktober.

### Boden und Standort
Mais schätzt einen tiefgründig umgegrabenen, leichten bis sandigen Boden und einen sonnigen und geschützten Standort. Im Herbst vor der Aussaat große Mengen an Kompost vermischt mit gut verrottetem Mist in den Boden einarbeiten. Wenn der Boden austrocknet, reichlich gießen und mit gut verrottetem Mist mulchen.

### Aussaat und Pflanzung
- In Torftöpfe aussäen, dabei pro Topf ein vorgekeimtes Saatkorn legen, unter Glas oder Plastikfolie stellen und reichlich gießen.
- Vor dem Pikieren die Pflanzen abhärten, indem man sie an einem sonnigen und geschützten Platz nach draußen stellt.
- Im Abstand von 30 bis 45 cm quadratisch angeordnete Pflanzlöcher für die Torftöpfe herstellen. Sobald die Töpfe eingepflanzt sind, gießen.

### Pflege
Die Bodenkrume regelmäßig harken. Bei trockenem Wetter gießen und den Boden mit einem dicken Mulch abdecken.

### Ernte
Ungefähr 15 Wochen nach Aussaat ernten, sobald das „Haar" braun wird. Die Kolben mit einer schnellen Abwärtsbewegung abdrehen.

### Sorten
'Early Extra Sweet', eine F1-Hybride, ist eine sehr süße Sorte mit großen, schweren, leicht konischen Kolben.
'Golden Bantam', halbfrüh mit schönen gelben, schmackhaften und süßen Kolben.
'Minor F1' bildet kleine Kolben für die chinesische Küche und Ragouts.

## Mangold

- **Der das ganze Jahr hindurch ergiebige Mangold ist ein guter Ersatz für Spinat.**
- **Man kann die Blattrippen und die Blätter essen, wenn sie junge und zart geerntet werden.**
- **Die Blattrippen gesondert verarbeiten, als Gratin, mit Sahne, gedünstet oder gedämpft.**
- **Die Sorten mit roten Stielen sind auch in Blumenbeeten sehr dekorativ.**

### Saison
**Aussaat:** von April bis Juni.
**Ernte:** das ganze Jahr.

### Boden und Standort
Derselbe Boden wie Spinat – gut gedüngt, tiefgründig umgegraben – und ein sonniger Standort. Mangold gedeiht auch in mageren Böden, besser aber in nahrhaften, durchlässigen und nicht zu trockenen Böden. Manche Gärtner bauen Mangold in Hochbeeten an.

### Aussaat und Pflanzung
- Ins Freiland in 15 mm Saattiefe in Horsten von 3 bis 4 Saatkörnern alle 25 cm mit einem Reihenabstand von etwa 40 cm aussäen.
- Den Boden festklopfen und gut gießen.
- Sobald die Sämlinge groß genug sind, vereinzeln und nur die kräftigsten Pflanzen behalten.
- Den Boden um die Pflanzen festklopfen.

### Pflege
Die Bodenkrume harken. Bei trockenem Wetter eine Schicht gut verrotteten Kompost aufbringen, damit die Feuchtigkeit im Boden bleibt.

### Ernte
Ab Juni/Juli das ganze Jahr – je nach Sorte, Gegend und Schutzmaßnahmen. Die jungen Blätter bodennah abschneiden. Welke oder gelbe Blätter entfernen.

### Sorten
Gelber Mangold mit weißen Rippen hat sehr breite Rippen.

Grüner Mangold mit weißen Rippen ist etwas winterhärter als die gelbe Sorte.
Mangold mit roten Rippen mit herrlich bronzefarbenem Blattwerk ähnelt einer jungen Rhabarberpflanze.

## Melonen

- **Melonen enthalten viel Vitamin C, Kalium, Kalzium und Magnesium.**
- **Sie brauchen viel Wärme zur Befruchtung (25 bis 30 °C). Sie müssen daher bei kaltem Klima dauerhaft geschützt werden. In kalten Gebieten kann es geboten sein, die Melonen vollständig im Gewächshaus anzubauen.**
- **Sobald die Früchte reifen, das Gießen reduzieren.**

### Saison

**Aussaat:** März/April im Gewächshaus.
**Pflanzung:** Mai/Juni (nach dem Frost).
**Ernte:** von Juli bis September.

### Boden und Standort

Melonen mögen einen tiefgründigen, eher kalkhaltigen Boden mit viel organischer Materie sowie einen warmen und sonnigen Standort.

### Aussaat und Pflanzung

- In Töpfchen von 6 bis 8 cm Durchmesser je 2 Kerne aussäen, wobei die Kerne an den Topfrand gelegt werden.
- Bei Bedarf auf 1 Pflanze pro Töpfchen vereinzeln. Warm halten bis zum Pikieren im Freiland, rund 7 Wochen nach Aussaat, wenn keinerlei Frostgefahr mehr besteht.
- In kaltem Klima die Erde erwärmen, indem vor der Pflanzung ein Folientunnel aufgestellt wird.
- Im Mai/Juni auf 4 cm hohen Erdhügeln pikieren, danach gießen, ohne die Erde festzuklopfen.

### Pflege

Bei trockenem Wetter gut gießen. Einen Mulch aus trockenem Gras, Stroh oder Kompost um die Pflanzen aufbringen, um die Verdunstung zu verringern. Vor Kälte schützen, später dann, wenn sich die Früchte bilden, auch vor Sonne. Die Blütenstiele entspitzen, nur 2 Blätter nach der Blüte stehenlassen und nur 4 oder 5 Früchte pro Pflanze belassen.

### Ernte

Von Juli bis September, wenn die Früchte fest sind und der Stiel gelb zu werden beginnt. Die Früchte pflücken, sobald sie reif sind, um die Pflanzen nicht unnötig auszulaugen.

### Sorten

'Noir des Carmes' ist eine frühe, einfach anzubauende Sorte. Bildet Früchte von durchschnittlich 1 bis 1,5 kg Gewicht mit orangefarbenem, dickfleischigem, süßem und aromatischem Fruchtfleisch.
'Romulus F1', halbfrühe Sorte für frühen bis mittelfrühen Anbau. Schöne runde Frucht, festes Fruchtfleisch, süß und aromatisch.
'Vieille France' für die Aussaat Ende Mai, kann leicht im Freiland ohne Rückschnitt angebaut werden. Bildet schöne saftige und sehr aromatische Früchte, mit relativ kurzer Vegetationszeit.
'Petit Gris de Rennes', eine ertragreiche Honigmelone mit Früchten zwischen 500 und 800 g, die auch unter weniger warmen Bedingungen gut ausreifen. Süßes oranges Fruchtfleisch, frühreifend und aromatisch.

## Paprika

- **Paprika brauchen sehr viel Wärme und können in den meisten Gegenden Deutschlands nur im Gewächshaus, im Frühbeetkasten oder unter Folie kultiviert werden.**
- **Paprika kann direkt in Kultursäcken gepflanzt oder in Saatschalen ausgesät und pikiert werden. Zum Schutz der Pflanzen eine zeltförmige Bambuskonstruktion über den Pflanzen aufstellen und sie mit einer Plastikfolie einwickeln.**
- **Die Keimung ist manchmal schwierig: man sollte daher doppelt so viele Saatkörner vorbereiten wie Pflanzen gewünscht sind.**
- **Paprika braucht viel Wärme.**

### Saison

**Aussaat:** März.
**Pflanzung:** Mai/Juni.
**Ernte:** von Juni bis Oktober.

### Boden und Standort

Paprika mag einen durchlässigen, angereicherten Boden sowie einen sonnigen und geschützten Standort. Geeignet ist die Pflanzung in Hochbeeten, umgeben von Plastikfolie als Windschutz. Paprika kann man aber auch in Kultursäcken in einem kleinen Gewächshaus oder in Töpfen im Frühbeet oder unter der Plastikfolie pflanzen.

### Aussaat und Pflanzung

- Im Februar/März in Saatschalen in angefeuchtetes Kübelpflanzensubstrat aussäen; mit einem Glas schützen, das mit Zeitungspapier abgedeckt ist.
- Im April, wenn die Sämlinge zwei Blätter haben, in 7,5 cm große Torftöpfe pikieren. Im Gewächshaus halten und regelmäßig lüften, um die Pflanzen abzuhärten.
- Im Mai/Juni ins Freiland auspflanzen. Wenn die Pflanzen gut entwickelt sind, die Torftöpfe in Töpfe von 23 cm Durchmesser setzen und ins Freiland auspflanzen, eventuell mit einer Folienhaube schützen.

### Pflege

Vor und nach dem Pflanzen gießen. Die Bodenkrume harken. Die Pflanzen am Spalier ziehen. Einen Mulch aus gut verrottetem Mist oder Stroh aufbringen.

### Ernte

Sobald sich die Früchte gebildet haben, von Juni bis Oktober ernten, je nachdem, ob man rote oder grüne Paprika möchte. Die Früchte mit einem scharfen Messer abschneiden.

### Sorten

'Doux d'Espagne', sehr ergiebige Sorte mit länglichen, fleischigen roten Früchten.
'Doux très long des Landes' mit schmalen und länglichen Früchten von roter Farbe, wenn sie ausgereift sind. Ausgezeichnetes Aroma, sehr feine Haut, mild, kann sowohl roh als auch gekocht verzehrt werden.
'Liebesapfel', eine tomatenförmige, dickfleischige Gemüsepaprikasorte, die sich gut zum Füllen eignet.

## Pastinaken

- **Pastinaken sind winterhart und sehr einfach anzubauen.**
- **Die Keimung braucht eine gewisse Zeit, also Geduld haben.**
- **Pastinaken schmecken wunderbar als Püree, als Suppe oder Gratin, aber auch in Ragouts und Eintöpfen.**
- **Man kann sie den ganzen Winter über in der Erde lassen und sie ausgraben, um sie im folgenden Herbst zu essen.**

### Saison

**Aussaat:** von März bis Juni.
**Ernte:** von September bis Februar.

### Boden und Standort

Pastinaken mögen einen tiefgründig umgegrabenen, lockeren, durchlässigen, fruchtbaren Boden. Am liebsten ist ihnen ein für eine bereits vorhergehende Kultur gedüngter Boden. Achtung! Bringt man frischen Mist auf, gibt es Vergabelungen an den Wurzeln oder Pastinakenbrand. Für steinige Böden sind kurze Sorten besser geeignet.

### Aussaat und Pflanzung

- In Horsten von 3 bis 4 Körnern im Abstand von 15 cm in einer Saattiefe von 2 cm und mit einem Reihenabstand von 20 bis 25 cm aussäen.
- Boden festklopfen und reichlich wässern.
- Sobald die Sämlinge groß genug sind, dass man sie umsetzen kann, vereinzeln und nur die robusteste Pflanze aus jedem Horst behalten.

### Pflege

Den Boden feinkrümelig harken. Dabei gut aufpassen, den sichtbaren Teil der Wurzel nicht zu beschädigen, da eine solche Verletzung häufig zum Abfaulen der Wurzeln oder zu Pastinakenbrand führt. Wenig, dafür aber häufig gießen, damit der Boden gleichmäßig feucht bleibt und nicht austrocknet. Sonst gabeln sich die Wurzeln.

### Ernte

Man rechnet ungefähr 4 bis 5 Monate nach Aussaat, bis man die Pastinaken ernten kann, aber sie können durchaus länger in der Erde bleiben. Da die Wurzeln frosthart sind, kann man sie den ganzen Winter über in der Erde lassen und nach Bedarf ernten. Die letzten Pastinaken im Februar ausgraben, bevor sie hart und holzig werden. Die Pastinaken mit der Grabegabel aus der Erde nehmen und dabei darauf achten, nicht die Wurzelspitze zu beschädigen.

### Sorten

'White Gem' bildet weiße mittelgroße Wurzeln aus. Sehr gutes Aroma. Sehr kräftige Sorte, schossfest und gut für schwere Böden geeignet.
'Javelin F1', eine Hybride, mit langen, schön weißen und regelmäßigen Wurzeln.
'Halblange Weiße', sehr ertragreiche Sorte mit einheitlicher, wohlgeformter keilförmiger Wurzel, auch für Winterrodung geeignet.

## Radieschen

- **Radieschen kann man das ganze Jahr über anbauen.**
- **Das Geheimnis schöner Radieschen, die schnell wachsen ist, die richtige Sorte auszusuchen und sie in einem nahrhaften und feuchten Boden anzubauen.**
- **Da Radieschen sehr schnell wachsen, kann man sie zum Zwischenfruchtanbau bei Blumenkohl, Erbsen und Blattsalat einsetzen. Man sät sie auch als „Lückenfüller" zwischen Salatpflanzen, Rote Bete oder Mangold aus oder zur „Markierung" der Karottenreihen.**
- **Die jungen Radieschenblätter isst man als Salat. Sie haben einen scharfen Geschmack.**

### Saison

**Aussaat:** von Ende Februar bis August.
**Ernte:** von April bis Februar.

### Boden und Standort

Radieschen schätzen einen nahrhaften, feuchten und fruchtbaren – bereits von einer vorhergehenden Kultur gedüngten – Boden sowie einen sonnigen Standort. Sie gedeihen gut auf Komposterde aus halb verrottetem Mist und Torf, die man nach Kulturen auf Mistbeeten oder in Kultursäcken wieder verwerten kann. Achtung! Zu frischer Mist führt zu Pflanzen, die nur Blätter sowie harte und faserige Knollen hervorbringen.

### Aussaat und Pflanzung

- Jede Woche Folgesaaten in 12 mm Saattiefe in Rillen mit einem Reihenabstand von 10 bis 15 cm ausbringen.
- Sobald die Sämlinge groß genug sind, auf 2,5 cm vereinzeln und nur die schönsten Pflanzen behalten.
- Vor und nach dem Vereinzeln reichlich gießen.

### Pflege

Beidseits der Reihen die Bodenkrume harken. Wenig, dafür aber häufig gießen, damit der Boden gleichmäßig feucht bleibt und nicht austrocknet, da sich sonst die Wurzeln gabeln. Bei trockenem Wetter mit der Hacke einen Mulch aus gut verrottetem Mist beidseits der Reihen aufbringen.

### Ernte

Die Radieschen ausgraben, wenn sie noch jung und zart sind. So schnell wie möglich verzehren.

### Sorten

'Rond écarlate' ist eine beliebte Sorte, die schnell wächst (28 bis 35 Tage). Sie wird von März bis September ausgesät und bildet schön feste, runde und rote Radieschen mit vorzüglichem Aroma.
'Eiszapfen', gute Sorte für Frühjahr und Herbst; 10–12 cm langes, zylinderförmiges, weißes, kurzlaubiges Radieschen; wächst schnell; bei rechtzeitiger Ernte ist ein ganzjähriger Anbau möglich.
'Parat' ist eine spät schießende, karminrote Sommerradieschensorte. Den höheren Wärmeansprüchen kommt man durch nicht zu frühe Aussaaten entgegen. Bei ausreichender Feuchte ist Parat bis in den späten Sommer problemlos zu kultivieren. Saftig und mild im Geschmack.

## Rote Bete

- **Rote Bete rangieren unter den zehn Gemüsen mit den besten Eigenschaften gegen freie Radikale und sollen bei bestimmten Krebsarten vorbeugend wirken.**
- **Rote Bete werden ungern gestört – also Vorsicht beim Unkrautjäten um die Pflanzen und beim Vereinzeln.**
- **Nach dem Ausgraben die Erde unter viel fließendem Wasser abwaschen, damit die Roten Bete keinen faden und schlammigen Geschmack entwickeln.**
- **Wenn man sie sehr süß mag, sollte man sie gleich nach der Ernte kochen.**

### Saison

**Aussaat:** von April bis Juli.
**Ernte:** von Juli bis Oktober.
Damit man immer ernten kann, bis Juli alle 3 Wochen Folgeaussaaten ausbringen.

### Boden und Standort

Rote Bete mögen einen durchlässigen, sandigen, leichten und bereits von einer vorhergehenden Ernte angereicherten Boden. Üblicherweise wird in lehmigen Boden zwei Wochen später ausgesät, damit die Wurzeln kompakt bleiben.

### Aussaat und Pflanzung

- Die Saatkörner einige Stunden in Wasser einweichen. 3 bis 4 Körner in Abständen von 13 cm ausstreuen.

- 2,5 cm tief in Reihen aussäen, mit einem Reihenabstand von 25 bis 30 cm.
- Boden festklopfen und reichlich gießen.
- Sobald die Sämlinge aufgegangen sind, vereinzeln und nur die schönsten Pflanzen behalten. Den Boden um die Stängel der verbliebenen Pflanzen festklopfen und mit feiner Brause reichlich gießen.

### Pflege

Ein schwarzes Baumwollnetz über die jungen Pflanzen spannen, um sie vor Vögeln zu schützen. Auf 20 cm vereinzeln und die aussortierten Pflanzen für Salat verwenden. Die Bodenkrume feinkrümelig harken. Bei trockenem Wetter eine Schicht gut verrotteten Kompost aufbringen, damit die Feuchtigkeit im Boden bleibt. Häufig gießen.

### Ernte

Geerntet wird je nach Sorte bis zum Frost. Die Wurzeln mit der Grabegabel aus dem Boden heben. Das Blattwerk abdrehen. Rote Bete frisch verzehren oder in Sand lagern.

### Sorten

'Moulin Rouge', relativ schossfeste Sorte mit kugelrunden, glatten Rüben, das Saatgut ist monogerm (einkeimig) und die jungen Pflanzen müssen nicht mehr vereinzelt werden.
'Crapaudine' ist eine wohlschmeckende, ungewöhnliche Sorte, sehr lang und sehr süß; ihre dunkle Schale erinnert an Rettich.
'Ägyptische Plattrunde', eine kurzlaubige, plattrunde, frühe Sorte mit dunkelrotem Fleisch und plattrunder Form; zur Frühaussaat für den Sommerverbrauch.

## Sauerampfer

- **Sauerampfer kann roh, als Salat, zum Beispiel mit Spinat vermischt, gekocht, gedämpft, gedünstet in Kuchen oder Omelette oder als Suppe verzehrt werden.**
- **Sauerampfer enthält viel Vitamin C, Eisen und Omega-3-Fettsäuren. Auf 100 g Sauerampfer kommen 3 g Faserstoffe und 2 g Proteine.**
- **Sauerampfer eignet sich gut als Nachbarpflanze für Kräuter und Spinat und kann mehrere Jahre am selben Standort bleiben.**

### Saison

**Aussaat:** von März bis Juni.
**Ernte:** ab April das ganze Jahr.

### Boden und Standort

Sauerampfer mag einen fruchtbaren, kühlen, leichten, feuchten Boden und einen halbschattigen Standort. Bei trockenem Wetter reichlich gießen und im Herbst einen Mulch aus Kompost ausbringen. Damit der Sauerampfer sich nicht zu sehr ausbreitet, kann man ihn in vor dem Pflanzen in Plastikfolien setzen, um seine Wurzeln in Schach zu halten.

### Aussaat und Pflanzung

- Direkt ins Freiland in einen mit Kompost angereicherten Boden ziemlich dünn in Rillen von 2,5 cm Saattiefe mit einem Reihenabstand von 30 cm aussäen, danach mit einer 1 cm dicken Erdschicht abdecken und das Erdreich gut festklopfen.
- Zunächst auf 15 cm, später dann auf 40 cm vereinzeln, sobald die Pflanzen 10 cm hoch sind.

### Pflege

Die Bodenkrume harken. Bei Bedarf gießen, besonders bei trockenem Wetter. Im Herbst einen Mulch ausbringen. Die Blüten beim Erscheinen von Knospen entfernen, um die Schärfe der Blätter zu mildern und die Bildung neuer Blätter zu fördern.

### Ernte

Das ganze Jahr über nach Bedarf ernten, aber immer vor der Blüte. Die Blätter müssen sofort verzehrt werden, da sie schnell welken.

### Arten und Sorten

'Commune de Belleville' mit großen Blätter. Der Garten- oder Gemüseampfer, auch Ewiger Spinat genannt (*Rumex patientia*), ist eine etwas andere Art, größer, nicht so sauer, mit schmalen und länglichen Blättern.

FÜR DEN KÜCHENCHEF

### Weinbergs-Lauch

Der Weinbergs-Lauch oder Wilde Lauch ist in Deutschland vor allem in Weinbaugebieten zu finden. Er vermehrt sich durch Tochterzwiebeln und bleibt mehrere Jahre lang am selben Standort. Der Lauch ist schlanker als die üblicherweise angebauten Sorten. Er schmeckt mild, sehr aromatisch und man verzehrt ihn gekocht, mit Vinaigrette, gratiniert, als Quiche und in Eintöpfen, genau wie die anderen Sorten. Er ist sehr winterhart.

**ANBAU** Von September bis Ende November in kühlem und nahrhaftem Boden Tochterzwiebeln im Abstand von 15 cm mit einem Reihenabstand von 35 cm pflanzen. Der Lauch bildet sich im Lauf des darauffolgenden Sommers. Die Blätter nach Bedarf ernten, sie treiben erneut nach jeder Ernte aus. Häufig mit feiner Brause gießen.

Man kann auch die Brutzwiebeln ernten: Dazu lässt man einige Pflanzen auswachsen, schneidet bei Erscheinen der Blüte die Blütendolden ab und lässt die Stange austrocknen. Ende August erntet man die Tochterzwiebeln, die sich an der Pflanze gebildet haben. Die Zwiebeln lässt man mehrere Tage lang in Lattenkisten im Dunkeln trocknen. Sie werden gepflanzt, sobald sie keimen.

## Sellerie
## Knollensellerie

- **Knollensellerie muss im Frühbeet ausgesät, reichlich gegossen und abgehärtet werden, bevor er im Freiland pikiert wird.**
- **Ein Sellerieherz hat in etwa dasselbe Aroma wie ein junger Knollensellerie, damit enden aber auch schon die Gemeinsamkeiten.**
- **Knollensellerie wird roh, geraspelt (als Sellerieremoulade mit Mayonnaise), aber auch gedämpft, püriert, als Suppe oder zusammen mit anderem Gemüse verzehrt.**

### Saison

**Aussaat:** von Februar bis April.
**Pflanzung:** von Ende Mai bis Juni.
**Ernte:** von August bis zum folgenden Frühjahr; noch länger, wenn er geschützt wird.

### Boden und Standort

Knollensellerie schätzt einen gut gedüngten Boden, der vom vergangenen Winter mit Mist angereichert wurde sowie einen sonnigen und geschützten Standort. Er benötigt

Unmengen von Wasser. Die jungen Pflanzen vertragen keinen kalten Wind.

### Aussaat und Pflanzung

• In Saatschalen im Frühbeet aussäen.
• Sämlinge pikieren, sobald sie dafür groß genug sind.
• Nach den letzten Frösten in den Garten im Abstand von 30 cm mit einem Reihenabstand von 25 bis 40 cm auspflanzen. Möglichst hoch pflanzen, um die Krone nicht einzugraben.

### Pflege

Täglich gießen. Die Bodenkrume regelmäßig harken. Welke Blätter entfernen, ebenso alle wildwachsenden Stängel oder Wurzeln (Wurzelschösslinge). Den Boden niemals austrocknen lassen.

### Ernte

Ist der Boden schön durchlässig und sind die Pflanzen gut geschützt mit Stroh oder einer Schutzfolie, kann man den Knollensellerie im Boden lassen und ihn nach Bedarf den ganzen Winter über ernten. Bei feuchtem Boden gräbt man den Knollensellerie besser aus und lagert ihn frostgeschützt.

### Sorten

'Riese von Prag' ist eine sehr zuverlässige Sorte und bildet große dicke Knollen, die ab September geerntet werden können.
'Prinz' ist resistent gegenüber Blattkrankheiten und schossfest. Seine Schale ist dünn und leicht, sein Fruchtfleisch weiß.
'Alba' ist aromatisch, schossfest und widerstandsfähig gegen Kälte, wenn man ihn mit einer Strohschicht abdeckt.

## Stangen- oder Bleichsellerie

**• Der Anbau von Stangen- oder Bleichsellerie ist sehr zeitaufwändig.**
**• Die selbstbleichenden Sorten müssen nicht angehäufelt werden.**
**• Baut man sowohl traditionelle wie selbstbleichende Sorten an, kann man von Juli bis Februar Sellerie essen.**

### Saison

**Aussaat:** Ende März/Anfang April.
**Pikieren:** Ende Mai/Anfang Juni.
**Ernte:** September/Oktober.

### Boden und Standort

Stangensellerie mag einen nahrhaften, tiefgründigen, feuchten, durchlässigen Boden und einen sonnigen, offenen Standort. Sellerie braucht viel Feuchtigkeit, aber er gedeiht nicht in aufgeweichten Böden. Den Boden mit gut verrottetem Mist anreichern. Die zum Anhäufeln verwendete Erde sollte feinkrümelig und locker sein.

### Aussaat und Pflanzung

• In Saatschalen im Frühbeet aussäen.
• In Torftöpfe umtopfen, sobald die Sämlinge groß genug sind.
• Ende Mai/Anfang Juni pikieren. Einen 30 cm tiefen und 55 cm breiten Graben ausheben. Dann eine 5 cm dicke Schicht Mist und darauf noch Erde aufbringen und die Setzlinge in den Graben setzen: die selbstbleichenden Sorten im Abstand von 25 cm; die traditionellen Sorten, die angehäufelt werden, im Abstand von 40 cm.

FÜR DEN KÜCHENCHEF

### Peperoni

Peperoni zählen zur selben Gattung wie die Paprika. Die beiden verwandten Pflanzen haben sich unterschiedlich entwickelt; die Paprika hat durch ihr Größenwachstum ihre Schärfe verloren.

**ANBAU** Peperoni werden wie Paprika angebaut. Eine Pflanze reicht aus, um eine Fülle von Früchten für alle möglichen Gerichte hervorzubringen. In kalten Gegenden ist der Anbau in Töpfen eine gute Lösung. Dazu nimmt man am besten die Sorte 'Piment de Bresse': sie bildet kleine spitze, leuchtend rote Früchte, hat einen fruchtigem Geschmack und ist mittelscharf.

Peperoni kann man noch grün ernten oder sie bereits verzehren, wenn sie sich zu färben beginnen. Je mehr sie ausreifen, desto schärfer werden sie.

Peperoni kann man frisch, gehackt oder mariniert, als Sauce, püriert oder als Beilage zu kaltem Fleisch verzehren. Man kann sie auch trocken lagern, in Essig (siehe Rezept für Essiggürkchen, Seite 225) oder in Öl eingelegt lagern oder einfrieren.

### Pflege

Täglich gießen. Die Bodenkrume regelmäßig harken. Die Seitentriebe und tote Blätter entfernen. Sobald die Sorten, die angehäufelt werden, 25 bis 30 cm hoch sind, diese mit Raphiabast zusammenbinden, mit feinkrümeliger, lockerer Erde anhäufeln und dabei nur die Spitzen des Blattwerks herausschauen lassen. Bei Frost die Blätter mit geschnittenem Stroh schützen.

### Ernte

Die selbstbleichenden Sorten von Juli bis September, die anzuhäufelnden Sorten etwas später, im September/Oktober ernten. Die letzten Pflanzen vor den großen Frösten ausgraben. Sie können ungefähr einen Monat nach dem Bleichen in der Erde bleiben.

### Sorten

'Großer Goldgelber', mittelfrühe, selbstbleichende Sorte, ideal zum Einwecken; bleibt auch bei ungünstiger Witterung lange gesund.
'White Pascal', eine sehr zuverlässige Standardsorte, die schöne weiße bis hellgrüne Stangen bildet.
'Tall Utah' ist ein Stangensellerie mit mittelspäter Reife, eine resistente und sehr ertragreiche Sorte.

## Spargel

**• Spargel entwickelt sich aus einjährigen Pflanzen (den Klauen) und wird ab dem zweiten oder dritten Anbaujahr geerntet.**
**• Eine Spargelpflanzung ist 10 bis 20 Jahre lang ertragreich.**

### Saison

**Aussaat:** von März bis Juni (erfahrenen Gärtnern vorbehalten).
**Pflanzung der Klauen:** März/April.
**Ernte:** ab dem zweiten oder dritten Anbaujahr, von April bis Juni.

### Boden und Standort

Durchlässiger, sehr humushaltiger, eher sandiger Boden, der vor der Pflanzung tiefgründig umgegraben wurde. Den Spargel an einem geschützten, aber sonnigen Standort anbauen. Spargel gedeiht am besten, wenn der Boden mit zwei Eimern Dünger pro Quadratmeter angereichert wird. Den Boden jäten, um ihn zu belüften und das Unkraut zu entfernen.

### Aussaat und Pflanzung

- Eine 25 cm tiefe und 40 cm breite Furche herstellen. Auf die Sohle eine 7,5 cm dicke Schicht gut verrotteten Mist oder Kompost ausbringen.
- Die Klauen im Abstand von 45 cm einsetzen, mit den Wurzeln auf dem Kompost und 5 bis 7,5 cm dick mit Erde abdecken. Reichlich gießen (siehe Seite 123).

### Pflege

Zwei Jahre nach Pflanzung im Herbst die Stängel bodennah abschneiden, die Erde um die Pflanzen krümelig harken, sodass eine Art Erdmulch entsteht und anhäufeln, indem man sie mit einer Schicht aus gut verrottetem Mist und darüber mit Erde abdeckt. Im dritten Herbst und in den Folgejahren dasselbe Prozedere durchführen, jedoch die Rhizome (junge unterirdische Triebe) sich entwickeln lassen.

### Ernte

Im 3. Anbaujahr, wenn die Spargelstangen 7 bis 10 cm lang sind, etwa 10 cm unter der Erdoberfläche mit einem Spargelmesser, einem länglichen und konkav geformten Schneidwerkzeug, abschneiden.

### Sorten

'Mary Washington' ist sehr widerstandsfähig gegen Rost und bildet eine Fülle großer Stangen, deren Farben von grün bis violett reichen. Diese Sorte muss nicht angehäufelt werden.
'Violette d'Argenteuil' mit violetten Sprossen ist die bekannteste Sorte.

## Spinat

- **Grünes, mineralstoffreiches, sehr Vitamin C-haltiges Gemüse, willkommen im Winter, wenn anderes Gemüse knapp ist.**
- **Spinat ist einfach anzubauen.**
- **Frisch geschnittener Spinat schmeckt herrlich und kann auch roh als Salat gegessen werden.**

### Saison

**Aussaat:** von März bis Juni (frühe Sorten) oder August/September.
**Ernte:** Mai und das ganze Jahr bis zum folgenden Frühjahr.

### Boden und Standort

Spinat kann auf jedem Boden angebaut werden. Er wächst schnell und kann zum Zwischenfruchtanbau eingesetzt werden (zwischen zwei Ernten von anderem Gemüse). Spinat wächst überall, er hat aber nur dann schöne Blätter, wenn der Boden gut vorbereitet ist, viel Mist enthält und die Feuchtigkeit gut zurückhält.

### Aussaat und Pflanzung

- Dünn aussäen in 2,5 cm tiefe Rillen mit einem Reihenabstand von 25 bis 30 cm, danach mit Erde abdecken.
- Erde festklopfen und mit einer feinen Brause reichlich gießen.
- Sobald die Sämlinge groß genug sind, dass man sie umsetzen kann, auf 7,5 cm vereinzeln und nur die schönsten Pflanzen behalten. Das Ganze später nochmals wiederholen, aber auf 15 cm vereinzeln.
- Vor und nach dem Vereinzeln gießen.

### Pflege

Die Bodenkrume regelmäßig harken. Reichlich gießen. Bei trockenem Wetter eine dicke Schicht gut verrotteten Mist beidseits der Reihen aufbringen und weiterhin gießen.

### Ernte

Von Mai bis zum folgenden Frühjahr die Blätter von Hand schneiden, sobald sie groß genug sind; dabei gleichzeitig gelbe und welke Blätter entfernen.

### Sorten

'Géant d'Hiver' ist eine beliebte Wintersorte, die im Herbst ausgesät wird. Sehr zuverlässig, winterhart.
'Émilia F1' ist eine Sorte für die Aussaat von April bis Juni, mit zarten Blättern, die entweder frisch oder als junge Triebe gegessen werden können.
'Matador' wird im Frühjahr ausgesät, damit man im Herbst und Winter ernten kann. Diese Sorte schießt nur sehr langsam.

## Tomaten

### Freilandtomaten

- **Im Freiland gezogene Tomaten sind in der Regel schmackhafter und weniger krankheitsanfällig.**
- **Tomatenanbau im Freiland gelingt nur bei mildem Klima, es sei denn, sie werden vor einer sonnigen Wand oder in voller Sonne gepflanzt oder vor starkem Wind geschützt.**
- **Unregelmäßiges Gießen und Staunässe vertragen sie nicht.**

### Saison

**Aussaat:** März/April.
**Pflanzung:** Mai.
**Ernte:** von Juli bis September.

### Boden und Standort

Tomaten kommen sowohl mit schweren wie mit lockeren Böden zurecht, vorausgesetzt, sie werden tiefgründig umgearbeitet, gut gedüngt, sind fest, durchlässig und ihr Standort ist sonnig und geschützt. Ein zu stickstoffhaltiger Boden führt zu verstärktem Blattwuchs zu Ungunsten der Früchte.

FÜR PROFIS

## Quinoa

Warum es nicht einmal mit dem Anbau von Quinoa versuchen, vorausgesetzt, man hat ein warmes Klima? Diese krautige Pflanze, die jahrtausendelang das Grundnahrungsmittel der Andenvölker war, bildet ein eiweißreiches Korn, das als Getreide verwendet wird. Quinoakörner werden auf Grund ihres hohen Gehalts an Aminosäuren als die besten pflanzlichen Eiweiße betrachtet. Die Körner sind ein ausgezeichneter Ersatz für Reis und Teigwaren. Die Blätter verzehrt man wie Spinat.

Quinoa ist auch ein interessanter Nahrungsmittelersatz für Menschen, die allergisch gegen Gluten sind, denn seine Körner sind glutenfrei.

**ANBAU** Quinoa schätzt einen leichten, tiefgründigen, durchlässigen Boden sowie einen sonnigen und warmen Standort. Im April in Reihen mit einem Reihenabstand von 40 bis 60 cm aussäen, auf 20 oder 25 cm vereinzeln. Harken und nicht übermäßig gießen. Die Pflanzen stützen, denn die Rispen werden sehr schwer. Verdorbene Blätter entfernen. Sobald die Körner reif sind, die Blütenstände abschneiden. Sobald sie trocken sind, auf einem Sägebock, der auf einer Plane steht, ausklopfen. Die Körner mehrfach mit Wasser waschen und wie Couscous kochen.

### Aussaat und Pflanzung

- In Saatschalen auf einem angefeuchteten Kompostbett aussäen. Mit Glas schützen, das mit Zeitungspapier abgedeckt ist.
- Sobald die Sämlinge groß genug sind, in Torftöpfe von 7,5 cm Durchmesser vereinzeln.
- Gießen und warm halten.
- Im Mai/Juni die Torftöpfe an einem geschützten Platz in die Erde setzen und reichlich gießen.

### Pflege

Die Pflanzen am Spalier ziehen und locker festbinden. Die Seitentriebe ausbrechen (ausgeizen).

Den Haupttrieb entspitzen und 5 bis 6 Blütenstände stehenlassen. Sobald die Früchte zu reifen beginnen, den Boden mit einem Mulch aus gut verrottetem Mist aufbringen, die Stützen entfernen und die Pflanzen vorsichtig auf den Boden legen. Mit einer Folienhaube abdecken und die Wurzeln gießen (siehe Seite 118f.).

### Ernte

Sobald die erste Fruchttraube zu reifen beginnt, alle Blätter von unten bis zur ersten Blüte über der Fruchttraube entfernen; verdorbene Früchte entfernen. Darauf achten, dass das Stroh schön trocken bleibt. Die Tomaten pflücken, sobald sie schön fest sind und eine schöne Farbe haben.

### Sorten

'Merveille des Marchés', schöne schmackhafte Fleischtomate mit sehr großen roten Früchten. Platzfest.

'St. Pierre', eine Fleischtomate mit großen fleischigen, fast kernlosen Früchten; benötigt einen warmen sonnigen Standort.

'De Berao', ergiebige Sorte, die auf nahrhaftem Boden 3 bis 4 Meter hoch werden kann. Dementsprechend fällt die Ernte aus. Auf mageren Böden erhält man eine kräftige hochwüchsige Pflanze, die hübsche Fruchttrauben, ähnlich den Romatomaten, trägt. Die Früchte sind mittelgroß, oval und können lange aufbewahrt werden. Resistent gegen Krankheiten.

'Supersweet 100 F1', eine frühreifende, aromatische rote Cocktailtomate mit schweren Früchten, resistent gegen Fusarium- und Verticilliumwelke.

## Gewächshaustomaten

- **Mit Folienhauben und Folientunneln kann man Gewächshaustomaten anbauen, selbst wenn kein Gewächshaus vorhanden ist (siehe Seite 118f.).**
- **Gewächshaustomaten sind anfälliger für Mehltau und Fäulnis als Freilandtomaten.**
- **Die alten Sorten sind schmackhafter, aber auf Grund ihres höheren Zuckergehalts nicht so platzfest.**

### Saison

**Aussaat:** Februar/März.
**Pflanzung:** von März bis Mai.
**Ernte:** von Juni bis Oktober.

### Boden und Standort

Kultursäcke sind am einfachsten. Es genügt, den Kultursack an einem geschützten Platz in die Sonne zu stellen und danach auszusäen und zu pikieren. Viel gießen, die Pflanzen aber nicht im Wasser baden lassen. Tomaten verabscheuen unregelmäßiges Gießen und Staunässe.

### Aussaat und Pflanzung

- Im Februar/März in Saatschalen bei Temperaturen von 20 bis 25 °C auf ein angefeuchtetes Kompostbeet aussäen. Mit Glas schützen, das mit Zeitungspapier abgedeckt ist.
- Im April/Mai, sobald die Sämlinge groß genug sind, in Torftöpfe von 7,5 cm pikieren.
- Im Mai/Juni in Kultursäcke pflanzen, reichlich gießen und geschützt stellen.

### Pflege

Die Pflanzen am Spalier ziehen und locker festbinden. Die Seitentriebe, die sich aus der Blattachse entwickeln, ausgeizen. Die Pflanze entspitzen, kurz bevor sie das Dach von Gewächshaus oder Folientunnel erreichen. Die Wurzeln gießen und einen biologischen Flüssigdünger zusetzen. Mit gedüngten, nassen Blättern nicht hantieren. Trockenes Laub entfernen.

### Ernte

4 bis 5 Monate nach Aussaat in gleicher Weise wie Freilandtomaten ernten.

### Sorten

'Beefsteak', gute hochgewachsene, eher späte Sorte für innen, mit großen runden, leicht abgeflachten Früchten, die manchmal über 1 kg schwer werden, nahezu kernlos und von sehr mildem Geschmack. Aus ihnen macht man sehr gute gefüllte Tomaten.

'Noire de Crimée', frühe Sorte, Anfang Juni. Runde, ungefähr 100 g schwere Früchte, süß, mit nur wenigen Kernen.

'Berner Rose', ausgezeichnete Stabtomate für kalte Klimata, mit schönen rosaroten schmackhaften Früchten.

'Sweet 100 F1', sehr ertragreiche Kirschtomate mit süßen Früchten, die sehr gut im Kübel gedeiht.

FÜR DEN KÜCHENCHEF

## Rettich

Rettich hat einen kräftigeres Aroma als das Radieschen und enthält viel Vitamin C, Magnesium und Phosphor. Zu Spiralen geschnitten kann er ausgezeichnet als Rohkost gegessen werden, man muss ihn allerdings vorher mit grobkörnigem Salz Wasser ziehen lassen. Rettich schmeckt auch geraspelt mit Remouladensoße, einer Vinaigrette, als Spieße, in Soße eingetaucht, in dünnen Scheiben auf Feldsalat oder auch gebraten mit Geflügel.

**ANBAU** Der Anbau ist sehr ähnlich wie beim Radieschen: Von Juni bis August in Rillen mit einem Reihenabstand von 30 bis 40 cm aussäen und auf 5 oder 10 cm vereinzeln. Ab September bis zum Frost die Rettiche ausgraben. Man kann Rettich frostgeschützt in Sand lagern. Eine Pflanze in der Erde belassen als Saatkornlieferant für das Folgejahr.

**SORTEN** 'Runder schwarzer Winter', mit einer sehr langen Wurzel und einem angenehm scharfen Aroma. Die Sorte ist gut lagerfähig, kann bis zu 20 cm lang und 6 bis 9 cm dick werden und über 500 g wiegen.

FÜR DEN KÜCHENCHEF

## Winterspargel

Manchmal ersetzt man Schwarzwurzeln durch Winterspargel, der verdaulicher sein soll. Diese Mehrjährigen, die im Allgemeinen als Ein- oder Zweijährige behandelt werden, baut man in etwa wie die Schwarzwurzeln an, mit einigen Unterschieden: Sie vertragen Halbschatten. Als Einjährige sät man sie für eine Ernte im August im Februar und März aus. Außerdem kann man sie den ganzen Winter über in der Erde lassen.

'Zuckertraube', eine rotfrüchtige Cocktailtomate für das Gewächshaus, trägt lange Trauben mit aromatischen Früchten.

# Zwiebeln und Schalotten

- **Wer Zwiebeln und Schalotten mag, muss mehrere Sorten anbauen. Sie werden roh in Salaten oder gekocht in verschiedenen Gerichten verzehrt.**
- **Man kann sie durch Aussaat oder kleinen Steckzwiebeln ziehen. Letztere Methode ist die schnellere, aber teurere.**
- **Bei guter Einteilung und mit Anbau verschiedener Sorten kann man von Juni bis Oktober Zwiebeln und Schalotten ernten (siehe Seite 112f.).**

## Saison

**Kultur aus Steckzwiebeln**
**Pflanzung:** von Februar bis April.
**Ernte:** von Juni bis September.
**Aussaat von Zwiebeln für die Sommerernte und für den Verzehr im rohen Zustand**
**Aussaat:** von Februar bis April.
**Ernte:** von Juni bis Oktober.
**Aussaat von braunen Lagerzwiebeln**
**Aussaat:** von August bis Oktober.
**Ernte:** von Juni bis September

## Boden und Standort

Zwiebeln mögen einen leichten, fruchtbaren, feuchten, lockeren, durchlässigen, sandigen, tiefgründig umgegrabenen und angereicherten Boden. Feuchten Boden meiden und einen sonnigen Standort auswählen. Bei sandigen Böden Lehm zusetzen. Ist der Boden dagegen schwer und klebrig, Sand zusetzen. Im Idealfall wird im Herbst Mist eingearbeitet, damit der Boden für die Frühjahrsaussaat vorbereitet ist. Zwiebeln und Schalotten vertragen keinen direkten Kontakt mit frischem Mist. Anderen Meinungen zufolge gibt es für Zwiebeln nichts Besseres als Dünger aus einer Mischung aus getrocknetem Geflügeldung und Sand.

## Aussaat und Pflanzung

- **Weiße Zwiebeln:** im Februar/März dünn in Reihen mit einem Reihenabstand von 25 bis 30 cm in einer Saattiefe von ungefähr 12 mm aussäen. Etwa zweieinhalb Monate nach Aussaat je nach Sorte auf 2,5 bis 5 cm vereinzeln.
- **Braune Lagerzwiebeln:** im August/September dünn in Reihen mit einem Reihenabstand von 25 cm in einer Saattiefe von ungefähr 12 mm aussäen, danach auf 5 cm vereinzeln.
- **Pflanzung von Zwiebel- und Schalottenabsenkern:** von Februar bis April im Abstand von 5 bis 10 cm mit einem Reihenabstand von 25 bis 30 cm pflanzen.
- **Riesenzwiebeln:** im Februar in Saatschalen aussäen und ans Fensterbrett stellen. Im April auf 7,5 cm pikieren, mit einem Reihenabstand von 30 bis 40 cm.

## Pflege

Regelmäßig harken. Anschließend mit den Fingern die Erde entfernen, damit der obere Teil der sich entwickelnden Zwiebeln an der Oberfläche zum Vorschein kommt. Gießen ist nicht nötig, aber weiterhin harken, um die Verdunstung zu verringern. Um Krankheiten vorzubeugen, regelmäßig einen gut verrotteten Dünger aufbringen.

## Ernte

Zwiebeln werden im Mai und Juni geerntet (weiße Frühlingszwiebeln), danach im September. Weiße Zwiebeln nach Bedarf ernten. Zum Trocknen der Lagersorten zunächst das Blattwerk entweder von Hand oder mit dem Rechen auf den Boden biegen, um einen Wachstumsstopp zu bewirken. Sobald das Blattwerk gut trocken ist, die Zwiebeln mit der Grabegabel aus dem Erdreich nehmen und in der Sonne trocknen lassen. Anschließend in Lattenkisten einsortieren oder zu Zöpfen flechten und an einem trockenen, frostgeschützten Ort lagern.

## Sorten

'Stuttgarter Riese' ist eine bekannte gelbschalige Sorte, besonders ertragreich und flachrund; auch für die Herbstaussaat als Winterzwiebel geeignet.
'Braunschweiger' ist eine alte rotschalige, flache und späte Sorte, gut zu lagern.
'Jaune paille des Vertus', die am meisten angebaute Sorte. Frühe, ergiebige Sorte mit rund 10 cm dicken Zwiebeln, hervorragend zu lagern.
'Ailsa Craig', Riesenzwiebel mit sehr großer Zwiebeln von mildem und süßem Geschmack.
'Ishikura Long White', eine Lauchzwiebel, die keine Zwiebel bildet, aber lange weiße, dicke Schäfte. Das Laub ist tolerant gegen Thripsbefall. Als Bundzwiebel für die Früh-jahrs- und Herbstaussaat geeignet.

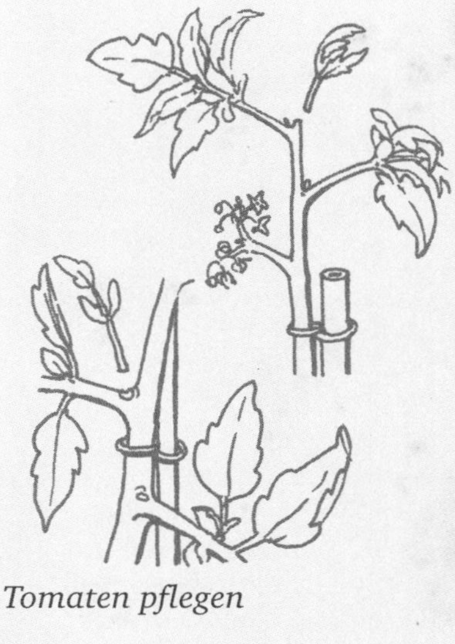

*Tomaten pflegen*

# Obst von A bis Z

## Apfel

**• Unter den vielen hundert Apfelsorten gibt es freiwachsende und erzogene Baumformen.**
**• Dank der Sortenvielfalt kann man von Juli bis Oktober Äpfel ernten und diese nahezu das ganze Jahr lang essen, denn manche Sorten kann man bis April oder Mai lagern.**

### Saison
**Wurzelnackte Pflanzung:** von November bis März.
**Containerpflanzung:** das ganze Jahr hindurch.
**Schnitt:** von November bis März.
**Ernte:** von Juli bis Oktober.

### Boden und Standort
Apfelbäume mögen einen durchlässigen, feuchten, tiefgründigen und humushaltigen Boden. Den Boden durch Holländern auflockern. Gut verrotteten Mist und Kompost in den Boden einarbeiten.

### Pflanzung
- Ein 60 cm tiefes Pflanzloch von 90 bis 120 cm Durchmesser ausheben.
- Wurzelnackte Bäume so setzen, dass sich die Oberseite der Wurzeln 8 bis 10 cm unter der Erde befindet. Die Bäume mit einem aufrechten Pfahl stützen.
- In Containern gezogene Sträucher in das Pflanzloch setzen und mit einem in Windrichtung geneigten Pfahl stützen.
- Etwas gut verrotteten Mist oder Kompost in das Pflanzloch geben und mit Komposterde auffüllen.

### Pflege
Geschnitten wird, sobald im Frühjahr die Knospen erscheinen – oder im Herbst, wenn bereits im Frühjahr gepflanzt wurde. Die Leitäste auf die Hälfte ihrer Länge zurückschneiden. Bei Kordon-Erziehung die Seitentriebe auf bis zu 2 oder 3 Knospen zurückschneiden.

### Ernte
Die Äpfel pflücken, sobald sich die Früchte mit der Hand leicht abdrehen lassen.

### Sorten
'Cox Orange' ist eine alte Sorte mit festem Fruchtfleisch und mildem Geschmack. Für Spalier geeignet, da nicht sehr starkwüchsig. Ernte im Oktober, lagerfähig bis Januar.
'Goldparmäne', ideal als freiwachsende Baumform für alle Gegenden, mit bissfestem und aromatischen Fruchtfleisch. Ernte im November, lagerfähig bis Dezember.
'Schöner aus Boskoop', sehr starkwüchsige Sorte für kalte Klimata, mit säuerlichen grüngelblichen Früchten, die sich hervorragend für Kuchen und Kompott eignen. Ernte im Dezember, lagerfähig bis Februar.

## Aprikose

**• Aprikosen brauchen gute Anbaubedingungen, um zu gedeihen (zum Beispiel Gegenden, in denen auch Wein angebaut wird): Bei zu kaltem Klima muss man sie im Gewächshaus oder vor einer warmen geschützten und sonnigen Wand im Spalier ziehen.**
**• Aprikosen sind selbstfruchtbar, das heißt sie brauchen zur Befruchtung nicht den Pollen eines anderen Baumes. Es genügt daher ein Baum.**
**• Der Aprikosenbaum bildet Früchte an einjährigen Trieben sowie an älteren Seitentrieben.**

### Saison
**Wurzelnackte Pflanzung:** November.
**Containerpflanzung:** September.
**Formierungsschnitt:** Winterende.
**Erhaltungsschnitt (leicht):** August/September, nach der Ernte.

### Boden und Standort
Aprikosenbäume mögen einen oberflächlich lockeren und tiefgründig steinigen Boden. Der Boden muss durchlässig, aber dennoch leicht feucht sein. Eine gute Maßnahme ist es, ein Pflanzloch auszuheben und die Sohle mit Kies auszulegen, um die Dränage des Unterbodens zu gewährleisten. Idealerweise setzt man die Bäume vor oder in die Nähe einer sonnigen Wand, um sie vor dem Wind zu schützen.

### Pflanzung
- Zur Pflanzung eines zweijährigen wurzelnackten Baumes wird ein 60 cm tiefes Pflanzloch von 90 cm Durchmesser ausgehoben, die Erde an der Sohle gelockert, eine Schicht Ziegelsteinpulver aufgebracht und mit Erde bedeckt.
- Den Baum so setzen, dass sich die Oberfläche der Wurzeln maximal 8 bis 10 cm unter der Erde befindet und mit einem Pfahl stützen.
- Das Pflanzloch mit humushaltiger Komposterde auffüllen und die Erde gut festtreten.

### Pflege
Zur Blütezeit die Blüten mit einem Netzgewebe oder einer Schutzfolie vor Frost schützen. Bei günstiger Witterung den Frostschutz tagsüber abnehmen. Kreuztriebe und Seitentriebe entfernen. Nach der Ernte die Zweige, die fruchttragend waren, schneiden.

### Ernte
Die Aprikosen ernten, sobald sie sich rötlich färben, aber noch fest sind. Am besten isst man sie frisch geerntet.

### Sorten
'Rouge du Roussillon', eine frostbeständige Sorte mit mittelgroßen Früchten, aromatischem, süßem Fruchtfleisch und sehr ausgeprägtem Aroma.
'Aprikose von Nancy' ('Nancy-Aprikose'), eine spätreifende Sorte mit orangefarbenen süßen Früchten. Sehr winterhart und resistent gegen Parasiten.
'Orangered' und 'Ungarische Beste', beides widerstandsfähige und bewährte Sorten.

## Birne

**• Für einen kleinen Garten ist ein Birnbaum in Spalierform an Stützdrähten ein gute Lösung.**
**• Ein im Container gezogener 3- bis 4-jähriger Baum, der anschließend unter guten Bedingungen gepflanzt wird, trägt bereits 2 Jahre nach der Pflanzung Früchte.**

### Saison
**Wurzelnackte Pflanzung:** November.
**Containerpflanzung:** Mitte November und Ende März.
**Schnitt:** November/Dezember.
**Ernte:** von Juli bis Oktober.

### Boden und Standort

Obwohl Birnen einen humushaltigen und durchlässigen Boden bevorzugen, gedeihen sie besser in schweren, aber durchlässigen Böden als in trockenen, leichten und sandigen oder in kalkhaltigen, trockenen und schweren Böden. Birnbäume fühlen sich an einem warmen, windgeschützten und frostfreien Standort am wohlsten.

### Pflanzung

- Für einen jungen wurzelnackten oder im Container gezogenen Baum braucht man ein 45 cm tiefes Pflanzloch von 90 cm Durchmesser. Die Sohle des Pflanzlochs lockern und mit einer Schicht Ziegelsteinpulver abdecken.
- Den Baum so in das Pflanzloch setzen, dass sich die Oberfläche der Wurzeln 8 bis 10 cm tief unter der Erde befindet.
- Das Pflanzloch mit humushaltiger Komposterde auffüllen und die Erde gut festtreten.

### Pflege

Bei den freiwachsenden Formen richtet man sich am besten nach den Angaben zu Apfelbäumen. Für ein Spalier werden nach der Pflanzung Eisendrähte in mehreren Etagen gespannt. Der junge wurzelnackte Baum wird auf 40 cm über dem Boden zurückgeschnitten. Im Sommer werden die Triebe an die Stützdrähte gebunden. Zu Beginn des Winters werden die Triebe waagrecht vom Stamm an die Drähte gebunden. Diese Vorgehensweise wird in den Folgejahren wiederholt.

### Ernte

Die Früchte pflücken, sobald man sie leicht abnehmen kann. Die Birnen zwischen beide Handflächen nehmen und vorsichtig abziehen.

### Sorten

'Conférence', sehr beliebte, selbstfruchtbare Sorte, mit langen festen Früchten und guter Lagerfähigkeit, von Mitte September bis Mitte Oktober. Gedeiht vorzugsweise am Spalier.
'Alexander Lukas', eine Wintersorte mit Pflückreife von Anfang bis Mitte Oktober, haltbar bis November/Dezember; kaum für Schorf und wenig für Feuerbrand anfällig.

## Brombeere

- **Brombeeren können nahezu überall angebaut werden.**
- **Es gibt sie in zahlreichen Sorten, außerdem sind auch Brombeer-Himbeer-Hybriden (Taybeeren) erhältlich, die man zur Verlängerung der Ernte ebenfalls anbauen kann.**
- **Frisch geerntet sind Brombeeren eine Delikatesse. Sie geben ein köstliches Gelee ab, lassen sich aber auch zu Wein und Essig verarbeiten.**

### Saison

**Wurzelnackte Pflanzung:** November/Dezember oder Februar/März.
**Containerpflanzung:** das ganze Jahr über.
**Fruchtholzschnitt:** Winter.
**Ernte:** von Juli bis Oktober.

### Boden und Standort

Brombeeren wachsen auf ganz gewöhnlichem, tiefgründig umgegrabenem, feuchtem und mit Mist angereichertem Boden. Bei leichten und sandigen Böden bringt man eine dicke Schicht gut verrotteten Mist auf, damit die Feuchtigkeit im Boden bleibt. Die Reihen nach Möglichkeit von Norden nach Süden ausrichten, damit alle Reihen in ihrer ganzen Länge die Mittagssonne erhalten.

### Pflanzung

- Einen 25 cm tiefen und 60 cm breiten Graben ausheben.
- Die Sohle mit einer 10 cm dicken Schicht gut verrotteten Mist auslegen und die Sträucher im Abstand von 1,80 Meter setzen.
- Den Graben mit einer Mischung aus Komposterde und gut verrottetem Mist auffüllen.
- Zur Unterstützung der Ruten ein Spalier von 1,80 Meter Höhe aus Pfosten und Eisendraht errichten, wobei die Eisendrähte alle 30 cm waagrecht gespannt werden.

### Pflege

Nach dem Pflanzen die Ruten auf etwa 25 cm über dem Boden und über einer Knospe zurückschneiden. Im Sommer neue Triebe an den Drähten befestigen, mit Ausnahme des untersten Drahts. Im Folgejahr die neuen Triebe bis zum obersten Draht befestigen. Im Winter alle Fruchtruten zurückschneiden. In den Folgejahren genauso verfahren.

### Ernte

Die Brombeeren ernten, sobald sie schwarz werden und sich leicht abnehmen lassen. Sie lassen sich gut einfrieren.

### Sorten

'Loch Ness', eine robuste, stachellose Sorte mit hohem Ertrag, die Anfang August bis Mitte September reift, gut für Marmelade geeignet und wenig anfällig für Fruchtfäule.
'Theodor Reimers', eine bestachelte Sorte mit hohem Ertrag, die Ende Juli bis Mitte September reift, geschmacklich unübertroffen ist, jedoch anfällig für Fruchtfäulen und Gallmilben.
'Tayberry' ist eine Hybridbeere, eine Kreuzung aus Brombeere und Himbeere, mit großen purpurroten Früchten, die zu köstlichen Konfitüren verarbeitet wird; Fruchtbildung im August.

## Edelkastanie

- **Man schätzt die Edelkastanie wegen ihrer Fruchtbildung, aber auch als Zierbaum und wegen ihres dekorativen Blattwerks.**
- **Zur Fruchtbildung braucht die Edelkastanie einen warmen Sommer. Wer in kalten Gegenden lebt, sollte sie an einem geschützten Ort im Garten anpflanzen.**
- **Die Edelkastanie niemals dichter als 7 Meter ans Haus pflanzen: Sie braucht Platz für ihre Wurzeln, besonders in schwerem Boden.**

### Saison

**Wurzelnackte Pflanzung:** November.
**Containerpflanzung:** das ganze Jahr über.
**Auslichtungsschnitt:** (bei Bedarf): von November bis Ende März.
**Ernte:** im Herbst.

### Boden und Standort

Edelkastanien mögen einen nahrhaften, tiefgründigen, durchlässigen, eher sauren Boden sowie einen sonnigen und schön offenen, aber windgeschützten Standort.

### Pflanzung

- Ein 60 cm tiefes Pflanzloch von 90 cm Durchmesser graben, die Erde an der Sohle lockern und mit einer Schicht Ziegelsteinpulver bedecken.
- Den Baum so setzen, dass sich die Oberfläche der Wurzeln etwa 8 bis 10 cm unter der Erde befindet und mit einem Pfahl stützen.
- Das Pflanzloch mit humushaltiger Komposterde auffüllen und die Erde fest andrücken.

### Pflege

Tote Äste oder Kreuztriebe im Winter schneiden. Die Baumkrone bei Bedarf auslichten.

### Ernte

Die zu Boden gefallenen Kastanien einsammeln. Aus den Schalen nehmen und sie 24 Stunden lang in kaltes Wasser legen, anschließend trocknen lassen. Kastanien können mehrere Monate lang in trockenem Sand gelagert werden.

### Sorten

'Belle Épine', eine sehr ergiebige Sorte, die Kastanien von guter Qualität bringt.
'Marron de Lyon' bringt große rotbraune Früchte.

## Erdbeere

**• Erdbeeren gedeihen am besten, wenn sie gruppenweise angepflanzt werden.**
**• Sie können leicht vermehrt werden, indem man die an den Ausläufern sitzenden bewurzelten Blattrosetten in Töpfe oder direkt ins Freiland pikiert.**

### Saison

**Pflanzung der wurzelnackten Erdbeerpflanzen:** von Sommer bis Herbst.
**Pflanzung der Erdbeerpflanzen in Horsten:** das ganze Jahr hindurch (in der Regel von September bis Februar).
**Schnitt:** gleich nach der Ernte.
**Ernte:** von Mitte Mai bis Juli, je nach Sorte.

### Boden und Standort

Erdbeerpflanzen mögen einen tiefgründigen, schweren, humushaltigen, leicht sauren Boden. Der ideale Standort ist in Hanglage, der Mittagssonne zugewandt und vor starkem Wind geschützt. Der Boden sollte tiefgründig umgegraben und reichlich mit Mist angereichert sein.

### Pflanzung

- Den Boden holländern und viel gut verrotteten Mist einarbeiten.
- In Reihenabständen von 60 cm niedrige Löcher im Abstand von 45 cm ausheben, die breit genug sein müssen, damit sich die Wurzeln darin ausbreiten können.
- Die Pflanzen fest im Boden einpflanzen, dabei die Krone freilassen, anschließend die Pflanzlöcher mit lockerer Erde auffüllen und mit den Fingern andrücken.

### Pflege

Bei der Fruchtentwicklung eine dicke, saubere Lage Stroh unter die Pflanzen ausbreiten, damit die Früchte trocken und warm liegen. Stäbe oder Draht als bogenförmige Stütze anbringen und zum Schutz vor Vogelfraß ein Netz darüber spannen.

### Ernte

Die Erdbeeren morgens pflücken, wenn sie reif sind und eine schöne Farbe haben. Am Stiel abschneiden.

### Sorten

'Gariguette', Delikatesserdbeere, sehr frühe, nicht remontierende Sorte (nur gelegentlich in fruchtbaren Böden), mit mittelgroßen, länglichen, hellroten Früchten.
'Mara des Bois', remontierende Sorte, für die Sommerernte geeignet, mit konischen, ziemlich großen Früchten und Walderdbeergeschmack.

## Feige

**• Die Blüten des Feigenbaums, die sich im Inneren der Frucht verbergen, bekommt man nie zu sehen.**
**• Die Feige ist eine der schmackhaftesten und gesündesten Früchte: reich an Faserstoffen, Vitamin B und Kalium.**
**• In den Mittelmeergebieten tragen die Feigenbäume zwei Mal pro Jahr Früchte, in nördlich gelegenen Gebieten nur ein Mal. In Deutschland wird die Feige vorwiegend als Kübelpflanze gehalten.**
**• Feigenbäume sind selbstfruchtbar und brauchen keinen anderen Baum zur Fortpflanzung.**

### Saison

**Wurzelnackte Pflanzung:** von November bis März.
**Containerpflanzung:** September/Oktober.
**Formierungsschnitt:** Februar.
**Fruchtholzschnitt:** nach der Ernte.
**Ernte:** sobald man die Früchte leicht abnehmen kann, je nach Sorte von Juni bis Oktober.

### Boden und Standort

Feigenbäume mögen eine gute Gartenerde, eher trocken und kalkhaltig. Um das Wurzelwachstum einzuschränken und den Unterboden durchlässig zu machen, bringt man auf der Sohle des Pflanzlochs alten Mörtel, Schotter oder Ziegelsteinpulver auf. Idealerweise pflanzt man Feigenbäume oder stellt die Kübelpflanze vor oder in der Nähe einer sonnigen Wand, um sie vor Wind zu schützen.

### Pflanzung

- Ein 60 cm tiefes Pflanzloch von 90 cm Durchmesser ausheben, die Sohle mit einer Lage Schotter oder altem Mörtel bedecken.
- Den Baum so setzen, dass sich die Oberfläche der Wurzeln maximal 8 bis 10 cm unter der Erde befindet und mit einem Pfahl stützen.
- Das Pflanzloch mit Erde auffüllen und festtreten.

### Pflege

Zur Blüte ein Netz oder eine Folie als Frostschutz über den Baum spannen. Den Frostschutz tagsüber bei günstiger Witterung abnehmen. Zum Zeitpunkt der Fruchtbildung reichlich wässern. Die Netze setzt man auch zum Schutz vor Vogelfraß ein. Nach der Ernte die Äste schneiden, die fruchttragend waren.

### Ernte

Die Feigen ernten, sobald sie leicht abzunehmen sind und eine schöne Farbe haben. Feigen kann man frisch essen oder sie in einem Vorratsraum trocknen lassen.

### Sorten

'Noire de Caromb' trägt blauviolette längliche Früchte, bei warmem Klima zweimal pro Jahr.
'Blanche d'Argenteuil' trägt Früchte mit grünlichweißem Fruchtfleisch und eignet sich gut für kaltes Klima.

## Haselnuss

**• Die Haselnuss ist nicht selbstfruchtbar und braucht die Nähe eines anderen Baumes zur Befruchtung. Auch eine Gruppe von Haselnusssträuchern oder eine Hecke sind geeignet.**
**• Bei Kontinentalklima sucht man sich vorzugsweise spätreifende und frostbeständige Sorten aus.**

### Saison

**Wurzelnackte Pflanzung:** November.
**Containerpflanzung:** vorzugsweise im Herbst, wenn die Blätter fallen.
**Schnitt:** Februar.
**Ernte:** von August bis Oktober.

### Boden und Standort

Der Haselnussstrauch schätzt einen leichten, tiefgründigen, humushaltigen, wenig kalkhaltigen, durchlässigen Boden und einen vor kaltem Wind geschützten Standort.

### Pflanzung

- Für die wurzelnackte Pflanzung eines zweijährigen Baumes ein 60 cm tiefes Pflanzloch von 90 cm Durchmesser ausheben, nachdem das Erdreich gelockert wurde. Die Sohle des Pflanzlochs mit einer Lage Ziegelsteinpulver versehen und mit Erde abdecken.
- Den Baum so setzen, dass sich die Oberfläche der Wurzeln maximal 8 bis 10 cm unter der Erde befindet und mit einem Pfahl stützen.

• Das Pflanzloch mit humushaltiger Komposterde auffüllen und das Erdreich gut festtreten.

### Pflege
Die Triebe im Februar entfernen, ebenso altes, sich überkreuzendes Holz. Das Innere des Busches auslichten. Unkraut rund um die Pflanze regelmäßig entfernen.

### Ernte
Die Haselnüsse pflücken, sobald sie sich gut lösen lassen. An einem luftigen und kühlen Ort trocknen lassen.

### Sorten
'Wunder von Bollweiler', eine sehr starkwüchsige, winterharte, wenig schossende Sorte mit großen runden Nüssen. Auf Grund der späten Blüte ist sie für kaltes Klima geeignet. Reifung Anfang Oktober.
'Hallesche Riesen', eine alte und eine der besten Sorten, mit großen Früchten und hohem Ertrag von August bis Oktober.
'Webbs Preisnuss', eine ertragreiche Sorte, die nicht zu stark wächst; Ernte von August bis Oktober.

## Heidelbeere

**• Neben den wilden Heidelbeeren gibt es die größeren, buschartigen Kultursorten.**
**• Ist der Boden für den Anbau ungeeignet, kann man sie auch im Container, in reiner Heidekrauterde pflanzen.**
**• Nach Möglichkeit zwei oder mehrere Sträucher pflanzen – zur Kreuzbefruchtung und zur Verbesserung der Ernte.**

### Saison
**Wurzelnackte Pflanzung:** November/Dezember.
**Containerpflanzung:** von Oktober bis März.
**Fruchtholzschnitt:** April.
**Ernte:** von Juli bis Oktober.

### Boden und Standort
Heidelbeeren wachsen nur in sauren, humushaltigen und sogar dichten Böden im Halbschatten, vor Wind und starker Hitze geschützt.

### Pflanzung
• Ein 60 cm tiefes Pflanzloch von 90 cm Durchmesser ausheben, die Erde der Sohle lockern und das Pflanzloch und die Ränder mit Gartenvlies auslegen. Auf der Sohle eine Schicht Ziegelsteinpulver zur Verbesserung der Dränage aufbringen und den Busch setzen. Die Pflanzen im Abstand von 1,50 Meter setzen.
• Das Pflanzloch mit Heidekrauterde ($^2/_3$) und gut verrotteter Walderde ($^1/_3$) auffüllen und anschließend festtreten.

### Pflege
Bei trockenem Wetter mit Regenwasser gießen und einen Mulch aus Rinde, Stroh oder Tannennadeln aufbringen. Totes Holz im Winter entfernen. Zur Erneuerung der jungen Triebe zurückschneiden: Im vierten Jahr die fruchttragenden Zweige bodennah abschneiden. In den Folgejahren schwache Triebe und sich überkreuzende Äste abschneiden.

### Ernte
Die Heidelbeeren pflücken, wenn sie blau und zart sind und sich leicht lösen lassen. Man kann sie gut einfrieren.

### Sorten
'Bluecrop', frühreife Sorte (Ende Juli bis Mitte August), die am stärksten kultivierte Sorte überhaupt, sehr ergiebig, trägt große Trauben mittelgroßer bis großer schwarzblauer Früchte.
'Atlantic 13', spätere Sorte, starkwachsend und ergiebig; trägt über einen längeren Zeitraum mittelgroße blauschwarze Früchte.

## Himbeere

**• Der Himbeerstrauch ist ein winterharter, laubabwerfender Strauch, widerstandsfähig, mit leicht bedornten Ruten und Sommer- oder Herbstfrüchten.**
**• Remontierende Sorten fruchten im ersten Anbaujahr im Herbst und ein zweites Mal im darauffolgenden Sommer, während die nicht remontierenden Sorten nur einmal fruchten, und zwar im Sommer.**
**• Die Anlage alle 7 bis 8 Jahre erneuern.**
**• Bei kaltem Klima gedeihen nicht remontierende Sorten besser.**

### Saison
**Wurzelnackte Pflanzung:** November/Dezember.
**Containerpflanzung:** das ganze Jahr über.
**Schnitt:** gleich nach der Pflanzung und nach der Fruchtbildung.
**Ernte:** von Juni bis Oktober, je nach Sorte.

### Boden und Standort
Himbeersträucher mögen einen durchlässigen, lockeren Boden und einen sonnigen und geschützten Standort. Remontierende Sorten brauchen mehr Sonne und mehr Schutz. Bei trockenem Wetter einen Mulch aus gut verrottetem Mist aufbringen. Himbeersträucher kann man auch in schweren, lehmigen Böden anpflanzen, solange der Boden nicht feuchtigkeitsgetränkt ist.

### Pflanzung
• Vor dem Pflanzen wurzelnackter Himbeeren den Boden holländern und viel gut verrotteten Mist einarbeiten.
• Ein 15 cm tiefes und 45 cm breites Pflanzloch ausheben. Die Pflanzen im Abstand von 40 bis 45 cm mit einem Reihenabstand von 1,50 bis 1,80 Meter setzen.
• Das Pflanzloch mit einer Mischung aus Komposterde und gut verrottetem Mist auffüllen und gut festtreten.

### Pflege
Aus waagrecht an Pfosten gespannten Eisendrähten im Abstand von jeweils 60, 90 und 150 cm vom Boden ein Spalier errichten. Nach der Pflanzung die Ruten auf rund 30 cm vom Boden zurückschneiden. Sobald neue Jungruten austreiben, die zurückgeschnittenen Altruten entfernen. Die Jungruten am Spalier befestigen.
Nach der Fruchtbildung bei nicht remontierenden Sorten alle abgetragenen Ruten bis zum Boden abschneiden und die neuen Jungruten am Spalier befestigen. Bei remontierenden Sorten im Winter die im Herbst gefruchteten Ruten entspitzen. Nach der Fruchtbildung im Sommer wiederum alle abgetragenen Ruten abschneiden.
Das ganze Jahr hindurch überzählige Wurzelschösslinge entfernen. Im Herbst einen Mulch aus toten Blättern oder Kompost ausbringen.

### Ernte
Die Himbeeren bei schönem Wetter ernten, sobald sie eine schöne Farbe haben und sich leicht abnehmen lassen. Wurmige Himbeeren verbrennen.

### Sorten
'Zeva', sehr widerstandsfähige, remontierende Sorte mit großen roten Früchten. Remontiert sehr schnell auf fruchtbarem Boden und gedeiht selbst ohne Spalier.
'Malling Exploit', nicht remontierend, sehr winterhart, mit großen roten Früchten, kann überall angepflanzt werden, Fruchtbildung von Mitte Juni bis Ende Juli.

# Johannisbeere, Rote

**• Rote und Weiße Johannisbeeren (eine Zuchtform der Roten Johannisbeere) sind köstlich als Gelee, für Kuchen und Sorbets.**
**• Für Anfänger ideal, da Johannisbeersträucher die widerstandsfähigsten Obststräucher sind.**
**• Die Pflege ist ähnlich der von Stachelbeeren.**

### Saison

**Wurzelnackte Pflanzung:** Oktober/November oder Februar/März.
**Containerpflanzung:** das ganze Jahr über.
**Erhaltungsschnitt:** von November bis März.
**Ernte:** von Juni bis August.

### Boden und Standort

Johannisbeeren mögen einen tiefgründig umgegrabenen, mit Mist angereicherten, durchlässigen, humushaltigen, schweren oder mittelschweren Boden sowie einen sonnigen, luftigen, aber windgeschützten Standort.

### Pflanzung

- Ein 40 bis 45 cm tiefes Pflanzloch ausheben. Eine 10 cm dicke Lage gut verrotteten Mist auf die Sohle legen und den Strauch setzen.
- Das Pflanzloch mit einer Mischung aus Komposterde und gut verrottetem Mist auffüllen, mit Erde abdecken und festtreten.

### Pflege

Nach der Pflanzung die Haupttriebe um die Hälfte zurückschneiden. Im folgenden Herbst alle Jahrestriebe um die Hälfte zurückschneiden. Ende der Folgesaison neu wachsende Triebe um die Hälfte zurückschneiden und alle mittleren Triebe entfernen.

### Ernte

Die Früchte ernten, sobald sie die Farbe wechseln. In guten Jahren muss man ein oder zwei Mal pro Woche ernten.

### Sorten

'Weiße Versailler' ist eine köstliche Sorte Weißer Johannisbeeren, die lange Fruchttrauben mit großen Früchten bildet; fruchtet Anfang bis Mitte Juli; frostempfindlich.
'Rolan', eine mittelfrühe Sorte mit roten Früchten, resistent gegen Krankheiten, mäßig platzempfindlich und wenig anfällig für die Blattfallkrankheit; fruchtet Mitte Juli.
'Rotet', eine mittelspäte Sorte, die nicht rieselt und resistent gegen die Blattfallkrankheit ist; auch für etwas rauere Lagen geeignet; fruchtet Mitte bis Ende Juli.

# Johannisbeere, Schwarze (Cassis)

**• Schwarze Johannisbeeren sind einfacher anzubauen als ihre Verwandten, die roten Johannisbeeren.**
**• Sie werden zu Gelees und Sirup verarbeitet und können sehr gut eingefroren werden.**

### Saison

**Wurzelnackte Pflanzung:** von November bis Februar.
**Containerpflanzung:** das ganze Jahr hindurch.
**Fruchtholzschnitt:** im Februar.
**Ernte:** von Ende Juni bis August.

### Boden und Standort

Schwarze Johannisbeeren mögen einen leichten, großzügig gedüngten, durchlässigen und humushaltigen Boden. Harter Boden muss aufgelockert und mit viel Mist oder Blätterkomposterde angereichert werden. Schwarze Johannisbeeren pflanzt man am besten an einem sonnigen, windgeschützten Standort im Abstand von 1,50 Meter, damit die Luft gut zirkulieren kann.

### Pflanzung

- Ein ausreichend tiefes und breites Pflanzloch ausheben, damit sich die Wurzeln ausbreiten können.
- Auf der Sohle des Pflanzlochs eine 10 cm dicke Schicht aus gut verrottetem Mist aufbringen und die wurzelnackten Sträucher setzen. Containersträucher müssen so gesetzt werden, dass die Topfoberfläche auf gleichem Niveau wie die Bodenoberfläche ist.
- Das Pflanzloch mit gut verrottetem Mist und anschließend mit Erde auffüllen.

### Pflege

Nach der Pflanzung alle Ruten auf 2,5 cm über dem Boden zurückschneiden. Im Folgejahr die abgetragenen Ruten abschneiden.

### Ernte

Die Früchte in Büscheltrauben ernten, sobald sie eine schöne Farbe haben, aber noch fest und glänzend sind. In guten Jahren muss man manchmal zweimal pro Woche ernten.

### Sorten

'Boskoop Giant', frühreifende, sehr starkwüchsige Sorte mit langen Trauben großer, säuerlicher Früchte.
'Baldwin', spätreifende Sorte von mittlerer Größe, mit festen und säuerlichen Früchten, die sich bestens zu Konfitüre eignen.
'Ometa', eine mittelfrühe Sorte mit hohem Ertrag und gutem Geschmack, wenig anfällig für Gallmilben, allerdings nicht mehr überall mehltauresistent, fruchtet Mitte bis Ende Juli.

# Kirsche

**• Kirschbäume sind winterharte Obstbäume.**
**• Man unterscheidet zwischen roten und nicht sehr fleischigen Sauerkirschen, größeren und dunkleren Süßkirschen sowie den noch größeren Knorpelkirschen mit festem Fruchtfleisch.**
**• Die Kultur traditioneller Sorten kann schwierig werden. Die Bäume sind sehr groß und es ist schwierig, die Früchte vor Vogelfraß zu schützen.**
**• Um das Problem mit dem Vogelfraß in den Griff zu bekommen, sucht man am besten buschige Zwergsorten aus oder Sorten, die sich für Fächerspaliere entlang einer Wand eignen.**

### Saison

**Wurzelnackte Pflanzung:** November.
**Containerpflanzung:** das ganze Jahr über.
**Formierungsschnitt:** von Winterende bis Frühjahrsbeginn (ab Knospenbildung).
**Erhaltungsschnitt (leicht):** August.
**Ernte:** bei Fruchtreife, von Ende Mai bis Ende Juli.

### Boden und Standort

Kirschbäume schätzen einen durchlässigen, humushaltigen Boden wie Aprikosen- und Pflaumenbäume. Der ideale Standort ist offen und in Hanglage (Kirschbäume vertragen keine Staunässe), der Mittagssonne zugewandt, was ausreichende Sonnenwärme garantiert, und geschützt vor starkem Wind.

### Pflanzung

- Zur Pflanzung eines zweijährigen wurzelnackten Baums ein 60 cm tiefes Pflanzloch von 90 cm Durchmesser ausheben, die Erde an der Sohle lockern, die Sohle mit einer Lage Ziegelsteinpulver bedecken und mit Erde abdecken.
- Den Baum so setzen, dass sich die Oberfläche der Wurzeln maximal 8 bis 10 cm unter der Erde befindet und mit einem Pfahl stützen.
- Das Pflanzloch mit humushaltiger Komposterde auffüllen und das Erdreich gut festtreten.

### Pflege
Zum Schnitt von an Kordonen und am Spalier gezogenen Bäumen siehe unter Pflege von Apfelbäumen (Seite 151). Zum Schnitt der anderen Kirschbäume wartet man das Frühjahr ab und kürzt den Haupttrieb auf 90 cm ein. Im folgenden Frühjahr erneut die Hälfte des neuen Triebs bis auf eine Außenknospe kürzen. Alle Seitenzweige am Stamm abschneiden. In den folgenden Sommern schlecht platzierte Zweige und Wurzelschösslinge entfernen.

### Ernte
Die Kirschen ernten, wenn sie sich fest anfühlen. Am besten isst man sie frisch.

### Sorten
'Early Rivers', alte Süßkirschensorte, sehr ergiebig, mit großen schwarzen Früchten, ab Ende Mai.
'Montmorency', selbstfruchtbare Sauerkirschensorte, sehr winterhart, gut zum Brennen von Kirschwasser und als Konfitüre geeignet, Ernte Mitte Juni.
'Hedelfinger Riesenkirsche', Knorpelkirschensorte mit großen dunkelrotschwarzen Früchten mit bissfestem und süßem Fruchtfleisch, wird spät geerntet (Anfang Juli).

## Kiwi

- **Kiwi ist die Frucht der *Actinidia*, einer dekorativen, lianenartigen Schlingpflanze mit bis zu 10 Meter langen Trieben, die im Sommer fruchtet.**
- **Kiwi können an einer Wand oder einem Rankgitter gezogen werden. Die Pflanze ist aber starkwüchsig, die Stütze sollte daher sehr stabil sein.**
- **Zur Befruchtung braucht man eine männliche Pflanze in der Nähe einer weiblichen Pflanze (eine männliche Pflanze auf fünf weibliche Pflanzen reicht aus). Manche neueren Sorten tragen zweigeschlechtliche Blüten.**
- **Die Fruchtbildung beginnt im zweiten Jahr, aber die Pflanze setzt tatsächlich erst im fünften Jahr Früchte an und ist zwischen dem 10. und 12. Anbaujahr am ertragreichsten.**

### Saison
**Wurzelnackte Pflanzung:** November.
**Containerpflanzung:** das ganze Jahr über, bei rauem Klima besser im Frühjahr.
**Formierungsschnitt:** Dezember/Januar, wenn es keinen Frost hat.
**Fruchtholzschnitt:** Februar und eventuell Juli.
**Ernte:** September/Oktober, bis zu den ersten Frösten.

### Boden und Standort
Kiwipflanzen mögen einen leichten, humushaltigen, durchlässigen, kalkfreien Boden und einen sonnigen oder halbschattigen, windgeschützten Standort.

### Pflanzung
- Ein 60 cm tiefes Pflanzloch von 90 bis 120 cm Durchmesser ausheben. Die Sohle lockern und eine 10 cm dicke Schicht aus gut verrottetem Mist aufbringen.
- Die Pflanze so setzen, dass die Oberfläche des Wurzelballens auf gleichem Niveau wie die Bodenoberfläche ist.
- Die Erde der Kulturschicht mit Torf vermischen und den Wurzelballen damit umgeben. Das Erdreich gut festtreten.

### Pflege
Kiwipflanzen müssen an einem stabilen Gerüst befestigt werden, das das Gewicht der Früchte aushält. Im Boden Stützen von 2,50 Meter Länge im Abstand von 4 bis 6 Metern anbringen und drei Eisendrähte im Höhenabstand von 80, 130 und 180 cm befestigen. Im ersten Jahr den stärksten Trieb als Hauptstamm ziehen. An diesem Trieb werden in den Folgejahren die ersten Früchte knospen. Den Trieb entspitzen, um das Wachstum neuer Zweige anzuregen. Im Sommer an jedem neuen Trieb nur 4 oder 5 Knospen belassen. In den Folgejahren auf zwei Augen oberhalb der letzten Frucht zurückschneiden.
Die ersten drei Jahre die Pflanzen mulchen. Bei trockenem Wetter gießen.
Je nach Wachstum die Triebe am Spalier befestigen.

### Ernte
Die Kiwis ernten, wenn sie noch grün sind und sie lagern, bis sie zart und schön reif sind, das heißt etwa 3 Wochen nach der Ernte. Kiwis halten sich über einen Monat lang im Freien.

### Sorten
'Bruno' ist eine Sorte mit sehr aromatischen, kleinen Früchten.
'Hayward' ist eine weibliche Sorte von hervorragendem Ertrag.
'Jenny' ist eine selbstfruchtbare Sorte, von der man nur eine Pflanze zu pflanzen braucht.

## Pfirsich

- **Der Pfirsich zählt zur selben Gattung wie die Kirsche und die Pflaume *(Prunus)*, alles Mitglieder der Familie der Rosengewächse (Rosaceae), zu der auch die Rosensträucher gehören.**
- **Pfirsiche sind ziemlich einfach anzubauen.**
- **Zur Ertragsverbesserung die Spaliere an der Wand ziehen.**
- **Nektarinen werden auf dieselbe Weise gezogen.**

### Saison
**Wurzelnackte Pflanzung:** November.
**Containerpflanzung:** das ganze Jahr über, vorzugsweise zu Winteranfang.
**Formierungsschnitt:** Winterende, Frühjahrsbeginn (beim Aufbrechen der Knospen).
**Erhaltungsschnitt:** April und Juni/Juli.
**Ernte:** von Juni bis September.

### Boden und Standort
Pfirsichbäume mögen einen tiefgründig umgegrabenen, mit Mist angereicherten, durchlässigen und belüfteten Boden. Der ideale Standort ist vor einer Ziegelsteinwand, sonnig und geschützt.

### Pflanzung
- Ein 90 cm tiefes Pflanzloch von 1,20 Meter Durchmesser ausheben.
- Eine 15 cm dicke Schicht Ziegelsteinpulver auf der Sohle aufbringen und mit einer Schicht Erde und Gras abdecken, wobei das Gras unter die Erdschicht kommt.
- Oben eine Mischung aus Komposterde und Mörtelabfälle aufbringen, dann das Ganze mit verbrannten Gartenabfällen wie Holz- und Pflanzenasche abdecken.
- Darin einen 3 Jahre alten, wurzelnackten Pfirsichbaum mit Fächer-Erziehung setzen und das Pflanzloch mit Erde so auffüllen, dass die Oberfläche der Wurzeln mit einer 5 bis 7 cm dicken Erdschicht bedeckt ist.

### Pflege
Den Baum gegen Frost mit einem Netz oder einer Schutzfolie schützen. Tagsüber den Frostschutz abnehmen. Im Sommer den Frostschutz zum Schutz vor Vogelfraß wieder aufbringen. Bei trockenem Wetter reichlich gießen und eine dicke Lage Mulch aus gut verrottetem Mist auf dem Boden aufbringen, damit die Feuchtigkeit im Boden bleibt. Vor der Ernte auf eine Frucht pro Büschel ausdünnen, sobald die Früchte traubengroß und später dann haselnussgroß

sind, damit sie Platz zum Wachsen haben. Nach der Fruchtbildung alle abgetragenen Zweige an der Basis entfernen.

**Ernte**

Die zum Einwecken, für Kuchen und für Konfitüre bestimmten Früchte ernten, sobald sie die Farbe ändern. Um Pfirsiche frisch zu essen, muss man sie pflücken, wenn ihr Fruchtfleisch sich eindrücken lässt und man sie leicht abnehmen kann.

**Sorten**

'Amsden', mit weißem Fruchtfleisch, fruchtbar und resistent gegen Krankheiten; fruchtet im Juli.

'Sanguine', Weinbergpfirsich mit rotem Fruchtfleisch, für gemäßigtes Klima geeignet; fruchtet im September.

'Roter Ellerstädter', eine relativ frostharte, selbstfruchtbare Sorte, die auch an ungünstigen Standorten gedeiht; reift Anfang bis Mitte September.

## Quitte

- **Aus Sicht des Selbstversorgers wählt man lieber ergiebigere Sorten mit birnenförmigen Früchten.**
- **Quitten sind im Rohzustand ungenießbar, aber als Konfitüre und Gelee eine Delikatesse.**

**Saison**

**Wurzelnackte Pflanzung:** von November bis März.

**Containerpflanzung: das ganze Jahr über.**

**Schnitt:** Winter, nach der Ernte.

**Ernte:** Herbst, noch vor den Frösten.

**Boden und Standort**

Quittenbäume mögen einen feuchten Boden und einen sonnigen, windgeschützten Standort. Traditionell pflanzte man Quitten in der Nähe von Teichen, in feuchten, aber nicht durchweichten Böden.

**Pflanzung**

- Ein 60 cm tiefes Pflanzloch von 90 bis 120 cm Durchmesser ausheben und bis zur Hälfte mit einer Mischung aus gut verrottetem Mist, normaler Erde und Gartenerde aus Blättern oder Kompost auffüllen.
- Den jungen Baum setzen, mit der genannten Mischung die Wurzeln bedecken und gut festtreten.

**Pflege**

Um die Pflanze einen Mulch aus Mist aufbringen, damit die Feuchtigkeit im Boden bleibt und das Unkraut ferngehalten wird. Nach der Ernte, sobald der Baum sein Laub abwirft, die Triebe auf 3 oder 4 Augen ab der Basis einkürzen und sich überkreuzende Äste entfernen.

**Ernte**

Die Quitten im Oktober/November vor den Frösten ernten, wenn sie schön gelb sind, den typischen Quittengeruch verströmen und sich mehr oder weniger beim Anfassen von alleine lösen. Besteht frühe Frostgefahr, die Quitten pflücken und in einer kühlen und dunklen Vorratskammer lagern. Dennoch ist die Lagerung von Quitten nicht einfach.

**Sorten**

'Champion' ist eine beliebte Sorte, die große gelbgrüne, birnenförmige Früchte trägt; Ernte Ende Oktober.

'Vranja', starkwüchsige und strauchartige Riesenquitte, trägt sehr große Früchte (bis zu 1 kg).

## Rhabarber

- **Rhabarber ist eigentlich ein Gemüse, das wir als Obst ansehen.**
- **Am besten vermehrt man Rhabarber durch Teilung der Kronen.**
- **Rhabarber ist nicht sehr anfällig für Krankheiten oder Parasiten.**
- **Die Blätter sind giftig: man schneidet sie ab und kompostiert sie.**

**Saison**

**Pflanzung:** Februar/März; das ganze Jahr über, wenn man Containerpflanzen nimmt.

**Ernte:** von April bis Juli.

**Boden und Standort**

Rhabarber mag einen tiefgründigen, nahrhaften, durchlässigen, feuchten Boden und einen warmen und geschützten Standort. Durchweichter, sumpfiger, aber auch zu trockener Boden ist nichts für Rhabarber. Der Boden muss im Herbst durch Holländern vorbereitet und mit sehr viel Mist angereichert werden.

**Pflanzung**

- Nach Teilung der Kronen im Herbst die Knospe am Wurzelstück mit 2 oder 3 Augen in gut vorbereitete Erde in ein 30 cm tiefes Pflanzloch setzen, das breit genug sein muss, damit sich die Wurzeln ausbreiten können.
- Die Pflanzen im Abstand von 75 cm setzen.
- Das Pflanzloch mit einer Mischung aus Erde und gut verrottetem Mist auffüllen.

**Pflege**

Den Boden krümelig harken, damit sich keine Kruste bildet und mit einem Mulch aus gut verrottetem Mist abdecken. Sehr häufig gießen. Blühende Triebe gleich entfernen. Die Ernte kann man vorantreiben, indem man die Pflanzen mit Stroh und schwarzer Plastikfolie abdeckt.

**Ernte**

Die Stiele 12 bis 18 Monate nach der Pflanzung ernten, je nach Anbaumethode. Man erntet sie je nach Wachstum und Bedarf. Den Stiel fest fassen, ihn drehen und dabei gleichzeitig von der Pflanze wegziehen. Die Blätter abschneiden, aber an jeder Pflanze ein paar kleine Blätter stehenlassen, die abgeschnittenen Blätter kompostieren. Die blühenden Triebe gleich bei Auftreten entfernen, um eine frühzeitige Erschöpfung der Pflanzen zu verhindern.

**Sorten**

'Timperley Early' ist eine frühreifende Sorte mit sehr feinen Stielen.

'Victoria', Riesenrhabarber mit säuerlichem Geschmack, bevorzugt kühle und tiefgründige Böden.

## Stachelbeere

- **Eine gute Wahl für Anfänger, denn der oft unbeachtete Strauch kann eine beeindruckende Fülle an Früchten tragen.**
- **Stachelbeeren kann man schlecht lagern, sie können aber sehr gut eingefroren und zu köstlichen Kuchen und Konfitüren verarbeitet werden.**
- **Für eine lang anhaltende Ernte unterschiedliche Sorten pflanzen.**

**Saison**

**Wurzelnackte Pflanzung:** Oktober/November oder Februar/März.

**Containerpflanzung:** das ganze Jahr über.

**Erhaltungsschnitt:** von November bis März.

**Ernte:** Juli bis August.

**Boden und Standort**

Stachelbeeren mögen einen tiefgründig umgegrabenen, mit Dünger angereicherten, durchlässigen, humushaltigen, schweren bis mittelschweren Boden. Manche Sorten sind in schweren Böden anfällig für Echten Mehltau und Schimmelpilz. Sie brauchen einen sonnigen und luftigen, windgeschützten Standort.

### Pflanzung
- Ein ziemlich tiefes und breites Pflanzloch ausheben, damit die Wurzeln sich darin gut ausbreiten können.
- Eine 10 cm dicke Schicht gut verrotteten Mist auf der Sohle aufbringen und den wurzelnackten Strauch setzen. Containerpflanzen so setzen, dass die Oberfläche des Wurzelballens das gleiche Niveau hat wie die Bodenoberfläche.
- Das Pflanzloch mit einer Mischung aus Komposterde und gut verrottetem Mist auffüllen und mit Erde abdecken.

### Pflege
Nach der Pflanzung die Haupttriebe um die Hälfte zurückschneiden. Im folgenden Herbst alle Jahrestriebe um die Hälfte zurückschneiden. Ende der Folgesaison neu wachsende Triebe um die Hälfte zurückschneiden und alle mittleren Triebe entfernen.

### Ernte
Die Früchte ernten, sobald sie die Farbe wechseln. In ertragreichen Jahren zweimal pro Woche ernten.

### Sorten
'Invicta', eine mittelfrühe, gelbe wohlschmeckende Sorte mit hohem Ertrag; weitgehend resistent gegen den Stachelbeermehltau.
'Remarka' , eine frühe rote Sorte, die Anfang Juli reift; einen hohen Ertrag liefert und weitgehend mehltauresistent ist.

## Pflaume

- **Pflaumenbäume sind von allen Steinobstbäumen am widerstandsfähigsten.**
- **Pflaumen kann man von Juni bis Ende September ernten.**

### Saison
**Wurzelnackte Pflanzung:** November.
**Containerpflanzung:** das ganze Jahr über.
**Formierungsschnitt:** Frühjahrsbeginn (beim Aufbrechen der Knospen).
**Fruchtholzschnitt:** Juni/Juli.
**Ernte:** von Juni bis September.

### Boden und Standort
Pflaumenbäume mögen einen durchlässigen, leichten, humushaltigen Boden. Ein feuchter Boden hat ein schönes Blattwerk, jedoch wenig Früchte zur Folge. Der ideale Standort ist offen und in Hanglage, der Mittagssonne zugewandt, sodass die Pflanze die volle Sonne erhält und doch auf der Windseite geschützt ist.

### Pflanzung
- Zur Pflanzung eines wurzelnackten zweijährigen Baumes ein 60 cm tiefes Pflanzloch von 90 cm Durchmesser ausheben, die Erde an der Sohle lockern und mit einer Lage Ziegelsteinpulver abdecken.
- Den Baum so setzen, dass sich die Oberfläche der Wurzeln etwa 8 bis 10 cm unter der Erde befindet und mit einem Pfahl stützen.
- Das Pflanzloch mit humushaltiger Komposterde auffüllen und das Erdreich gut festtreten.

### Pflege
Zum Schnitt von an Kordonen und am Spalier gezogenen Bäumen siehe unter Pflege von Apfelbäumen (Seite 151). Bei freiwachsenden Baumformen das Frühjahr abwarten und den Haupttrieb auf 90 cm über der Erde einkürzen. Im folgenden Frühjahr erneut die neu ausgebildeten Triebe zur Hälfte bis auf eine Außenknospe zurückschneiden. Alle Seitentriebe an der Basis entfernen. In den folgenden Sommern sich überkreuzende Triebe und Wurzelschösslinge entfernen.

### Ernte
Die Pflaumen ernten, sobald ihre Farbe wechselt, wenn sie sich noch fest anfühlen. Einzeln abpflücken, damit sie nicht gequetscht werden.

### Sorten
'Oullins Reneklode', selbstfruchtbare Reneklode, sehr ergiebig, mit großen gelbgrünlichen Früchten. Sehr frühreifend (fruchtet von Juli bis Mitte August).
'Nancymirabelle', selbstfruchtbare Mirabelle, trägt von Mitte bis Ende August eine große Anzahl gelboranger Früchte, die ausgezeichnete Kuchen und Konfitüren ergeben.
'Bühler Frühzwetsche', eine weit verbreitete, mittelfrühe Sorte, gesund und ertragreich, scharkatolerant; selbstfruchtbar; reift Anfang bis Mitte August.

## Weintraube

- **Weintrauben stammen aus dem Mittelmeerraum, wachsen aber auch in kälterem Klima.**

### Saison
**Containerpflanzung:** Oktober/November oder Februar/März.
**Schnitt:** Frühjahr und Sommer, dann November/Dezember.
**Ernte:** September/Oktober.

### Boden und Standort
Die Weinrebe braucht einen feuchten, durchlässigen, tiefgründigen, humushaltigen Boden sowie einen sonnigen, warmen und windgeschützten Standort. Sie gedeiht am besten vor einer der Mittagssonne ausgesetzten Wand. Den Boden vorab holländern, um ihn tiefgründig zu lockern, Schotter zur besseren Dränage sowie viel gut verrotteten Mist hinzugeben.

### Pflanzung
- Ein 60 cm tiefes Pflanzloch von 1,20 Meter Durchmesser ausheben.
- Die Sohle mit einer 15 cm dicken Lage aus Schotter und darauf einer Schicht aus Erde und Gras bedecken, wobei das Gras unter die Erdschicht kommt.
- Die Weinrebe setzen, die Wurzeln mit Erde bedecken und die Pflanze mit einem aufrechten Pfahl stützen.
- Etwas gut verrotteten Mist oder Kompost in das Pflanzloch einarbeiten und mit Komposterde auffüllen.

### Pflege
Nach der Pflanzung die junge Rebe bis auf eine Knospe 15 cm über dem Boden zurückschneiden. Im Folgejahr die Seitentriebe auf 2 Knospen zurückschneiden und die jungen Jahrestriebe einkürzen. Zu Beginn des Wachstums je zwei Seitentriebe beidseits des Leittriebs erziehen. In den folgenden Jahren im Frühjahr und im Sommer die vier Seitentriebe weiter erziehen: die Triebe blühen und fruchten lassen, sie danach im November oder Dezember abschneiden. Im Frühjahr einen Mulch aus gut verrottetem Kompost am Fuß der Pflanze aufbringen.

### Ernte
Die Ernte ist abhängig von der Sorte und der Anbaumethode. Die Traubenreben mit der Gartenschere abschneiden, sobald die Einzeltrauben schön geformt sind.

### Sorten
'Chasselas doré', traditionelle, einfach anzubauende Sorte, die für jedes Klima geeignet ist und mittelgroße, bernsteinfarbene Früchte trägt. Saftige und vollmundige Traube, eine gute Wahl für ein Wandspalier.
'Muscat bleu' ('Aromato') ist eine blaue, mittelfrüh reifende Sorte, die sich in warmen wie rauen Lagen bewährt hat und derzeit als pilzfesteste Sorte gilt.
'Birstaler Muskat' ist eine weiße, frühreife Sorte mit aromatischen, knackigen Beeren, die locker an den Trauben sitzen.

# Gartenkräuter von A bis Z

## Basilikum

**• Basilikum ist aus der italienischen Küche nicht wegzudenken.**
**• Wird er drinnen oder auf dem Fensterbrett gezogen, ist er zarter.**

### Saison

**Aussaat:** März/April im Gewächshaus.
**Pflanzung:** Mai/Juni.
**Ernte:** Juli/August.

### Boden und Standort

Basilikum liebt nahrhaften, durchlässigen Boden und einen sonnigen und geschützten Standort.

### Aussaat und Pflanzung

• Dünn in Kisten mit einer Mischung aus Komposterde und Kompost zu gleichen Teilen aussäen. Mit Glas abdecken.
• Sobald die Sämlinge groß genug sind, vereinzeln und nur die schönsten behalten. In dasselbe Substrat in Töpfen oder Blumenkästen auf dem Fensterbrett oder in Rabatten pikieren.

### Pflege

Den Boden harken. Reichlich wässern. Die Stängel entspitzen, damit die Pflanze buschig wird. Die Blüten abknipsen, damit sich die Blätter entwickeln. Bei trockenem Wetter eine großzügige Lage Mulch aus gut verrottetem Mist auf dem Boden ausbringen.

### Ernte

Die Blätter nach Bedarf frisch pflücken. Man kann sie trocknen oder einfrieren, am besten legt man sie jedoch in Öl ein, um ihr Aroma zu bewahren.

### Sorten

'Genoveser', klassische grüne Sorte, mit weißen Blüten. Sie ist stark aromatisch und ertragreich. 'Opal' ist eine rote Sorte von kompaktem Wuchs. Blätter und Stängel sind dunkelbraunviolett gefärbt, die Blüten rosaviolett. Sehr dekorativ.

## Bohnenkraut

**• Das Gartenbohnenkraut ist eine buschige Einjährige im Gegensatz zum immergrünen Bergbohnenkraut, das manchmal einjährig gezogen wird. Beide werden als Gartenkräuter verwendet.**
**• Bohnenkraut hat dünne aufrechte Stängel mit kleinen blassgrünen schmal-lanzettlichen Blättern. Die Pflanze wird etwa 30 cm hoch.**
**• Bohnenkraut ist köstlich in Suppen, Salaten, Ragouts sowie zu gegrilltem Fleisch und Fisch.**
**• Traditionell wurden die Blätter des Bohnenkrauts zur Linderung von Wespenstichen verwendet.**

### Saison

**Aussaat:** von April bis Juni.
**Ernte:** nach Bedarf.

### Boden und Standort

Bohnenkraut mag einen tiefgründigen, fruchtbaren Boden und einen sonnigen, geschützten Standort.

### Aussaat und Pflanzung

• In 12 mm Saattiefe in Reihen im Abstand von 20 bis 30 cm aussäen. - Nur ganz leicht mit Erde bedecken.
• Reichlich gießen und Unkraut entfernen.
• Sobald die Sämlinge groß genug sind, auf etwa 15 bis 20 cm vereinzeln und nur die schönsten behalten.

### Pflege

Die Erde harken und regelmäßig gießen. Bei sehr trockenem Wetter den Boden mit verrottetem Mist mulchen.

### Ernte

Die frischen Blätter nach Bedarf ernten. Die Pflanzen direkt vor der Blüte ausgraben, in Bündel binden und in einem trockenen, luftigen und kühlen Raum trocknen lassen. Die getrockneten Blätter abnehmen und in einem luftdichten Behälter aufbewahren.

### Arten

Garten- oder Sommerbohnenkraut (*Satureja hortensis*). Berg- oder Winterbohnenkraut (*Satureja mon-tana*), buschige Mehrjährige mit kleinen spitzen Blättern und blassrosa Blüten.

## Borretsch

**• Borretsch (Gurkenkraut) ist sowohl Zier- als auch Gewürzpflanze.**
**• Die frischen Blätter werden zu Salaten und Eintöpfen beigegeben. Die Blüten werden als Salatdekoration verwendet.**
**• Die hübschen blauen Blüten enthalten sehr viel Nektar.**

### Saison

**Aussaat:** von April bis Juli.
**Ernte:** die Blätter vorzugsweise vor der Blüte; die Blüten von April bis September.

### Boden und Standort

Borretsch mag einen tiefgrundigen, kühlen, durchlässigen, sogar mageren Boden.

### Aussaat und Pflanzung

• Direkt ins Freiland in Rillen mit einem Reihenabstand von 30 bis 40 cm aussäen.
• Sobald die Sämlinge groß genug sind, auf 30 oder 40 cm vereinzeln.

### Pflege

Die blühenden Stängel vor der Samenbildung abschneiden, um unkontrolliertes Wuchern zu vermeiden, da sich Borretsch selbst aussät. Bei trockenem Wetter gießen und die Erde harken, um das Unkraut zu entfernen.

### Ernte

Die jungen Blätter nach Bedarf abnehmen. Beim Trocknen werden sie häufig schwarz. Die Blüten verzehrt man frisch, getrocknet oder kandiert.

### Arten

Verwendet wird hauptsächlich die Art *Borago officinalis*.

## Dill

**• Dill ist eine winterharte Einjährige, an deren langen Stängeln fedrige, bläulichgrüne Blätter sitzen. Sie kann 60 bis 90 cm hoch werden.**
**• Die frisch gepflückten Blätter kann man zum Würzen von Fisch und neuen Kartoffeln nehmen. Zudem sind sie eine ausgezeichnete Beigabe zu Gurken.**

**• In getrockneter Form würzen die Samen Essig und eingelegte Essiggürkchen.**

### Saison

**Aussaat:** von April bis Juli.
**Ernte:** von Mai bis September (Blätter), von August bis Oktober (Samen).

### Boden und Standort

Dill gedeiht gut in normaler Gartenerde, auf durchlässigem, mäßig fruchtbarem Boden an sonnigem und geschützten Standort.

### Aussaat und Pflanzung

- Dünn aussäen in flache Rillen mit einem Abstand von 30 cm. Mit Erde abdecken.
- Den Boden festklopfen und reichlich gießen.
- Sobald die Sämlinge groß genug sind, vereinzeln und nur die schönsten im Abstand von 30 cm pflanzen.
- Vor und nach dem Vereinzeln gießen.

### Pflege

Die Blätter vor der Blüte (Mai bis September) ernten, sobald sie gut entwickelt sind. Man kann sie frisch verwerten oder einfrieren. Sobald die Dolden reif sind, die Fruchtstände komplett abschneiden und an einem warmen und trockenen Ort lagern. Die Samen aus den trockenen Dolden ernten.

### Sorten

'Tetra', sehr ergiebige Sorte.
'Bouquet', niedrige Sorte mit blaugrünen Blättern an einem kompakten Busch.
'Dukat', starkwüchsige und sehr aromatische Sorte, die gut trocknet.

## Estragon

**• Estragon ist eine winterharte, buschige Mehrjährige, die wegen ihrer aromatischen, länglichen und flachen Blätter kultiviert wird.**
**• Die Zweige können bis zu 90 cm hoch werden.**
**• Die Blätter nimmt man zum Würzen von Essig und Saucen und zum Einlegen.**
**• Der Estragon passt zu allen Gerichten, besonders zu Fisch.**

### Saison

**Rhizomteilung:** März/April.
**Ernte:** die frischen Blätter von Mai bis September nach Bedarf. Im Sommer die Blätter zum Trocknen.

### Boden und Standort

Estragon mag eine durchlässige, leichte Gartenerde sowie einen sonnigen Standort.
Bei kaltem Klima einen Windschutz aufstellen.

### Pflanzung

- Die Mutterpflanzen teilen und die Rhizomableger in 7 bis 10 cm tiefe Pflanzlöcher im Abstand von 35 bis 40 cm umpflanzen.
- Mit Erde abdecken, das Erdreich andrücken und reichlich gießen.

### Pflege

Harken und wenig, aber häufig gießen. Bei Blütenbildung die Blütentriebe entspitzen, um die Blattbildung anzuregen.

### Ernte

Die frischen Blätter nach Bedarf pflücken. Man kann sie trocknen lassen und in luftdichten Behältern aufbewahren oder einfrieren.

### Arten und Sorten

Angebaut wird nur die Art *Artemisia dracunculus*. Bei den Sorten unterscheidet man die Typen 'Russischer Estragon', kräftig, aber weniger aromatisch und aus Samen vermehrbar, und 'Deutscher Aromatischer Estragon', schwachwüchsiger und nur vegetativ zu vermehren, dafür aromatischer.

## Kerbel

**• Kerbel ist eine winterharte Zweijährige, in der Regel als Einjährige gezogen, wird bis 45 cm hoch.**
**• Mit seinen großen leuchtendgrünen Blättern ähnelt er etwas der Petersilie. Sein Aroma liegt zwischen Petersilie und Fenchel.**
**• Die Blätter haben ein zartes Anisaroma, köstlich in Salaten, Omelettes und zu Kartoffeln.**

### Saison

**Aussaat:** von März bis August.
**Ernte:** von April bis September.

### Boden und Standort

Kerbel schätzt einen durchlässigen, nicht zu nahrhaften Boden, der den Sommer über kühl bleibt. Direkte Sonne meiden.

### Aussaat und Pflanzung

- In 0,5 cm Saattiefe in Rillen im Abstand von 20 bis 25 cm in gewöhnlicher Erde aussäen.
- Sobald die Sämlinge groß genug sind, etwa 8 Tage nach der Aussaat, zunächst auf 15 cm, später auf 30 cm vereinzeln.
- Folgeaussaaten ergeben eine fortgesetzte Ernte. Die Anlage jedes Jahr erneuern.

### Pflege

Regelmäßig harken. Bei trockenem Wetter gießen und den Boden mit einer dicken Mulchschicht abdecken. Die jungen Pflanzen mit einer Folie oder einem Netz schützen.

### Ernte

Nach Bedarf ernten. Die Blätter jung pflücken, wenn sie sehr aromatisch sind und sofort verzehren. Einige Pflanzen ihren Vegetationszyklus durchlaufen lassen, um Samen für das Folgejahr zu bekommen.

### Sorten

Der Echte Kerbel (Garten-Kerbel) hat lange und flache Blätter. Er ist aromatischer als der Krause Kerbel, der einen leichten, süßlicheren Anisgeschmack hat.

## Knoblauch

**• Knoblauch ist eine winterharte Zwiebelpflanze.**
**• So einfach wie sein Anbau ist auch seine Lagerung. Da Knoblauch steril ist, vermehrt er sich durch Pflanzung von Absenkern oder durch Zehen.**

### Saison

**Pflanzung:** Winterknoblauch im Oktober, Frühjahrsknoblauch im März.
**Ernte:** von Juni bis August.

### Boden und Standort

Knoblauch mag einen durchlässigen, nahrhaften, lockeren Boden und einen sonnigen, geschützten Standort.

### Pflanzung

- Die Zehen in 5 bis 7 cm tiefen Furchen im Abstand von 15 bis 20 cm mit einem Reihenabstand von 30 cm pflanzen.
- Die Zehen mit der Spitze nach oben hineinlegen und nur knapp mit Erde bedecken.

### Pflege

Durch Harken das Unkraut fernhalten und reichlich gießen. Die im Winter gepflanzten Sorten schützen.

### Ernte

Sobald die Blätter gelb werden, die Knoblauchknollen ausgraben und an einem kühlen und sehr trockenen Ort aufhängen.

Weißer Knoblauch hält sich bis Januar/Februar, rosa Knoblauch bis April/Mai.

### Sorten

'Thermidrome', frühreifende weiße Herbstsorte, hält sich gut. 'Germidour', frühreifende violette Herbstsorte.

## Koriander

**• Koriander ähnelt der glatten Petersilie und ist aus der chinesischen Küche nicht wegzudenken. Daher wird er auch manchmal chinesische Petersilie genannt.**
**• Mit seinen Blättern würzt man Suppen, Salate, Gemüse und Fleisch.**
**• Mit den Samen würzt man Currys und Fleischgerichte mit Soßen.**

### Saison

**Aussaat:** April/Mai oder August/September.
**Ernte:** die Blätter, sobald sie gut entwickelt sind; die Blüten Ende Juli, um die Samen zu verwenden.

### Boden und Standort

Koriander mag einen durchlässigen, mäßig nahrhaften und ziemlich trockenen Boden an einem sonnigen Standort.

### Aussaat und Pflanzung

• Dünn in flache Rillen im Abstand von 30 cm aussäen. Sobald die Pflanzen groß genug sind, auf 20 cm vereinzeln.

### Pflege

Gießen, ohne den Boden aufzuweichen, und harken.

### Ernte

Die Blätter abschneiden, sobald sie entwickelt sind, ohne die Pflanzen blühen zu lassen. Einige Pflanzen zur Gewinnung der Samen stehen lassen und die Dolden ab Juli ernten. Die Dolden im Gewächshaus trocknen lassen, anschließend die Samen entnehmen, um sie (ganz oder gemahlen) in luftdichten Behältern zu lagern.

### Arten

Angebaut wird die Art *Coriandrum sativum*.

## Lorbeer, Echter

**• Echter Lorbeer ist ein ausdauernder, winterharter Strauch mit aromatischen dunkelgrünen Blättern.**
**• Bei guten Bedingungen kann er 1,80 bis 3,50 Meter hoch und zu einem regelrechten Baum heranwachsen.**
**• Die glänzenden Blätter dürfen in keinem Kräutersträußchen fehlen; sie sind die perfekte Zutat in Soßen zu Fleischgerichten.**

### Saison

**Vermehrung:** durch Ansatzstecklinge im Spätsommer.
**Ernte:** nach Bedarf das ganze Jahr hindurch.

### Boden und Standort

Ideal für den Lorbeer ist ein tiefgründig umgegrabener, durchlässiger, humushaltiger Boden und ein sonniger Standort. Traditionell wird Lorbeer als Kübelpflanze gehalten und als Formbaum in Kugel- oder Kegelform gestutzt. Häufig lässt man den Lorbeer den ganzen Sommer über draußen und überwintert ihn während der kalten Jahreszeit frostfrei.

### Pflanzung

• Im Spätsommer Ansatzstecklinge nehmen. Im Oktober/November die Stecklinge in Tontöpfe mit sandiger Komposterde setzen.
• Großzügig gießen und warm halten.
• Einige Wochen später, sobald die Stecklinge bewurzelt sind, die schönsten Pflanzen in größere Töpfe umpflanzen.
• An einem warmen, sonnigen und windgeschützten Platz aufstellen.

### Pflege

Wenig gießen und warm halten. Ein- bis zweimal pro Jahr schneiden und die Blätter mit Wasser absprühen, damit sie sauber bleiben. Die Töpfe nach innen bringen, sobald es kalt wird.

### Ernte

Die jungen Blätter nach Bedarf ernten. Man kann sie frisch verwerten oder aber auf dem Fensterbrett trocknen lassen, bevor man sie in luftdichten Behältern lagert.

### Arten und Sorten

Die Art *Laurus nobilis* oder die Sorte *Laurus nobilis* 'Aurea' mit dekorativen, gelb überhauchten Blättern.

## Majoran

**• Majoran ist eine etwas kälteempfindliche Mehrjährige, die häufig als bedingt winterharte Einjährige kultiviert wird.**
**• Majoran wird im Frühbeet im März/April ausgesät und man erntet die Blätter nach Bedarf. Die Pflanze kann bis zu 60 cm hoch werden.**
**• Die Blätter des Majoran passen vorzüglich zu Suppen und Fleisch.**

### Saison

**Aussaat:** März/April (Vorkultur), Mitte Mai (direkt).
**Ernte:** nach Bedarf.

### Boden und Standort

Majoran mag einen durchlässigen, sandigen Boden und einen sonnigen und geschützten Standort. Noch besser ist es, wenn der Boden mit gut verrottetem, leichtem Mist angereichert ist.

### Aussaat und Pflanzung

• Ins Frühbeet in Saatschalen mit einem leichten, sandigen Substrat aussäen.
• Die Sämlinge auf etwa 7 cm vereinzeln und in Kisten oder Töpfe pikieren.
• Die Pflanzen Ende Mai ins Freiland an einen sonnigen und geschützten Standort im Abstand von 25 bis 30 cm mit einem Reihenabstand von 30 cm auspflanzen.

### Pflege

Den Boden regelmäßig harken. Bei trockenem Wetter gießen und die Erde mit einer dicken Mulchschicht abdecken. Bei starker Trockenheit die Pflanzen mit einem Netz vor der Sonne schützen.

### Ernte

Die jungen Blätter nach Bedarf. Im Spätsommer ganze Zweige oder die Pflanze unmittelbar vor der Blüte ausgraben und in einem kühlen Raum trocknen lassen.

### Arten

Es wird nur *Origanum majorana* kultiviert.

## Meerrettich

**• Meerrettich ist eine winterharte, mehrjährige Staude, deren lange Wurzel einer Pastinake ähnelt.**
**• Meerrettich kann mehrere Jahre lang am selben Standort bleiben, es ist jedoch besser, die Anlage alle zwei Jahre zu erneuern.**
**• Geraspelt werden die frischen Wurzeln als würzige Beigabe verwendet.**

**Saison**
**Teilung der Wurzeln/Gewinnung der Fechser:** im Herbst des Vorjahres
**Pflanzung der Fechser:** März/April
**Ernte:** September bis November/Dezember.

**Boden und Standort**
Meerrettich wächst in jeder fruchtbaren und durchlässigen Gartenerde, an einem sonnigen oder schattigen Standort. Am besten nimmt man einen Standort, an dem er zwei Jahre lang bleiben kann, ohne die anderen Kulturen zu stören. Meerrettich kann wuchern, daher kann man ihn vor der Pflanzung in einen Plastikbehälter setzen, der das Wurzelwachstum einschränkt.

**Aussaat und Pflanzung**
- Die mitteldicken Wurzeln im Herbst des Vorjahres in 15 bis 25 cm lange Wurzelstecklinge (Fechser) teilen und in feuchtem Sand eingeschlagen im Keller überwintern
- Im März/April in 8 cm tiefen Pflanzlöchern im Abstand von etwa 25 cm einpflanzen.
- Reichlich gießen und Unkraut entfernen.

**Pflege**
Regelmäßig harken und gießen.

**Ernte**
Die Wurzeln nach Bedarf von September bis Dezember ernten, danach an einem trockenen und kühlen Ort lagern.

**Arten und Sorten**
Es werden die Art *Armoracia rusticana* oder Sorten mit panaschierten Blättern kultiviert.

## Melisse

- **Melisse (oder Zitronenmelisse) ist eine winterharte Mehrjährige, die man wegen ihrer hellgrünen Blätter kultiviert, die an Brennnesseln erinnern.**
- **Die frischen Blätter würzen Liköre, Getränke, Obstsalate und ergeben Kräutertees. Sie werden als Beilage zu Salat verwendet.**
- **Die Aussaat ist nicht ganz einfach, aber möglich.**

**Saison**
**Teilung der Stöcke:** März.
**Ernte:** den ganzen Sommer, nach Bedarf.

**Boden und Standort**
Melisse mag einen kühlen, fruchtbaren, humushaltigen, durchlässigen Boden, einen sonnigen, aber nicht zu warmen Standort oder Halbschatten bei warmem Klima.

**Pflanzung**
- Die ausgewachsenen Stöcke teilen und die Ableger vom Rand in 7 bis 10 cm tiefe Pflanzlöcher alle 35 bis 40 cm umpflanzen.
- Mit Erde abdecken, den Boden andrücken und gießen.

**Pflege**
Bei sehr heißer Witterung gießen, ohne dass das Wasser sich staut. Ableger entfernen, die gerne den ganzen Garten überwuchern. Alte Stängel im Herbst entfernen.

**Ernte**
Die jungen Blätter den Sommer über nach Bedarf pflücken. Blätter vor der Blüte pflücken, wenn sie getrocknet werden sollen.

**Arten und Sorten**
Die Art *Melissa officinalis* oder die Sorten 'Aurea' und 'All Gold' mit goldgelben Blättern.

FÜR PROFIS

### Oregano

Oregano (*Origanum vulgare*) oder Wilder Majoran wird häufig mit Majoran (*Origanum majorana*) verwechselt. Der traditionell zu Pizza, Grillspezialitäten und Tomatengerichten verwendete Oregano ist nicht so kälteempfindlich wie Majoran, aber auch nicht ganz so aromatisch.

## Minze

- **Die Minze ist eine winterharte, krautige Mehrjährige mit mittelgrünen Blättern, wird bis zu 60 cm hoch.**
- **Minze gedeiht nahezu überall und ist stark wuchernd.**
- **Minzeblätter geben Getränken und Salaten ihr Aroma. Sie ergeben auch gute Kräutertees.**

**Saison**
**Teilung der Stöcke:** Frühjahr oder Herbst.
**Ernte:** nach Bedarf.

**Boden und Standort**
Minze mag einen feuchten Boden an einem geschützten, halbschattigen Standort. Damit die Minze nicht den ganzen Garten überwuchert, kann man sie vor der Pflanzung in einen Plastiktopf setzen, der das Wurzelwachstum einschränkt.

**Pflanzung**
- Die ausgewachsenen Stöcke teilen und den mittleren, holzigen Teil entfernen.
- Die Ableger vom Rand im Abstand von etwa 20 cm pflanzen.

**Pflege**
Harken, und bei trockenem Wetter reichlich gießen; im Herbst mit Kompost abdecken. Bei starker Trockenheit den Boden mit einem Mulch aus gut verrottetem Mist abdecken.

**Ernte**
Die jungen Blätter nach Bedarf pflücken. Die Blätter für den Winter trocknen oder die ganze Pflanze in einem Gewächshaus oder in einer sandgefüllten Kiste lagern.

**Arten**
Grüne Minze (*Mentha spicata*) mit ihren kleinen Blättern und tiefen Blattadern hat ein süßes Aroma. Sie wird für Minztee, Obstsalate und Soßen verwendet.
Pfefferminze (*Mentha* x *piperita*) mit grünen Blättern, die sich in der Sonne purpurn färben, würzt Salate und Desserts.
Apfelminze (*Mentha* x *rotundifolia*) trägt gerundete Blätter mit Apfelaroma.

## Petersilie

- **Petersilie ist eine winterharte Zweijährige, die in der Regel als Einjährige kultiviert wird.**
- **Die Blätter werden für Soßen und zum Garnieren zahlreicher Gerichte verwendet.**

**Saison**
**Aussaat:** von März bis Ende Juli.
**Ernte:** nach Bedarf.

**Boden und Standort**
Petersilie mag einen feuchtigkeitsspeichernden, fruchtbaren Boden, der mit Blattkomposterde angereichert ist. Sie braucht bei schweren Böden einen vollsonnigen beziehungsweise bei leichten Böden einen halbschattigen Standort. Sieht die Petersilie etwas schlapp aus, mit Blattkomposterde abdecken und bei den Folgeaussaaten jeweils etwas von dieser Komposterde hinzufügen.

### Aussaat und Pflanzung

- Die Saatkörner 48 Stunden vor Aussaat einweichen, damit sie besser aufgehen.
- In einer Saattiefe von 12 mm dünn in Rillen im Abstand von 20 bis 35 cm aussäen. Mit Erde abdecken.
- Den Boden festtreten und gießen.
- Sobald die Sämlinge groß genug sind, auf etwa 20 bis 25 cm vereinzeln und nur die schönsten behalten.
- Vor und nach dem Vereinzeln gießen.

### Pflege

Petersilie keimt sehr langsam, man braucht also etwas Geduld. Den Boden regelmäßig harken. Wenig, aber häufig gießen. Bei warmer Witterung mit einem Mulch aus trockenen Blättern abdecken.

### Ernte

Die frischen Stängel nach Bedarf ernten. Man kann einige Stängel für den Winter einfrieren, trocknen oder die ganzen Pflanzen in einer mit Erde gefüllten Kiste in einem Gewächshaus lagern.

### Sorten

'Einfache Glatte ('Einfache Schnitt') ist eine glatte Petersiliensorte, starkwüchsig, vitaminreich und kräftig im Geschmack.

'Bravour' ist eine krause Petersilie mit dunkelgrünen, dichtgefüllten Blättern; winterfest mit ziemlich ausgeprägtem Geschmack.

## Rosmarin

**• Rosmarin ist ein immergrüner Strauch mit schmalen und spitzen, mittelgrünen Blättern.**

**• Die Pflanze kann 1,80 bis 2,10 Meter hoch werden.**

**• Rosmarin hat ein sehr starkes Aroma. Traditionell als Desinfektionsmittel betrachtet, wurde er häufig in Krankenzimmern verbrannt.**

**• Die Blätter dienen zum Würzen von Fisch- und Fleischgerichten.**

**• Diese Pflanzen mit dekorativen blauen und duftenden Blüten werden häufig in der Nähe von Wegen gepflanzt, damit man leicht ein paar Blätter zupfen kann.**

### Saison

**Aussaat:** ab Februar (unter Glas), Mai/Juni (Freiland).
**Pflanzung:** ab Mai bei Aussaat unter Glas.
**Stecklinge:** Frühjahr und Sommer.
**Ernte:** nach Bedarf.

### Boden und Standort

Rosmarin wächst überall, mag am liebsten einen leichten, durchlässigen Boden und einen sonnigen Standort. Einen schweren Boden kann man leichter machen und auflockern, indem man Sand und Blätterkomposterde zugibt.

### Aussaat und Pflanzung

- Dünn in flachen Rillen mit einem Reihenabstand von etwa 45 cm aussäen und mit Erde abdecken. Den Boden festtreten und reichlich gießen.
- Vermehrung durch Stecklinge im Frühjahr und Sommer: Zweige von etwa 25 cm mit vorjährigem Holz an der Basis abschneiden und 15 cm tief im Frühbeet einpflanzen. Im Folgejahr (2. Jahr) die bewurzelten Pflanzen in der Baumschule im Abstand von 30 cm setzen. Im 3. Jahr an ihren endgültigen Standort setzen.

### Pflege

Regelmäßig harken. Wenig, aber häufig gießen. Jedes Jahr nach der Blüte schneiden und die schlaksigen Triebe bodennah abschneiden, um eine kompakte Buschform zu erhalten.

### Ernte

Die frischen Blätter nach Bedarf ernten.

### Sorten

'Arp', 'Salem' und 'Veitshöchheim' sind winterhart.

'Rex' wächst besonders stark.

'Hängender' ist eine kriechende Sorte, die sich gut zum Bepflanzen von Ampeln oder Balkonkästen eignet.

## Salbei

**• Salbei ist ein winterharter Halbstrauch, der bis zu 60 cm hoch werden kann, mit langen graugrünen aromatischen Blättern.**

**• Die Blätter kommen bei vielen kulinarischen Gerichten zum Einsatz, zum Beispiel für Saucen, Füllungen, Fleisch oder Fisch.**

**• Das Aroma des Salbei ist von allen Gartenkräutern am ausgeprägtesten.**

### Saison

**Stecklinge:** von April bis August.
**Ernte:** nach Bedarf.

### Boden und Standort

Salbei mag einen leichten, durchlässigen, fruchtbaren Boden an einem sonnigen und geschützten Standort. Den Boden feucht halten.

### Pflanzung

- 8 bis 10 cm lange Stecklinge vom diesjährigen Wuchs entnehmen.
- Im Frühbeet in humushaltiger Komposterde im Abstand von 10 cm pflanzen.

### Pflege

Den Boden immer gut harken. Reichlich gießen. Die Zweige jedes Jahr schneiden, damit sie keine Blätter verlieren oder schlaksig werden.

### Ernte

Die jungen Blätter nach Bedarf pflücken. Zum Trocknen die Blätter vor der Blüte ernten und an einem lauwarmen Ort trocknen lassen, anschließend in luftdichten Behältern lagern.

### Arten und Sorten

'Icterina', Goldsalbei, mit gelb panaschierten Blättern oder 'Purpurea', Purpursalbei, mit purpurroten Blättern, sind zwei sehr aromatische und dekorative Sorten.

Der Muskatellersalbei *(Salvia sclarea)* ist ebenfalls sehr aromatisch.

## Schnittlauch

**• Schnittlauch ist ein winterhartes mehrjähriges Zwiebelgewächs. Die Pflanze wächst langsam und bildet Horste. Ihre grünen hohlen Stängel tragen an der Spitze rosafarbene kugelige Dolden.**

**• Die geschnittenen Stängel haben ein typisches Aroma, das köstlich zu Salaten und Omelettes passt.**

### Saison

**Aussaat:** von März (unter Glas) bis Juni.
**Pflanzung:** von März bis Juni.
**Teilen von Stöcken:** Herbst oder Frühjahr
**Ernte:** von April bis November.

### Boden und Standort

Schnittlauch mag einen nahrhaften, humushaltigen Boden an einem warmen, sonnigen und geschützten Standort. Bei trockener Witterung reichlich und regelmäßig gießen.

### Aussaat und Pflanzung

- In 12 mm Saattiefe in Rillen im Abstand von 30 cm aussäen.

- Sobald die Sämlinge groß genug sind, auf 7,5 cm vereinzeln.

### Pflege

Regelmäßig den Boden harken. Bei starker Trockenheit reichlich gießen. Den Boden mit einem Mulch aus gut verrottetem Mist abdecken. Die Pflanzen alle 3 bis 4 Jahre im Oktober teilen und umpflanzen. Einige Pflanzen zu Dekorationszwecken blühen lassen, aber an den Pflanzen, die für die Küche gebraucht werden, vor der Blüte die Stängel schneiden.

### Ernte

Die jungen zarten Stängel nach Bedarf schneiden. Häufig die ganze Pflanze schneiden und die Stängel, die man nicht braucht, entweder einfrieren oder trocknen lassen, damit die Pflanze neue Triebe bildet.

### Arten und Sorten

Es wird hauptsächlich die Art *Allium schoenoprasum* kultiviert.

'Feinröhriger', eine gute Sorte für den Hausgarten, dunkelgrün mit starkem Wuchs und gleichmäßigem Austrieb.

'Grolau' ist sehr standfest und gut für die Treiberei geeignet.

## Süßfenchel

- **Süßfenchel *(Foeniculum dulce)*, eine Varietät des Knollenfenchels (siehe auch Seite 131), ist eine winterharte mehrjährige Staude mit hohen Stängeln, gefiederten Blättern und goldgelben Blüten.**
- **Die Pflanze kann 1,50 bis 1,80 Meter hoch werden.**
- **Die getrockneten oder frischen Blätter werden zum Würzen von Soßen und Fisch verwendet. Die Samen geben Kuchen, Suppen und Brot Geschmack. Die in feine Stücke geschnittenen Stängel isst man als Salat.**

### Saison

**Aussaat:** Mai/Juni.
**Ernte:** im Sommer, nach Bedarf.

### Boden und Standort

Fenchel mag einen leichten, kühlen, aber durchlässigen Boden, der möglichst bereits für eine vorhergehende Kultur gedüngt ist. Zudem mag er einen warmen, sonnigen und geschützten Standort. Hohe Fenchelstauden müssen gestützt werden. Sie sind sehr dekorativ und können ins Freiland in ein geschütztes Beet ausgesät werden.

### Aussaat und Pflanzung

- Im Mai/Juni in Rillen im Abstand von 45 cm aussäen. Dünn aussäen und mit Erde abdecken.
- Den Boden festtreten und reichlich gießen.
- Sobald die Sämlinge groß genug sind, auf etwa 30 cm vereinzeln oder pikieren und nur die schönsten behalten.
- Vor und nach dem Vereinzeln und Pikieren gießen.

### Pflege

Die Erde regelmäßig harken. Nicht übermäßig, aber häufig gießen, besonders im Sommer. Die großen Pflanzen stützen, besonders wenn sie an einem dem Wind ausgesetzten Standort stehen. Das Wachstum durch Entspitzen einschränken. Die Blüten auskneipen, um das Blattwachstum anzuregen.

### Ernte

Im Juni/Juli ernten, dann nach Bedarf. Die Blätter nach Bedarf schneiden und sie trocknen lassen und in verschlossenen Behältern lagern.

## Thymian

- **Thymian ist ein bodendeckender, winterharter Halbstrauch, der wegen seiner kleinen aromatischen Blätter kultiviert wird.**
- **Thymian darf in keinem Küchensträußchen fehlen, seine Blätter werden zum Würzen von Fisch und Fleischgerichten verwendet.**

### Saison

**Wurzelstecklinge:** April/Mai.
**Ernte:** nach Bedarf.

### Boden und Standort

Thymian mag eine leichte und durchlässige Gartenerde und einen sonnigen Standort.

### Aussaat und Pflanzung

- Die am Rand der Wurzeln entnommenen Stecklinge in 7 bis 10 cm tiefen Pflanzlöchern im Abstand von 25 bis 30 cm pflanzen.
- Mit Erde abdecken, festtreten und reichlich gießen.

### Pflege

Den Boden harken, damit die geharkte Erdschicht den Boden isoliert. Wenig, aber häufig gießen.

FÜR PROFIS

### Sand-Thymian

Der Sand-Thymian *(Thymus serpyllum)* ist mit dem Thymian *(Thymus vulgaris)* verwandt. Er wird auch manchmal „Wilder Thymian" genannt. Sand-Thymian ist eine niedrige, bodendeckende, immergrüne mehrjährige Pflanze von feinem und ausgeprägten Aroma, die wie *Thymus vulgaris* kultiviert wird.

### Ernte

Die frischen Blätter nach Bedarf pflücken. Zum Trocknen lange Zweige abschneiden und in einem sonnigen Raum trocknen lassen. Die Blätter lassen sich gut einfrieren.

### Arten und Sorten

*Thymus vulgaris* 'Archer's Gold' hat goldfarbene Blätter.

*Thymus* x *citriodorus*, der Zitronenthymian, ist eine Zierform mit sehr angenehmem Aroma.

# Sammlerglück von A bis Z

**Zusätzlich zu all dem, was man im Garten so anbaut, schenkt uns die Natur eine Vielfalt an essbaren Früchten und Beeren, Pilzen, Nüssen und Kräutern – sofern man danach zu suchen weiß. Hier ein kleiner Überblick mit einigen Vorschlägen zur Verwendung. Bleiben Sie dennoch vorsichtig und essen Sie nur solche Pflanzen, die Sie kennen. Sind Sie sich nicht sicher, zeigen Sie Ihre Ausbeute am besten einem örtlichen Fachmann.**

## Anis-Champignon, Weißer

*(Gemeiner Anis-Egerling, Schaf-Champignon)*

***Agaricus arvensis***

Dieser Pilz wächst im Sommer und im Herbst in Parks, in Laub- und Nadelwäldern und an Waldrändern. Der häufig faustgroße weiße bis rosa Pilz ähnelt einem Zuchtchampignon oder einem großen Zweisporigen Egerling, mit einem weißen, gewölbten und glatten Hut mit graurosa bis schokoladenbraunen Lamellen. Mit zunehmender Sporenreife werden die Anis-Champignons immer flacher und manchmal rissig, die Lamellen werden dunkler. Anhand des typischen Anisgeruchs, der beim Schneiden entsteht, kann man den Pilz sicher erkennen. Das weiße Fleisch wird dann gelb.

**Verwendung**

Gut gewachsene Weiße Anis-Champignons füllen schnell eine große Pfanne und reichen für zwei Personen. Gebraten in Scheiben geschnitten, zu einem Omelett gegeben, das mit Roggenbrot serviert wird, dazu ein Glas guter Apfelwein – was will man mehr!

## Beinwell, Echter

*(Arznei-Beinwell, Wallwurz)*

***Symphytum officinale***

Diese winterharte Mehrjährige erreicht manchmal Wuchshöhen von bis zu 1,50 Meter und kommt in feuchten Wiesen, Ufern und Wäldern vor. Seine ovalen Blätter sind lanzettförmig und rau. Echter Beinwell blüht von Mai bis August mit kleinen blau bis purpurfarbenen Röhrenblüten.

**Verwendung**

Ein Breiumschlag aus den Blättern, die schon in der Antike zur Unterstützung der Wundheilung verwendet wurden, lindert Prellungen und Schwellungen und beschleunigt die Narbenbildung bei Schnitten, Verbrennungen und Wunden. Die Blätter werden als Salat, Suppe oder in Krapfen verwendet. Die Pflanze ist auch ein guter Dünger.

## Borretsch

*(Gurkenkraut)*

***Borago officinalis***

Diese einjährige Pflanze mit ovalen Blättern an behaarten Stängeln, die von April bis September blaue Kronblätter mit blaulila Staubblättern trägt, wächst an sonnigen Stellen am Wegesrand und auch in kultivierten Beeten (siehe Seite 155). Blätter und Stängel riechen beim Zerreiben nach Gurke.

**Verwendung**

Die jungen Blätter können frisch zu Salaten oder zum Würzen von Fisch und Eintöpfen verwendet werden. Aus den reiferen Blättern macht man Borretschküchlein. Die Blüten werden in Küchlein verarbeitet, in Zucker kandiert oder zum Garnieren von Salaten verwendet. Tee aus Blättern und Blüten von Borretsch ist hilft gegen Stress. Tee aus Borretschblättern lindert Halsschmerzen.

## Brennnessel

***Urtica dioica***

Von allen Wildpflanzen ist die Brennnessel unbestritten am bekanntesten und die am unangenehmsten zu berührende. Von klein-auf haben wir gelernt, den Brennnesseln aus dem Weg zu gehen, wohl wissend, dass die Berührung mit ihnen ein scharfes Brennen verursacht. Obwohl man weiß, dass Brennnesseln essbar sind, gibt es doch nur wenige unter uns, die sich an ihren Verzehr wagen. Tatsächlich mildert das Trocknen und Kochen der Brennnessel ihr scharfes Brennen.

**Verwendung**

Brennnesseln frühzeitig im Frühjahr pflücken, dann sind sie am zartesten. Wie Spinat zubereitet oder als Suppe sind Brennnesselblätter eine Delikatesse. Getrocknet können sie als Kräutertee getrunken und sogar als Bier gebraut werden. Man kann auch Brühe aus Brennnesseln zubereiten.

FÜR GARTENPROFIS

### Beinwellbrühe

1 kg Blätter Echter Beinwell in 10 Liter Wasser 4 Wochen lang in einem Behälter, der nicht aus Metall ist, ansetzen. Von Zeit zu Zeit umrühren. Als Flüssigdünger und zur Bekämpfung von Blattläusen verwenden, entweder unverdünnt oder in 10%iger Verdünnung.

FÜR DEN KÜCHENCHEF

### Borretschkrapfen

Einen sehr leichten Krapfenteig vorbereiten. Die Blüten würzen und in den Teig geben. Die Krapfen braten, bis sie schön knusprig sind. Mit etwas selbstgemachtem würzigen Tomatenpüree servieren.

## Brombeere

***Rubus fruticosus***

Wer kennt sie nicht, die Brombeersträucher und ihre schwarzen Früchte, die so einfach zu finden und zu pflücken sind?

**Verwendung**

Aus Brombeeren kann man wie aus Himbeeren feine Gelees und Konfitüren herstellen, aber auch Kuchen und Süßspeisen.

## Brunnenkresse

***Nasturtium officinale***

Brunnenkresse ist eine mehrjährige Wasserpflanze, die häufig an Bächen und in der Nähe von Quellen vorkommt, sobald die Temperatur auf über 10 °C steigt. Man erkennt sie am besten, indem man sie mit ihrer kultivierten, auf dem Markt erhältlichen Verwandten vergleicht. Um sich nicht mit dem Großen Leberegel zu infizieren (einem manchmal durch die Brunnenkresse übertragenen und Schafe befallenden Parasiten), die Pflanze nur an fließenden Gewässern ernten und alle Stellen meiden, an denen Schafe oder anderes Vieh trinken. Man sollte nur die jungen Blätter und Spitzentriebe pflücken und verzehren.

**Verwendung**
Brunnenkresse ergibt einen köstlichen Salat. Ist die Angst vor dem Großen Leberegel zu groß, kann man die Brunnenkresse auch kochen oder dämpfen und sie als Gemüse oder Eintopf servieren.

FÜR PROFIS

### Hagebutten-konfitüre

Die Kelchblätter, Borsten und Samen entfernen. Die Früchte auf niedriger Flamme etwa 1/2 Stunde knapp mit Wasser bedeckt kochen lassen, bis sie weich sind. Anschließend durchpassieren. Das Hagebuttenmark wiegen; dieselbe Gewichtsmenge an Zucker und etwas Zitronensaft hinzugeben. 1/2 Stunde unter regelmäßigem Rühren kochen lassen.

## Edelkastanie

*(Esskastanie)*

***Castanea sativa***
In Wäldern, hauptsächlich auf säurehaltigen Böden, sind in milden Gegenden viele Kastanienbäume zu finden.

**Verwendung**
Die Kastanien (auch Maronen genannt) aus ihren Schalen nehmen und sie 24 Stunden in Wasser einweichen lassen. Anschließend über einem Holzfeuer rösten. Man kann sie auch kochen und anschließend pürieren.

## Hasel, Gemeine

*(Haselstrauch, Haselnussstrauch)*

***Corylus avellana***
Die häufig kultivierte Pflanze (siehe Seite 150) wächst manchmal von allein als Dickicht, Wald oder Hecke, wo sie gelegentlich Wuchshöhen von bis zu 4 Metern erreicht. Die Haselnüsse ab September vor den Eichhörnchen ernten.

**Verwendung**
Die Nüsse knabbern, zu Salaten oder ins Müsli geben. Haselnüsse kann man auch als Vorspeise grillen oder sie mahlen und für Kuchen verwenden.

## Herbsttrompete

*(Totentrompete, Füllhorn)*

***Craterellus cornucopioides***
Dieser Pilz ist ein hervorragender Speisepilz und kaum zu verwechseln. Er besitzt weder einen ausgeprägten Stiel noch einen ausgeprägten Hut, sondern besteht aus einem trompetenförmigen Fruchtträger am Stück, der gewölbt wie ein Trichter ist, rußgrau bis schwarz an der Hutoberfläche und grauweiß an der -unterseite. Die Unterseite ist nahezu glatt. Der 5 bis 15 cm hohe Pilz wächst büschelig von August bis November in feuchten Gebieten unter Laubbäumen.

**Verwendung**
Das Fleisch ist fein und zart. Er eignet sich besonders gut zum Trocknen. Danach kann man ihn entweder einweichen und normal weiter verarbeiten oder mahlen und als Gewürz für Speisen verwenden.

## Holunder, Schwarzer

*(Holler, Holderbusch)*

***Sambucus nigra***
Dieser sommergrüne Strauch bildet manchmal einen Stamm aus und wächst zu einem Baum von bis zu 10 Meter Höhe aus. Man erntet die cremeweißen Blüten nach der Blüte im Juni und die Beeren, sobald sie schwarz sind, im August/September.
**Achtung!** Unreife Holunderbeeren sind ungenießbar bis giftig. Ernten Sie daher nur die reifen, ganz schwarzen Beeren.

**Verwendung**
Holunderknospen kann man in Essig einlegen. Die Blüten kann man ausbacken als Holunderküchle. Aus den Beeren stellt man Gelees oder Kuchen her.

## Hundsrose

*(Heckenrose, Hagrose)*

***Rosa canina***
Hagebutten sind die Früchte der Heckenrose. Sie ist mit einer Wuchshöhe von 1 bis 5 Metern eine Verwandte der Edelrosensträucher, aber mit einfachen Blüten, und wird hauptsächlich als Unterlage zur Veredelung von Rosen verwendet. Die rotorangen Früchte kann man pflücken, sobald die Blüten zu welken beginnen, direkt nach den ersten Frösten.

**Verwendung**
Hagebutten sind eine Bereicherung der üblichen Konfitüren. Sirup stellt man daraus her, indem man die Früchte in kochendes Zuckerwasser gibt und sie auf kleiner Flamme köcheln lässt, bis die Mischung eine sirupartige Konsistenz annimmt. Dieser enthält mehr Vitamin C als Orangen und wirkt hervorragend bei Halsschmerzen oder Erkältungen.

## Klatschmohn

*(Mohnblume, Klatschrose)*

***Papaver rhoeas***
Den rot leuchtenden Klatschmohn kennt sicher jeder. Er wächst auf weitgehend ungespritzten Feldern. Die jungen Blätter kann man im Frühjahr ernten und die Samen, sobald sie hart werden.

**Verwendung**
Die Blütenblätter in Zucker als Garnierung für Desserts kristallisieren. Blüten und junge Blätter sind eine sehr schöne Verzierung von Salaten. Man erhält einen köstlichen Mohnsirup, wenn man die Blütenblätter in kochendes Wasser gibt und einige Minuten ziehen lässt. Nach dem Sieben Zucker hinzugeben und die Mischung bis kurz vor den Siedepunkt erhitzen.

## Löwenzahn, Gewöhnlicher

*(Pusteblume, Bettnässer, Hundeblume)*

***Taraxacum officinale***
Der Löwenzahn mit seinen gezähnten Blättern und seinen gelben Blüten, die man vom Frühjahr bis in den Herbst hinein sieht, ist

FÜR GARTENPROFIS

**Brennnesselbrühe zum Düngen**

1 kg Brennnesseln in 10 Liter Wasser 2 Wochen lang ansetzen, danach als Flüssigdünger nutzen. Dazu 1 Liter Brennnesselbrühe mit 10 Liter Wasser verdünnen.

allgemein bekannt. Wie sein Name im Volksmund andeutet, ist er als Diuretikum bekannt. Er wächst wild in Gärten und auch manchmal als Kulturpflanze.

**Verwendung**
Die Blätter vor der Blüte für Salat ernten oder wie Spinat kochen. Sie enthalten viel Vitamin C und Mineralsalze. Man kann die Blütenkörbchen wie Spargelspitzen essen oder in Essig einlegen. Mit den Blüten kann man Salate garnieren.

## Lungenkraut

***(Blaue Schlüsselblume, Hänsel und Gretel)***

***Pulmonaria officinalis***
Das eng mit dem Echten Beinwell verwandte Lungenkraut ist eine 15 bis 50 cm hohe Mehrjährige, deren Blätter scharf begrenzte weiße Flecken aufweisen und die im Frühjahr blaue, blasslila und rosa Blüten trägt. Lungenkraut kommt im Unterholz vor.

**Verwendung**
Die jungen Blätter werden roh als Salat verzehrt. Gekocht oder gedämpft wird Lungenkraut als Gemüse gegessen oder zum Würzen von Eintöpfen verwendet.

## Meerrettich

***(Kren)***

***Armoracia rusticana***
Meerrettich (siehe S. 157) wächst häufig wild auf Brachland. Man erkennt ihn an seinen langen Blättern mit den gezähnten und gewellten Rändern sowie an seinen langen Wurzeln, die Steckrüben ähneln.

**Verwendung**
Die Wurzeln werden roh geraspelt, um daraus die berühmte Meerrettichsoße zu machen, die gleichermaßen gut zu Rindfleisch wie zu gegrilltem Thunfisch oder jedem anderen Fisch passt.

## Pfifferling, Echter

***(Eierschwamm, Reherl)***

***Cantharellus cibarius***
Dieser äußerst geschätzte Speisepilz ist gelb und trompetenförmig. Sein am Rand gewellter Hut ist flach oder trichterförmig in der Mitte, mit Leisten an der Hutunterseite, die Lamellen ähneln. Er hat keinen Ring am Stiel und ist häufig von Juni bis November in Gruppen unter Nadel- oder Laubbäumen zu finden. Sein Fleisch ist blassgelb und riecht fruchtartig nach Aprikosen.

**Verwendung**
Zunächst in der Pfanne auf kleiner Flamme die Pfifferlinge Wasser ziehen lassen. Danach können sie etwas in Butter geschwenkt und mit Petersilie gewürzt werden. Pfifferlinge passen genauso gut zu Fleisch- und Fischgerichten wie zu gekochten Eiern.

## Schlehdorn

***(Schwarzdorn, Heckendorn)***

***Prunus spinosa***
Der Schlehdorn oder Schwarzdorn ist ein dorniger Strauch von 1 bis 3 Meter Wuchshöhe. Er wächst häufig als Hecke und ist ab März, noch vor dem Laubaustrieb, mit weißen Blüten übersät. Später entwickeln sich daraus kleine dunkelblauviolette runde Beeren, die im Oktober ausreifen.

**Verwendung**
Vollständig ausgereifte Beeren kann man zu Marmelade verarbeiten. Sie werden auch zu Branntwein destilliert, dem Schlehenwasser, oder zum Würzen von Essig. Setzt man Schlehen mit Zucker und Gin an, erhält man einen unvergleichlichen hellroten Likör.

## Semmelstoppelpilz

***(Stoppelpilz, Stacheling, Igelschwamm)***

***Hydnum repandum***
Ein sehr leicht zu erkennender, häufiger und guter Speisepilz. Er ist creme- bis orangebeigefarben, der Hut ist flach ausgebreitet oder in der Mitte leicht gewölbt, mit Durchmesser bis zu 15 cm. Auf der Hutunterseite trägt er gelblich weiße bis lachsrote Stoppeln, die man gut entfernen kann. Der Stiel ist etwas heller als der Hut. Das Fleisch ist weiß und fest, aber nachgiebig. Von Juli bis November findet man ihn büschelig wachsend in Laub- und Nadelwäldern.

**Verwendung**
Man verwendet vorzugsweise junge Exemplare, da das Fleisch mit zunehmendem Alter bitter wird. Gegebenenfalls die Pilze in leicht gezuckertem Wasser blanchieren, bevor sie weiterverarbeitet werden. Der Semmelstoppelpilz ist dem Pfifferling sehr ähnlich und kann auf dieselbe Weise zubereitet werden.

## Vogelkirsche, Wilde

***(Süßkirsche)***

***Prunus avium***
Die Wildkirsche ist in ganz Europa beheimatet. Der Vorfahre der Edelkirschen blüht im April/Mai und bildet später rote, bei Reife schwarze Früchte aus, die kleiner als ihre veredelten Verwandten sind.

**Verwendung**
Diese Kirschen sind saurer als Edelkirschen, eignen sich hervorragend für Branntwein oder Süßspeisen.

## Vogelmiere, Gewöhnliche

***(Vogel-Sternmiere, Hühnerbiss)***

***Stellaria media***
Diese weit verbreitete, kleine einjährige Pflanze mit fleischigen Stängeln, gegenständigen Blättern und weißen Kronblättern ist ein „Unkraut".

**Verwendung**
Wenn die Vogelmiere zur Überwucherung des Gartens ansetzt, kann man sie zur Abwechslung auch essen. Junge Stängel oder Triebspitzen eignen sich für Suppen oder Salate. Gedämpft und als Beilage zu kleingehackten Zwiebeln und Filet in Olivenöl, ist das Kraut eine Delikatesse. Aber Achtung: Die Gewöhnliche Vogelmiere enthält Seifenstoffe (Saponine), die in großen Mengen schädlich sein können.

# Kleintierhaltung

# Hühner halten

Hennen und Hähnchen sind für den Selbstversorger das, was die Butter für das Brot ist. Jeden Morgen holt man sich schmackhafte, frische, soeben gelegte und noch warme Eier auf den Frühstückstisch – noch mehr „Bio" geht nicht! Hühnerhaltung ist nicht weiter schwierig, sie ist sogar in einem kleinen Garten in der Stadt möglich.

## Die geeigneten Hennen

Wenn Sie bereit sind, sich ein bisschen um die Hühner zu kümmern und ihnen ab und zu etwas Proteine geben, werden Sie fast das ganze Jahr hindurch frische Eier haben. Haben Sie beispielsweise sechs Hühner und einen Hahn, werden Sie bald Küken haben, ohne dass Sie es richtig merken.

Jede Hühnerrasse hat ihre besonderen Eigenschaften – sie sind gute Legehennen, Legehennen von braunen Eiern, kleinwüchsige Tiere, großwüchsige Tiere, eine widerstandsfähige Rasse oder sie liefern festes Fleisch. Bei der Auswahl muss man auch den verfügbaren Platz berücksichtigen und natürlich den eigenen Bedarf – viele Eier, gutes Fleisch oder eben die Prioritäten, die Sie setzen.

## Wohin mit dem Hühnerstall?

Der Hühnerstall muss trocken, warm, leicht zu reinigen und so geräumig sein, wie es Ihr Garten erlaubt. Es gibt verschiedene Möglichkeiten: angefangen mit kleinen kuppelförmigen Ställen aus Kunststoff – ausreichend, wenn nur wenige Tiere in einem kleinen Garten gehalten werden sollen – bis hin zu Hütten oder Bogengerüsten aus Holz in allen Größen und Formen. Idealerweise nimmt man einen herkömmlichen, ausreichend großen

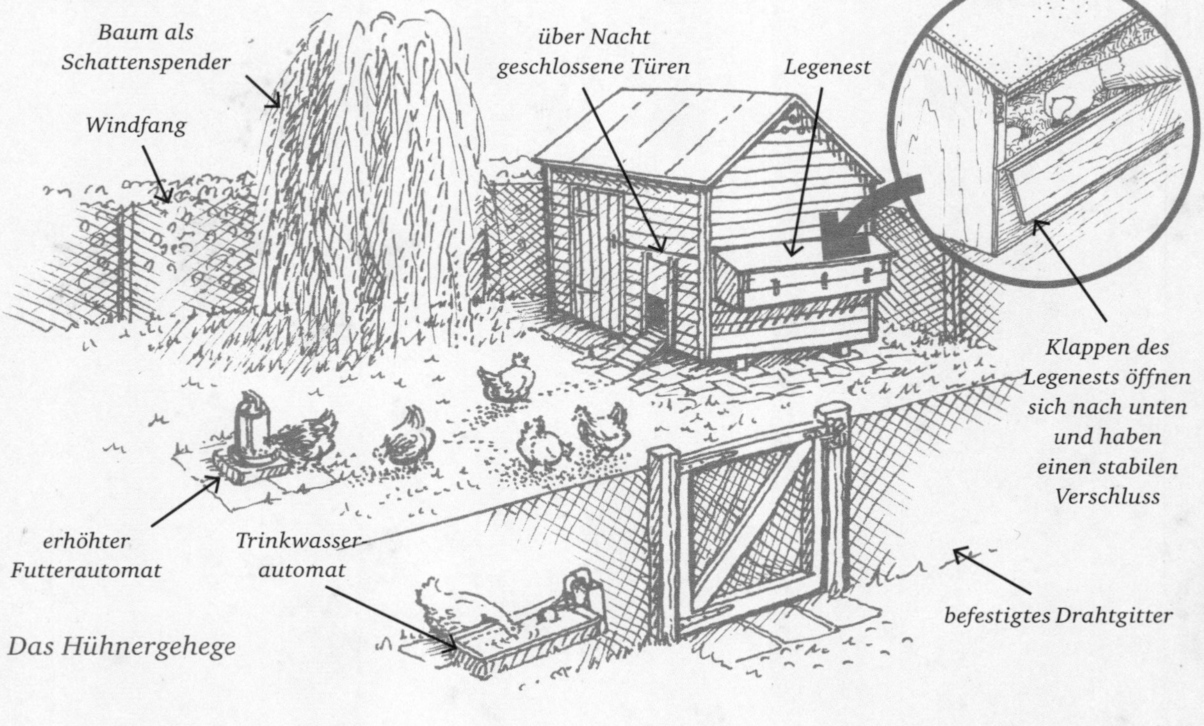


*Das Hühnergehege*

## Eine Auswahl guter Legehennenrassen

**Zwerg-Ancona**
Kleinere Ausführung der Rasse Ancona, die hübsche kleine weißschalige Eier legt. Etwas kapriziöses Wesen.

**Caussade**
Diese schwarze, als selten eingestufte französische Henne, fällt durch ihren kleinen Wuchs auf. Sehr gute Legehenne, widerstandsfähig und von lebhaftem Wesen.

**Schwarzbunte Leghorn (Exchequer Leghorn)**
Eine gute traditionelle Wahl für kleine Bauernhöfe und Gärten. Mittelgroße Hennen mit schwarz-weißem Gefieder, sehr gute Legeleistung von weißen Eiern.

**Gâtinaise**
Eine der ältesten Rassen Frankreichs. Ab dem Alter von fünf Monaten zeigt diese Henne eine gute Legeleistung, sowohl hinsichtlich Menge als auch Größe der Eier. Sie ist zudem eine gute Bruthenne und Glucke.

**Isa Brown**
Schwere Legehybridrasse, mit braunem bis goldfarbenem Gefieder. Ausgezeichnete Legehenne. Legt braunschalige Eier von guter Größe. Eine kluge Wahl, wenn man sehr widerstandsfähiges Geflügel will.

**Weiße Leghorn**
Mittelgroße Henne mit schönem weißem Gefieder. Ausgezeichnete Legehenne (200 bis 300 Eier pro Jahr), legt weißschalige Eier von guter Größe. Eignet sich gleichermaßen für Bauernhöfe wie für Gärten.

**Sussex**

Widerstandsfähige Henne mit weißem Gefieder und cremefarbenem Fleisch. Sowohl als Fleischlieferant wie auch als Legehenne interessant.

**Marans**
Diese ziemlich kräftige, mittelhohe Legehenne (die auch als Zwergrasse existiert) vermittelt den Eindruck von Robustheit. Eine rein französische Rasse, die wahrscheinlich am häufigsten von Privatzüchtern gehalten wird. Der Erfolg dieser hervorragenden Legehenne beruht auf den Vorzügen ihrer Eier, die sehr groß und rotbraun sind.

**Orpington**
Schwere Rasse, widerstandsfähig, ansprechend, mit gelb-blau-schwarz gesäumtem Gefieder und weißem Fleisch. Guter Fleischlieferant. Legt braunschalige Eier.

**Plymouth Rocks**
Kleine widerstandsfähige, weltweit verbreitete Rasse mit blaurebhuhnfarbigem und weiß gestreiftem Gefieder und gelbem Fleisch. Legt große Eier mit gelber bis brauner Schale. Sie ist eine Kreuzung, die auch als Fleischlieferant interessant ist (Zwiehuhn).

**Rhodeländer**
Traditionelle, robuste Rasse mit rotem bis dunkelbraunem Gefieder und gelbem Fleisch, die große dunkelbraune Eier legt. Sehr gute Legehenne im Winter. Gilt als Fleisch- und Eierlieferant (Zwiehuhn).

Stall, den man betreten kann, der belüftet ist, Fenster nach vorne und eine Reihe Legenester seitlich oder hinten hat. Dank der Klappe bei den Legenestern kann man die Eier entnehmen, ohne den Stall betreten zu müssen. Angenommen, Sie möchten sechs Hühner in einem mittelgroßen Garten halten. Hierzu zäunen Sie die Fläche, die Sie ausgesucht haben, mit einem Drahtgeflecht und im unteren Bereich am besten mit engmaschigem Kükendraht ein. Der Hühnerstall im Gehege sollte mit der Vorderseite zur Mittagssonne hin ausgerichtet sein. Am besten nimmt man einen Draht von 2,40 Meter Breite. Befestigt man 40 bis 45 cm im Boden, bleibt immer noch eine Einfassung von 1,80 bis 2,10 Meter Höhe. Nach Möglichkeit pflanzt man auch einen kleinen Baum in das Gehege als Schattenspender. Gegen Füchse kann man das ganze Gehege mit Drahtgitter abdecken oder noch einen niedrigen umlaufenden Elektrozaun anbringen. Außerdem braucht man noch einen speziellen Futtertrog und eine Tränke oder eine Wanne.

## Vorsicht ist besser ...

**Sonne** Sollen Ihre Hennen gesund bleiben, brauchen sie viel Sonne und frische Luft.

**Schadnager** Ratten und Mäuse werden durch das Futter, das Sie Ihren Hühnern geben, angelockt. Füttern Sie nur soviel, wie nötig, wechseln Sie häufig den Standort des Futtertrogs und, falls irgendwie möglich, legen Sie sich eine Katze zu.

**Läuse und Flöhe** Sie sehen aus wie rote oder schwarze Staubkörner. Gute Hygiene ist die beste Prophylaxe. Lässt die Legeleistung nach, kratzen oder reiben sich die Hühner oder scheinen sie irgendwie nicht in Form, können sie von Ektoparasiten wie Läusen oder Flöhen befallen sein. Desinfizieren Sie den Hühnerstall mit einem Spezialpulver.

**Fußräude** Diese hässliche und bewegungseinschränkende Erkrankung wird durch einen Parasiten hervorgerufen. Hinkt eines Ihrer Hühner oder sieht der Fuß deformiert aus, kann das Huhn an Fußräude leiden, die sich manchmal durch erhabene Schuppen mit Borkenbildung manifestiert, was auch die Deformierung der Zehen verursacht. Hier muss entsprechend behandelt werden.

**Gewichtsstörungen** Ein bei Kleinviehzucht häufig auftretendes Problem, wenn die Tiere zuviel Brot und Kartoffeln fressen. In Extremfällen ist der Unterbauch der Tiere hart wie ein Stein und aufgebläht. Behandelt wird durch die Gabe von Mais im Gras. Das soll die Tiere dazu bringen, im Gras zu picken und sich zu bewegen.

**Roter Luftröhrenwurm** Das Huhn bewegt sich nicht und hält den Hals steif, den Schnabel offen, als ob es husten oder sich verschlucken würde. Das ist ein Anzeichen dafür, dass der Rote Luftröhrenwurm *(Syngamus tracheae)* oder Nematoden die Kehle befallen und sich in der Luftröhre festgesetzt haben. Manchmal ist die Erkrankung so weit fortgeschritten, dass man die Würmer hinten in der Kehle sogar mit bloßem Auge erkennen kann. Früher behandelte man die Krankheit durch einen Abstrich mit einer Feder, an der die Würmer hängenbleiben und durch Ausstreichen des Mundrachens mit Paraffin oder Rizinusöl. Heutzutage gibt es andere Behandlungsmethoden. Jedoch zeigt diese Erkrankung, dass der Ort verseucht ist. Daher muss man die Tiere umsiedeln.

**Plötzliche Ohnmacht** Das Huhn wird ganz schlaff und bekommt beim Atmen Schluckauf. Dies ist häufig ein Symptom für innere Blutungen, die durch den Riss eines Blutgefäßes ausgelöst wurden. Ursache hierfür kann übermäßige Hitze oder ein Schreck sein, hervorgerufen durch ein schrilles Geräusch oder einen Tiefflieger. Bringen Sie das Tier an die frische Luft und halten Sie es ruhig.

### Gutes Mastfutter

*Der Begriff „Mastfutter" ist nicht ganz eindeutig. Tatsächlich bezeichnet er sowohl im Handel erhältliche Spezialfertigfutter, beispielsweise für Küken und Legehennen, als auch eine Mischung aus selbstgemachtem Mastfutter, bestehend aus Kartoffelschalen und Hafer. Wenn Sie Mastfutter unter Verwendung von Wasser zubereiten, sei es nun ein hausgemachtes Mastfutter oder irgendein anderes Futter, dem Wasser zugesetzt werden soll, achten Sie darauf, dass die Zubereitung eine körnige, feuchte Konsistenz hat und dabei sehr dick bleibt. Auf keinen Fall dürfen Sie eine halbflüssige, eingeweichte Mischung herstellen. Was in der Natur vorkommende Stoffe betrifft, so sind Rhabarberblätter, angekeimte grüne Kartoffeln, Belladonna (Tollkirsche) und Salz am gefährlichsten. Die drei erstgenannten sind schlichtweg giftig. Beim Salz ist es etwas komplizierter: Es ist notwendig im Futter, aber Hühner, die zuviel davon fressen, sterben. Da im Fertigmastfutter bereits Salz enthalten ist, sollten Sie Salz daher nicht noch zusätzlich beigeben.*

## Hühner füttern

Zusätzlich zu Schalen und Grünzeug brauchen Legehennen auch Körner, Geflügelgrit oder Sandkörner, Futterpellets oder Spezialpellets für Legehennen oder auch Mastfutter (siehe Einschub Seite 170). Man muss wis-

## Häufig gestellte Fragen

**Warum teilen Hühner sich gegenteilig Schnabelhiebe aus?**
Meistens werden Schnabelhiebe aus Langeweile ausgeteilt, weil sie nicht genug zu fressen haben oder weil zu viele von ihnen im Gehege sind. Manche jedoch machen es aus Vergnügen. Das Einzige, was man dagegen tun kann, ist, diese Hühner von den anderen zu trennen.

**Wie bekommt man gute Bruthennen?**
Manche Exemplare brüten besser als andere – in der Regel, aber nicht immer, sind dies die größten Exemplare. Wenn Sie Bruthennen möchten, suchen Sie sich eine Rasse aus, die gernebrütet (beispielsweise Seidenhühner mit ihrem katzenartigen Gefieder).
Man kann die Hennen zum Brüten anregen, indem man die Eier im Legenest belässt und sich vergewissert, dass der Hühnerstall sauber und trocken ist. Eine Bruthenne verbringt viel Zeit mit Brüten und schlägt in der Regel mit den Flügeln, wenn man sich ihr nähert.

**Muss man Küken kaufen?**
Für Anfänger ist es besser, mit acht Wochen alten Hühnchen zu starten als mit Küken. Auf diese Weise spart man zusätzliche Ausgaben für Kükenfutter und Heizung. Kaufen Sie bei einem guten Züchter. Vielleicht möchten Sie später einmal Ihr eigenes Geflügel züchten.

**Können Hühner auch Wildpflanzen fressen?**
Das hängt von der Pflanze ab. Sie können jedenfalls Brombeeren und alle möglichen Beeren fressen, aber auch Ess- und Rosskastanien, Wildkartoffeln und Eicheln. Die Eicheln den Hühnern immer ungekocht zum Fressen geben, damit die Hühner die Eicheln schälen und das herauspicken können, was sie möchten.

**Wie lässt man Küken durch die Bruthenne aufziehen?**
Wenn Sie bereits eine gute Bruthenne haben, brauchen Sie ein von den übrigen Hühnern getrenntes, warmes und trockenes Stallabteil – einfach einen Würfel von 60 cm Seitenlänge anfertigen. Das „Nest“ mit Wasserflasche und Futtertrog an einem geschützten, warmen Ort aufstellen. Sobald es sich die Bruthenne bequem gemacht hat, wartet man die Abenddämmerung ab und zeigt der Bruthenne die (schön trockenen und flauschigen) Küken.
Haben sich Bruthenne und Küken eingerichtet, gibt man den Kleinen eine Ration spezielles Kükenfutter aus Mais und Milch. Die Bruthenne erhält ihre übliche Mahlzeit aus Körnern, Mastfutter und Futterpellets. Dieses Vorgehen etwa alle zwei bis drei Stunden wiederholen, von Sonnenaufgang bis Sonnenuntergang, über sieben bis acht Wochen, und dabei den Platz oder den Auslauf immer weiter vergrößern.

**Warum klebt Blut an den Eiern?**
Keine Sorge, die ersten Eier eines Hühnchens tragen meist ein paar Blutstropfen. Hält dieser Zustand jedoch an, bedeutet es, dass das Tier möglicherweise verletzt ist.

**Stimmt es, dass verfütterte Küchenabfälle den Geschmack und Geruch der Eier beeinträchtigen?**
Im Futter vorhandene Schalen, beispielsweise von Zwiebeln oder Knoblauch, können möglicherweise die Farbe der Eier beeinflussen. Sehr wahrscheinlich ist jedoch, dass das Ei den Geruch oder die Farbe von Zwiebeln durch direkten Kontakt angenommen hat oder weil es sich in der Nähe von Zwiebeln befand.

**Muss man frisch geschlüpfte Küken füttern?**
Küken braucht man erst nach zwei Tagen zu füttern.

sen, dass Hühner Grünzeug lieben. Sobald Kohl etwas geschossen oder ein Kürbis etwas zu groß geraten ist, hängt man ihn an einen der Umzäunungspfosten in Schnabelhöhe, sodass die Hühner daran picken können, ohne den Gemüsegarten zu zertrampeln.
Für eine bessere Legeleistung gibt man ihnen etwas Lebertran, was statistisch gesehen die Legeleistung, aber auch die Vitalität der Tiere und ihre Widerstandsfähigkeit gegen Krankheiten verbessert. Ein Teelöffel Lebertran reicht aus für ein Dutzend Küken oder Hühnchen, während ein erwachsenes Huhn eine Dosis von 28 g auf 2,7 bis 3,5 kg Futter benötigt. Ein Fertigfutter enthält in der Regel bereits einen Zusatz an Vitamin D.
Vogelgrit oder Sandkörner sind sehr wichtig für alles Geflügel. Da Geflügel keine Zähne besitzt, muss es die Körner in seinem Muskelmagen vor dem Verdauen zerkleinern, wozu der Grit beiträgt. Außerdem führt Grit dem Geflügel Kalzium zu, das es zur Schalenbildung braucht. Aus diesem Grund gibt man Hühnern auch Kalk oder zerstoßene Eierschalen zu fressen.

# Gänse halten

Gänse sind in punkto Ernährung weitgehend Selbstversorger. Wenn sie ausreichend Platz haben (etwa 20 $m^2$ pro Tier), kommen sie den überwiegenden Teil des Jahres ohne Zusatzfütterung zurecht.

## Nützliches Geflügel

Müssen Sie einen mit Gras überwucherten Obstgarten von etwa 0,2 Hektar Größe pflegen und mögen Sie gerne Eier? Warum nicht ein Gänsegehege aufstellen, anstatt das Gras abzumähen? Gänse ernähren sich problemlos, legen große Eier und Ihr Obstgarten sieht perfekt aus, mit niedrigem Gras, wenig Unkraut und noch weniger Parasiten. Gänse fressen auch Küchenabfälle. Sie sind allerdings laut, manchmal angriffslustig und verbreiten ein großes Durcheinander.

## Wohin mit dem Gänsestall?

Ein altes Gartenhaus, eine große überdachte Kiste, ein alter Hühnerstall oder ein Schuppen, ein Stall mit Wänden aus Heu- oder Strohballen, mit Gitterdraht eingezäunt und mit einem Dach aus Weißblech – als Gänsestall eignet sich nahezu alles, vorausgesetzt es ist trocken, die Gänse können sich aufrecht bewegen, sie haben genug Platz zur Eiablage und der Stall ist vor Füchsen geschützt. Der Bereich sollte durch ein Gitter eingezäunt sein. Außerdem braucht man einen Futtertrog und ein Wasserbecken. Um Füchse fernzuhalten, muss man die Gänse nachts einschließen. Besteht die Schar aus sechs oder mehr Gänsen, riskiert kein Fuchs einen Angriff. Zusätzlich zu dem eingezäunten Bereich brauchen Gänse tagsüber freien Weideauslauf. Verschiedene Gänserassen leben in getrennten Ausläufen und Ställen. Werden die Rassen zusammen gehalten, fühlen sich die Tiere nicht wohl.

### Gänserassen

**Emdener Gans**
Reinweißes Gefieder, gute Eierleistung, sehr widerstandsfähig und leicht zu halten. Sie wiegt etwa 8 kg und hat ausgezeichnetes Fleisch.

**Toulouser Gans**
Die Gans stammt aus Frankreich und hat ein weißgraues Gefieder. Sie legt bis zu 60 Eier pro Jahr, ihr Fleisch hat ein köstliches Aroma. Sie wiegt durchschnittlich 13,5 kg.

## Gänse füttern

Gänse brauchen nicht viel mehr als das, was sie auf der Weide finden, vielleicht noch ein paar Küchenabfälle, etwas Grünzeug, etwas Geflügelgrit und Wasser. Möchten Sie die Gänse mästen oder mehr Eier haben, geben Sie ihnen mehr Getreide oder was Sie gerade zur Hand haben (siehe Hühner füttern, Seite 170).

*Gänsestall*

# Enten halten

Warum gerade Enten? Die Antwort ist einfach: Enten ernähren sich von Küchenabfällen, sie legen Eier, ihr Fleisch ist köstlich und außerdem sind es gesellige und leicht zu haltende Tiere. Die einzige Schwierigkeit: Enten brauchen Wasser. Ein Teich wäre ideal, sie begnügen sich aber auch mit einem kleinen Becken, einem Bach oder sogar mit einigen großen, mit Wasser gefüllten Behältern.

### Entenrassen

**Aylesbury-Ente**
Eine alte und gefährdete Nutztierrasse. Schwerer Schlag mit weißem Gefieder, der große bläulich-weiße Eier von hervorragendem Aroma legt. Bestes Fleisch.

**Indische Laufente**
Eine sehr gute Wahl, wenn Ihr Gelände etwas uneben ist und wenn Sie freilaufende Enten haben wollen. Sie steht im Ruf, ein furchterregender Jäger von Nacktschnecken zu sein. Ideal zum Legen geeignet, ihr Fleisch ist jedoch etwas faserig.

**Khaki-Campbellente**
Diese Ente mit khakifarbenem Gefieder zählt zu den besten Legerassen und hat ausgezeichnetes Fleisch. Legeleistung von rund 300 weißen Eiern pro Jahr.

## Bevor es losgeht

Überlegen Sie gut, ob Sie den Platz und die Zeit haben, die eine Entenhaltung erfordert, ferner, ob Sie mehr an

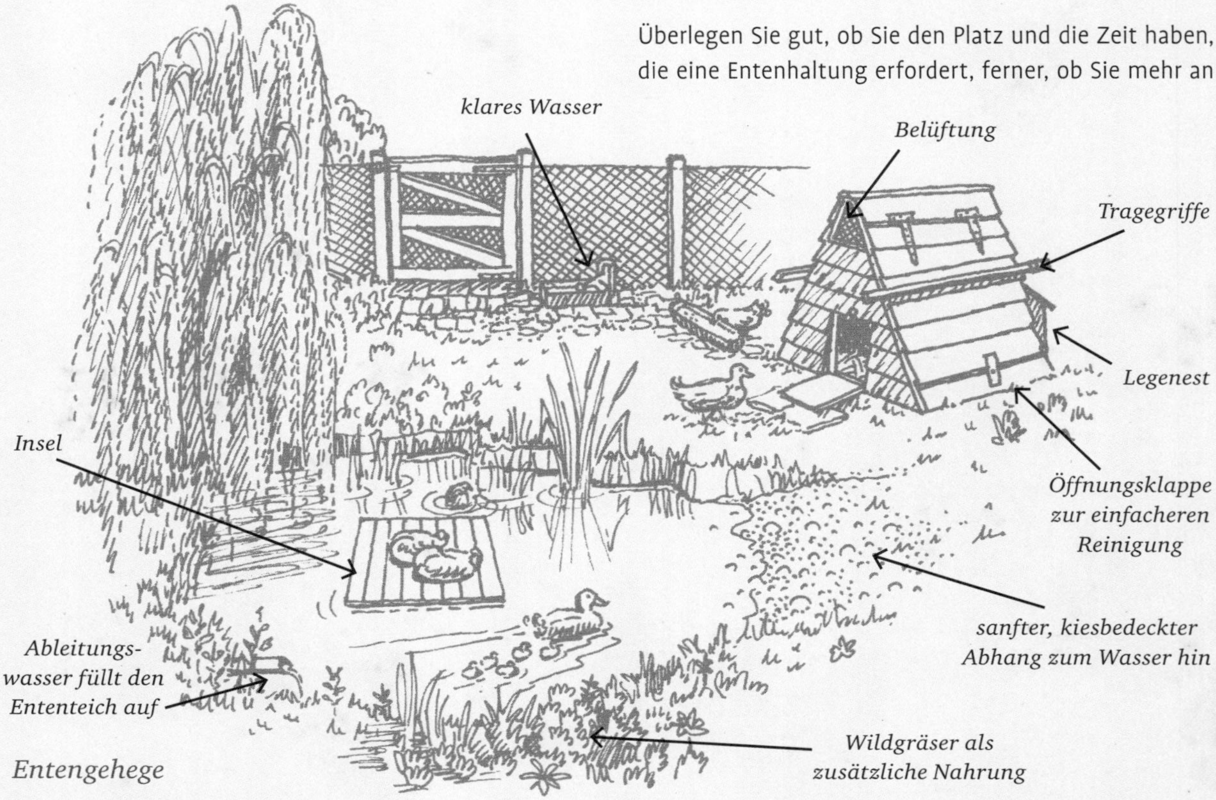


*Entengehege*

den Eiern oder am Fleisch interessiert sind. So können Sie die zu Ihren Vorstellungen passende Rasse aussuchen. Enten beginnen mit dem Legen ab 4 Monate, von Januar bis September, etwa 20 Eier pro Monat.

## Wohin mit dem Entenstall?

Der ideale Entenstall ist ein kleines, tragbares, bogenförmiges Haus, das man leicht reinigen kann. Ist der Boden stark zertrampelt und schmutzig, nimmt man das Bogengerüst an den Haltegriffen auf und stellt es woanders auf. Der Auslauf sollte mit Drahtgeflecht eingezäunt sein. Enten schlafen und legen auf dem Boden. Zumindest nachts sollten sie von anderem Geflügel getrennt werden.

Pro Tier sollte man 16 bis 20 $m^2$ vorsehen. Außerdem braucht man einen Futtertrog und eine Tränke. Treiben sich in der Gegend Raubtiere wie Füchse herum, decken Sie den Auslauf mit einem Drahtgitter ab oder fassen Sie ihn mit einer doppelten Umzäunung und einem niedrigen Elektrozaun ein.

## Enten füttern

Zusätzlich zu Küchenabfällen, Grit oder zerstoßenen Eierschalen zur Bildung der Schalen ihrer eigenen Eier brauchen Enten pelletiertes Fertigfutter oder Mastfertigfutter sowie Grünfutter. Abrunden kann man das Futter durch etwas Fischöl, dadurch bekommen die Enten ein schönes Gefieder.

### Weiteres Geflügel für den Hühnerhof

*Wenn Sie sich für die Geflügelzucht interessieren, versuchen Sie es doch einmal mit Puten oder Perlhühnern. Die Entscheidung will jedoch gut überlegt sein und vor allen Dingen sollten Sie sich bei regionalen Züchtervereinen vorab informieren.*

**Truthühner**
Die Schwierigkeit bei der Haltung dieser Tiere liegt im Platzbedarf: Die Tiere brauchen viel Platz und Auslauf. Die ziemlich empfindlichen Jungtiere sind sehr robust, sobald sie die ersten drei Monate überstanden haben. Im Alter von etwa zwei Monaten stellt sich bei den jungen Trut- oder Putenhähnen der Organismus um. In dieser Zeit bilden sich bei ihnen die roten fleischigen Kopfanhänge am Hals aus. Während dieser Zeit sind sie geschwächt und sehr krankheitsanfällig. Trut- oder Putenhennen sind ab etwa einem Jahr geschlechtsreif, Trut- oder Putenhähne ab achtzehn Monaten.

Die Liebhaberzucht wird erst seit kurzem betrieben, besonders seit der Existenz neuer Rassen, die kleiner sind als die klassische Weihnachtspute. Dennoch brauchen Truthühner ein weitläufiges Gehege. Da sie allein auf Nahrungssuche gehen – Gräser, Beeren, Körner, Insekten – muss ihr Auslauf möglichst trocken und mit einem 2 Meter hohen Drahtgitter eingezäunt sein. Für einen Truthahn und sechs bis acht Truthennen braucht man etwa 100 $m^2$. Ist das Gelände mit Bäumen bepflanzt, werden diese als Sitzgelegenheiten und zum Großteil auch zum Schlafen genutzt. Für die Jungen braucht man ein abgetrenntes Stallabteil oder einen Kükenkäfig, für die Erwachsenen einen 2 Meter hohen, an einer Seite offenen Behelfsstall aus Holz oder aus Stroh, mit einem Bogengerüst aus Holz oder Stroh und mit einigen Sitzstangen, einem Futtertrog und einer Tränke. Das Gehege sollte möglichst weit vom Haus entfernt sein, da die Schreie der Tiere sehr unangenehm sind.

**Achtung** Hühner dürfen niemals ins Putengehege, da die beiden Geflügelarten untereinander Krankheiten übertragen können.

**Perlhühner**
Die größte Schwierigkeit bei der Haltung von Perlhühnern ist ihr schriller Schrei. Ihr Gehege sollte daher nicht in der Nähe des Hauses sein. Ihr Fleisch ist jedoch köstlich, ebenso ihre Eier. Perlhühner unterscheiden sich von Hühnern und Hühnchen durch ihre größere Unbeholfenheit und ein wilderes Wesen. Folglich ist ihre Haltung etwas schwieriger und erfordert größere Sorgfalt. Perlhuhnküken sind kälteempfindlicher als Hühnerküken und brauchen bei der Geburt eine höhere Umgebungstemperatur (zwischen 38 und 39 °C in der ersten Woche, danach pro Woche jeweils 3 °C weniger bis 21 °C, der endgültigen Aufzuchttemperatur). Außerdem brauchen sie auch mehr Platz als Hühner. Stellen Sie dieselbe Anzahl an Futtertrögen und Tränken wie für Küken auf. Perlhühner sind nicht so krankheitsanfällig wie Hühner und daher nicht besonders schwierig zu halten. Sie brauchen jedoch vorzugsweise ein separates Gehege, damit es keine endlosen Raufereien gibt.

# Kaninchen halten

Welche Liebhaberzucht kommt ohne Kaninchen aus? Die in der Fütterung preisgünstigen und sehr vermehrungsfreudigen Kaninchen liefern ausgezeichnetes eiweißhaltiges und fettarmes Fleisch. Die einzige Schattenseite der Kaninchenhaltung: man muss den Mut aufbringen, sie zu schlachten ...

### Kaninchenrassen

*Nachstehend einige Vorschläge zu Kaninchenrassen mittlerer Größe, da sich diese für eine Liebhaberzucht besser eignen. Die Rassen sind schneller ausgewachsen als Riesenrassen, geben aber mehr Fleisch als Zwergrassen.*

**Alaska**
Sehr vermehrungsfreudig, mit schwarzem Fell, einfach zu züchten. Sein Fleisch ist sehr wohlschmeckend.

**Burgunder**
Sehr vermehrungsfreudig und frühreif (die Rasse ist ab sechs Monaten geschlechtsreif). Ausgezeichnetes Fleisch, sehr robust und leicht zu züchten. Schönes gelbrotes Fell.

**Weiße Neuseeländer**
Weißes Kaninchen mit einem Durchschnittsgewicht von etwa 4 kg, mit festem und schmackhaftem Fleisch.

## Bevor es losgeht

Die Anzahl der Kaninchen hängt vom verfügbaren Platz ab. Wenn man klein anfängt und alles gut geht, vergrößert sich die Zucht allmählich von allein. Die etwa sechs Wochen alten Jungen integrieren sich besser und sind nicht so teuer. Wenn Sie aber eigene Junge haben möchten, kaufen Sie ausgewachsene Kaninchen. In der Regel kommt ein Männchen auf sechs Weibchen. Kontaktieren Sie vor dem Kauf einen regionalen Kaninchenzuchtverein und lassen Sie sich beraten.

## Wohin mit dem Kaninchenstall?

Im Idealfall nimmt man nicht die winzigen Ställe, in denen die Tiere sich kaum bewegen können, sondern hält sie in Kolonien in einem etwa 1,50 Meter hohen, gut abgeschlossenen Gehege, das mit Vorrichtungen aus Restholz oder Recyclingmaterial vor Wind und Regen geschützt ist.
Sollen die Kaninchen nicht Ihre kostbaren Pflanzungen zerstören, sollten Sie die Einzäunung durch einen kleinen Elektrozaun verdoppeln, das Drahtgitter mindestens 50 cm tief im Boden befestigen oder im Boden betonieren. Idealerweise kommen auf jedes Kaninchen 10 m$^2$.

Wenn Sie sehr wenig Platz zur Verfügung haben, nehmen Sie ausreichend große Kaninchenställe und stellen Sie sie vor Regen und Wind geschützt auf. Kaninchen brauchen Ruhe und natürliches Licht. Ihr Stall sollte immer trocken und sehr sauber sein.

## Gut zu wissen

- Jeder weiß, dass Kaninchen Nagetiere sind, deren Zähne ständig nachwachsen. Sie brauchen daher ständig relativ hartes Futter, damit sich ihre Zähne abnutzen.
- Kaninchenfelle (besonders die weißen) kann man zum Einfärben verkaufen, was eine zusätzliche Einnahmequelle ist.
- Das Fell von Angorakaninchen ist sehr begehrt.
- Kaninchendung ist ein ausgezeichneter Dünger.
- Kaninchen nehmen etwa 30 Mahlzeiten innerhalb von 24 Stunden ein.
- Eine Besonderheit der Kaninchen ist das Fressen ihres eigenen Kots, bevor er hart wird: so kommen sie an Vi-

tamin B und Stickstoff, was für ihre Entwicklung notwendig ist und scheiden hinterher harten Kot aus. Weicher Kot im Stall ist ein Anzeichen dafür, dass irgendetwas nicht stimmt.

> Kaninchenbraten gibt es ab der 10. bis 12. Woche bis zum 5. Monat , Kaninchen in Soße etwas später.

## Kaninchen füttern

Bei im Freiland gehaltenen Kaninchen wird das vor Ort gefundene Futter durch Heu (150 g bis 200 g täglich), hartes Brot, Getreide (50 g Hafer und 100 g Kleie), Wurzeln und Wurzelknollen, Astwerk (besonders von der Weide und vom Haselnussstrauch) ergänzt.

Leben die Kaninchen in Ställen, müssen sie mehrmals täglich zu regelmäßigen Zeiten gefüttert werden. Es gibt pelletiertes Fertigfutter, man kann sie aber auch einwandfrei mit Frischfutter ernähren: etwa 1 kg Grünfutter bestehend unter anderem aus Hafer, Luzerne, Thymian, Löwenzahn, Heidekraut, Brennesseln, Farn und Winden), Gemüse (zum Beispiel Kohl, Rote Bete, Karotten, Rettiche, Pastinaken, Topinambur oder Kartoffeln), Trockenfutter wie Heu und Stroh sowie Getreide in Form von Körnern oder Mehl. Waschen Sie Wurzelgemüse vorher und geben Sie den Kaninchen keine eingeweichten Futter.

## Nachwuchs

Bei in Kolonien gehaltenen Kaninchen muss man nichts Besonderes machen. In Kaninchenställen muss man das Weibchen in die Behausung des Rammlers setzen. Kaninchen können sich ab zehn bis zwölf Monaten zu jeder Jahreszeit fortpflanzen (die Verpaarung löst bei der Häsin die Ovulation aus). Die Häsin braucht keine Unterstützung bei der Geburt. Sie können ihr jedoch ein Nest aus Stroh oder Holzschnitzeln bereiten. Jeder Wurf besteht durchschnittlich aus sechs Jungen. Die Trächtigkeit dauert etwa 30 Tage, anschließend säugt die Häsin ihre Jungen ungefähr vier Wochen lang. Danach trennt man die jungen Kaninchen von der Mutter.

### Häufige Probleme

**Myxomatose**
Gegen diese sehr ansteckende Viruserkrankung gibt es keine Behandlung (alle befallenen Tiere müssen getötet werden). Impfen Sie Ihre Kaninchen, halten Sie Parasiten fern und desinfizieren Sie regelmäßig die Ställe.

**Giftpflanzen**
Eiche, Lorbeer, Espe, Liguster und Efeu sind giftig. Petersilie und Kerbel bringen die Milch zum Versiegen. Eisenhut, Anemone, Tollkirsche, Butterblume, Buchs, Schierling, Herbstzeitlose, Fingerhut, Wolfsmilch, roter und blauer Augentrost, Sumpfdotterblume, Mohn und Pflanzen der Gattung Nachtschatten können zu Erbrechen, Durchfall und sogar zum Tod der Kaninchen führen: Entfernen Sie diese Pflanzen aus dem Kaninchengehege.

### Kleine Schneckenzucht

Warum machen Sie nicht eine kleine Schneckenzucht auf? Schnecken sind eine Delikatesse und billig in der Fütterung. Von Schneckenzuchtverband erhalten Sie alle notwendigen praktischen Informationen.

Die besten Zuchtsorten sind die berühmten Weinbergschnecken, mit gelbem oder rotbraunem Gehäuse, das mit zunehmendem Alter heller wird, mit wohlschmeckendem Fleisch und die gleichermaßen wohlschmeckende Kleine Graue, die den Vorteil hat, schneller zu wachsen.

Schnecken sind Zwitter. Dennoch ist eine Verpaarung zur Fortpflanzung notwendig, in der Regel im Frühjahr. Nach einer Trächtigkeit von zwei Wochen legt die Schnecke etwa fünfzig weiße gallertartige Eier in die Zwischenräume von Steinen. Die Schnecken schlüpfen etwa 25 Tage nach der Eiablage.

Die Kleine Graue eignet sich zum Verzehr ab dem Alter von vier bis fünf Monaten oder um den Monat Oktober nach der Geburt, die Weinbergschnecke etwa ein Jahr später, was ihre Zucht etwas schwieriger macht.

Als Futter kann man den Schnecken außer den üblichen Salatblättern ein hausgemachtes Mastfutter anbieten, bestehend aus 400 g Weizenmehl, 300 g Trockenbohnenmehl (selbstgemahlen) und 300 g Wismuthweiß in Pulverform (Drogerie).

# Schafe halten

Schafe sind in der Tat äußerst vorteilhaft: Eine Herde von sechs Mutterschafen kostet fast gar nichts im Einkauf und gibt Ihnen köstliche Keulen und Koteletts zum Grillen und Fleisch für Ragouts. Die leicht unterzubringenden Tiere sind sanftmütig und die Lämmer sind einfach reizend. Schafe können auf unebenem Gelände leben, mähen das Gras kostenlos und – für Sie als Selbstversorger sehr wichtig – sie liefern Wolle.

*„Warum hält man Schafe? Diese Frage stellen wir uns jedes Mal, wenn sich eines unserer Schafe in einem Gatter oder einer Hecke eingeklemmt hat oder auf dem Rücken in einem Graben, unterm Geländewagen oder im Hühnerstall lag. Immer war irgendeines unserer Schafe irgendwo eingeklemmt! Ganz abgesehen von der schrecklichen Schmeißfliege, den Egeln, Insekten, Parasiten, Bakterien Viren und anderen Krankheiten, die nur darauf lauerten, sich unter unseren Schafen zu verbreiten.“*
*Die Autoren*

## Bevor es losgeht

> Möchten Sie Schafe wegen des Fleischs, der Wolle oder wegen beidem halten?
> Wieviele Schafe möchten Sie halten? Wichtig zu wissen ist, dass drei oder vier Mutterschafe je nach Grasqualität etwa 0,4 Hektar brauchen und dass ein Mutterschaf bei jedem Lammen ein oder zwei Lämmer haben wird.
> Haben Sie selbst einen Schafbock oder nehmen Sie einen Bock von einem benachbarten Bauernhof zum Decken?

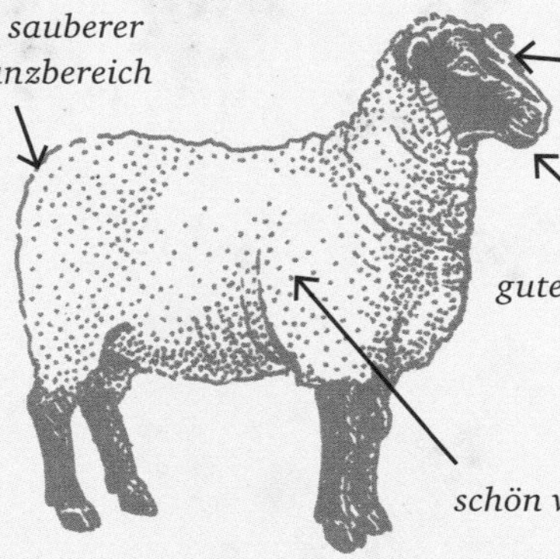


*Ein gesundes Schaf*

> Ist Ihr Gelände groß genug, um es in kleine Gehege aufzuteilen?
> Möchten Sie eine einjährige Schafhaltung auf der Weide praktizieren (Lammen im Frühjahr, Mästen im Sommer, Schlachten im Herbst und Verzehr im Winter) oder sind Sie bereit, in einen Schafstall zu investieren, in dem die Tiere überwintern können?

## Die geeignete Schafrasse

Suchen Sie sich eine Rasse aus, die der Gegend angepasst ist und Ihren Bedürfnissen entspricht: viel Wolle, großes Gewicht, kleine Größe ... Informieren Sie sich bei Züchtervereinen.

Es gibt Hunderte von Schafrassen, die man grob in folgende Kategorien unterteilen kann: Wollschafe, darunter die Merinoschafe, die heutzutage aber nicht mehr nur wegen ihrer Wolle, sondern vorwiegend auch wegen ihres Fleisches gehalten werden, Fleischschafe wie das Blauköpfige und das Schwarzköpfige Fleischschaf, Bergschafe (Heidschnucke) und Milchschafe wie das Ostfriesische Milchschaf und andere.

## Gut zu wissen

- > Schafe werden mit 15 bis 20 Monaten geschlechtsreif.
- > Die Tragezeit bei Schafen beträgt rund 150 Tage (5 Monate) nach der Verpaarung.
- > Kurz vor dem Lammen legt sich das Mutterschaf. Es erscheint zunächst die Fruchtblase, gefolgt von Nase und zwei Vorderbeinen, dann der Kopf und die Schultern. Schließlich wird das Lamm ausgestoßen.
- > Sobald das Lamm geboren ist, leckt die Mutter den Schleim ab.
- > Folgt auf die Fruchtblase ein Hinterbein oder ein Hinterbein und die Nase, muss der Tierarzt kommen.
- > Das Lamm beginnt etwa zwei Stunden nach der Geburt zu saugen.
- > Wird das Lamm von seiner Mutter abgelehnt, muss man sehen, dass ein anderes Mutterschaf es akzeptiert oder es mit Flaschennahrung großziehen.
- > Lämmer kann man mit spezieller Flaschenmilch wie ein Baby füttern. Das ist ein Fulltime-Job, man ist rund um die Uhr beschäftigt.

## Wohin mit den Schafen?

Meistens brauchen Schafe keinen Stall, lediglich einen Behelfsstall zum Lammen. Einen solchen können Sie aus Strohballen und einem Stück Wellblech bauen sowie ihn vorne mit einem Gatter schließen.

## Schafe füttern

Die meisten Schafe gedeihen draußen auf Weiden. Vor und nach dem Lammen erhält das Mutterschaf einen Futterzusatz auf Basis von Mais, Rübenschnitzeln oder speziellem Pelletfutter. Für die Lämmermast geben Sie Rübenschnitzel, Heu oder Leinsamen. Haben Sie vor, die künftigen Lämmer vor dem nächsten Winter zum Schlachten zu mästen, brauchen Sie im Winter für sechs Mutterschafe täglich einen Strohballen als Grundnahrung plus eine Dosis Körner, die man je nach Verlauf des Winters und in dem Maße erhöht, wie der Zeitpunkt des Lammens näherrückt.

## Schafe scheren und Wolle spinnen

Bevor Sie sich an dieses schwierige Unterfangen wagen, sollten Sie sich bei einem Fachmann und mit Spezialliteratur kundig machen. Vielleicht gibt es eine Möglichkeit, das Handwerk zu lernen, erkundigen sie sich bei den Schafzuchtverbänden (siehe Seite 232). Zum Spinnen der Wolle nehmen Sie am besten eine große, traditionelle horizontale Spindel.

*Ein Behelfsstall*

*Mutterlose Lämmer aufziehen*

# Ziegen halten

Ziegen sind einfacher zu halten als eine Kuh, sie sind nicht teuer im Einkaufspreis, können überall leben, sind einfach zu füttern und geben jeden Tag drei bis vier Liter köstliche, nahrhafte Milch (besonders für Menschen mit Kuhmilchallergie geeignet). Ganz allgemein eignen sich Ziegen gut für einen mittelgroßen Betrieb, der sich selbst versorgen möchte.

## Gut zu wissen

Lassen Sie Ihre Ziegen machen, was sie wollen, werden sie Ihren Garten in eine Wüste verwandeln: sie finden immer ein Loch im Zaun, um durchzuschlüpfen. Und Sie müssen sie zweimal täglich melken. Dennoch sind sie eine gute Wahl, wenn Sie Milch haben wollen und Ihr Grundstück eher wie Brachland als wie eine schöne Wiese aussieht.

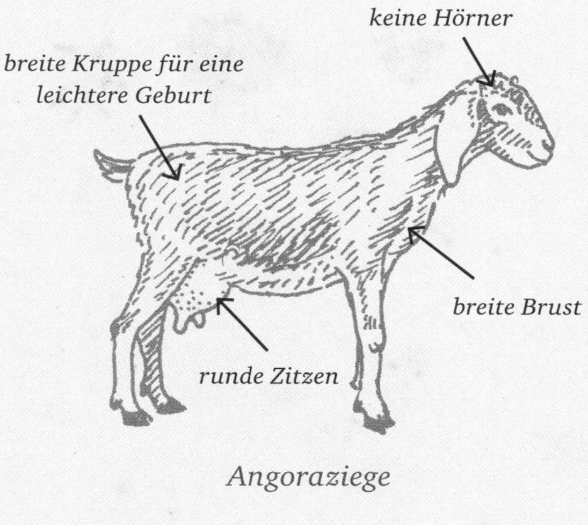


*Angoraziege*

### Gute Milchziegenrassen

**Angoraziege**
Diese Ziegen sind vor allem auch wegen ihres Fells (Mohair) sehr interessant und liefern gutes Fleisch.

**Bunte Deutsche Edelziege**
Die häufigste Ziegenrasse. Gute Milchziege, kurz und glatthaarig, in hell-, mittel- und dunkelbraun, meist hornlos.

**Poitevine**
Gute Milchziege, mittelgroß, mit langem Fell am Körper und kurzem Fell am Kopf. Gut für gemäßigtes Klima, aber auch Mittelgebirge.

**Saanenziege**
Gleichermaßen gut für die Berge wie fürs Flachland. Groß mit kurzem weißem Fell. Ausgezeichnete Milchziege, kostengünstig in der Fütterung.

**Weiße Deutsche Edelziege**
Die kräftige, kurz- und glatthaarige „Weiße" wird vorwiegend hornlos gezüchtet. Gefragte Milchziege, nicht nur für Kleintierhaltungen.

## Die geeignete Ziegenrasse

Jede Rasse hat ihre Vorzüge – kleine Größe, schönes Fell, Widerstandsfähigkeit, gute Milchleistung ... Natürlich gibt es auch innerhalb einer Rasse immer gute und weniger gute Exemplare. Am besten schauen Sie sich als Einsteiger zunächst ein oder zwei Ziegenhaltungen an. Zum Erwerb wenden Sie sich anschließend an einen Ziegenzuchtverband (siehe Seite 232).

**Achtung** Wenn Sie glauben, dass Ziegenhörner und kleine Kinder nicht zusammenpassen – was im Übrigen auch viele Züchter meinen – nehmen Sie eine hornlose Ziege.

## Eine Ziege kaufen

Sie haben Kontakt zu einem anerkannten Züchter aufgenommen, wissen Bescheid über die Kosten und diversen Aspekte der Haltung und sind sich insbesondere über den Zeitaufwand im Klaren. Jetzt steht der eigentliche Kauf und Transport der Ziege an. Sie können entweder eine erwachsene Ziege kaufen, die bereits Milch gibt, oder ein jüngeres Tier – je nach Ihren Vorstellungen und Ihrer Geduld. Idealerweise fängt man mit zwei gerade entwöhnten Zicklein an, die man durch alle Wachstumsphasen begleitet. So gewöhnen Sie sich an die Ziegen und umgekehrt und Sie verstehen die Reaktionen Ihrer Ziege, bevor Sie mit dem Melken beginnen.
Sie können die Ziege entweder selbst in einem Van oder einem Kastenwagen abholen oder aber dieses nicht ganz einfache Unterfangen dem Züchter überlassen. Vergessen Sie nie, dass Ziegen wendige und intelligente Tiere sind!

## Wohin mit den Ziegen?

Das hängt natürlich stark von der Größe des Geländes und der Anzahl der Ziegen ab, die Sie halten wollen. Am besten sind sie in einem wetterfesten, ziemlich hohen Ziegenstall untergebracht, den die Ziegen und Sie aufrecht betreten können. Um den Ziegenstall sollten Sie einen Bereich betonieren und einzäunen und einen abgedeckten, sehr sauberen Platz genau am Eingang zum Stall für das Melken vorsehen. Ziegen müssen außerdem Zugang zu einer mit Büschen bestandenen Weide zum Abweiden haben.
Sollen die Ziegen ihr Futter innerhalb des Auslaufs erhalten, dann muss dieser Auslauf größer sein. Ziegen brauchen viel Platz, um sich wohlzufühlen und um eine große Milchleistung zu erbringen.
Berücksichtigen Sie beim Entwurf des Grundrisses für das Gehege und den Ziegenstall alle Eventualitäten.

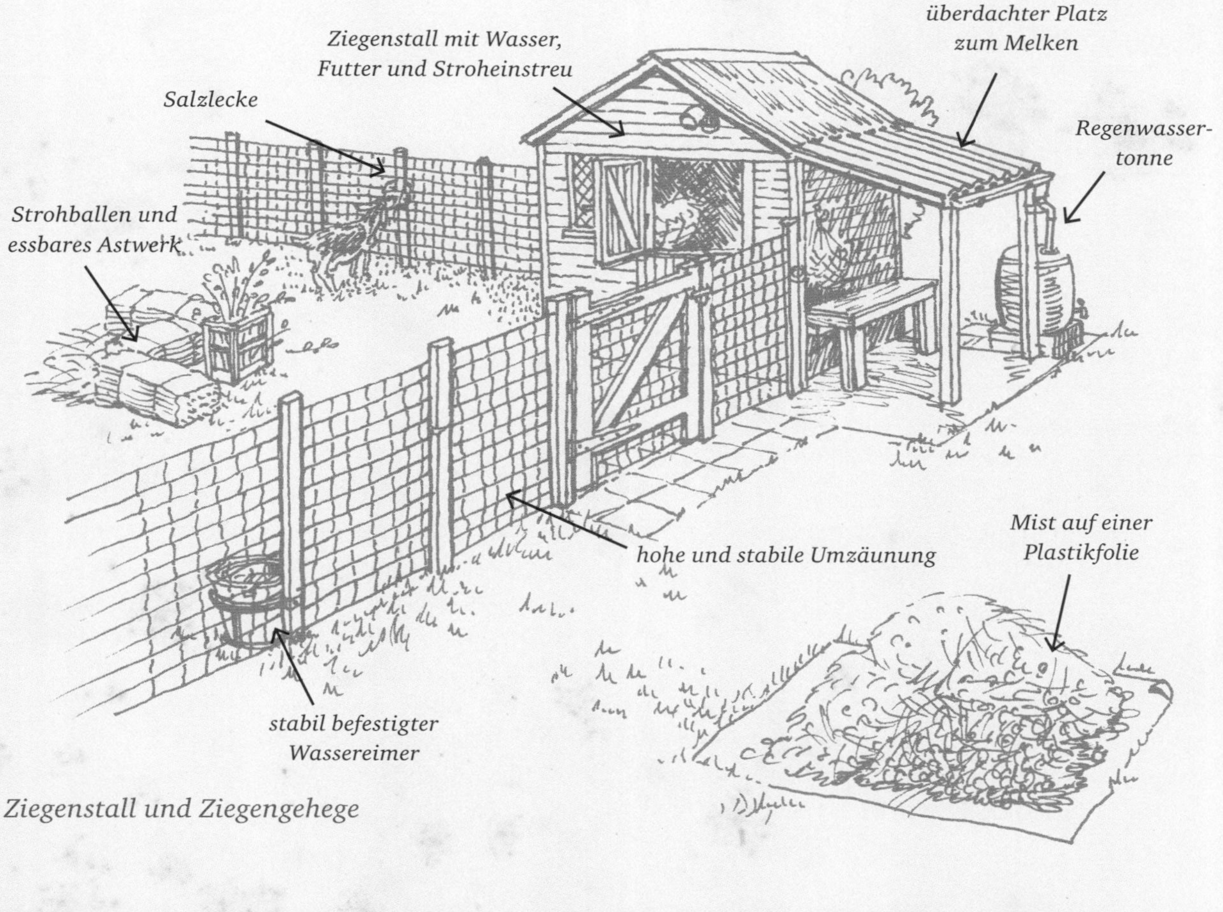


*Ziegenstall und Ziegengehege*

### Ein Tag beginnt ...

In der Regel gehen Sie morgens nach dem Aufstehen als Erstes zu den Ziegen und lassen sie bei schönem Wetter ins Freie. Dann holen Sie ihnen Wasser, geben ihnen etwas Zusatzfutter, misten ihre Einstreu aus und werfen die alte Einstreu auf den Misthaufen. Anschließend führen Sie sie zum Melkplatz, waschen sich die Hände und melken die Ziegen so, dass sie sich wohlfühlen ...

Prüfen Sie das für die Ziegen vorgesehene Gelände, notieren Sie sich alle Einzelheiten, beispielsweise wo der Wasseranschluss ist oder wie weit die Entfernung zum Haus ist. Planen Sie erst anschließend Ihr Vorhaben.

Die meisten Fachleute sind sich darin einig, dass eine Drahtgitterumzäunung von 1,20 bis 1,50 Meter Höhe, die gut an stabilen Pfosten befestigt ist, für das Gehege rund um den Ziegenstall ausreicht, dass für die Weide jedoch ein Elektrozaun notwendig ist. Ziegen verhalten sich in der Regel ruhig, wenn sie richtig gefüttert werden, sie langweilen sich nicht und werden nicht durch Obstbäume oder Gemüsebeete angelockt. Es besteht zwar immer das Risiko, dass man eine etwas schwierige Ziege erwischt, aber das gehört nun mal dazu ...

## Ziegen füttern

Verbringen Ihre Ziegen die ganze Zeit im Stall, müssen sie ständig mit Wasser und Heu, einem Salzleckstein und einem Zusatzfutter wie zum Beispiel granuliertem Spezialfutter oder einer Mischung aus geschrotetem Getreide und Maisflocken versorgt werden. Können die Ziegen jedoch Büsche abweiden, sollte man Heu nur zur kalten Jahreszeit geben (etwa 5,5 kg Heu pro Kopf und pro Tag). Während des Säugens gibt man zum Heu noch ungefähr 1 kg pelletiertes Futter hinzu.

## Nachwuchs

Die weibliche Ziege (Geiß) wird um den 18. Monat im Herbst geschlechtsreif. Die Hitze dauert einige Stunden bis einige Tage und tritt ungefähr alle 21 Tage auf, bis eine Verpaarung stattfindet. Hierfür können Sie entweder einen eigenen Ziegenbock heranziehen, einen fremden Bock zum Decken nehmen oder eine künstliche Besamung vornehmen. Die letztere Lösung ist am einfachsten. Achten Sie darauf, dass der Bock von derselben Rasse ist und einen guten Stammbaum hat. Die Trächtigkeit dauert etwa 150 Tage plus/minus eine Woche.

Rückt der Zeitpunkt der Geburt näher, vergrößern sich die Zitzen und die Milch schießt ein. Die Geiß wird unruhig und laut. Die Wehen setzen ein und sehr schnell wird das Zicklein ausgestoßen, in einer Membran verpackt und mit den Vorderbeinen zuerst, gefolgt von der Schnauze und dann dem restlichen Körper. Sie sollten lauwarmes Wasser, Seife, Küchenkrepp, Schere und ein Antibiotikumspray griffbereit haben, um das Maul und die Nasenlöcher mit Küchenkrepp zu säubern. Nach dem Ausstoßen der Plazenta ist die Geburt beendet.

Probleme können jedoch immer auftreten – übelriechender Ausfluss, langsame Wehentätigkeit, zuerst das Erscheinen des Kopfes, geschwollene Zitzen, Mutter oder Zicklein scheinen zu leiden – am besten haben Sie für den Notfall die Telefonnummer des Tierarztes parat.

## Ziegen melken

Die Ziegenbabys lässt man zwei Wochen lang bei ihrer Mutter, damit sie einen guten Start ins Leben haben. Anschießend nimmt man sie weg, um mit dem Melken zu beginnen. Auch wenn fast alle Züchter ihre Ziegen zweimal täglich melken, gibt es doch manche, die sagen, dass einmal Melken pro Tag besser ist. Bei der zweiten Methode erhält man natürlich weniger Milch, aber der Zeitaufwand halbiert sich. Es liegt an Ihnen, ob Sie mehr Zeit verbringen oder mehr Milch haben wollen.

Sind Sie soweit, binden Sie der Ziege einen Strick um und führen sie zum Melkplatz. Stellen Sie die Ziege auf einen niedrigen Tisch, damit Sie ohne größere Anstrengung in geeigneter Höhe melken können. Befestigen Sie den Strick an der Wand und fesseln Sie die Ziege an den Hinterbeinen, damit sie nicht die Milchschüssel umwirft.

Zuerst die Zitzen mit lauwarmem Wasser säubern und durch Abklopfen entstauben, was gleichzeitig das Einschießen der Milch fördert, danach die Zitzen abtrocknen. Daumen und Zeigefinger zum Ring um die Zitze an der Euteransatzstelle schließen und durch Schließen der

*Anfangs hatten wir eine Ziege mit einem besonders schwierigen Charakter, die ein diebisches Vergnügen daran fand, den Eimer umzuwerfen, sobald er voll mit Milch war. Das war der Moment, in dem wir beschlossen, mit der Fessel zu arbeiten.*
*Die Autoren*

übrigen Finger eine Faust bilden. Dann vorsichtig mit dem Daumen drücken, damit der Druck vor der Zitzenspitze höher ist. Nun die Milch in einer Abwärtsbewegung durch Fingerdruck aus der Zitze herauspressen. Die ersten Spritzer in ein separates Gefäß gehen lassen, da diese meist Keime enthalten. Dann den Daumendruck lockern, damit mehr Milch kommt. Die Finger abwechselnd zur Faust ballen und wieder entspannen und die Milch ausmelken, dabei den Milchstrahl in Richtung Schüssel führen. Ist eine Seite des Euters leergemolken, ist die andere Seite an der Reihe.
Nach dem Melken führen Sie die Ziege ins Gehege zurück. Die Ziegenmilch passieren Sie im Haus durch mehrere Lagen weißen Baumwollstoff oder einen Papierfilter und stellen sie in den Kühlschrank.

*Der Melkplatz*

# Fragen zum Melken

**Schmeckt Ziegenmilch nicht seltsam?** Überhaupt nicht. Ziegenmilch hat ein cremiges Aroma mit einem leicht nussartigen Nachgeschmack.
**Kann ich die Milch einfrieren?** Ja. Füllen Sie die Milch in verschließbare Tiefgefrierbeutel ab und legen Sie sie in die Kühltruhe oder ins Gefrierfach.
**Wie lange dauert die Säugezeit?** Ab der Geburt der kleinen Zicklein rechnet man damit, dass die Milch zwei Wochen lang für die Zicklein reserviert ist, danach rechnet man mit sechs oder sieben Monaten, in denen man die Ziege melken kann, mit einem Höhepunkt in der Milchleistung etwa acht bis neun Wochen nach der Geburt. Damit verbleibt der Ziege eine Ruhepause von rund vier Monaten.
**Kann ich das Melken einen Tag aussetzen?** Ja, Sie können einen oder zwei Tage aussetzen, wenn die Zicklein in der Nähe sind. Es reicht aus, sie bei ihrer Mutter schlafen zu lassen, sie werden dann die ganze Milch vom Tag trinken.
**Kann eine weibliche Ziege Milch geben, ohne Zicklein gehabt zu haben?** Nein. Wie alle Säugetiere muss eine Ziege Junge haben, um Milch geben zu können.
**Kann man die Laktation stoppen?** Die Verabreichung von Zusatzfutter einstellen. Damit beginnen, das zweite Melken auszulassen, dann jeden zweiten Tag auslassen und so weiter, bis der Milchfluss versiegt.

# Kühe halten

Möchten Sie Kühe halten, um Milch und Käse zu haben, unterschätzen Sie nicht die Schwierigkeiten, die besonders mit der Größe der Tiere zusammenhängen. Halten Sie keine einzelne Kuh, denn Rinder sind Herdentiere. Dies sollten Sie vorab bedenken.

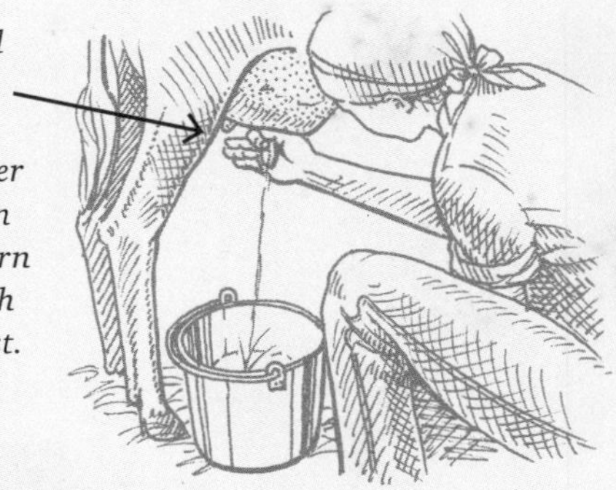


*Das Melken*

## Die geeignete Kuh

Kaufen Sie keine Färse, die ihr erstes Kalb bekommt – das Melken ist für Sie beide ganz neu. Am besten nehmen Sie eine junge Kuh, die ihr zweites Kalb bekommt und bereits an das Melken von Hand gewöhnt ist. Fragen Sie den Verkäufer, warum die Kuh zum Verkauf steht. Ist ihr Euter gesund? Wieviel Milch gibt sie?

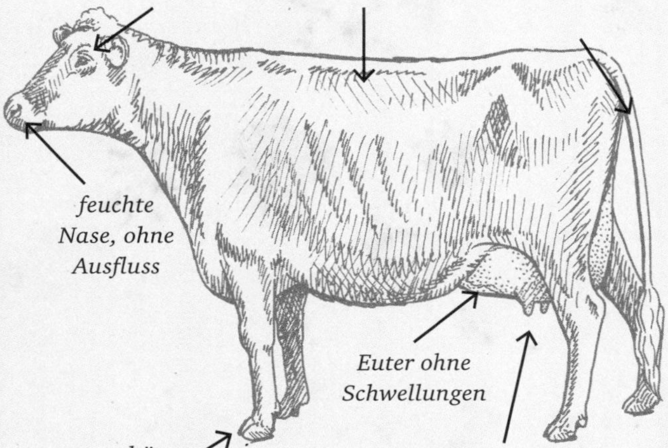


*Eine gesunde Kuh*

### Gut zu wissen

- Möchten Sie der Kuh eigenes Heu geben, müssen Sie wissen, dass eine Kuh etwa 1 Tonne Heu während eines Winters verzehrt. Sie brauchen daher insgesamt 0,8 Hektar Wiese pro Tier: eine Hälfte zum Grasen, die andere für das Heu.
- Wenn Sie Heu einkaufen, wo lagern Sie es?
- Was machen Sie mit überschüssiger Milch? Geben Sie sie dem Kalb, machen Sie Butter oder Käse daraus, geben Sie sie den Schweinen?
- Haben Sie vor, die Kühe zweimal täglich zu melken, um eine maximale Milchleistung zu erhalten oder nur einmal und dafür weniger Milch zu bekommen?
- Sind Sie bereit, jeden Tag zu melken, das ganze Jahr hindurch?
- Wenn Sie Butter und Käse machen möchten, haben Sie die nötige Ausstattung und Kenntnis dazu?
- Ihre Kühe braucht einen Stall zum Schutz vor Wind, Regen und Kälte.
- Sie brauchen einen Melkplatz.
- Wenn Sie sich auf Kühe einlassen, müssen Sie wissen, dass eine Färse zwischen 18 und 24 Monaten geschlechtsreif wird und dass die Trächtigkeit etwa neun Monate dauert. Informieren Sie sich ausführlich und umfassend, vielleicht besuchen Sie Kurse oder lernen bei den Bauern in Ihrer Nähe, bevor Sie eine Entscheidung treffen.

# Schweine halten

Schweinehaltung ist ein gutes Mittel zur Fleischproduktion und daher finanziell gesehen eine hervorragende Idee. Aber Schweine sind hochintelligente und vertraute Tiere, deren Schlachtung einem immer schwerfallen wird.

## Das geeignete Schwein

Wenn Sie Ferkel aussuchen, nehmen Sie eine gängige Rasse (zum Beispiel die Large White, die sehr anpassungsfähig ist und gutes Fleisch gibt). Sie können sich ein oder zwei mutterlose Ferkel aussuchen – sie sind preislich sehr erschwinglich, man muss sie allerdings mit der Flasche großziehen. Die andere Alternative ist, ein oder zwei junge entwöhnte Schweine im Alter von acht bis neun Wochen zu kaufen – zu einem höheren Preis, allerdings sind diese Ferkel widerstandsfähiger und einfacher großzuziehen.

## Gut zu wissen

> Als Einstieg mästen Sie ein oder zwei frisch entwöhnte Ferkel mit überschüssiger Milch sowie Küchen- und Gartenabfällen. Fangen Sie keine Zucht an, solange Sie sich nicht wirklich gut auskennen.
> Wenn Sie zwei Schweine zusammen halten, fühlen diese sich wohler und sind daher auch besser zu mästen.

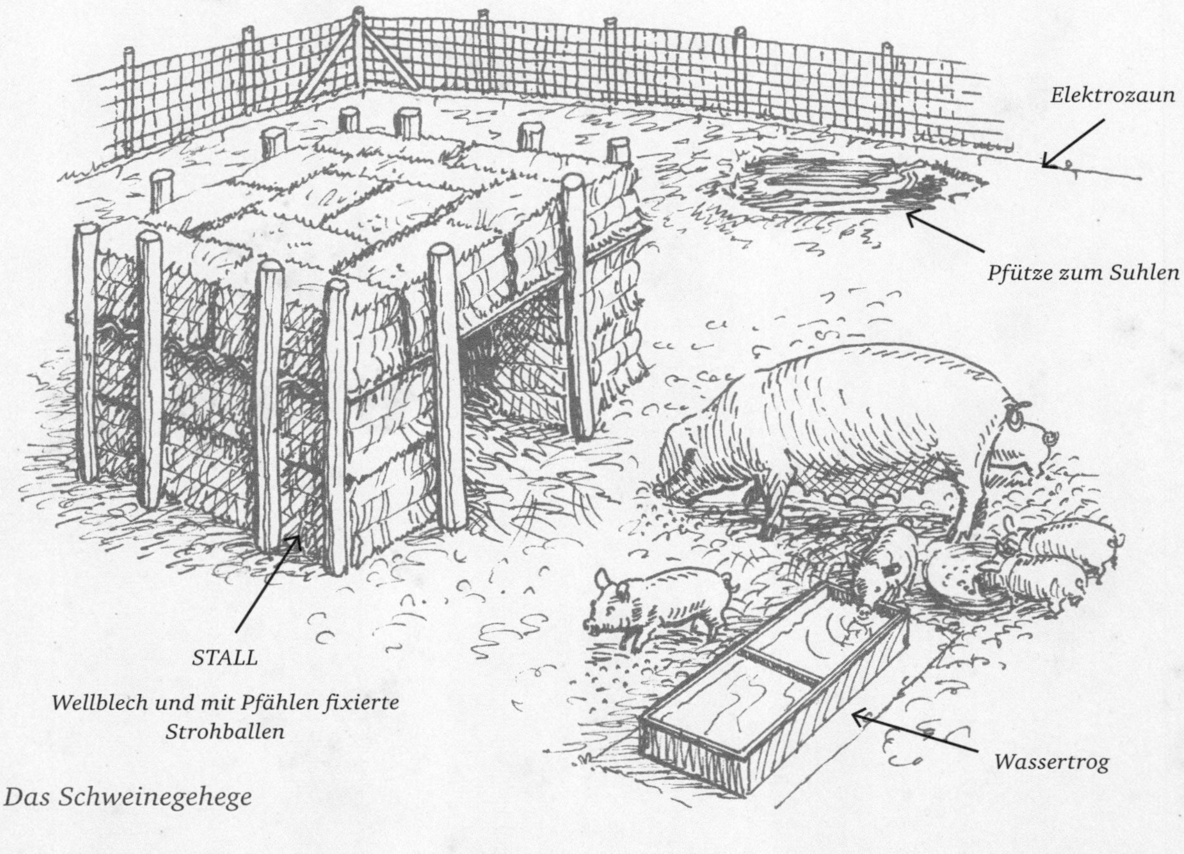


*Das Schweinegehege*

> Schweine kann man im Haus, in einer Scheune oder in einem Stall halten. Besser ist es, sie im Freien zu halten: sie profitieren von der Sonne, sie benehmen sich wie Schweine und Sie werden Ihren Spaß daran haben!
> Als Gehege stellt man einfach einen Elektrozaun auf: er ist schnell auf- und umgestellt und sehr wirksam.
> Es gibt nichts Besseres als zwei Schweine, um einen überwucherten Teil des Grundstücks vom Unkraut zu befreien.
> Schweine fressen alle Küchenabfälle, die man gewöhnlich auf den Kompost gibt.
> Sie brauchen einen Stall zum Schutz vor Wind, Regen und Sonne.

## Wohin mit den Schweinen?

Zwei Schweine kann man in einer A-förmigen Hütte aus Holz und mit Wellblechdach oder einem anderen beliebigen Material unterbringen, das vor Sonne, Wind und Regen schützt. Ist Ihr Gelände besonders kaltem Wind ausgesetzt, baut man besser einen Stall aus Strohballen mit einer Plastikplane auf der Windseite und mit Stroh entlang den Wänden und auf dem Dach.
Sie werden schnell merken, dass eine der großen Freuden an der Schweinehaltung der Kampf gegen ihre augenscheinlich unbezähmbare Freude am Fressen, am Zertrampeln und am Zerstören ihres Stalls bei der ersten sich bietenden Gelegenheit ist!

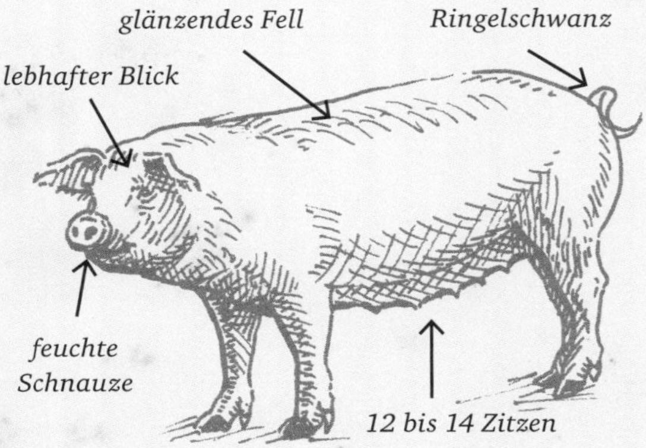


*Ein gesundes Schwein*

### Häufige Probleme

**Raufereien** Bringt man zwei Schweine zusammen, die einander nicht kennen, werden sie vermutlich miteinander raufen. Das ist nicht weiter schlimm, denn die Raufereien sind relativ schnell vorbei. Allerdings besteht die Gefahr, dass die beiden Schweine sich verletzen oder den Schweinestall beschädigen. Wenn es gar nicht anders geht, bringt man sie am besten bei Einbruch der Nacht zusammen.

**Vergiftung** Anzeichen für eine Vergiftung sind Durchfall, Fressunlust, Durst und manchmal auch Krämpfe. Mögliche Ursachen können ein Zuviel an Salz oder das Fressen von giftigen Pflanzen sein. Geben Sie Schweinen keine stark salzhaltigen Essensreste. Vorsicht bei Schierling, Efeu und Liguster.

**Plötzlicher Tod** Bei einem unerklärlichen Tod ist der Tierarzt zuzuziehen, um auszuschließen, dass es sich um eine schwerwiegende Erkrankung handelt, die auch andere Tiere befallen kann (Milzbrand, Tollwut oder Schweinepest).

**Striegeln** Bürsten Sie Ihre Schweine mit einer Waschbürste. Sie lieben es und sehen hinterher besser aus. Gleichzeitig können Sie die Tiere dabei auf eventuelle Auffälligkeiten kontrollieren.

## Schweine füttern

> Schweine müssen zu festgelegten Zeiten gefüttert werden, da sie auf Regelmäßigkeit ansprechen.
> Geben Sie ihnen die Futtermenge, die sie innerhalb von 20 Minuten vollständig auffressen können.
> Schweine brauchen mindestens 1 Liter Wasser auf 450 g Futter – und mehr, wenn sie mehr wollen.
> Die Jungen brauchen täglich drei Mahlzeiten zusätzlich zu dem, was sie von alleine finden.
> Wenn die Schweine auf der Weide sind, kann man die Gabe von Zusatzfutter verringern.
> Geben Sie den Schweinen bis zur 16. Woche die Grundmahlzeiten und fangen Sie dann an, sie zu mästen.
> Ab der 18. bis 20. Woche können die Schweine fressen wie erwachsene Schweine.
> Schweine lieben die Früchte von Wildpflanzen wie Schlehen, Eicheln und Kastanien.

# Bienen halten

Warum eine Bienenhaltung? Der Hauptgrund hierfür ist sicherlich, dass man Honig haben möchte, aber Bienen sind auch faszinierende Tiere zum Beobachten.

## Gut zu wissen

- Früher oder später werden Sie gestochen. Lassen Sie sich daher zuvor testen, ob Sie allergisch gegen Bienenstiche sind.
- Geht alles gut, dann amortisieren sich Ihre Investitionen: Sie haben Honig und erwirtschaften vielleicht noch ein bisschen Geld.
- Nehmen Sie Kontakt zum örtlichen Imkerverein auf. Dort erhalten Sie Ratschläge und können sicherlich Imkereigeräte günstig erwerben.
- Bienen sammeln in einem Umkreis von 3 km um ihren Bienenstock Nektar. Erkunden Sie Ihre Umgebung, dann können Sie feststellen, welche Art von Honig Sie erwartet (beispielsweise Waldhonig oder Rapshonig).
- Wie hoch ist der Zeitaufwand? Darüber gehen die Meinungen auseinander. Manch einer braucht nur zwei volle Arbeitstage pro Jahr, während der andere seine Bienenstöcke von Mitte Frühling bis Spätsommer einmal alle zwei Wochen kontrolliert.
- Wieviele Bienenvölker braucht man für den Anfang? Viele Fachleute meinen, dass ein einziges Bienenvolk nicht ausreicht, zwei sind ganz gut, aber drei noch viel besser.
- Die Beute besteht aus einem Unterboden, einem Beutenboden, einem Brutraum, einem Absperrgitter, zwei Bereichen zur Lagerung des Honigs (den Honigräumen), einem Beutendeckel und einer zusätzlichen Abdeckung als Wetterschutz.
- Zusätzlich zum Bienenstock braucht man noch Schutzkleidung (Schutzanzug, weite Jacke oder Blouson mit

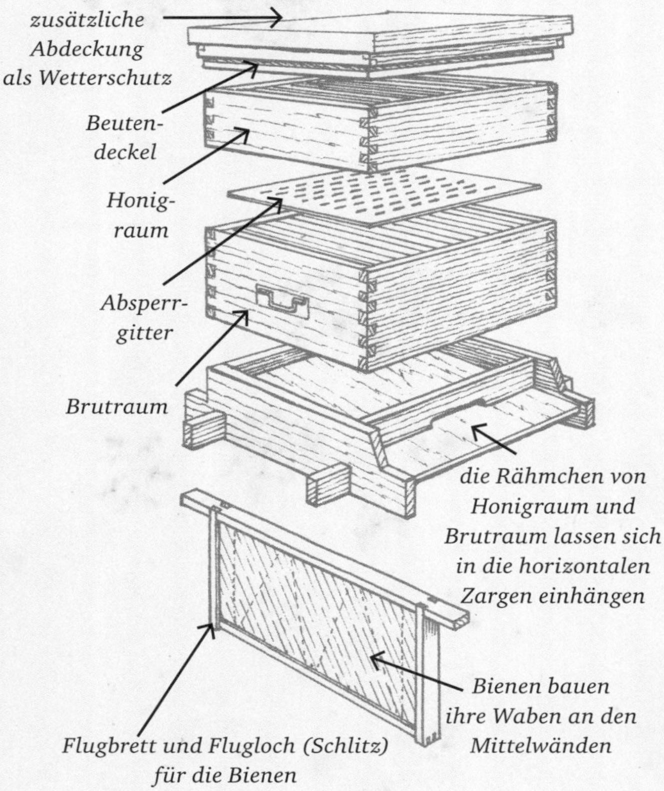


*Eine Beute*

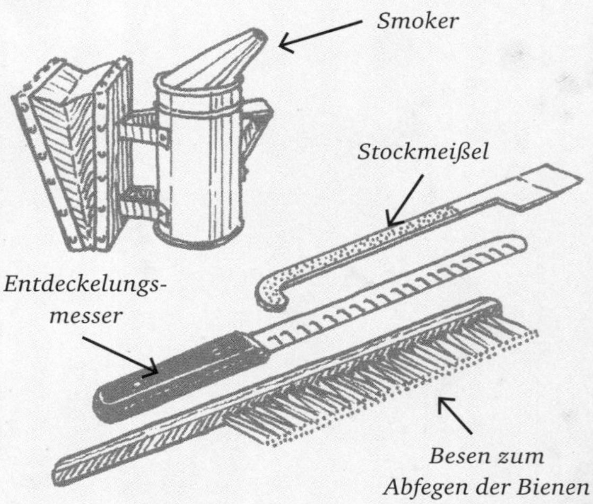


*Handwerkszeug zur Honiggewinnung*

Imkerschleier, Schutzhandschuhe), einen Stockmeißel und einen Smoker.

> Sie können entweder eine leere Beute kaufen, auf die Suche nach Bienenschwärmen gehen und darauf warten, dass sie sich in Ihrer Beute einnisten. Einfacher ist es jedoch, alles komplett bei einem Imker zu kaufen. Man kann Bienen nach Gewicht kaufen oder gleich eine komplette Beute. Ein Einsteiger in die Bienenhaltung wird sehr gerne ein „Starterpaket" erwerben: Beute, Königin, Arbeiterinnen plus drei Honigräume, alles bereit für die Erzeugung von Honig.

## Honig gewinnen

1. Bereiten Sie sich gut vor und legen Sie Ihre Schutzkleidung an – Kombination mit Schleier und Handschuhen – und legen Sie das notwendige Arbeitsmaterial bereit: Smoker, Stockmeißel, Abkehrbesen, Schubkarre oder Wagen sowie insektenabweisender Wirkstoff.
2. Die Bienen leicht mit dem Smoker räuchern und den oberen Bereich der Beute abnehmen. Den Stockmeißel verwenden, um die Zargen der Beute voneinander zu trennen.
3. Ein Tuch mit einigen Tropfen des insektenabweisenden Wirkstoffs tränken und es über den Honigraum legen, bis alle Bienen ausgeflogen sind.
4. Sämtliche eingehängten Rahmen entfernen und auf einen sauberen Honigraum in der Schubkarre legen.
5. Den unteren Bereich der Beute wieder zurücklegen und das mit dem insektenabweisenden Wirkstoff getränkte Tuch entfernen.
6. Die Schubkarre zur Imkerei schieben.
7. Mit dem Entdeckelungsmesser die Wachsdeckel der Waben entfernen und die Waben in die Honigschleuder geben.
8. Die Honigschleuder in Gang setzen: Durch die Zentrifugalkraft spritzt der Honig aus den Waben und fließt in einen Eimer.
9. Ist die Honiggewinnung abgeschlossen, wird der Honig anschließend durch ein Sieb laufen gelassen.
10. Den Honig in Gläser füllen. Den Raum ausreichend warm halten, damit der Honig nicht aushärtet.
11. Die Gläser beschriften und alles gründlich säubern.

### Kleines ABC der Imkerei

**Absperrgitter**
Dieses Gitter verhindert, dass die Königin und die Drohnen in andere Bereiche der Beute eindringen, lässt aber die kleineren Arbeiterinnen durch.

**Bienenabstand**
Freiraum zwischen den Rahmen, in der Regel 6 bis 9 mm.

**Brut**
Summe der Eier und Larven, die sich in der Mitte des Brutraums entwickeln.

**Brutraum**
Der untere Bereich der Beute, wo sich das Bienenvolk entwickelt. Der in diesem Bereich vorhandene Honig wird nicht geerntet, sondern bleibt für die Bienen.

**Flugbrett**
Das ist der „Boden" der Beute.

**Honigraum**
Raum, in dem die Bienen den Honig lagern.

**Mittelwände**
Dünne, aus Bienenwachs hergestellte Wachsplatten, beidseits mit einem Relief in Sechseckform versehen, an denen die Bienen ihre Waben bauen.

**Rähmchen**
Ein Rechteck aus vier Holzlatten. Rähmchen nehmen eine Bienenwabe auf. Zwei Rähmchen sind durch den Bienenabstand getrennt.

**Smoker**
Ein mit Blasebalg und Tülle ausgestatteter Rauchapparat. Durch den Rauch werden die Bienen während der Honigernte ferngehalten.

**Stockmeißel**
Werkzeug zum Aufhebeln und Öffnen der Beute oder der durch Wachs an den Kastenwänden verklebten Zargen.

**Waben**
Aus Wachs geformte sechseckige Zellen, bestehend aus einer Mittelwand und nach beiden Seiten regelmäßig angeordneten Zellen, in denen die Bienen ihre Jungen aufziehen und den Honig lagern.

**Zellen**
Kleine sechseckige Kammern auf einer Bienenwabe, in die die Königin ihre Eier legt.

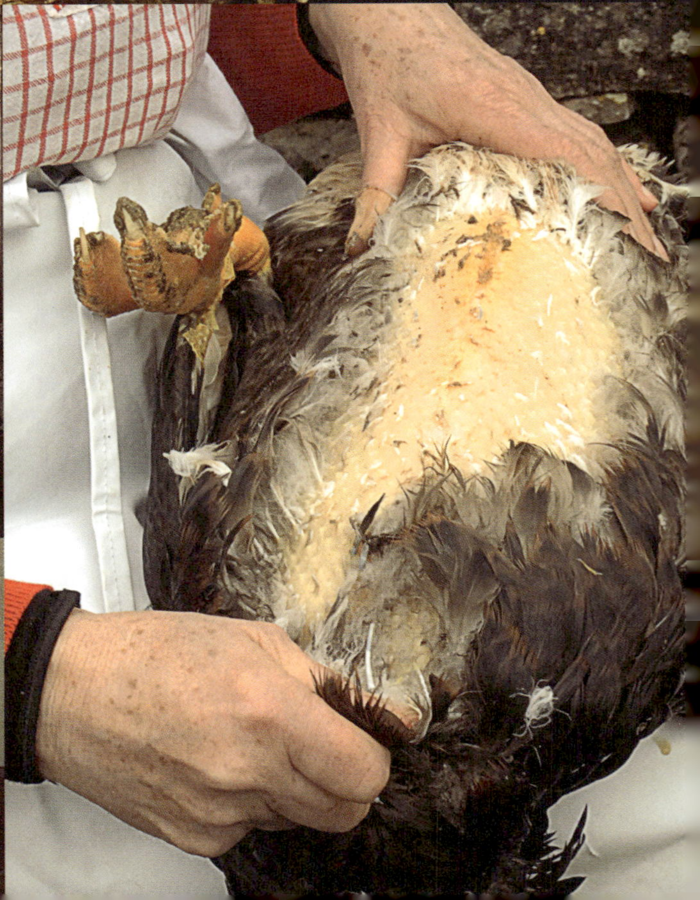

# Hausgemachtes

# Obst einmachen

Um Obst haltbar zu machen, ist das Sterilisieren nicht die einzige Lösung. Die meisten Früchte lassen sich gut einfrieren, man kann daraus auch Konfitüren oder Gelees machen oder sie in Alkohol einlegen. Obst wie Aprikosen und Weintrauben können auch getrocknet verzehrt werden.

## Sterilisieren

Der Unterschied zwischen erfolgreichem Einwecken und einem glatten Reinfall: Einmachgläser, Deckel und Gummiringe müssen absolut steril sein. Es gibt vier verschiedene Möglichkeiten des Sterilisierens: Die Einmachgläser in einen Topf mit kochendem Wasser stellen (Rezept Nr. 1), in den Ofen stellen (Rezept Nr. 2), in die Mikrowelle stellen oder sie in eine sterile Lösung legen. Jede Methode hat ihre Vor- und Nachteile. Die einfachste und zuverlässigste Methode ist das Auskochen der Einmachgläser. Sie müssen nur aufpassen, dass Sie nicht anderweitig Keime einschleppen. Es macht keinen Sinn, viel Zeit mit Einkochen zu verbringen, wenn Sie anschließend den Finger oder einen Löffel hineinstecken, ohne sich zuvor die Hände gewaschen zu haben oder am falschen Ende sparen, indem Sie schmutzige Gummiringe verwenden. Gehen Sie durchgängig sorgfältig vor. Die Gummiringe können Sie noch ein zweites Mal verwenden, vorausgesetzt, Sie sterilisieren sie erneut.

## Eingemachtes Obst

### Das brauchen Sie

- Frisches Obst. Der Vorgang wird zwar anhand von Pflaumen erklärt, man kann aber auf dieselbe Weise Kirschen, Äpfel, Aprikosen, Birnen, Pfirsiche, Rhabarber oder anderes Obst einmachen.
- Einmachgläser. Die herkömmlichen Einmachgläser haben Gummiringe, es gibt aber auch andere Gläser.
- Salz.
- Zucker (wahlweise).
- Ein großer Topf oder eine ziemlich große Kasserolle, um vier bis fünf Einmachgläser darin unterzubringen.
- Küchenthermometer.

*Obst vorbereiten*

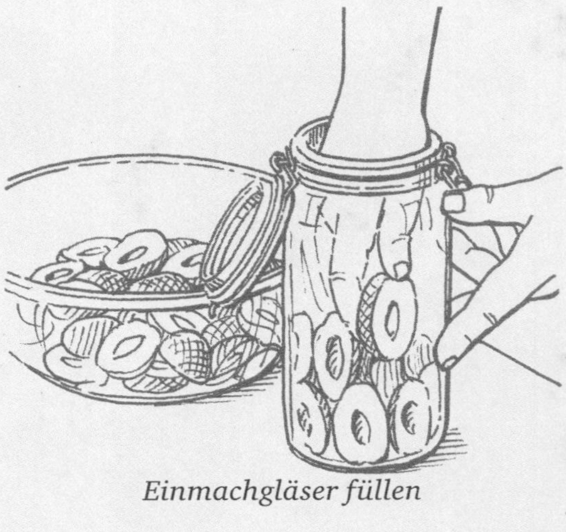

*Einmachgläser füllen*

## Rezept Nr. 1 – im Wasser kochen

1. Zuerst das Obst nach Größe und Reifegrad sortieren. Die größten Pflaumen nehmen. Sind sie überreif und angefault, legt man sie zum sofortigen Verzehr zur Seite.
2. Blätter und Stiele entfernen, danach das Obst sorgfältig waschen.
3. Jede Pflaume mit einem scharfen Messer in zwei Hälften schneiden und den Kern herausnehmen. Die Früchte nach fauligen kontrollieren; alle guten Hälften in Salzwasser legen (20 g Salz auf 5 Liter Wasser), damit das geschnittene Obst sich nicht durch Oxidation schwarz verfärbt.
4. Die Einmachgläser spülen und abtrocknen; den Zustand der Deckel und Gummiringe überprüfen.
5. Die Pflaumenhälften mit der aufgeschnittenen Seite nach außen in das Glas schichten.
6. Die Einmachgläser mit kochendem Wasser oder einer Mischung aus kochendem Wasser und Zucker füllen (200 g Zucker auf ½ Liter Wasser).
7. Sind die Gläser voll, die Deckel mit den Gummiringen aufsetzen und halb zuschrauben beziehungsweise schließen.
8. Die Einmachgläser in den Topf stellen und zwischen die Gläser Geschirrtücher stecken, damit die Gläser nicht aneinander stoßen. Den Topf zu zwei Dritteln mit Wasser füllen.
9. Das Wasser langsam auf 75 °C erhitzen – das kann eine halbe bis eineinhalb Stunden dauern, je nach Größe und Konsistenz des Obsts.
10. Die erreichte Temperatur 20 Minuten beibehalten, die Gläser aus dem Topf nehmen, vollständig zuschrauben oder verschließen und auf einem Tisch oder Holzregal auskühlen lassen.
11. Sind die Gläser ausgekühlt, die Verschlüsse testen, um sicherzugehen, dass das Vakuum im Inneren der Gläser noch besteht: Man versucht, sie aufzuschrauben oder zieht leicht an den Gummiringen.
12. Ist alles in Ordnung, die verschlossenen Gläser mit einem sauberen Geschirrtuch abtrocknen und an einem kühlen, dunklen, frostgeschützten Ort lagern.

## Rezept Nr. 2 – im Ofen

1. Beginnen Sie mit den Schritten 1 bis 4 wie in Rezept Nr. 1.
2. Das Obst in die Gläser schichten und diese mit einer Mischung aus Wasser und Zucker bis auf 2,5 cm unterhalb des Rands auffüllen.
3. Die Deckel aufsetzen, ohne sie zu schließen.
4. Den Ofen auf 120 °C einschalten und die Gläser auf einen Rost auf die mittlere Schiene setzen.
5. Sobald das Obst zu kochen anfängt, je nach Konsistenz des Obsts etwa eine halbe bis zwei Stunden später (man rechnet etwa eine Stunde bei Tomaten, aber nur 20 Minuten bei Pflaumen), die Gläser aus dem Ofen nehmen, die Deckel vollständig zuschrauben beziehungsweise schließen und die Gläser auskühlen lassen.
6. Zum Schluss die Schritte 11 und 12 aus Rezept Nr. 1 ausführen.

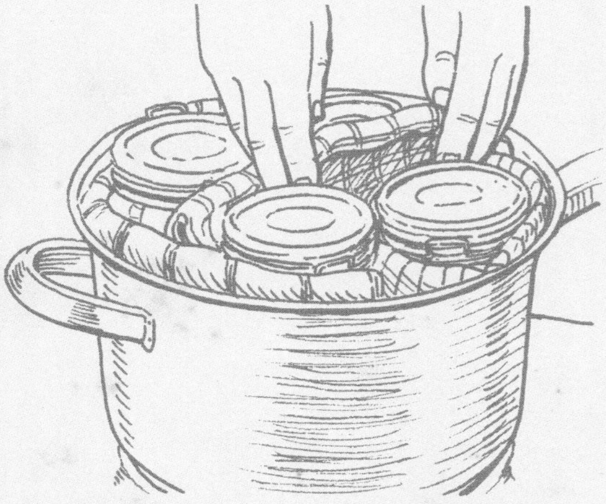

*Geschirrtuch zwischen die Gläser stecken*

*Verschlüsse testen*

# Obst in Alkohol einlegen

Alkohol ist eine weitere Möglichkeit, Obst – insbesondere Kirschen, die sich schlecht einfrieren lassen – haltbar zu machen. Nachdem Sie den ganzen Sommer lang Kuchen gebacken, Süßspeisen gemacht, Marmelade gekocht und Obst eingeweckt haben, drängen sich Kirschen in Branntwein geradezu auf! Sauerkirschen eignen sich hierzu am besten.

## Branntweinkirschen

### Das brauchen Sie

> 1 kg Kirschen
> 250 g Puderzucker
> 1 l weißen Branntwein (45%ig)
> 1/2 Glas Wasser
> 2 große Einmachgläser
> Kochtopf zum Sterilisieren der Gläser
> kleiner Topf zum Herstellen des Zuckersirups

### So wird's gemacht

1. Kirschen sortieren; nur die schönsten nehmen: sie sollten reif, aber nicht faulig sein.
2. Blätter entfernen und die Stiele bis auf 1 cm Ansatz zurückschneiden. Die Haut der Kirschen mit einer Nadel einstechen, damit sie nicht platzt.
3. Kirschen waschen, danach gut abtrocknen.
4. Einmachgläser spülen, danach mit kochendem Wasser sterilisieren, ebenso Deckel und Gummiringe. Gut abtrocknen.
5. Kirschen in die Gläser schichten.
6. Zucker in einem halben Glas Wasser auflösen und zum Kochen bringen. Abkühlen lassen, danach den Zuckersirup mit Branntwein mischen.
7. Kirschen vollständig mit dem gezuckerten Branntwein bedecken.
8. Einmachgläser luftdicht verschließen.
9. An einem kühlen, lichtgeschützten Ort lagern.
10. Vor dem Verzehr mindestens drei Monate lang lagern lassen.

## Junggesellenmarmelade

### Das brauchen Sie

> Obst nach Bedarf
> 750 g Zucker auf 1 kg Obst
> 400 ml Branntwein auf 1 kg Obst
> großer Steinguttopf

### So wird's gemacht

1. Obst in den Topf legen, wie es reif wird. Man kann folgendes Obst je nach Reifung hintereinander oder gleichzeitig hinzufügen: ganze nicht entsteinte Kirschen, entkernte, in zwei Hälften geschnittene Aprikosen, geschälte, entkernte und geviertelte Pfirsiche, ungewaschene Himbeeren, abgebeerte Stachelbeeren, ganze Erdbeeren (ohne Stiel), ganze Pflaumen, Birnen und Äpfel mit Schale, aber ohne Kerne und in Stücke geschnitten, abgebeerte Weintrauben.
2. Bei jeder neuen Lage 75 g Zucker pro 100 g Obst dazugeben und mit Branntwein abdecken. Dunkel und ohne Umrühren ruhen lassen, bis die nächste Lage Obst hinzukommt.
3. Wenn der Topf nahezu voll ist, vollends mit Branntwein auffüllen, schließen und mindestens einen Monat lang – besser noch drei Monate lang – trocken und vor Licht geschützt ruhen lassen.

# Geleefrüchte herstellen

Äpfel, Aprikosen und Birnen sind Früchte, aus denen man leicht Gelee machen kann, aber die Quitte ist als Gelee unübertroffen. Im Rohzustand ungenießbar, verzehrt man die Quitte nur gekocht: zusammen mit Äpfeln macht man aus ihr Gelee oder Kompott oder diese leckere Süßspeise – reich an Vitamin A, B und Faserstoffen – auch Geleefrüchte genannt!

## Quittengelee

Dasselbe Rezept kann man auch für anderes Obst wie Äpfel, Aprikosen oder Birnen verwenden.

### Das brauchen Sie

> 2 kg Quitten
> 1 1/2 kg Zucker
> 1 Vanilleschote (wahlweise)
> ca. 1 l Wasser
> 1 Stück Musselinstoff zum Kochen der Kerngehäuse
> Küchenschnur
> große Kasserolle oder großer Kochtopf

### So wird's gemacht

1. Quitten sortieren und nur die guten Früchte behalten. Faulige Quitten wegwerfen.
2. Quitten sorgfältig waschen und abschrubben, damit der Flaum abgeht.
3. Mit Schalen in Stücke schneiden.
4. Kerngehäuse entfernen und beiseite legen. Sind alle Quitten geschnitten, die Kerngehäuse in ein Musselintuch geben und dieses mit Küchenschnur zubinden.
5. Die Quitten und das Tuch mit den Kerngehäusen in einen Topf geben und mit Wasser abdecken.
6. Zum Kochen bringen und 20 bis 25 Minuten lang kochen lassen.
7. Sind die Früchte weich, abgießen. Das Tuch mit den Kerngehäusen herausnehmen.
8. Quitten im Mixer pürieren.
9. Das so erhaltene Quittenmus zusammen mit der Vanilleschote und dem Zucker in den Topf geben.
10. Erneut zum Kochen bringen und unter ständigem Umrühren mit einem Holzkochlöffel etwa eine Viertelstunde lang auf kleiner Flamme köcheln lassen, bis der Zucker vollständig geschmolzen ist. Gut umrühren, damit die Masse nicht am Topfboden ansetzt.
11. Wenn das Fruchtgelee durchsichtig wird und sich vom Boden der Kasserolle abhebt, ist es gekocht. Anschließend trocknen lassen.

## Gelee trocknen

### Das brauchen Sie

> noch warmes Fruchtgelee
> Kristallzucker
> Pergamentpapier
> weiche Formen oder Schüsseln

### Übung macht den Meister

1. Das Fruchtgelee auf Pergamentpapier geben. Die Masse darf nicht höher als 2 cm sein, damit sie gut trocknet. Es gibt verschiedene Varianten: die Masse in eine oder mehrere Schüsseln geben, in eine mit Linealen absteckte Fläche gießen oder in weiche Formen füllen.
2. Das Gelee mehrere Tage lang an der frischen Luft trocknen lassen. Umdrehen und wieder einige Tage von der anderen Seite trocknen lassen.
3. Sobald das Gelee schön trocken ist, nach Belieben in Vierecke, Streifen oder Rauten schneiden und in Kristallzucker wälzen.

# Marmelade kochen

Marmelade machen ist etwas ganz Besonderes: Man hat frisches Obst im Überfluss – Äpfel, Birnen, Aprikosen, Pflaumen – und Augenblicke später hat man Gläser voll mit Marmelade. Während das Einmachen von Obst nicht unbedingt immer gelingt, weil das Obst manchmal an Aroma und Farbe verliert, nimmt beim weitaus befriedigenderen Herstellungsprozess des Marmeladekochens die Frucht eine vollkommen andere Gestalt an.

## Vergnügen garantiert

Wenn Sie zu den Unglücklichen gehören, die noch nie etwas anderes als die Marmelade aus dem Supermarkt gegessen haben, müssen Sie wissen, dass hausgemachte Marmelade damit nur den Namen gemein hat. Eigene Marmelade hat eine lebhafte Farbe, eine schöne Konsistenz und ihr Aroma ist häufig unvergleichlich. Außerdem ist das Ernten des Obsts, das Umrühren mit dem Holzkochlöffel während des Kochens, das Einfüllen in die Gläser, das Verschließen mit Zellophanpapier und zu guter Letzt der Verzehr der Marmelade ein Vergnügen an sich. Ein Gedicht vergleicht selbstgemachte Marmelade mit eingefangenen Erinnerungen an den Sommer: Spaziergänge auf Feldwegen, Picknicks in Obsthainen, eine pralle Pflaume pflücken, den Geschmack einer reifen Erdbeere genießen. Wer immer der Dichter war – er hat bestimmt seine eigene Marmelade gemacht!

## Brombeer-Apfel-Marmelade

Mit dem nachstehenden Rezept erhält man 5,5 kg Brombeer-Apfel-Marmelade. Natürlich kann man die Menge ändern und diese Früchte durch Stachelbeeren, Himbeeren, Pflaumen oder andere Früchte ersetzen.

**Das brauchen Sie**

> 2,5 kg Brombeeren
> 1 kg Äpfel
> großer Edelstahl, Email- oder Glaskeramiktopf (kein Eisen, Kupfer, Messing oder Aluminium)

*Zucker zugeben*

*Konsistenz überprüfen*

- 15 g Butter oder Margarine
- 1/2 l Wasser
- 3,5 kg brauner Zucker (Puder- oder Kristallzucker)
- sterilisierte Gläser (Marmeladegläser, Einmachgläser, mit oder ohne Deckel)
- Marmeladetrichter
- Zellophanpapier oder durchsichtige Folie und Papierscheiben aus Wachspapier
- passende Gummis für die Gläser

### Wohin mit dem Obst?

Eine gelungene Marmelade wird aus frisch geernteten Früchten hergestellt. Wenn Sie aber zuviel reifes Obst auf einmal haben oder keine Zeit, alles sofort zu verarbeiten, können Sie einen Teil einfach einfrieren. Sie brauchen das Obst auch nicht aufzutauen, sondern geben das gefrorene Obst einfach in den Topf. Es braucht dann nur etwas länger, bis es kocht.

## So wird's gemacht

1. Alle Zutaten sortieren und vorbereiten: Die Früchte müssen reif, aber fest sein. Alles gut waschen; faulige oder weiche Früchte wegwerfen. Äpfel aushöhlen, Brombeeren entstielen.
2. Topfboden mit Butter oder Margarine einfetten (das verhindert die Schaumbildung).
3. Obst wiegen und mit dem Wasser in den Topf geben.
4. Zum Kochen bringen und auf kleiner Flamme köcheln lassen, bis die Früchte auseinanderfallen.
5. Zucker nach und nach zugeben und dabei mit einem Holzkochlöffel umrühren.
6. Bei ständigem Rühren auf kleiner Flamme köcheln lassen, bis die Mischung aufkocht.
7. Zum Prüfen der Konsistenz etwas Marmelade auf einen kalten Teller geben und 30 Sekunden lang andicken lassen, danach mit dem Zeigefinger prüfen, ob die Marmelade an der Oberfläche fest ist. Legt sich die Oberfläche in „Falten", ist die Marmelade gar.
8. Kochplatte abschalten. Die zuvor gewaschenen, sterilisierten, abgetrockneten und angewärmten Gläser auf ein Holzregal stellen. Mit dem Schöpflöffel durch den Trichter auffüllen.
9. Sind die Gläser voll, die Wachspapierscheiben auf die Marmelade legen (mit der gewachsten Seite nach unten) und abdecken. Das auf der Oberseite angefeuchtete Zellophanpapier über jedes Glas legen, das Gummi herumlegen und das Zellophan gut anspannen.
10. Abschließend die Gläser beschriften und mit Datum versehen, bevor sie in einem trockenen und kühlen, gut belüfteten und vor Licht, Mäusen und Frost geschützten Raum gelagert werden.

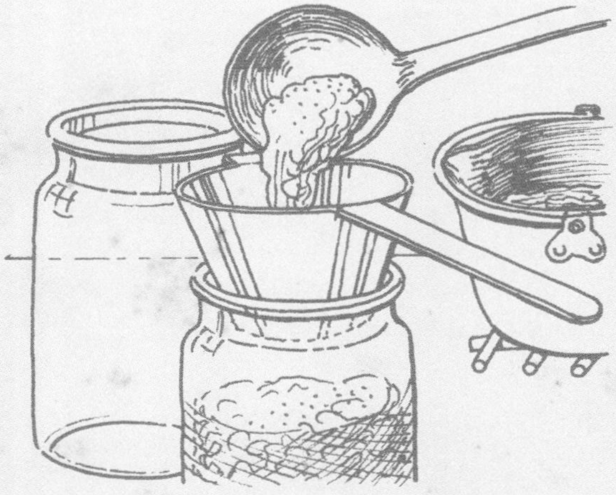

*Gläser befüllen*

*Gläser abdecken*

# Brot backen

Es gibt nichts Angenehmeres, als sein eigenes Brot zu backen, selbst wenn das Getreide hierzu nicht im eigenen Garten angebaut wurde. Sie können das Brot entweder maschinell und mit Hefe backen, Sie können es aber auch von Hand kneten und Ihren eigenen Sauerteig herstellen.

## Sauerteigbrot

Die angegebenen Mengen entsprechen in der Regel zwei Broten und sind lediglich Richtwerte: Passen Sie es nach Bedarf an, bis Sie das für sich richtige Verhältnis gefunden haben.

### Das brauchen Sie

> 500 g Vollkornmehl
> 1/4 l Wasser
> 1 EL grobes Salz
> 150 g Sauerteig
> große Salatschüssel
> 1 Tonschale pro Brotlaib
> Geschirrtuch
> Rasierklinge oder sehr scharfes Messer

### So wird's gemacht

1. In einer großen Salatschüssel Wasser, Salz und Sauerteig mischen, bis letzterer so gut wie im Wasser aufgelöst ist.
2. Zunächst die halbe Menge Mehl zugeben und gut mit einem Holzkochlöffel vermischen. Danach die restliche Menge Mehl zugeben.
3. Aus dem Teig eine Kugel formen, die Arbeitsplatte mit Mehl bestäuben und den Teig mindestens 15 Minuten lang kneten.
4. Ist der Teig gut durchgeknetet, etwas mit Mehl bestäuben, damit er nicht klebt, danach in die Salatschüssel geben und mit einem Geschirrtuch abdecken.
5. Sieben bis acht Stunden ruhen lassen. Der Teig muss sein Volumen mindestens verdoppeln.
6. Teig in mehrere Stücke aufteilen, die jedes einen Brotlaib bilden.
7. Diese Stücke erneut kneten, dann mit Mehl bestäuben und in die Schalen legen.
8. Erneut etwa eine halbe bis eine Stunde lang ruhen lassen.
9. Den Backofen auf 240 °C vorheizen.
10. Mit einer Rasierklinge oder einem Messer etwa 1 cm tiefe schräge Kerben einritzen, damit die Brote beim Backen nicht aufplatzen.
11. Brote in den Backofen schieben und etwa 45 Minuten lang backen lassen – bis die Kruste schön goldgelb ist.

## Sauerteig machen

Sauerteig ist eine natürliche Hefe. Sie besteht aus Wasser und Mehl, die in einem ziemlich warmen Raum an der frischen Luft gären (die Idealtemperatur liegt zwischen 25 °C und 30 °C). Sauerteigbrot schmeckt etwas säuerlicher als Hefebrot, es ist leicht verdaulicher und hält sich länger. Zudem verbessert Sauerteig die Aufnahme des im Getreide vorhandenen Kalziums. Sauerteig ist ein guter Ersatz für die normale Hefe in allen Rezepten, ob Pizza, Kuchen oder anderes.
Versuchen Sie es einfach einmal: Machen Sie Ihren eigenen Sauerteig und Ihr Brot wird noch besser!

### Das brauchen Sie

> 350 g Weizen- oder Roggenvollkornmehl
> 350 ml lauwarmes Wasser (Quellwasser oder gefiltertes Wasser)
> 20 g Rohrzucker oder 1 TL Honig zur Beschleunigung der Gärung

- > großes Marmeladenglas oder Einmachglas mit Deckel
- > Salatschüssel
- > Geschirrtuch

## So wird's gemacht

1. In das Marmeladenglas 50 ml lauwarmes Wasser auf 50 g Mehl geben. Zucker oder Honig zugeben. Gut umrühren, bis eine teigförmige Masse entsteht.
2. Den Deckel auf das Marmeladeglas legen, ohne ihn zu verschließen und bis zum nächsten Morgen ruhen lassen.
3. Am zweiten Tag in einer Salatschüssel 100 g Mehl und 100 ml lauwarmes Wasser vermischen.
4. Die Mischung zum Inhalt des Marmeladenglases geben.
5. Das Ganze vermischen und erneut eine Nacht bei Zimmertemperatur ruhen lassen.
6. Am dritten Tag schlägt der Inhalt Blasen. Nochmals 200 ml lauwarmes Wasser und 200 g Mehl hinzugeben. Gut umrühren.
7. Erneut 12 Stunden ruhen lassen, dabei den Deckel auf das Glas legen, ohne ihn zu verschließen.
8. Sobald die Mischung aufzugehen beginnt, in eine Salatschüssel umfüllen.
9. Mit einem feuchten Tuch abdecken und ruhen lassen.
10. Jetzt können Sie den erhaltenen Sauerteig verwenden.
11. Jedes Mal, wenn Sie 150 g Sauerteig zum Brotbacken nehmen, ersetzen Sie die entnommene Menge durch 75 ml Wasser und 75 g Mehl. Bei regelmäßigen Entnahmen hält sich dieser Sauerteig sehr lange.

## Was sprießt denn da?

Gekeimtes Getreide besitzt gegenüber trockenen Körnern bessere Ernährungseigenschaften. Es enthält mehr Vitamine, Mineralstoffe und Spurenelemente. In einem Weizenkeim findet man sogar Bestandteile wie das Vitamin C, das es im Weizenkorn nicht gibt. Zudem sind angekeimte Samen (oder Sprossen) leichter verdaulich. Alle Bohnenarten (außer den grünen Bohnen), Alfalfa, Linsen, Erbsen, Kichererbsen, Soja, Klee, die meisten Getreide, Sesam, Sonnenblumen, Karotten, Staudensellerie, Knollensellerie, Fenchel, Kresse, Flachs, Senf, Radieschen, Rüben und verschiedene Kohlarten kann man gekeimt oder in Form von Sprossen essen.

**Das brauchen Sie**

- > Samen zum Ankeimen
- > chlorfreies, leicht mineralisiertes Wasser
- > Einmachglas oder Keimautomat
- > luftdurchlässiger Stoff (Leinen oder Musselin)
- > Gummi

**So wird's gemacht**

1. Samen mindestens 24 Stunden lang in den Kühlschrank legen.
2. Samen in ein Einmachglas legen und mit Wasser abdecken. Die kleinen Samen über Nacht, die großen Samen zwei Nächte lang einweichen lassen.
3. Samen abspülen und wieder in das Glas geben.
4. Glas mit Musselin abdecken und den Stoff mit dem Gummi befestigen.
5. Glas kopfüber an einen lauwarmen dunklen Platz stellen, sodass sich die Samen im ganzen Glas verteilen können.
6. Die Samen zweimal täglich bis zur Keimung abspülen. Es kommt vor, dass die Schalen beim Spülen abgehen. Das ist nicht weiter schlimm, diese Haut ist von geringerem Nährwert und hält sich auch nicht so gut.
7. Keimlinge sofort verzehren oder nach etwa fünf Tagen, wenn sie sprossen.

**Gesunder Genuss**

Die Samen keimen innerhalb von zwei bis zehn Tagen. Man isst sie hauptsächlich roh, so behalten sie ihren vollständigen Nährwert. Eine feine Ergänzung – nicht nur für Salate, Suppen oder Omelette!

**Achtung!**

Manche Samen haben giftige Bestandteile. Keimen Sie keine Samen von Rhabarber, Tomaten oder Auberginen.

# Pilze haltbar machen

Als eifriger Pilzsammler kann es Ihnen durchaus einmal passieren, dass Sie eines Tages vor einer Menge Pilze stehen, die Sie aufbewahren müssen. Hierfür gibt es verschiedene Möglichkeiten: Einfrieren, Soßen herstellen oder konservieren. Bevorzugte Konservierungsmethoden sind das Trocknen oder das Einlegen in Öl.

## Pilze trocknen

Diese Methode bietet gleich mehrere Vorteile: Es geht schnell, es gibt keinerlei technische Probleme und das Endprodukt hat immer noch den frischen Pilzgeschmack. Sie eignet sich besonders für Pilze mit dünnem Fleisch (Schwindlinge, Totentrompeten, Pfifferlinge) oder für dickere, in Scheiben zu schneidende Pilze. Es geht ganz einfach: die Pilze falls nötig schälen, in Scheiben schneiden, sie in die Nähe einer Wärmequelle legen, an einen luftigen und trockenen Platz oder in ein Trockengestell.

### Das brauchen Sie

> Pilze
> kleines Trockengestell (alternativ: Heizkörper oder vorgeheizten und dann abgeschalteten Backofen)
> luftdichte Kunststoffbehälter
> Geschirrtuch, Küchenkrepp, Musselin

### So wird's gemacht

1. Sofort nach dem Sammeln die Pilze säubern: Moos entfernen, vorsichtig bürsten oder mit einem feuchten Geschirrtuch abreiben, den Fuß entfernen, wenn er überreif oder wurmig ist. Pilze nicht im Wasser weichen lassen. Sind sie sehr schmutzig, dann die Pilze nur kurz unters Wasser halten und sorgfältig mit Küchenkrepp abtupfen.
2. Trockengestell vorbereiten. Pilze in dünne Blättchen schneiden.
3. Pilzscheiben auf mit Musselin ausgelegte Ablagefächer und diese in das Trockengestell legen.
4. Sobald sich die getrockneten Pilze weich und etwas gummiartig anfühlen, in luftdichte Plastikbehälter geben. Der Trocknungsprozess ist je nach angewandter Vorgehensweise etwas kürzer oder länger, darf aber nie länger als vier oder fünf Tage dauern.

*Pilze in dünne Scheiben schneiden*

*Pilze zum Trocknen auslegen*

5. Vor dem Verzehr die Pilze aus dem Behälter nehmen und in einem Wasserglas einweichen, bis sie aufquellen und ähnlich wie frische Pilze aussehen.

## Pilze in Öl einlegen

Diese Methode eignet sich gut für Pilze mit festem Fleisch (Echte Pfifferlinge, Semmelstoppelpilze, Steinpilze) und macht sie etwa ein Jahr lang haltbar. Die Pilze sollten vor dem Verzehr mindestens drei Wochen lang eingelegt sein.

*„Um Pilze und diverse andere Lebensmittel trocknen zu lassen, haben wir uns ein kleines Trockengestell aus Sperrholz von 45 cm Breite und Tiefe auf 90 cm Höhe gebaut, mit Ablagen im Abstand von 7,5 cm, die mit Musselin abgedeckt sind. Eine kleine Wärmequelle darunter (eine Glühbirne mit 60 W geht ebenso) produzierte die zum Trocknen nötige Wärme."*
*Die Autoren*

### Das brauchen Sie

> 1,5 kg Pilze
> 1,5 kg Olivenöl
> 1 l Wasser
> 1 l Essig
> Gewürze: Pfeffer, Koriander, Lorbeer, Thymian
> 2 Einmachgläser à 1 l Inhalt
> Geschirrtuch

### So wird's gemacht

1. Pilze gut reinigen, wie unter Schritt 1 beim Trocknen beschrieben.
2. Pilze ohne Fett kurz in den Backofen geben, damit sie Wasser ziehen.
3. Das mit Essig vermischte und gesalzene Wasser zum Kochen bringen. Pilze hineingeben und 5 Minuten lang sieden lassen.
4. Pilze abtropfen, mit einem Geschirrtuch abtupfen und anschließend in die Gläser geben. Gewürze zugeben.
5. Öl erhitzen und die Pilze damit bedecken.
6. Gläser verschließen und sterilisieren, wie unter Obst einmachen beschrieben (siehe Seite 194f.)

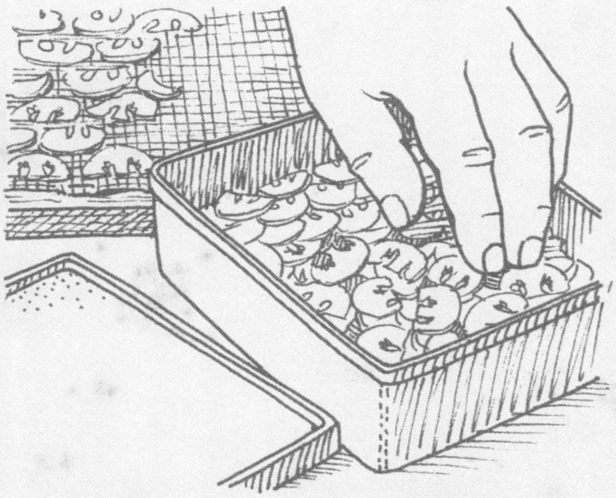

*Pilze in luftdichte Behälter legen*

*Pilze einweichen*

# Geflügel schlachten und rupfen

Wenn sie drei oder vier Monate alt sind, sind die Hähnchen groß genug für den Verzehr. Alles, was mit dem Schlachten und der Zubereitung der Tiere, die man selbst großgezogen hat, ist schwierig. Nicht nur aus diesem Grund sollte es für die Tiere mit einem Minimum an Leiden einhergehen.

## Geflügel schlachten

> Den Tieren einen halben Tag vor dem Schlachten nichts mehr zu fressen geben. Das Ausweiden wird so weniger unangenehm und ihr Geschmack besser. Dagegen dürfen die Tiere nach Belieben trinken.
> In der Regel geht man so vor, dass das Tier in dem Moment, in dem man ihm die Kehle durchschneidet, betäubt ist: Man gibt ihm einen Schlag auf den Kopf oder dreht ihm mit einem Ruck den Hals um, damit es schmerzfrei stirbt.
> Hennen, Hühnchen, Enten und Gänse müssen ausbluten, damit sie nicht nach Wild schmecken, was in der Regel unerwünscht ist. Dies macht man unmittelbar, nachdem die Tiere bewusstlos oder betäubt sind. Man schneidet mit einem scharfen Messer die äußere Drosselvene durch und hängt danach die Tiere an den Füßen auf, damit das Blut herauslaufen kann.

## Geflügel rupfen

1. Direkt vor dem Rupfen des Geflügels gibt man es eine oder zwei Minuten lang in kochendes Wasser.
2. Anschließend zieht man in kurzen Rucken an den Federn, solange der Vogel noch warm ist.
3. Mit Feuer die Haare, die noch im Körper stecken, versengen – dadurch wird gleichzeitig die schuppige Haut der Füße entfernt, sofern man diese nicht ohnehin abschneiden möchte.

## Ein Hühnchen „dressieren“

So nennt man den Vorgang, wenn das Geflügel ausgeweidet und für die Küche vorbereitet wird.

**So wird’s gemacht**

1. Den Kopf auf halbem Weg zum Hals sowie die Flügelspitzen abschneiden. Füße am Gelenk abschneiden.
2. Der Länge nach auf Halshöhe eine Kerbe einschneiden, um Luft- und Speiseröhre zu entfernen.
3. Den Kropf entfernen: er ist leer, wenn das Hähnchen einen halben Tag lang nichts gefressen hat. Gegebenenfalls angehäuftes Fett entfernen.
4. Auf Höhe des Bürzels die Bauchhaut einschneiden, um die Eingeweide herauszunehmen.
5. Küchenhandschuhe anziehen. Mit der Hand in den Bauchraum fassen und das Herz sowie möglichst den ganzen Rest gleichzeitig herausnehmen. Die Lungen sind fest verankert, daher bei Bedarf mehrmals versuchen. Darauf achten, dass die Gallenblase nicht aufbricht – sonst wird das Hühnchen bitter und ungenießbar.
6. Eingeweide entsorgen; nur die Leber, den Muskelmagen und die Nieren aufheben.
7. Leber gut waschen, nachdem man die Gallenblase vorsichtig abgetrennt hat. Zeigt die Leber grüne Flecken, diese ausschneiden und wegwerfen.
8. Muskelmagen zweiteilen, ausnehmen und abspülen.
9. Das Hühnchen innen mit lauwarmem Wasser waschen.
10. Je nach Zubereitungsart muss man das Hühnchen nur noch in Stücke schneiden oder es mit Küchenschnur zusammenbinden, um es im Ofen zu braten oder zu garen. Man kann es auch vier oder fünf Tage im Kühlschrank aufbewahren oder es einfrieren.

# Schinken pökeln

Selbst wenn man keine Schweine hält, kann es sein, dass man sich einen Schinken kauft und ihn einsalzen möchte. Diese sehr einfache Art der Konservierung besteht darin, den Schinken im Salz „einzuweichen" und ihn anschließend an einem trockenen, kühlen und schön luftigen Ort trocknen zu lassen.

## Das Pökeln vorbereiten

Je nach Größe des Schinkens braucht man unterschiedlich viel Lake. Man rechnet für einen durchschnittlich großen Schinken (5 bis 7 kg) ungefähr mit 250 bis 300 g an Lake für jede Anwendung.
Üblicherweise wird Ende Herbst, fünf Tage nach Schlachtung des Schweins, gepökelt. Man rechnet damit, dass der Schinken mindestens zwei Tage pro Kilogramm im Pökelfass bleibt.

### Das brauchen Sie

> 1 Schinken
> Pökellake (die Angaben beziehen sich auf eine Anwendung, die in der Regel einmal wiederholt wird): 250 g Salz, 15 g Zucker, 15 g Pfeffer, Wacholderzweige
> grobes Salz
> Essig
> 10 cl Cognac (wahlweise)
> Stoffbeutel

### So wird's gemacht

1. Schinken mit der Lake einreiben und mit Salz bedecken.
2. Schinken bei etwa 5 °C ein oder zwei Wochen lang kühl aufbewahren.
3. Mit derselben Lake einreiben und mit Salz bedecken.
4. Überschüssiges Salz entfernen. Anschließend den Schinken solange wie nötig im Pökelfass lassen.
5. Nun ist es an der Zeit, ihn zu trocknen. Den Schinken aus dem Pökelfass nehmen und das Salz mit kaltem Wasser abwaschen, danach erneut mit Essigwasser abwaschen (1 l Essig auf 5 l Wasser).
6. Schinken einige Stunden lang wässern lassen, damit er nicht so salzig ist.
7. Schinken aufhängen und einen Tag lang abtropfen lassen.
8. Mit einem Geschirrtuch abtrocknen, mit Cognac (sofern gewünscht) und den Gewürzen einreiben.
9. Schinken in einem Stoffbeutel mindestens fünf Monate an einem schön luftigen, trockenen und vor Insekten geschützten Ort aufbewahren. Möchte man den Schinken ganz trocken, lässt man ihn sieben Monate lang hängen.

### Gepökeltes hält länger

Mit dem Pökelvorgang hemmt oder blockiert man die Entwicklung von Mikroorganismen. Salz hat die Eigenschaft, das Wasser des jeweiligen Lebensmittels zu absorbieren. Bakterien entwickeln sich weniger gut, wenn sie ihrer Wasserquelle beraubt sind. Diese Methode wird hauptsächlich bei der Käserei, Fleischerei und zur Haltbarmachung bestimmter Fische (Hering, Lachs) angewandt.

# Butter herstellen

Zur Butterherstellung braucht man Rahm. Daher besteht der erste Schritt darin, den Rahm von der Milch abzuschöpfen, entweder von Hand von der frisch gemolkenen oder der gerade kochenden Milch oder mit Hilfe einer Entrahmungszentrifuge. Alles hängt von der in Rahm zu überführenden Milchmenge ab. Die meisten Einsteiger machen es von Hand, da es eine recht einfache Angelegenheit ist.

## Den Rahm von der Milch trennen

### Das brauchen Sie

- Milch nach Belieben
- große Kasserolle oder Schmortopf mit dickem Rand aus Edelstahl mit Deckel
- 1 Stück Musselin zum Abdecken der Kasserolle
- kleines Butterfass oder Krug aus Edelstahl
- Schaumlöffel

### So wird's gemacht

1. Milch in die Kasserolle schütten, dabei durch das Musselin passieren. Acht bis zwölf Stunden auskühlen lassen.
2. Rahm mit dem Schaumlöffel vorschichtig abschöpfen; dabei die Milch nicht zu stark umrühren. Rahm in das Butterfass oder den Krug geben.
3. Die übrige Milch acht bis zwölf Stunden lang kühl stellen, danach erneut den Rahm abschöpfen.
4. Die entrahmte Mich ist trinkfertig und kann selbst getrunken oder den Tieren gegeben werden.

## Selbst buttern

### Das brauchen Sie

- Rahm (nach Bedarf)
- Molkereithermometer
- Küchenschaltuhr

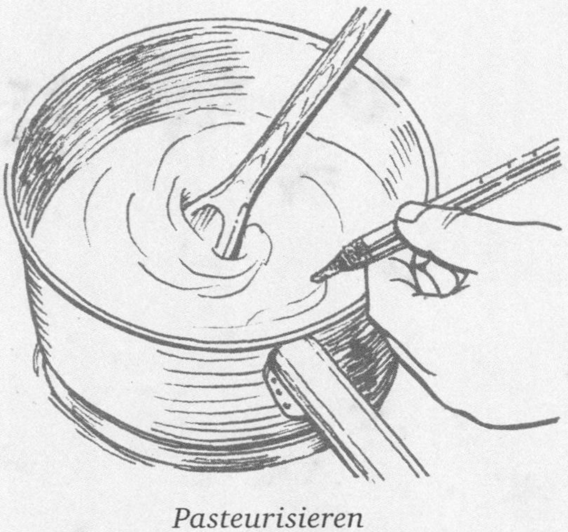

*Pasteurisieren*

*Butter schlagen*

> möglichst großer Mixer mit ruderförmigem Rührbesen oder Handbuttermaschine, je nach Menge
> Stück Musselin zum Abdecken des Mixgefäßes
> Salz oder halbgesalzene Butter
> großes Schneidbrett aus Holz
> 2 Pfannenwender oder Kochlöffel aus Holz
> Pergamentpapier

## So wird's gemacht

1. Den Rahm im Kühlschrank oder an der frischen Luft aufbewahren, bis er leicht sauer wird (etwa 30 Stunden).
2. Den Rahm durch Erhitzen in einer Kasserolle unter ständigem Rühren pasteurisieren, entweder 15 bis 20 Sekunden lang bei 72–76 °C oder 30 Minuten lang bei 63 °C (Pasteurisieren auf niedriger Temperatur).
3. Vom Herd nehmen. Über Nacht in den Kühlschrank oder in einen kalten Raum stellen.
4. Am nächsten Morgen den Rahm in die Mixschüssel oder in das Butterfass geben, eine halbe Stunde bei Zimmertemperatur stehenlassen, danach mit dem Buttern beginnen. Solange rühren, bis sich der Rahm in Butter und eine milchige Flüssigkeit trennt, die Buttermilch. Sie merken es am Geräusch, das sich plötzlich ändert.
5. Solange rühren oder schlagen, bis die Butter nur noch ein großer Klumpen ist, anschließend durch das Musselin abgießen. Die Buttermilch zur Seite stellen, in der Küche verwenden oder an die Hühner und Schweine verfüttern.
6. Bei warmem Wetter die Butter in den Kühlschrank stellen. Ansonsten mit kaltem Wasser die letzten Buttermilchreste am Butterklumpen abspülen.
7. Butter nach Geschmack salzen.
8. Butter auf das Schneidbrett setzen und mit Hilfe von Pfannenwendern oder Kochlöffeln Butterstücke formen.
9. Abschließend die Butterstücke in Pergament einwickeln und im Kühlschrank aufbewahren. Große Mengen einfrieren.

### Nicht vergessen

**Utensilien sterilisieren**
Jeglicher Umgang mit Milchprodukten erfordert äußerste Hygiene. Zum Sterilisieren der Utensilien diese fünf Minuten lang in einem großen Edelstahltopf in kochendes Wasser legen.

**Gut zu wissen**
Mit lauwarmem oder sauer gewordenem Rahm geht alles langsamer vonstatten. Den Rahm kühlen und dann erneut beginnen.

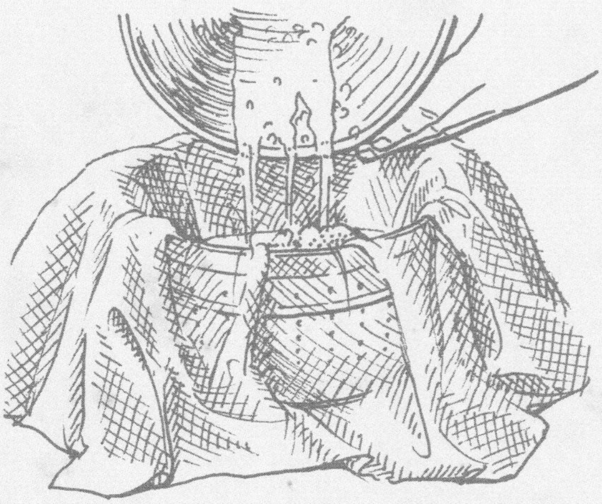

*Abtropfen*

*Butterstücke formen*

# Käse und Joghurt herstellen

Die meisten Einsteiger stellen Quark her, weil das am einfachsten ist. An einem Vormittag kann man aus zwei oder drei Litern Milch einen Topf Frischkäse herstellen, wohingegen dieselbe Menge Hartkäse viermal so viel Milch und Mehrarbeit erfordert und mindestens einen Monat lang trocknen muss. Hartkäse kann man jedoch wesentlich länger aufbewahren, was besonders bei einem Milchüberschuss sehr vorteilhaft ist.

## Käse ist nicht gleich Käse

Es gibt unzählige Käsesorten. Man kann sie nach Art ihrer Herstellung unterteilen: Die Fermentierung wird durch eine kleinere oder größere Menge Lab bei unterschiedlichen Gerinnungstemperaturen erreicht.

**Rohmilchkäse** wird hauptsächlich durch biologische Gerinnung mit sehr wenig Lab (3 bis 10 ml Lab pro 100 l Milch) gewonnen. Das sind Frischkäse wie Quark oder kleine Ziegenkäse. Die zur Fermentierung erforderliche Gerinnungstemperatur beträgt 16 bis 23 °C.

**Labkäse** erhält man im Wesentlichen durch chemische Gerinnung. Das sind Hartkäse (Tomme de Savoie, Emmentaler, Beaufort). Die Gerinnung erfordert eine Temperatur von 34 bis 40 °C und es werden 25 bis 35 ml Lab auf 100 l Milch benötigt. Zwischen den beiden Käsearten gibt es die halbfesten Käse oder **Weichkäse**, wie beispielsweise den Camembert.

Es ist sehr einfach, Rohmilchkäse herzustellen. Ein „Rezept" für Hartkäse finden Sie auf Seite 214f.

## Rohmilchkäse herstellen

### Das brauchen Sie

> 1 l frische Ziegen-, Schaf- oder Kuhmilch
> 1 kleiner, runder, sahniger Frischkäse
> 1 Tropfen flüssiges Lab (Apotheke)
> Salatschüssel
> Geschirrtuch
> Abtropfsieb
> Schüssel
> 2 flache Teller

### So wird's gemacht

1. Milch auf 20 bis 22 °C erhitzen und den zuvor in etwas Milch gelösten kleinen Frischkäse hinzugeben.
2. In eine Salatschüssel umfüllen und bei Zimmertemperatur (20 bis 22 °C) etwa zwei Stunden lang ruhen lassen.
3. 1 Tropfen Lab hinzufügen und vorsichtig vermischen.
4. Die Salatschüssel mit einem Geschirrtuch abdecken und 24 Stunden lang bei mindestens 20 °C ruhen lassen.
5. Nach 24 Stunden hat sich die Milch in eine weiße Masse (Dickete) mit einer gelblichen Flüssigkeit, der Molke, verwandelt. Die Molke kann man einfrieren und bei der nächsten Herstellung als Gärstoff anstatt des kleinen Frischkäses verwenden. Man kann sie aber auch den Tieren zum Fressen geben. Möchte man Quark, hört man in diesem Stadium auf: Man braucht ihn jetzt nur noch zu würzen oder mit dem Schneebesen zu schlagen.
6. Die Dickete mit dem Schöpflöffel in das Abtropfsieb füllen und in die Schüssel darunter abtropfen lassen.
7. Einige Minuten später die aufgefangene Flüssigkeit ausleeren und erneut das Abtropfsieb auffüllen. Diesen Vorgang kann man bis zu 24 Stunden lang wiederholen.
8. In den folgenden 24 Stunden die Dickete weiterhin abtropfen lassen, aber nichts mehr hinzugeben.
9. Den Käse in seine Form zurücklegen. Vorsichtig vorge-

hen, da er noch sehr brüchig ist. Das Abtropfsieb auf einen Teller legen, den Käse auf einen anderen Teller legen und dabei wenden, dann wieder in seine Form zurücklegen.

10. Wird der gewendete Käse wieder in das Abtropfsieb gelegt, wird er oben gesalzen.
11. Den Käse jeden Tag drei- bis viermal wenden; ihn dabei nicht übermäßig salzen. Ganz allmählich wird der Käse fester. In diesem Stadium nennt man ihn „Frischkäse". Man kann ihn in diesem Stadium mit zerstoßenem Pfeffer oder feinen Kräutern würzen und essen oder ihn weiter ausreifen lassen.
12. Zum Reifen den Käse in den Keller (oder einen luftigen Raum bei etwa 15 °C) unter eine Käseglocke legen, um ihn vor Insekten zu schützen.
13. Den Käse jeden Tag wenden. Für Hartkäse den Käse in diesem Stadium einige Tage lang bis zur gewünschten Konsistenz ruhen lassen. Möchte man den Käse so weich, dass er läuft, sollte er eine Temperatur von 20 bis 22 °C haben und vor Zugluft geschützt werden.

# Joghurt herstellen

Noch einfacher als Quark ist Joghurt herzustellen. Joghurt ist sämiger und schmeckt besser, wenn er hausgemacht ist, ob mit oder ohne Joghurtbereiter.

## Das brauchen Sie

> 1 l Vollmilch
> 1 handelsüblicher Joghurt
> 2 Päckchen Vanillezucker (nach Bedarf)
> Molkereithermometer
> 8 Joghurtbecher oder Joghurtgläser

## So wird's gemacht

1. Milch zum Kochen bringen und vom Herd nehmen.
2. Auf 37 bis 45 °C abkühlen lassen.
3. Milch und die anderen Zutaten mit einem Holzkochlöffel gut verrühren.
4. In die Becher oder Gläser einfüllen und diese verschließen.
5. Mindestens zwei bis drei Stunden lang in den Backofen bei 35 bis 40 °C stellen. Um ganz sicher zu sein, lässt man sie vier bis fünf Stunden darin.
6. Die gegorenen und abgekühlten Joghurts in den Kühlschrank stellen.
7. Innerhalb von drei bis vier Tagen verzehren.

## Joghurt aus Sojamilch

*Menschen mit einer Milchunverträglichkeit können sich Joghurt aus Sojamilch herstellen.*

**Das brauchen Sie**

> 1 l Sojamilch
> 1 kleiner Becher mit fermentierter Sojamilch natur
> Joghurtbecher oder Joghurtgläser
> Thermometer

**So wird's gemacht**

1. Die Hälfte der Milch fast zum Kochen bringen (90 bis 95 °C).
2. Die andere Hälfte der kalten Milch mit der fermentierten Milch vermischen. Die warme Milch dazugießen.
3. In die Joghurtbecher oder -gläser geben und wie bei den „echten" Joghurts verfahren. Man kann sie auch mit Vanille, Orangenblüten oder Honig aromatisieren.

# Käse herstellen (Fortsetzung)

Folgender Vorschlag zur Käseherstellung ist etwas umfangreicher und erfordert mehr Ausstattung. Es geht um die Herstellung von Hartkäse mit langer Haltbarkeit. Dieses Verfahren ist ideal zur Verarbeitung von Milchüberschuss – daher auch die große Menge. Wir empfehlen dennoch, zunächst mit der Herstellung von Frischkäse in kleinen Mengen zu beginnen, bevor man zum nachstehenden Rezept übergeht.

## Hartkäse herstellen

### Das brauchen Sie

> 9 l Vollmilch (Kuh-, Ziegen- oder Schafmilch)
> 1 Tablette Lab (für 9 l Milch)
> 100 ml Wasser
> Salz, Kräuter
> Butter
> Kochkopf mit Wasserbad (groß genug für 9 l Milch)
> Molkereithermometer
> großes Abtropfsieb und Musselin zum Abdecken
> Käsepresse und entsprechende Filter
> Pergamentpapier

### So wird's gemacht

1. Die Milch aus dem Kühlschrank nehmen und im Wasserbad erhitzen.
2. In der Zwischenzeit das Lab mit 100 ml Wasser vermischen.
3. Sobald die Temperatur 30 °C erreicht, die Milch vom Herd nehmen.
4. Das im Wasser aufgelöste Lab in die Milch geben und mit einem Holzkochlöffel etwa eine Minute lang umrühren, bis alles gut vermischt ist.
5. Die Milch mit Musselin abdecken und etwa eine Stunde lang ruhen lassen.
6. Sobald die Milch anfängt, fest zu werden und die Konsistenz von Gummi erreicht, nennt man das Dickete, die man in Würfel schneidet.
7. Die Würfel nicht zerdrücken, von Hand wenden und gut voneinander trennen.
8. In das Wasserbad geben und auf sehr schwacher Flamme eine Stunde lang bis auf 39 °C erhitzen, danach den Herd abschalten.

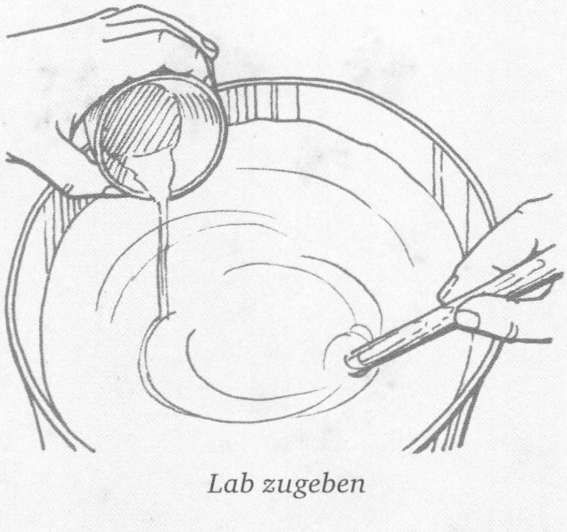

*Lab zugeben*

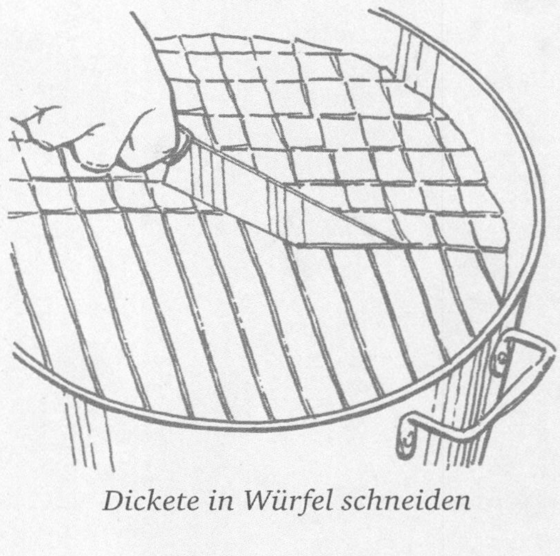

*Dickete in Würfel schneiden*

9. Sobald der Käsebruch (die Dickete-Würfel) schön fest ist, ihn in das Abtropfsieb geben. Die freiwerdende Flüssigkeit (Molke) nicht weggießen: Man kann sie dem Schweine-, Hühner- oder Hundefutter beimengen.
10. Ist der Käsebruch auf 32 °C abgekühlt, daraus kleine Stücke schneiden. Etwas Salz und nach Geschmack Kräuter dazugeben.
11. Ist der Käsebruch auf 29 °C abgekühlt, den Filter in die Presse einlegen und die Würfel darunterlegen. Zuerst den oberen Filter einsetzen, dann die Gewichte oder den Handgriff drehen, je nach Modell.
12. Etwa eine Stunde später, wenn keine Molke mehr herausläuft, den Käse entnehmen, die Filter entfernen und den Käse unter lauwarmem Wasser abwaschen.
13. Käse vorsichtig in Musselin einwickeln und erneut in die Presse legen.
14. Etwa 24 Stunden später den Käse aus der Presse nehmen, das Musselin abnehmen und den Käse mit warmem Wasser (bis 60 °C) abwaschen.
15. Anschließend den Käse auf Pergamentpapier legen und an einem kühlen und trockenen Ort aufbewahren.
16. Käse jeden Tag wenden.
17. Nach der zweiten Woche mit Butter einstreichen, damit er glänzt.
18. Nach einem Monat der Reifung müsste der Käse fertig sein. Hat man zuviel Käse, kann man ihn auch einfrieren.

## Das kann passieren

**Seltsamer Geschmack** Ein seltsamer Geschmack entsteht meistens, weil man bei der Reinigung der Utensilien nachlässig war und sich Bakterien vermehren konnten (siehe Sterilisierung S. 211).

**Nie derselbe Käse** Das Endprodukt hängt von der Temperatur, der Umgebungsfeuchtigkeit, der Milch und vielen andern Dingen ab. Am besten schreiben Sie alles in einem Notizbuch auf und versuchen, jedes Mal möglichst dieselbe Vorgehensweise und dieselben Mengen zu nehmen.

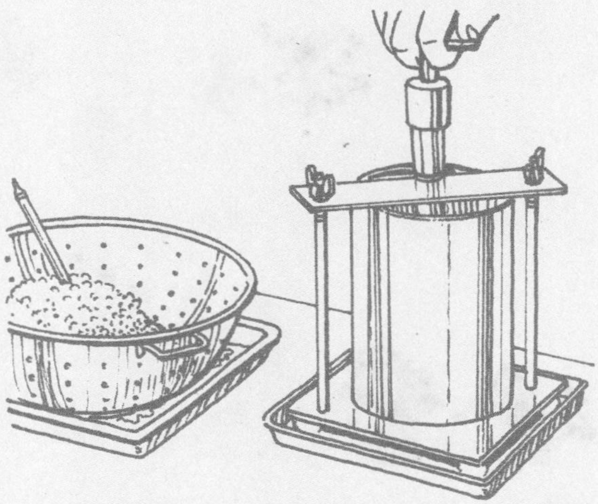

*Käse pressen*

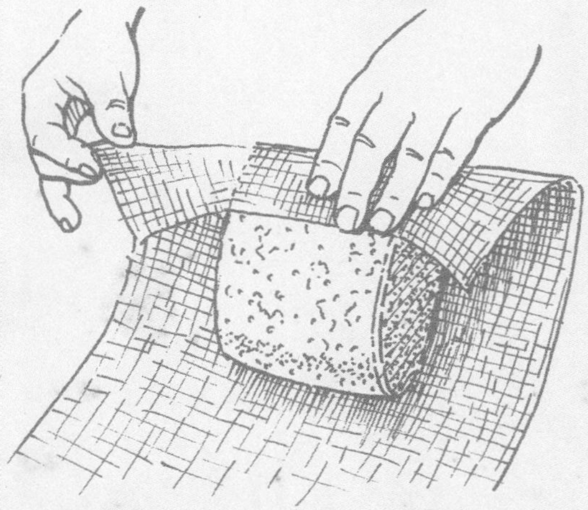

*Käse in Musselin einwickeln*

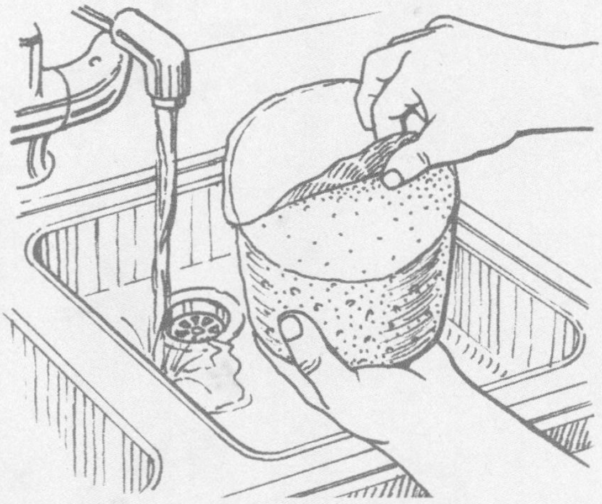

*Käse mit warmem Wasser abwaschen*

# Bier brauen

Gleich beim ersten Schluck werden Sie merken, dass das selbstgebraute Bier nichts mit dem handelsüblichen Bier zu tun hat. Während das industriell gebraute Bier trotz Reinheitsgebot manchmal Zusätze enthält, besteht das hausgemachte Bier aus Wasser und einigen traditionellen Zutaten.

## Helles Bier brauen

Manche Zutaten auf der Liste kann man kaufen oder in Eigenregie vorbereiten. Als Einstieg deckt man sich am besten bei gut sortieren Fachgeschäften ein, mit einiger Erfahrung kann man lernen, die Zutaten selbst zuzubereiten.

Bier in Flaschen abfüllen oder nicht? Hier ist Vorsicht geraten: Am Anfang lässt man das Bier besser im Fass, zumindest für die erste Zeit, das ist einfacher und sicherer. Ansonsten finden Sie im Internet Foren und Plattformen, wo Sie Erfahrungen, Rezepte und Ausstattung austauschen können. Mit etwas Geduld und sehr sorgfältiger Reinigung der Ausstattung werden Sie sicher Erfolg haben!

### Das brauchen Sie

- 7 l gefiltertes Wasser
- 1 kleines Päckchen Bierhefe für helles Bier
- 1,6 kg Malzsirup
- 900 g Trockenmalzextrakt in Pulverform
- 225 g Kristallmalzextrakt
- 30 g Bitterhopfenpellets (Fuggles 50 Minuten)
- 30 g Aromahopfenpellets (Fuggles 15 Minuten)
- 30 g granulierter Hopfen zur Geschmacksabrundung
- 1 kleines Päckchen Irisch Moos
- 1/2 Tasse Zucker
- Edelstahltopf (23 l Fassungsvermögen)
- Trichter mit Filter
- luftdicht verschließbarer Gärbehälter aus Glas mit Gärröhrchen
- Thermometer
- Gäreimer (23 l Fassungsvermögen)
- Biersiphon mit Schlauch
- Plastikeimer (23 l Fassungsvermögen)

### So wird's gemacht

1. Hefe gemäß Herstellerangaben mischen. Flüssighefe gut schütteln.
2. Alle Utensilien gründlich mit Wasser und etwas Javelwasser reinigen und sorgfältig spülen. Alle Gegenstände in Reichweite legen.

*Malzextrakte zufügen*

*Irisch Moos dazugeben*

3. Wasser in den Topf geben und zum Kochen bringen.
4. Die Dosen mit Malzextrakt anwärmen. Malzextrakt in den Topf geben und umrühren.
5. Die Bitter- und Aromahopfentabletten entsprechend den Rezeptangaben dazugeben.
6. Etwa 50 Minuten lang auf niedriger Flamme köcheln lassen, das Moos hinzufügen (zum Aufhellen), danach den granulierten Hopfen.
7. Den Sud – die Würze – abkühlen lassen und durch den Filter in den Gärbehälter füllen. Mit Wasser auf 23 Liter auffüllen.
8. Sobald die Temperatur auf 21 °C abgekühlt ist, die Hefe gemäß den Anweisungen hinzugeben. Den Sud schütteln, damit er Sauerstoff erhält.
9. Das Gärröhrchen aufsetzen. Sechs bis elf Tage an einen dunklen Ort oder in eine Vorratskammer stellen, bis keine Gasbläschen mehr aufsteigen.
10. Den Sud zunächst in den Eimer leeren, damit sich der Bodensatz dort ablagert, danach ins Fass füllen.
11. Den zuvor in einer Tasse Sud aufgelösten Zucker hinzufügen und zwei bis sechs Wochen lang gären lassen.

## Das eigene Bier lagern und verkosten

> Zur Lagerung von Bier eignet sich am besten ein dunkler und kühler Ort von gleichbleibender Temperatur, denn Bier mag kein Licht. Der Keller eignet sich gut zur Lagerung von hausgemachtem Bier. Achten Sie darauf, dass die Temperatur um nicht mehr als 5 °C abweicht.

> In Flaschen abgefülltes Bier lagert man schräg und nicht liegend, damit der Druck der Flüssigkeit sich nicht nur auf den Verschluss verlagert. Die Verschlüsse vorsichtig abnehmen.

> Nach dem Schütteln lässt man die Bierflaschen am besten mindestens 24 Stunden lang stehend ruhen, bevor man sie öffnet.

> Je heller ein Bier, umso niedriger sollte die Temperatur zum Kosten sein. Generell sollte sie zwischen 6 und 16 °C liegen. Das Aroma ist ausgeprägter, wenn eine höhere Temperatur herrscht. Unter 6 °C schmeckt man das Aroma nicht.

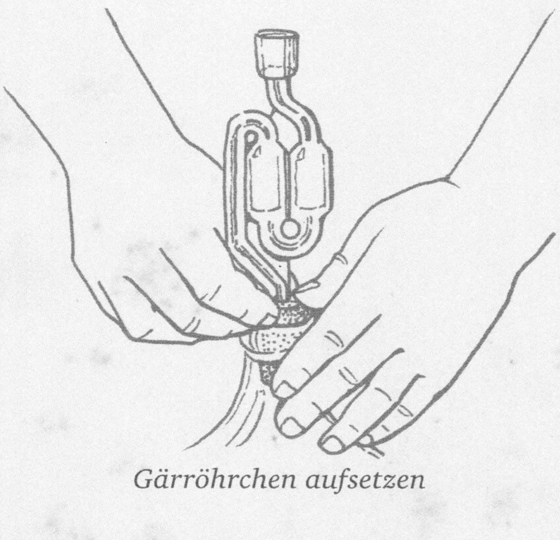

*Gärröhrchen aufsetzen*

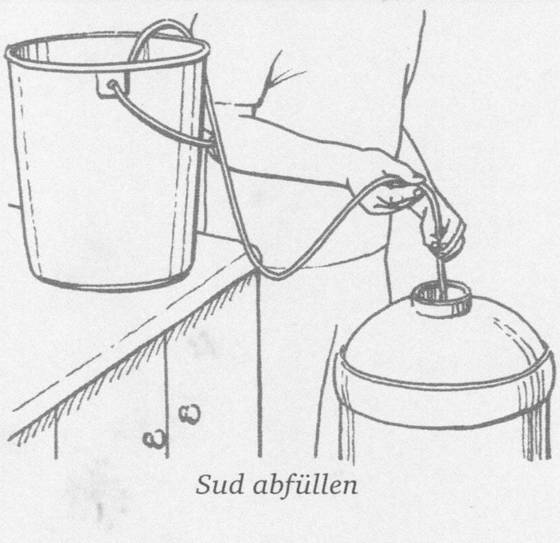

*Sud abfüllen*

# Apfelwein herstellen

Einer der großen Vorteile von Apfelwein ist seine äußerst einfache Herstellung. Die einzig notwendigen Zutaten sind Äpfel – man rechnet in der Regel, dass 6,5 kg Äpfel 10 Liter Apfelwein ergeben. Manch einer sterilisiert den Saft, um ihn keimfrei zu machen und gibt anschließend Hefe zum Gären hinzu, in dem Glauben, dass dieses Verfahren hygienischer sei. Das ist jedoch nicht die traditionelle Methode. Wenn Sie sehr reife Äpfel nehmen, der Versuchung widerstehen, sie zu gründlich zu waschen und sogar einige faulige Äpfel darunter lassen, dann ist Ihr Apfelwein in der Tat einzigartig. Bereits einige Monate nach der Apfelernte können Sie ihn kosten.

## Geschichte des Apfelweins

Die Herstellung von Apfelwein – auch Cidre genannt – war früher ein festliches Ereignis. Es gab Gesang und Tanz am Tag der Ernte und noch mehr Gesang und Tanz am Tag des Pressens – bei der Gelegenheit trank man frisch gepressten Apfelsaft. Anschließend folgte das Fest der unterschiedlichen Aromen und so ging es immer weiter. Auch wenn solche Festivitäten nicht mehr hoch im Kurs stehen, so bleibt doch die Apfelernte und die Herstellung von Apfelwein nach wie vor ein äußerst vergnügliches Unterfangen.

Für Apfelwein nehmen Sie andere Sorten als die sogenannten „Tafeläpfel“. Für einen guten Apfelwein brauchen Sie mehrere unterschiedliche Apfelsorten (süße, saure und bittere Äpfel). Eine typische Mischung besteht aus 50 % bitteren, 40 % süßen und 10 % sauren Äpfeln.

Um dieselbe Menge an Apfelwein zu erhalten, ist je nach Apfelsorte und Jahr die benötigte Menge an Äpfeln unterschiedlich. Machen Sie sich keine Gedanken über angefaulte Äpfel oder Wurmlöcher; nur die wirklich verfaulten und ganz weichen Äpfel werfen Sie weg.

Achten Sie darauf, dass das Gras im Obstgarten kurz und sauber ist, ohne Mist: Das ist wichtig, denn wenn Sie die Äpfel waschen müssen, werden dadurch natürlich vorhandene Gärstoffe an der Schale abgewaschen.

*Äpfel in große Stücke schneiden*

*Äpfel auspressen*

## Das brauchen Sie

- ausreichend viele Falläpfel, um 25 l Apfelwein herzustellen (etwa 15 kg)
- Presse, Zentrifuge oder Schneidemaschine (Hauptsache, das Gerät verwandelt die Äpfel in Mus)
- 2 Gäreimer mit Deckel (23 l Fassungsvermögen)
- Musselin zum Abdecken der Eimer
- Innenthermometer
- Siphon mit Schlauch
- Plastikfass mit Gärröhrchen (23 l Fassungsvermögen)

## So wird's gemacht

1. Alle Falläpfel aufsammeln.
2. Äpfel aussortieren, verschimmelte oder verfaulte Äpfel wegwerfen.
3. Die guten Äpfel in große Stücke schneiden.
4. Die Äpfel ausdrücken, auspressen, zerkleinern und den Saft in den Eimern auffangen. Den ersten Eimer zu drei Vierteln auffüllen, dann den Saft in den zweiten Eimer laufen lassen.
5. Die Eimer mit Musselin abdecken und die Deckel darüberlegen.
6. Die Raumtemperatur sollte stetig zwischen 15 und 21 °C betragen. Mehrmals am Tag nachsehen, ob der Apfelwein Blasen bildet, er darf aber nicht überlaufen.
7. Lässt die Blasenbildung nach, wird der Apfelwein in das Fass gefüllt und das Gärröhrchen aufgesetzt.
8. Den Apfelwein in einem kühlen und dunklen Raum mindestens drei Monate, besser sechs Monate ruhen lassen.

### Das kann passieren

**Vorsicht Alkohol!** Apfelwein ist ein alkoholisches Getränk, das durchaus zu Kopf steigen kann – es ist keine Limonade!

**Vorsicht Flasche!** Manche füllen den Apfelwein in Mehrweg-Weinflaschen ab und geben zum Zeitpunkt des Verschließens Zucker dazu. Das ist jedoch riskant, denn manche Flaschen sind nicht sehr stabil und können bersten. Nehmen Sie am besten Sektflaschen.

**Vorsicht Hygiene!** Viele Einsteiger pflücken die Äpfel und machen sich anschließend viel Mühe mit dem Säubern und Sortieren. Damit werden jedoch die natürlichen, auf der Schale enthaltenen Gärstoffe entfernt. Es reicht aus, die Falläpfel aufzusammeln und nur die wegzuwerfen, die sehr faulig sind. Wenn Sie Angst haben, auf Grund von Bakterien im Saft zu erkranken, geben Sie einfach etwas Sodabikarbonat zum Abtöten der Keime in den Saft, fügen anschließend etwas Hefe hinzu und machen wie oben beschrieben weiter.

### Geschmackssache

Manche mögen ihren Apfelwein bereits wenige Wochen nach der Reifung, andere wiederum sind der Auffassung, dass ein guter Apfelwein nicht im selben Jahr hergestellt und getrunken werden kann. Entscheiden Sie selbst!

*Eimer mit Musselin abdecken*

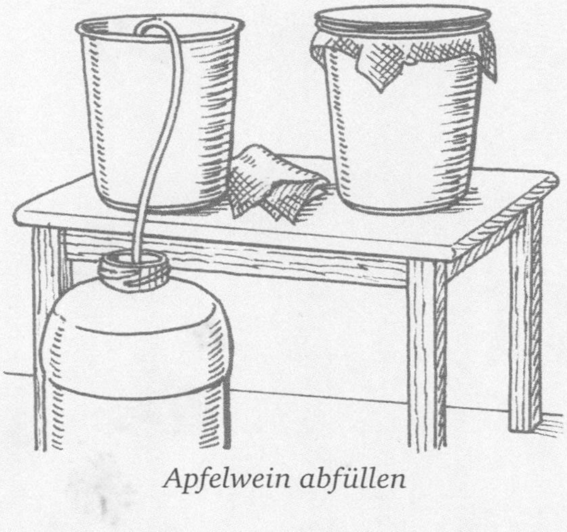

*Apfelwein abfüllen*

# Rhabarberwein herstellen

Einsteiger lassen sich oft durch die Fachwörter und die mit der Weinherstellung verbundenen komplizierten Geräte abschrecken. Sicherlich kann man die Weinproduktion mit Hydrometern und Thermometern, mit eigenem Etikettendruck und noch mehr Schnickschnack betreiben, aber das ist nicht die einzige Möglichkeit. Für den persönlichen Gebrauch kann man einen köstlichen Wein produzieren, wenn man einige sehr einfache Regeln beachtet, angefangen mit der Sauberkeit und dem Sterilisieren sämtlicher Utensilien. Mit der nachfolgenden Anleitung können Sie sich einen köstlichen Rhabarberwein selbst herstellen.

## Kleines Einmaleins des Kelterns

> Am Anfang verwendet man meistens zuviel Zucker, sodass entweder die Flaschen bersten oder der Wein sich in eine sirupartige Masse verwandelt. Mit der Flaschenabfüllung sollten Sie daher warten, bis Sie etwas Erfahrung gesammelt haben.

> Geben Sie die gezuckerten Früchte in einen Behälter mit breiter Öffnung – einen Eimer oder eine Schüssel – und nicht in eine Flasche. Die erste Gärung kann sich tatsächlich katastrophal auswirken, mit heftiger Bildung von Schaum, der überläuft.

> Verwenden Sie nach der ersten Gärung niemals kochendes Wasser, denn das würde die Gärstoffe zerstören.

> Ist die erste Gärung in Gang, achten Sie darauf, dass der Deckel gut sitzt, damit weder Staub noch Fliegen oder andere Insekten in den Wein gelangen.

> Achten Sie beim Abfüllen des Weins darauf, dass Sie nicht den abgesetzten Bodensatz mitnehmen.

> Lesen Sie beim Kauf der Gärstoffe die Inhaltsstoffe aufmerksam durch. Am besten kaufen Sie bei einem seriösen Lieferanten ein, von dem Sie sich auch gleich professionell beraten lassen können.

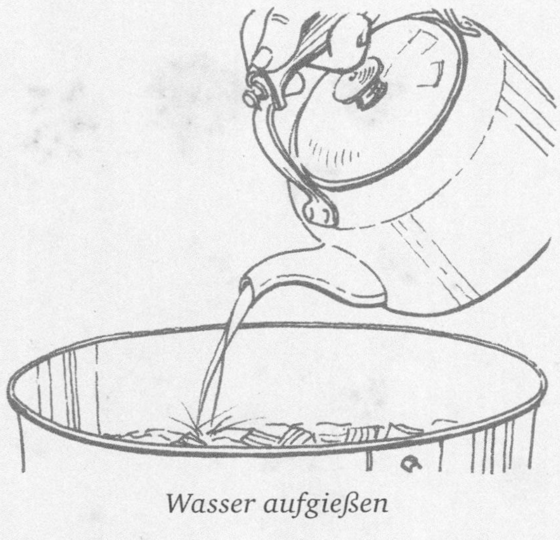

*Wasser aufgießen*

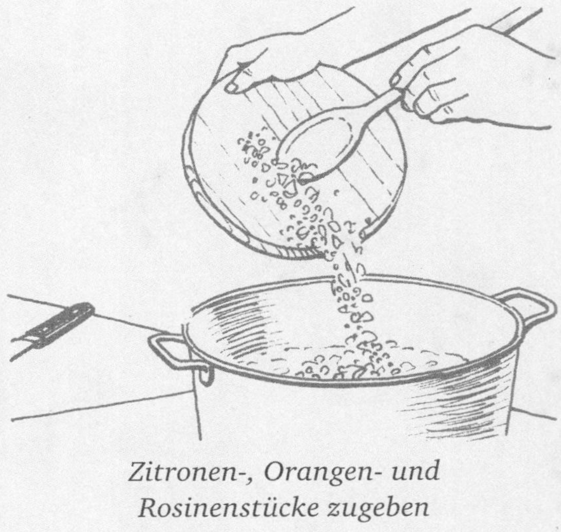

*Zitronen-, Orangen- und Rosinenstücke zugeben*

# Rhabarberwein

## Das brauchen Sie

- > 9 l Wasser
- > 4,5 kg Rhabarber
- > 2,7 kg Zucker
- > 2 Orangen, in kleine Stücke geschnitten
- > 2 Zitronen, in kleine Stücke geschnitten
- > 500 g Rosinen, gehackt
- > 30 g Gärstoffe
- > 2 Scheiben Toastbrot
- > 2 Gäreimer mit Deckel (23 l Fassungsvermögen)
- > Musselin zum Abdecken der Eimer
- > großer Plastiktrichter
- > Edelstahltopf (23 l Fassungsvermögen)
- > Siphon mit Schlauch
- > 2 Gärbehälter mit Gärröhrchen
- > Weinflaschen
- > Korken
- > Abfüllmaschine

## So wird's gemacht

1. Rhabarber ernten, unter fließendem Wasser waschen und in 2,5 cm lange Stücke schneiden.
2. Die Stücke unter Zugabe des Zuckers in einen der Gäreimer legen und umrühren; mit Musselin abdecken, den Deckel aufsetzen und über Nacht gären lassen.
3. Am nächsten Morgen Wasser zum Kochen bringen und über den gezuckerten Rhabarber gießen. Erneut abdecken und eine Woche lang gären lassen.
4. Sud nach 7 Tagen Gärung mit Hilfe des mit Musselin ausgelegten Plastiktrichters in den zweiten Gärbehälter umfüllen.
5. Sud bis kurz vor dem Siedepunkt erhitzen und einige Minuten lang köcheln lassen.
6. Wenn der Sud noch gut heiß ist – aber nicht kochend –, Zitronen, Orangen und Rosinen hinzugeben.
7. Gärstoffe nach Herstellerangaben vermischen und hinzugeben.
8. Wenn der Sud nahezu kalt ist, erneut in den Eimer umfüllen, die Toastbrotscheiben obenauf legen und mit Musselin und dem Deckel abdecken.
9. Drei bis vier 4 Tage lang ruhen lassen. Hat sich auf der Oberfläche Schaum gebildet, das Toastbrot entfernen und den Deckel wieder aufsetzen. Droht der Sud überzulaufen, die Hälfte in den anderen Eimer gießen.
10. 12 bis 15 Tage lang ruhen lassen, bis die Gärung abgeschlossen ist, dann die Flüssigkeit in einen der Gärbehälter abfüllen und das Gärröhrchen aufsetzen.
11. 2 Wochen später den Wein vom einen Gärbehälter in den anderen umfüllen und das Gärröhrchen wieder aufsetzen. Diesen Vorgang noch zweimal wiederholen, 6 beziehungsweise 12 Wochen später.
12. Ist der Wein klar, in Flaschen abfüllen, verkorken und mindestens ein Jahr im Keller stehen lassen. Prost!

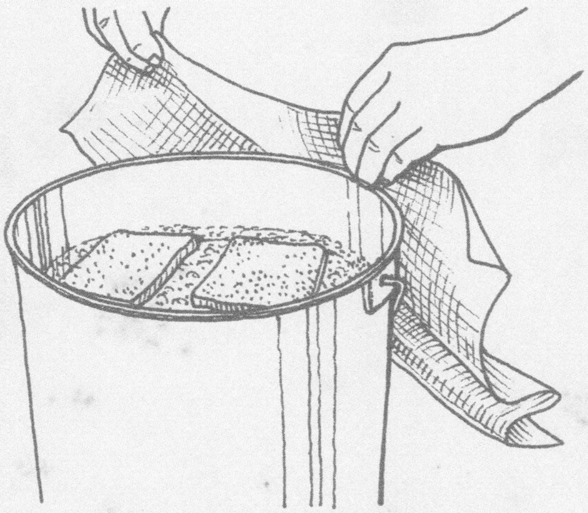

*Mit Musselin abdecken*

*Wein abfüllen*

# Essig herstellen

Hausgemachter Essig ist wesentlich besser als der im Handel erhältliche und Sie können dafür einfach die Reste aus Weinflaschen oder Apfelweinflaschen verwerten. Sie erhalten ganz einfach durch natürliche Gärung, mit wenig Kosten und nahezu ohne Arbeit Essig für das ganze Jahr.

## Weinessig

Weinessig ist ein Produkt, das zwei Gärungsprozesse hinter sich hat: die alkoholische Gärung, aus der der Wein entstanden ist und die Essigsäuregärung, die den Wein anschließend in Essig umwandelt. Zur Herstellung des „Familienessigs" gibt es drei Möglichkeiten: Sie lassen die in der Luft vorhandenen Bakterien ihre Arbeit verrichten, Sie fügen unpasteurisierten Essig zu oder, als dritte Möglichkeit, Sie setzen eine bereits im Wein gebildete „Essigmutter" zu.
Zur Essigherstellung eignet sich am besten ein Wein, dessen Alkoholgehalt nicht zu hoch ist: 7 bis maximal 10 %.

### Das brauchen Sie

- 350 ml nicht pasteurisierter Essig
- 700 ml Rotwein mit geringem Alkoholgehalt
- Essigflasche oder lichtdichten Behälter: Steingutbehälter, Fass, dunkles Glas (kein Metall!)
- Musselin oder echte Korken

### So wird's gemacht

1. Essigflasche auf Wasserdichtigkeit und die Funktion des Hahns überprüfen.
2. Essig und Wein in die Essigflasche füllen. Gut vermischen.
3. Essigflasche mit einen echten Korken oder mit Musselin verschließen: So ist der Essig vor Licht, Staub und Insekten geschützt und die Essigmutter wird nicht durch Luftzufuhr zerstört.
4. Behälter vor Licht geschützt an einem trockenen und luftigen Ort mit einer Temperatur von möglichst 25 °C aufbewahren; möglichst nicht bewegen.
5. Etwa zwei Wochen später erscheint eine Haut auf der Flüssigkeitsoberfläche: Die Essigmutter hat sich gebildet und die Essigsäuregärung hat begonnen.
6. Die Mischung zwei bis drei Monate weitergären lassen. Anschließen können Sie den Essig abfüllen.

## Apfelessig

Zur Herstellung von Apfelessig gehen Sie genauso wie bei der Herstellung von Apfelwein vor (siehe Seite 220). Zum Zeitpunkt der Blasenbildung verbleibt dann einfach das Musselin auf dem Gefäß. Lassen Sie den Apfelwein erst alkoholisch, dann sauer werden. Probieren Sie und verdünnen Sie je nach Geschmack mit Regenwasser oder gefiltertem Wasser. Sie können auch ein paar Ihrer Lieblingskräuter nehmen (Minze, Basilikum, Dill, Rosmarin) und den Essig damit aromatisieren.

### Was ist Essigmutter?

Dahinter verbirgt sich eine Haut aus Bakterien, die sich in einer alkoholhaltigen Flüssigkeit bildet und den Alkohol zu Essigsäure fermentiert – sprich den Wein zu Essig. Bei ihrer Bildung wird die Essigmutter zu einer dicken, gallertartigen Masse, die auf dem Essig schwimmt. Ist die Schicht mehrere Zentimeter dick, brauchen Sie nicht die ganze aufzuheben: Behalten Sie einfach nur den oberen Teil. Senkt sie sich auf den Boden des Essigs, legen Sie sie wieder obenauf.

# In Essig einlegen

Die meisten Gemüse sowie zahlreiche Früchte – Kirschen, Aprikosen oder Zitrusfrüchte – eignen sich zum Einlegen in Essig. Es ist eine interessante Alternative, um Obst und Gemüse haltbar zu machen. Nachstehend das Rezept für eingelegte Gürkchen – vielleicht das beliebteste auf diese Art eingelegte Gemüse. Das Rezept können Sie aber auch einfach für anderes Gemüse verwenden.

**Kalter oder warmer Essig?**

Wenn Sie Ihre Gürkchen möglichst schnell verzehren möchten, nehmen Sie am besten warmen Essig: Er zieht schneller in die Gürkchen ein, macht sie aber gleichzeitig etwas weicher. Bei kaltem Essig dauert der Aufnahmeprozess des Essigs in die eingelegten Lebensmittel wesentlich länger, dafür bleiben sie bissfester.

## Eingelegte Essiggürkchen

### Das brauchen Sie

> 1 kg Gürkchen
> 1 l weißer Essig
> 200 g grobes Salz
> 200 g kleine weiße Zwiebeln
> Gewürze nach Belieben: Knoblauch, Pfefferkörner, Lorbeer, Gewürznelken, Estragon
> 2 Einmachgläser

### So wird's gemacht

1. Die oberflächlichen Härchen an den Gürkchen abbürsten. Die größten Gürkchen der Länge nach zweiteilen.
2. Gürkchen mit grobem Salz einstreuen und 24 Stunden lang wässern lassen, danach abspülen und gut abtrocknen.
3. Einmachgläser und Deckel waschen und anschließend mit kochendem Wasser sterilisieren. Gut abtrocknen.
4. Die Gürkchen bis zum Glasrand aufschichten, danach die kleinen Zwiebeln hinzugeben.
5. Je nach Geschmack Knoblauch, Pfefferkörner oder weitere Gewürze hinzugeben, anschließend das Ganze mit kaltem Essig abdecken.
6. Luftdicht verschließen und gegen den Boden der Gläser klopfen, damit die Luftblasen verschwinden. Mindestens drei oder vier Wochen lang lichtgeschützt ziehen lassen.
7. Von Zeit zu Zeit nachsehen, ob die Gürkchen gut mit Essig bedeckt sind, bei Bedarf Essig nachfüllen. Die Gürkchen kann man etwa ein Jahr bei Zimmertemperatur aufbewahren.

*Gläser in kochendem Wasser sterilisieren*

# Seife herstellen

## Handgefertigte Seife

### Das brauchen Sie

> 450 g Talg (oder gleichwertigen pflanzlichen Ersatz)
> 250 ml Regenwasser
> 30 g Ätznatron
> Campingkocher
> große Edelstahlkasserolle
> Musselin
> 1 Tube Vaseline
> Butterdose oder anderes Gefäß

### So wird's gemacht

1. Bei trockenem Wetter den Campigkocher im Garten aufstellen.
2. Aus dem Talg eventuell vorhandene Fleischreste entfernen. Das Fett in kleine Stücke schneiden und sie in der Kasserolle zum Schmelzen bringen. Das Fett durch das Musselin in eine Schale filtern, abkühlen lassen.
3. Regenwasser in eine feuerfeste Schale füllen und das Natron hinzufügen. Mit einem Holzkochlöffel verrühren, bis die Mischung warm wird. Anschließend abkühlen lassen.
4. Während die Wasser-Natron-Mischung abkühlt, die Butterdose mit Vaseline einfetten.
5. Das abgekühlte Natron unter ständigem Rühren zum Fett geben, bis die Mischung die Konsistenz weichen Karamells erreicht, dann in die Butterdose geben. Solange die Seife nicht trocken ist, ist das Natron noch aktiv, daher außer Reichweite von Kindern und Haustieren 24 Stunden lang ruhen lassen.

**Achtung!** Ätznatron ist sehr gefährlich, es kann durch Berührung mit der Haut schwere Verbrennungen verursachen.

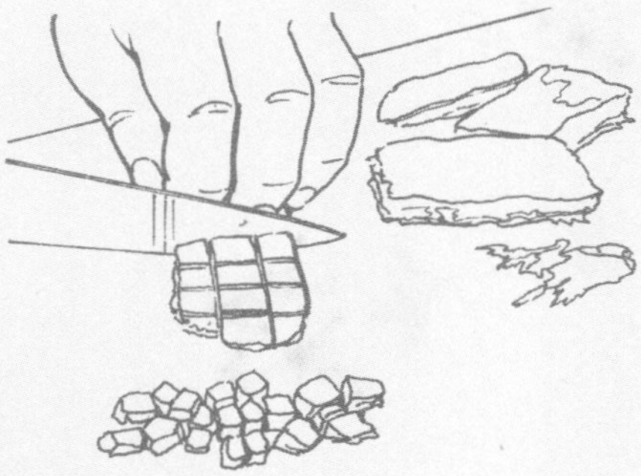

*Fett in kleine Stücke schneiden*

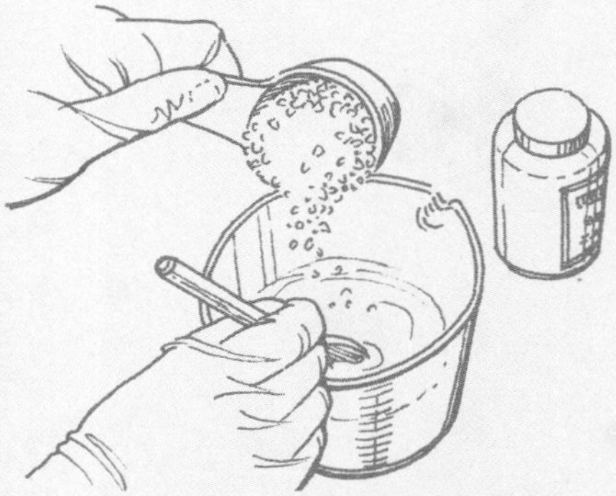

*Natron ins Wasser geben*

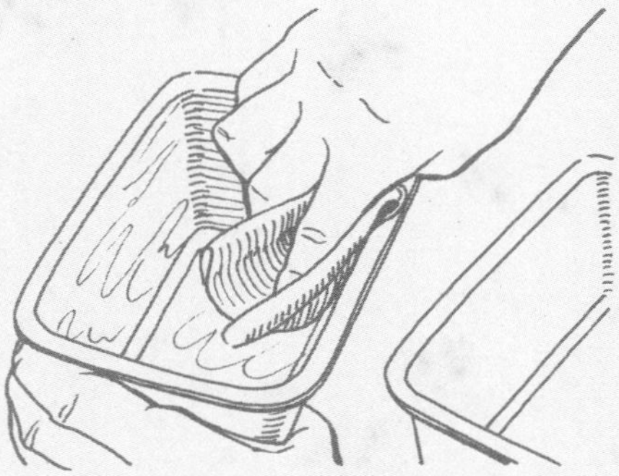

*Butterdose einfetten*

*Natron zum Fett geben*

# Kerzen drehen

## Bienenwachskerzen

### Das brauchen Sie (für etwa 100 Kerzen):

> 450 g Bienenwachs
> 1 Bienenwachsplatte pro Kerze
> 1 Spule Runddocht aus Baumwolle für Kerzen von 2,5 cm Durchmesser
> Kasserolle mit Wasserbad
> Schere
> Flachzange
> Schneidebrett
> scharfes, in heißem Wasser erwärmtes Messer

### So wird's gemacht

1. Wachsblock in kleine Stücke schneiden und ins Wasserbad geben.
2. Während das Wachs schmilzt, mit der Schere einen 31 cm langen Dochtstrang pro Kerze abschneiden.
3. Den Dochtstrang mit der Flachzange aufnehmen und durch das Wachs ziehen, danach herausnehmen, zur Seite legen und trocknen lassen.
4. An einen stabilen Tisch setzen.
5. Eine Bienenwachsplatte nehmen und sorgfältig auf dem Schneidbrett auslegen.
6. Einen bereits in Wachs getauchten Dochtstrang nehmen und auf die Wachsplatte legen, sodass der Docht etwa 1 cm auf einer Seite übersteht. Danach sehr vorsichtig mit den Fingern das Wachsblatt schön fest um den Docht aufrollen, sodass es einen Zylinder gibt.
7. Hat man einen festen Zylinder gerollt, den Rand des Wachsblatts mit dem erwärmten Messer „versiegeln".

*Wachs in Stücke schneiden*

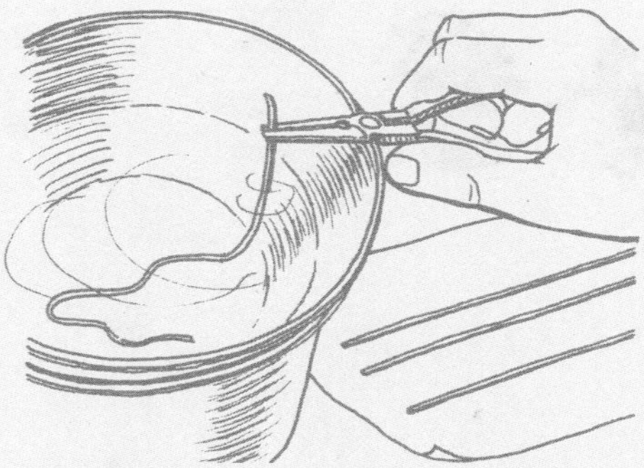

*Dochtstrang durch das Wachs ziehen*

*Wachsblatt um den Dochtstrang aufrollen*

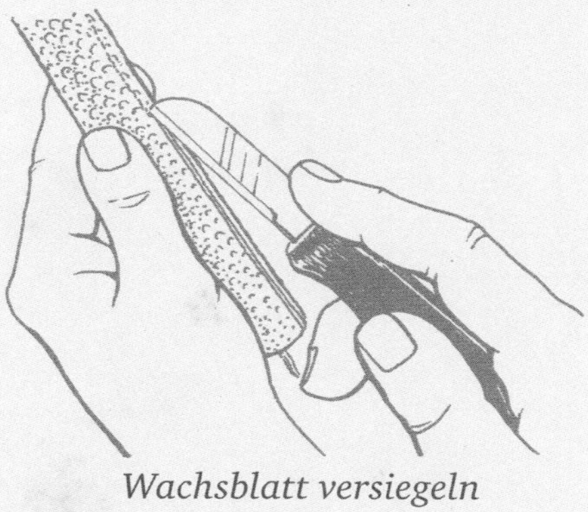

*Wachsblatt versiegeln*

# Serviceseiten

**Damit Sie beim Leben im Grünen nicht rotsehen!**

## Literatur

### Jährliche Ulmer-Kalender

Landleben, Bauernkalender, Flora-Gartenkalender, Gärtnern nach Mondphasen, Heilpflanzenkalender

### Bücher

zum Vertiefen der Einzelthemen,
**eine Auswahl aus dem Verlag Eugen Ulmer:**

### Haus und Hof

**Klus-Neufanger:** Heizen mit Holz
**Von Heynitz:** Kompost im Garten
**Kleeberg:** Häuser begrünen
**Kolb:** Dachbegrünung
**Deuringer:** Nachbarrecht für Landwirte
**Gebhard-Rheinwald:** Der Hofladen

### Garten und Feld

**Bärtels/Köhlein/Menzel:** Lexikon der Gartenpflanzen
**Kawollek:** Das Ulmer Gartenbuch
**Heistinger:** Handbuch der Samengärtnerei
**Eichenberger:** Das Jahr im Biogarten
**Weinrich:** Mischkultur im Hobbygarten
**Bühring:** Alles über Heilpflanzen
**Jullien:** Erste Hilfe für Obst
**Jullien:** Erste Hilfe für Gemüse
**Englbrecht:** Pilzanbau in Haus und Garten
**Lohrer:** Die 13 Gartenplagen

### Nutztiere

**Sambraus:** Farbatlas Nutztierrassen
**Peitz:** Hühner halten
**von Luttitz:** Enten und Gänse halten
**Daniel:** Kühe halten
**Peitz:** Schweine halten
**Lampeitl:** Bienen halten
**Rieder:** Schafe halten
**Späth/Thume:** Ziegen halten
**Letschert:** Das Jahr mit Milchschafen
**Kurschus:** Das Milchziegenbuch
**Bauer:** Hühnerställe bauen
**Fischer/Rieder/Kuhn/Volk:** Fotobuch Schafe
**Grashorn/Kuhn/Volk:** Fotobuch Geflügel
**Ahrens/Kuhn/Volk:** Fotobuch Kaninchen

### Selbermachen

**Fischer/Rieder/Kuhn/Volk:** Gutes vom Schaf
**Grashorn/Kuhn/Volk:** Gutes vom Geflügel
**Lehari:** Vorratshaltung
**Hagmann:** Essig selbst gemacht
**Hagmann:** Blitz-Liköre
**Thönges:** Fruchtsäfte, Weine, Liköre
**Lehari:** Früchte einkochen
**Lehrl:** Bier brauen
**Scholz:** Käse aus Schaf-, Ziegen und Kuhmilch selbst gemacht
**Harrer-Feichtinger:** Brot und Gebäck selbst backen
**Heinrich:** Landfrauen kochen
**Gahm:** Hausschlachten
**Gahm:** Würste, Sülzen, Pasteten
**Binder:** Räuchern

### Internetseiten

www.ulmer.de; Ulmers-Gartenkalender;
Deutscher Bauernverband: www.bauernverband.de
Deutscher Landfrauenbverband: www.landfrauen.info

# Adressen

## Allgemein

**aid infodienst**
Verbraucherschutz, Ernährung, Landwirtschaft e.V.
*Hier können Sie Broschüren zu den unterschiedlichsten Themen bestellen, u.a. zu Schaf- und Ziegenrassen.*
Friedrich-Ebert-Straße 3, 53177 Bonn
Tel. 02 28/84 99-0

**aid-Vertrieb DVG**
**Kundenservice**
Birkenmaarstraße 8, 53340 Meckenheim
0 22 25/92 61 46 und 0 22 25/92 61 76,
Fax 0 22 25/92 61 18
www.aid.de

Die **Bauförderung Landwirtschaft e.V. (BFL)**
*bietet mit Unterstützung von DLG, KTBL u.a. den BFL-Online-Service Tierproduktion, einen Informationspool rund um das landwirtschaftliche Bauen, an.*
Engelstr. 52, 48143 Münster
Tel. 02 51/4 93-13 70, Fax 02 51/4 93-1372
www.baubriefe.de

Die **Bundesanstalt für Landwirtschaft und Ernährung (BLE)**
*bietet mit dem Informationssystem Genetische Ressourcen (www.genres.de) viele Informationen zum Thema Biologische Vielfalt, insbesondere genetische Ressourcen bei Ernährung, Land-, Forst- und Fischereiwirtschaft*
Präsident: Dr. R. Kloos
Deichmanns Aue 29, 53179 Bonn
Tel. 02 28/68 45-0, Fax 02 28/68 45-34 44
www.ble.de

Das **Bundesministerium für Ernährung, Landwirtschaft und Verbraucherschutz (BMELV)**
*liefert auf seiner Homepage umfangreiche Informationen zu Ernährung, Landwirtschaft und Verbraucherschutz.*
Dienstsitz Bonn:
Rochusstr. 1, 53123 Bonn; Postfach 140270,
53107 Bonn.
Tel. 02 28/5 29-0 oder 0 18 88-5 29-0, Fax 02 28/5 29-4262 oder 0 18 88-529-4262
Dienstsitz Berlin:
Wilhelmstr. 54, 10117 Berlin; Postanschrift:
11055 Berlin.
Tel. 0 30/20 06-0 oder 0 18 88-5 29-0,
Fax 0 30/20 06-4262 oder 0 18 88-5 29-4262
www.bmelv.de

**DLG-Verlags GmbH**
Eschborner Landstr. 122, 60489 Frankfurt a.M.
Tel. 0 69/2 47 88-4 51,
Fax 0 69/2 47 88-4 84
www.dlg-verlag.de

Die **Zentralstelle für Agrardokumentation und -information (ZADI)**
*bietet mehrere Fachportale im Bereich Landwirtschaft, z.B. das Portal Beruf und Bildung im Agrarbereich und das Zentrale Internetportal Ökologischer Landbau.*
Villichgasse 17, 53177 Bonn
Tel. 02 28/95 48-0
Fax 02 28/95 48-111
www.zadi.de

## Ökologie und nachhaltiges Bauen

Einfach im Internet das Stichwort „nachhaltiges bauen“ eingeben und googeln. Dort finden Sie unter anderem:

**Das Portal des Bundes**
www.bnd.de mit vielen links zu Energieförderung und nachhaltigem Bauen.

**Deutsche Gesellschaft für nachhaltiges Bauen: www.dgnb.de**

**Bundesministerium für Verkehr, Bau und Stadtentwicklung (BMVBS)**
Hier gibt es einen Leitfaden für nachhaltiges Bauen: www.bmvbs.de/Bauwesen/Arbeitshilfen_-Leitfaeden_-Ric-,1777/Nachhaltiges-Bauen.htm

**Erneuerbare-Energien-Gesetz (EEG)**
Infos hierzu gibt es auf den Seiten des Bundesministeriums für Umwelt, Naturschutz und Reaktorsicherheit: www.bmu.de

**FÖRDERGELD 2008 für Energieeffizienz und erneuerbare Energien**
Programme – Ansprechpartner – Adressen.
Broschüre des BMU und des Informationsdienst BINE.

**Bundesministerium für Umwelt, Naturschutz und Reaktorsicherheit (BMU)**
Referat Öffentlichkeitsarbeit, 11055 Berlin,
service@bmu.bund.de, www.bmu.de/energieeffizienz,
www.erneuerbare-energien.de

**BINE Informationsdienst**
FIZ Karlsruhe, Büro Bonn, Kaiserstraße 185-197,
53113 Bonn,
Tel.: 02 28 92 3 79-0, Fax: 02 28 92 3 79-29,
foerderinfo@bine.info, www.bine.info,
www.energiefoerderung.info

**Wärmedämmung**
ADNR e.V., Leipziger Straße 9, 06725 Elsteraue
(OT Predel),
Tel.: 03 44 24 8 33 13, Fax: 03 44 24 2 26 99,
adnr@adnr.info, www.adnr.info

**Gesamtverband Dämmstoffindustrie (GDI)**
Luisenstraße 44, 10117 Berlin,
Tel.: 0 30 27 59 44 51, Fax: 0 30 28 04 19 56,
www.gdi-daemmstoffe.de

**Verbraucherzentrale Bundesverband (vzbv) e.V.**
Markgrafenstraße 66, 10969 Berlin,
Tel.: 0 30 2 58 00-0, Fax: 0 30 2 58 00-218,
info@vzbv.de, www.vzbv.de/go/

**Bundesarbeitskreis Altbauerneuerung (BAKA) e.V.**
Elisabethweg 10, 13187 Berlin,
Tel.: 0 30 4 84 90 78-55, Fax: 0 30 4 84 90 78-99,
info@altbauerneuerung.de,
www.altbauerneuerung.de

**GRE – Gesellschaft für Rationelle Energieverwendung e.V.**
Gottschalkstraße 28a, 34127 Kassel,
Tel.: 05 61 8 04-6609, Fax: 05 61 8 04-6602,
gre@gre-online.de,
www.gre-online.de

**Kompetenzzentrum Bauen mit Nachwachsenden Rohstoffen (KNR) im Handwerkskammer Bildungszentrum Münster**
Echelmeyerstraße 1-2, 48163 Münster,
Tel.: 02 51 7 05-1318, Fax: 02 51 7 05-1350,
sandra.mildenberger@hwk-muenster.de,
www.knr-muenster.de

**Öko-Zentrum NRW Zentrum für biologisches und ökologisches Planen und Bauen GmbH & Co. KG**
Sachsenweg 8, 59073 Hamm,
Tel.: 0 23 81 3 02 20-0, Fax: 0 23 81 3 02 20-30,
info@oekozentrum-nrw.de,
www.oekozentrum-nrw.de

**Institut Wohnen und Umwelt (IWU) GmbH**
Annastraße 15, 64285 Darmstadt,
Tel.: 0 61 51 29 04-0, Fax: 0 61 51 29 04-97,
info@iwu.de, www.iwu.de,
Kaiserstraße 185-197, 53113 Bonn,
Tel. 02 28 9 23 79-0, Fax 02 28 9 23 79-29

## Nutztiere

**Gesellschaft zur Erhaltung alter und gefährdeter Haustierrassen e.V. (GEH)**
Geschäftsstelle, Antje Feldmann und Juliane Kirna
Am Eschenbornrasen 11,
37213 Witzenhausen
Tel. 0 55 42/18 64, Fax: 0 55 42/7 25 60
www.g-e-h.de

## Schafe

**Vereinigung Deutscher Landesschafzuchtverbände e.V. (VDL)**
Claire-Waldoff-Straße 7, 10117 Berlin
Tel. 0 30/3 19 04-540, Fax 0 30/3 19 04-549
E-mail: info@schafe-sind-toll.de
www.bundesverband-schafe.de

## Ziegen

**Bundesverband Deutscher Ziegenzüchter e. V. (BDZ)**
Claire-Waldoff-Str. 7
10117 Berlin
www.bundesverband-ziegen.de

## Kaninchen

**Zentralverband Deutscher Rasse-Kaninchenzüchter e.V. (ZDRK)**
Geschäftsstelle: Peter Mickmann, Mittelfeldweg 19b, 27607 Langen,
www.deutsche-rassekaninchenzuechter.de

## Schweine

**Zentralverband der Deutschen Schweineproduktion e.V. (ZDS)**
Adenauerallee 174 - 53113 Bonn
www.zds-bonn.de

## Geflügel

**Bund Deutscher Rassegeflügelzüchter e. V. (BDRG)**
Bundesgeschäftsstelle
Erlenbruchstr. 20
63071 Offenbach/Main
www.bdrg.de

## Bienen

Deutscher Berufs- und Erwerbsimkerbund e. V.
Am Moosgraben 8
D-86919 Utting am Ammersee
Tel. +49 (0) 88 06 92 23 20
www.berufsimker.de

Deutscher Imkerbund e. V. (D.I.B.)
Villiper Hauptstraße 3
D-53343 Wachtberg
Tel. +49 (0) 2 28 9 32 92-0
www.deutscherimkerbund.de

# Glossar

**Abhärten (von Setzlingen):** die widerstandsfähigsten Setzlinge werden nach Draußen gesetzt, zuerst einige Stunden lang windgeschützt bei milder Witterung, dann immer länger, bevor sie ins Freiland pikiert werden.

**Achse:** die meisten modernen Windkraftanlagen sind sogenannte Horizontalläufer. Das heißt, sie besitzen eine Windfahne beziehungsweise eine Wetterfahne (Flügel) auf der einen Seite, eine Rotorwolle und einen Generator in der Mitte und eine Nabe mit Drehrepeller auf der anderen Seite. Die Windfahne dreht sich, damit die Rotorblätter immer nach dem Wind ausgerichtet sind.

**Anhäufeln:** einen Erdhügel am Fuß einer Pflanze aufhäufen; zum Schutz vor Frost, als Stütze und zur Förderung der Bildung kleiner Wurzeln oder Knollen. Zudem ist es ein Mittel zum Bleichen bestimmter Pflanzen.

**Baumkrebs:** Pilzerkrankung in Form von kleinen länglichen Flecken und Rissen. Befallene Äste und Zweige (Apfelbäume, Birnbäume) ausschneiden und verbrennen.

**Bioklimatik (Wohnraum):** Wohnraumklimatisierung durch Nutzung der Vorteile von Sonnenwärme und natürlicher Luftzirkulation (beispielsweise bei Passivhäusern).

**Blattanlage:** Knotenpunkt zwischen Wurzel und Stängel einer Pflanze in Bodenhöhe.

**Bleichen:** das Halten einer Pflanze im Dunkeln, damit sie ihre Farbe verliert, zarter wird und manchmal an Bitterkeit verliert. Gebleicht wird beispielsweise Chicorée oder Löwenzahn.

**Buttermilch:** milchige Flüssigkeit, die sich während des Schlagens von Rahm von der Butter trennt.

**Dammkultur:** dabei werden Erdhügel aufgehäuft, auf denen die Pflanzen angebaut werden (zum Beispiel Kürbisse). Entspricht dem Anbau in Hochbeeten.

**Dampfsperre:** Folie oder Membran zur Verhinderung des Durchtritts von Wasserdampf, der hauptsächlich durch die Atmung der Bewohner verursacht wird.

**Deflektor:** Abschirmblech zur Zugerhöhung im Ofen; Abschirmung zur Zugüberwachung.

**Echter Mehltau:** manchmal als Weißer Mehltau bezeichnete, von einem Pilz verursachte Krankheit, die an der befallenen Pflanze einen weißlichen filzigen Belag verursacht.

**Emissionen:** Schadstoffausstoß (besonders von Stickstoffmonoxid) durch schlechte Nachverbrennung. Ein guter moderner Ofen stößt relativ wenig Schadstoffe aus.

**Entspitzen:** Entfernen der zarten Spitze eines Zweigs mit Daumen und Zeigefinger (manchmal mit der Schere), damit sich die Pflanze verzweigt.

**Erdwärmesonde:** Wärmetauscher bestehend aus Polyethylenrohren, die senkrecht in eine Bohrung von mehreren Dutzend Metern Tiefe eingeführt wird und in denen ein → Kühlmittel fließt, das die Erdwärme dem Boden entnimmt.

**Erziehung:** Befestigung von Ästen oder Stämmen einer Pflanze an einer Stütze, einer Wand oder einer anderen Vorrichtung, um ihr eine genaue Richtung für das Wachstum vorzugeben.

**Frühbeet:** mit Glas abgedeckter Bretterrahmen zum Schutz der Samen oder zur Förderung des Wachstums von Pflanzen, die viel Wärme benötigen. Man spricht von Frühbeet, weil bei dieser Kulturart keine Wärmezufuhr vorgesehen ist (im Gegensatz zum → Mistbeet).

**Fußbodenheizung:** eine in die Betonbodenplatte eingebaute Heizungsvorrichtung.

**Gärröhrchen:** eine Art Siphon, durch den die Gase aus dem Gäreimer entweichen.

**Gurkenmosaikvirus:** ein von Blattläusen oder von infizierten Pflanzen übertragenes Virus, das Gurken, Zucchini, Sellerie, Bohnen und Paprika befällt. Es verursacht Stauchungen, Mosaikerscheinungen und Blattdeformationen. Befallene Pflanzen bei Auftreten der Symptome sofort vernichten.

**Horst (Aussaat):** Aussaatmethode, bei der jeweils drei bis fünf Saatkörner anstatt nur ein Saatkorn in ein Saatloch gelegt werden.

**Humus:** lat. „Erdboden". Schwarze poröse Masse, die durch die langsame Zersetzung organischer Materie entsteht. Darin sind die für Pflanzen notwendigen Nährstoffe enthalten.

**humushaltig:** reich an Humus.

**Jungtriebe (Artischocke):** Trieb, der an der Mutterpflanze sprießt.

**Kamineinsatz:** Element für Holzheizung bei geschlossenem Kamin zur Sanierung eines bestehenden offenen Kamins, dessen Leistung dadurch verbessert wird.

**Keimling:** junge, aus der Keimung eines Saatkorns hervorgegangene Pflanze.

**Klaue:** (1) Name, der den Spargelwurzeln auf Grund ihrer Form gegeben wurde. (2) Werkzeug in Form einer Klaue, das zur Lockerung des Bodens eingesetzt wird.

**Kleinstkraftwerk:** hydroelektrische Anlage mit einer Leistung von unter oder gleich 500 kW.

**Kompost:** Ergebnis des Abbaus von organischen Abfällen (aus Garten und Küche), unter anderem durch Zersetzungs- und Gärprozesse. Dient der Wiedergewinnung mineralstoffhaltiger und organischer Stoffe, die in den Boden eingearbeitet werden und seiner Anreicherung dienen. Kompost ist die Zwischenstufe zwischen dem „Rohstoff" (organischer Abfall) und → Humus.

**Komposttoiletten mit Trockenstreu:** Toiletten, die ohne Wasser arbeiten und die Fäkalien dem Zyklus der Humusbildung zuführen. Ihr Funktionsprinzip ist anders als das der Trockentoiletten vom Typ Clivus multrum: Man verwendet Pflanzenfaser zur Unterbindung von enzymatischen Reaktionen, die Stickstoff (nützlicher Nährstoff) in Ammoniak (giftiges, übelriechendes Gas) umwandeln.

**Kordon:** auf einen einzigen Trieb mit kurzen Seitenzweigen beschränkter Obstbaum.

**Kreosot:** klebrige Mischung aus Teer und stark entflammbaren Fetten, die sich im Kaminschacht ansammeln, entzünden und so einen Schornsteinbrand auslösen können. Kreosot ist das Produkt der unvollständigen Verbrennung von Holz; sein Vorkommen wird begünstigt, wenn das Feuer erstickt wird.

**Kühlmittel:** Flüssigkeit, die unter Druck bei annähernder Umgebungstemperatur verdampfen und kondensieren kann. Das Kühlmittel kann Kälte erzeugen, indem es die Wärme eines Raumes oder eines abgeschlossenen Bereichs aufnimmt und nach außen abgibt.

**Masse, thermische: Wärmespeicherkapazität von Bauteilen.** Je schwerer und dichter das Material, umso größer seine thermische Masse und umso größer seine Aufnahme- und Speicherfähigkeit und somit auch seine Wärmeabgabefähigkeit.

**Mast (einer Windkraftanlage):** die meisten Windkraftanlagen müssen an der Spitze eines Mastes eingerichtet werden – je größer die Anlage, umso breiter, höher und meist auch komplexer der Mast. Allgemein gilt: Je höher der Turm, desto schneller und gleichmäßiger der Wind. Niedrigen Türmen mangelt es an Windgeschwindigkeit und starken Turbulenzen.

**Mistbeet:** hierbei wird eine Schicht frischer Mist in den Boden vergraben, damit er bei seiner Zersetzung Wärme abgibt, die das Pflanzenwachstum fördert (im Gegensatz zum → Frühbeet).

**Mulch:** Abdeckung aus Stroh, Rinde oder totem Laub am Fuß der Pflanzen, zum Schutz gegen Kälte und Trockenheit, aber auch zum Fernhalten von Unkraut.

**Pastinakenbrand:** Schwarzfärbung und Fäule der „Schultern" der Pastinaken. Begünstigt wird diese Erkrankung durch Feuchtigkeit, zu stickstoffhaltige oder kalkarme Böden.

**Photovoltaikzelle:** einfacher Stromgenerator. Dabei handelt es sich um ein elektronisches Halbleiterelement, in dem die Absorption der Photonen des Sonnenlichts negativ geladene Elektronen freisetzt und positiv geladene „Lücken". Diese elektrischen Ladungen werden durch ein inneres elektrisches Feld getrennt und die elektrische Spannung von einem Vorderseitenkontaktgitter und einer Rückseitenkontaktfläche abgegriffen.

**Pikieren:** Umsetzen junger, aus Samen hervorgegangener Pflanzen an einen anderen Standort, wo sie mehr Platz haben. Das Pikieren kann sowohl in Töpfe als auch ins Freiland erfolgen.

**Primärluft:** Luft, die in der Anheizphase von unten ins Feuer zur Verbrennung von Holz in einem Ofen zugeführt wird.

**Rhizom:** junger unterirdischer Trieb (zum Beispiel bei Spargel).

**Rotor:** sich drehender Teil eines Drehmechanismus (Turbine, Kompressor, Wechselstromgenerator).

**Saatschale:** flacher Behälter aus Terrakotta zur Aussaat und zum Pikieren empfindlicher Pflanzen.

**Schutzfolie (Gartenfolie):** sehr leichte Plastikfolie – keine Gewebefolie – die die Pflanzen vor Kälte und bestimmten Schädlingen wie der Möhrenfliege schützt.

**Seitentrieb:** Zweig, der sich aus einem Hauptast oder -stamm entwickelt und der entfernt werden muss, da er die Pflanze unnötig schwächt.

**Sekundärluft (Eintritt von):** Eintritt von Luft durch eine Öffnung in den oberen Teil des Brennraums, so dass die Gase nach unten in das Feuer gedrückt werden, bevor sie in den Kaminschacht aufsteigen. Die Zufuhr von Sekundärluft ermöglicht eine saubere Verbrennung der Gase.

**Solarenergie, passive:** Solarenergie, die aufgefangen, gespeichert und verteilt wird ohne externe Energiezufuhr.

**Solarheizung, passive:** Heizungstechnik unter Anwendung des Wärmeleitwiderstands (siehe Seite 49f.).

**Solarkollektor, thermischer:** Vorrichtung zur Sammlung der im Sonnenlicht enthaltenen Energie und zur Umwandlung in

Wärmeenergie; dient zum Erwärmen von Brauchwasser oder einer Heizungsanlage. Der Kollektor sieht in der Regel aus wie ein verglaster Kasten mit einer schwarzen Platte im Inneren (dem Absorber). Metallrohre fangen das Sonnenlicht auf und erwärmen eine Flüssigkeit, die sich Wärmeträger nennt. Sind die Kollektoren im Dach „integriert" oder „eingebaut", erfüllen sie gleichzeitig die Funktion einer Gebäudeabdeckung.

**Spalier:** eine Reihe von Obstbäumen vor einer Wand, deren Äste beidseits vom Stamm an gespannten Drähten weggeführt und befestigt werden. Siehe auch → Erziehung.

**Speicherofen:** aus sehr dichtem und schwerem Material (Ziegelstein, Ton) gefertigter Ofen. Je kompakter die Speichermasse, umso größer die Wärmemenge, die er absorbieren kann. Er gibt die gespeicherte Wärme als Strahlungswärme wieder ab.

**Stolon:** ober- beziehungsweise unterirdischer Ausläufer einer Pflanze, der sich an einem Ende bewurzelt und eine neue Pflanze bildet.

**Thripse:** längliche Insekten, die an Blattwerk und Blüten saugen und silbrigweiße Flecken sowie Verkrüppelungen hervorrufen. Verschiedene Arten von Thripsen befallen Zwiebeln, Erbsen und Gewächshauspflanzen. Pflanzen gut gießen und die Luft im Gewächshaus feucht halten.

**Tochterzwiebel:** kleine Zwiebel, die sich innerhalb der Mutterzwiebel entwickelt und zum Vermehren der Pflanze verwendet wird.

**Töpfchen:** kleiner Behälter zur kurzzeitigen Anzucht junger Pflanzen.

**Trombewand (Wärmewand):** Vorrichtung bestehend aus einer Glaswand, die vor einer Wand mit großer thermischer Masse und im oberen und unteren Bereich angebrachten Lüftungsöffnungen ausgestattet ist. Die Wärme aus dem Sonnenlicht erwärmt die Vorrichtung, die die Wärme auffängt und speichert, um sie hinterher wieder abzugeben.

**Turbine:** Energiemaschine mit Laufrad, das durch einen Fluidstrom angetrieben wird (Gas, Wasser, Dampf).

**Vereinzeln (von Sämlingen):** zu dicht stehende Pflanzen ausräumen, um Platz zu schaffen für die anderen.

**Vergabelungen:** bei Karotten und manchmal bei Pastinaken zu beobachten, wenn unmittelbar vor der Pflanzung gedüngt wurde, der Boden zu mager oder zu steinig ist. Man sollte einen Boden wählen, der nicht für vorangegangene Kulturen gedüngt wurde.

**Vermikulit:** Glimmerschiefer, der als Dämmstoff auf Grund seiner Fähigkeit, unter Wärmeeinwirkung Feuchtigkeit abzugeben und dadurch sein Volumen zu vergrößern, eingesetzt wird.

**Vorsetzwand:** eine vor eine andere Wand gesetzte Wand. Der Zwischenraum zwischen beiden Wänden kann mit Dämmstoff aufgefüllt oder leer gelassen werden.

**Wärmebrücke:** Bereich mit einem geringeren Wärmewiderstand. Häufig handelt es sich dabei um die Anschlüsse zweier Wände. Bei Wärmebrücken wird die Taupunkttemperatur unterschritten, so dass die Feuchtigkeit kondensiert.

**Wärmeleitwiderstand:** Wärmespeicher- und Wärmeabgabekapazität eines Materials.

**Wärmeträgerflüssigkeit:** Flüssigkeit, die Wärme transportiert oder abführt.

**Wasserrad:** Maschine zur Nutzung der kinetischen Energie des Wassers und ihrer Umsetzung in mechanische Energie.

**Windkraftanlage:** Anlage zur Umwandlung von Windenergie in Strom.

**Wurzelfäule, Violette:** durch einen Pilz hervorgerufene Krankheit; dabei zeigt sich ein dichtes, dunkelviolettes Pilzmyzel an Rüben, Kartoffeln, Karotten oder Pastinaken. Die Wurzeln können abfaulen. Infizierte Pflanzen vernichten, die Wurzeln verbrennen und die Durchlässigkeit des Bodens verbessern.

**wurzelnackt:** Verkaufs- und Pflanzform von Bäumen und Sträuchern, wobei die Wurzeln offenliegen, im Gegensatz zu Pflanzen, die mit ihren Wurzelballen in Containern verkauft werden.

**Wurzelschössling:** durch ein Auge an der Wurzel gebildeter Stängel. Wird er von der Mutterpflanze getrennt, verhält er sich wie eine eigenständige Pflanze.

**Zeltform:** Stangenkonstruktion in Zeltform für Bohnen und Erbsen.

**Zitze:** äußeres Ende der Milchdrüse bei Kühen, Schafen und Ziegen, die Milch gibt.

**Zurückschneiden (einer Pflanze):** Entfernen eines Teils der Wurzeln und des Blattwerks vor dem Pflanzen.

**Zwischenfruchtanbau (Sekundärkultur):** hierbei werden schnell wachsende, sich jedoch wenig ausbreitende Pflanzen in einem ungenutzten Zwischenraum zwischen langsamer wachsenden Hauptkulturen angepflanzt. Die Zwischenfrucht muss geerntet werden, bevor die Hauptfrucht den Platz für ihre Entwicklung beansprucht. Für diese Art von Anbau eignen sich alle Salate ebenso wie Radieschen, Zucchini, Gurken und Kürbisse (beispielsweise am Fuß von Mais und Feuerbohnen gepflanzt).

# Register

# Bildquellen

Von oben nach unten und von links nach rechts:
o = oben, u = unten, M = Mitte, li = links, re = rechts

© Fabien Delairon: Seite 14 (o li), 15 (o li) und (u re), 62, 166 (u li), 178 (o re), 179 (o re) und (u li), 192 (o re) und (u li), 201 (4 Fotos), 216, 217 (4 Fotos).
© Emma Luvisutti: Seite 4 (u li), 15 (u li), 20 (o li) und (u re), 31, 89, 108 (o li), 153 (u re), 154.
© Alix Marnat: Seite 3, 5 (u re), 30 (o li) und (u re), 44 (o re), 70 (4 Fotos), 71, 80 (o li) und (u li), 81, 98 (o re) und (u li), 99, 108 (u li), 109, 116 (o re) und (u li), 117, 144, 153 (o li) und (o re), 166 (o li) und (u re), 178 (u re), 228.
© Olivier Ploton: Seite 4 (u M und u re), 5 (u li und u M), 8 (o li) und (u), 9, 14 (o re), (u re) und (u li/Jardins de Vieils-Maisons 02), 15 (o re), 20 (o re) und (u li), 30 (o re) und (u li), 44 (o li) und (u re-uli), 45, 70 (4 Fotos), 80 (o re) und (u re), 88 (o li-o re/Jardings de Vieils-Maisons 02) und (u li-u re), 98 (o li) und (u re), 108 (o re und (u re), 116 (o li) und (u re), 124, 143 (4 Fotos), 153 (u li), 161 (4 Fotos), 162, 166 (o re), 167, 171 (4 Fotos), 178 (o li) und (u li), 179 (o li) und (u re), 187, 192 (o li) und (u re), 193, 200 (4 Fotos), 208 (4 Fotos), 209 (4 Fotos).

Die Zeichnungen fertigte Gill Bridgewater.

Ein großes Dankeschön an Christine und Blandine, dass sie uns Einlass in ihr reizenden Haus in Coulommiers gewährten und für ihren herzlichen Empfang. Ein weiteres Dankeschön an Charles, Camilla, Ibook und alle anderen Tiere, deren Namen wir uns nicht aufgeschrieben haben – für ihre Geduld.

Des Weiteren danken wir Brigitte Guilmin und Olivier Raquois, Anne Férère und Louis Cocat, Marie-Thérèse und Jean Le Bis, Chloé, Lucas und Marin Chaspoul, dass sie uns gestattet haben, manche Aufnahmen für dieses Buch zu machen.